书香政协满庭芳

全国政协常委朱永新2020年履职实录

朱永新 著

团结出版社

图书在版编目（CIP）数据

书香政协满庭芳：全国政协常委朱永新2020年履职实录 / 朱永新著. -- 北京：团结出版社，2022.3
　ISBN 978-7-5126-9332-6

　Ⅰ. ①书… Ⅱ. ①朱… Ⅲ. ①中国人民政治协商会议－工作－文集 Ⅳ. ①D627-53

中国版本图书馆CIP数据核字(2022)第032047号

出　　版：	团结出版社
	（北京市东城区东皇城根南街84号　邮编：100006）
电　　话：	（010）65228880　65244790　（出版社）
	（010）65238766　85113874　65133603（发行部）
	（010）65133603（邮购）
网　　址：	http://www.tjpress.com
E-mail：	zb65244790@vip.163.com
	tjcbsfxb@163.com（发行部邮购）
经　　销：	全国新华书店
印　　装：	三河市东方印刷有限公司
开　　本：	160mm×230mm　16开
印　　张：	33.5
字　　数：	493千字
版　　次：	2022年3月　第1版
印　　次：	2022年3月　第1次印刷
书　　号：	978-7-5126-9332-6
定　　价：	86.00元

（版权所属，盗版必究）

2020年3月23日,朱永新在全国政协"防控疫情读书会"线下交流活动上发言

2020年3月23日,朱永新(右二)出席全国政协"防控疫情读书会"线下交流活动

2020年5月13日,朱永新就《春天的约会》写作出版等话题接受团结报专访

2020年8月3日,朱永新(右)应邀在央视《开讲啦》栏目做演讲

2020年8月15日,朱永新(左三)参加上海书展《春天的约会》新书发布会

2020年8月16日至18日,民进中央调研组到贵州开展年度重点考察调研,图为朱永新(左二)等陪同民进中央主席蔡达峰(左一)考察南明区社会治理综合服务中心

2020年9月7日至9日，朱永新率队赴甘南藏族自治州考察职业教育问题，图为朱永新与甘南州中等职业学校学生交流

2020年9月29日，朱永新应邀在央视《大地讲堂》栏目发表演讲，图为演讲现场

2020年10月20日至21日,朱永新率民进中央、财政部联合调研组赴河北阳原县调研,图为朱永新与阳原四中学生交流

2020年11月12日,朱永新在第十六届江苏中小学校长国际交流协作会上演讲

2020年12月7日,朱永新在北京师范大学中国教育与社会发展研究院主办的"中国教育改革发展论坛(2020)"发表演讲

2020年12月19日,朱永新参加人民政协报"书院发展与立德树人"活动

目 录

序　永新的"秘诀"　　　　　　　　　　　　　叶小文 1
前言　书香伴履职　　　　　　　　　　　　　　　　3

"两会"手记

非常常委会　　　　　　　　　　　　　　　　　　　3
读书与读人　　　　　　　　　　　　　　　　　　　7
提案后面的故事　　　　　　　　　　　　　　　　 14
把"双向发力"落到实处　　　　　　　　　　　　　21
生命的重量　　　　　　　　　　　　　　　　　　 29
为报告添彩　　　　　　　　　　　　　　　　　　 39
"两大战役"彰显无与伦比的社会动员力　　　　　　45
今天教育的模样，就是明天国家的模样　　　　　　52
把民间的声音带到"两会"上来　　　　　　　　　 58
以"攀登者"之心为国家添助力、增合力　　　　　 63

年度提案

关于规范图书销售体系，促进书业健康发展的提案　　71

关于推广中学生"模拟政协"活动　培养青少年公共品格的提案	74
关于加强大数据时代学习者隐私保护的提案	77
关于建立基于学习权益和学习通券的学分银行体系　鼓励全民终身学习的提案	83
关于加强民族地区、港澳地区国家通用语言文字的推广普及的提案	86
关于加强未成年人网络素养教育的提案	89
关于全面总结脱贫攻坚民主监督工作　进一步发挥民主党派在国家重大战略中的民主监督作用的提案	92
关于为公益性学习资源与在线学习免流的提案	95
关于建立国家阅读节，用全民阅读传扬优秀传统文化，深入推进社会公平的提案	100
关于进一步加强未成年人保护　建立网络游戏分级制度的提案	103

调研手记

民进中央年度重点调研手记（贵州）	111
民进中央年度重点考察调研手记（河南）	119
西部地区职业教育、家庭教育调研手记（甘南藏族自治州）	127
脱贫攻坚民主监督调研手记（湖南）	132
全国政协"中华优秀传统文化进课本、进课堂、进校园"调研手记（湖南、天津）	142
农村中小学图书馆经费保障调研手记（河北阳原县）	149

社情民意

关于建立国家教育资源平台　确保"停课不停学"的建议	157

关于加快推进幼儿师范高等专科学校建设的建议	159
关于在大城市试行"以市为主"的基础教育管理体制的建议	161
促进产教深度融合　推动职业教育现代化	164
建议对中小学校食堂委托经营者免征相关税费	166
巩固"全面改薄"成果　完善农村学校生活卫生设施及相关服务	167
健康码要让出行更"健康"	170

参政之声

我为什么连续十六年建议设立国家阅读节	175
面对疫情，教育大有可为	178
灾难面前，教育应该做什么	180
疫情下的在线教育：最大挑战不是技术，而是教育	182
以读攻"毒"　享受"孤独"	191
加强未成年人网络素养教育	192
政协委员选书要锚定"六读"	194
让阅读照亮更多孩子的奋斗路	195
增强使命意识　服务委员读书 ——在全国政协委员读书活动启动仪式上的发言	197
读书，从领导干部开始	200
在阅读与写作中成长	207
用共读凝聚共识	213
巩固脱贫成果和解决相对贫困　教育扶贫仍大有可为	215
新学习需要新教育，新教育呼唤新基建	217
"知识和智慧最能改变贫困的面貌"	221

巩固脱贫成果，教育大有可为　　　　　　　　　　223

政协委员应该成为读书的模范　　　　　　　　　　225

普通孩子也能实现人生逆袭　　　　　　　　　　　229

为推动全民阅读贡献"政协力量"　　　　　　　　232

重新定义未来大学教育　　　　　　　　　　　　　241

欧阳修：为人为文为官的好教材　　　　　　　　　243

阅读与人生　　　　　　　　　　　　　　　　　　247

学习与履职　推动书香社会建设　　　　　　　　　256

建好管好用好农村中小学图书馆　推出农村中小学"书香校园"

　　工程　　　　　　　　　　　　　　　　　　　261

与未来的自己为伍　　　　　　　　　　　　　　　263

推进全面脱贫与乡村振兴有效衔接　　　　　　　　265

后疫情时代的教育应注重四方面趋势　　　　　　　267

聚焦卓越教师的成长之道　　　　　　　　　　　　275

"十四五"教育发展战略的思考　　　　　　　　　277

在未来，学校会不会真正地"消亡"？　　　　　　283

教育回到常识，从看见儿童开始　　　　　　　　　286

读经典本身不是目的，书院教育重在立德树人　　　295

议政网事

新浪财经：中国教育在当前大变革时期最有希望　　　299

人民政协网："让乡村的孩子得到优质的书籍"——全国政协常委

　　朱永新谈"读书与扶贫"　　　　　　　　　　319

人民日报海外网：海客"两会"对话朱永新　　　　　322

人民网·中国共产党新闻网：朱永新：创新机制搭建平台
认真履行基本职能　329

央广会客厅：专访全国政协常委、副秘书长，民进中央副主席朱永新　340

中国网：提升教师、学生网络素养　拥抱"未来教育"　356

湛庐文化：今天教育的模样，是明天中国的模样　359

媒体关注

中国青年网：朱永新：解决赴鄂疫情防控一线医疗队员后顾之忧，
让英雄不流泪　369

中国妇女报：朱永新：最好的家庭教育是帮助孩子成为他自己　371

人民政协报：每位委员都应成为一个真正的读者——访全国政协
副秘书长、民进中央副主席朱永新　375

中国网：朱永新荣获世界阅读推广大奖"IBBY – iRead 爱阅人物奖"　379

人民日报：朱永新：让书香伴随孩子成长　383

人民政协报：在春天播撒希望不辍耕耘——全国政协常委、副秘书长，
民进中央副主席朱永新谈新书《春天的约会》　387

澎湃新闻：朱永新《致教师》，成就40万教师读者的阅读生活（摘要）　392

晶报：朱永新的"阅读三问"与国民教育　395

检察日报：步履不停——一位全国政协常委的"两会"手记　399

南方都市报：疫情下孩子沉迷网络，应加强家校企联动的网络素养教育　406

人民网：网课"三大难"咋破解？学区房择校真值得？朱永新委员回应　413

团结报：从《春天的约会》品读全国政协委员朱永新履职　416

光明网：以农村学校图书馆建设，促进教育公平（摘要）　422

新京报：全国政协常委朱永新：阅读资源公平是社会公平的重要基础　424

中国青年网：朱永新：建设好教育"信息高速路"为推动教育
　　公平发力（摘要）　　　　　　　　　　　　　　　　　428
中国教育新闻网：民进中央：将学校教育信息化成本纳入生均公用
　　经费（摘要）　　　　　　　　　　　　　　　　　　429
人民政协报：朱永新常委：坚定不移走"中国式民主"之路
　　（摘要）　　　　　　　　　　　　　　　　　　　　431
未来网：全国政协委员批评教师带学生应援追星：是对学生身心
　　发展不负责任的行为（摘要）　　　　　　　　　　　432
中国新闻网：朱永新委员的一天：代表委员的"生命重量"在于
　　建言资政　　　　　　　　　　　　　　　　　　　　433
人民政协网：朱永新常委：望更多学校开展"模拟政协"（摘要）　436
中国青年报：网游分级，能管住"熊孩子"吗　　　　　　　　438
新华网：连续18年！朱永新提议设节日唤醒全民阅读意识　　　441
团结报：朱永新：让阅读点亮儿童未来　　　　　　　　　　　444
小康：朱永新：探路未来教育的"行动派"　　　　　　　　　448
中华读书报：朱永新：让阅读奔涌，形塑中国价值社会　　　　454
人民网：如何避免过度保护孩子？朱永新这样说　　　　　　　465
中国报道：《春天的约会》新书发布会在上海举办　　　　　　468
中新社：深入乡间全过程监督　谨防贫困"辞旧迎新"（摘要）　470
重庆日报：2020年重庆市教育学术年会举行　朱永新出席活动并
　　作主旨报告（摘要）　　　　　　　　　　　　　　　473
中国教育报：朱永新：以学科阅读提升全民阅读　　　　　　　474
中国网：朱永新：新时代呼唤新德育　　　　　　　　　　　　476
扬子晚报：朱永新：好的教育应该让所有人都成为更好的自己　480
中国青年报：朱永新：一个好分数并不意味着好教育　　　　　486

澎湃新闻：全国政协副秘书长朱永新来镇考察	487
谷雨实验室：拒绝工厂式教育，师者朱永新和他的六百万队友	489
中国网：朱永新：为"十四五"开局谋新篇（摘要）	503
科技日报：99.2%的未成年人"触网"，网络素养谁来培养？	505
中国青年报：朱永新：不解决学什么的问题，教育改革就成了无源之水	507
后　记	509

序

永新的"秘诀"

叶小文

《书香政协满庭芳》一书出版了。

这本书,厚重!无论"两会"手记,调研手记;抑或提案发言,参政声音,社情民意;还是议政网事,媒体关注,不仅琳琅满目,让你目不暇接;更有沉甸甸的分量,让你满目生辉。

这个人,永新!文如其人,名副其实。其特质,正是"永新"——永远在路上,孜孜以求;永远在读书,昼夜不息;永远在写作,笔耕不辍;永远在出新,开拓创新。

例如,全国政协开展了一年的"政协委员读书活动",十多个线上"委员读书群"书卷常开,灯火不熄,朱永新是首任"试水群"里先鞭进取、奔跑在前的群主。

又如,"政协委员读书漫谈群"开张三百天,每天凌晨都有朱永新谈读书的专栏,一天也不中断,成了一道亮丽的风景线。

再如,全国政协的一次大会,朱永新就以个人名义或联名的方式,提交了关于在线教育、全民阅读、脱贫攻坚等方面的10个提案,其中有的提案网络点击量近1800万人次。

更让人叹为观止的是,这位兢兢业业履职的政协委员,还有那么多精力去写作,一年内出版了多部著作,如《走向学习中心:未来学校构想》《给教师的信:阅读与人生》《新家庭教育论纲》《教育的对白——朱永新对话麦克法兰》等,一年出了四本书!朱永新获得了人民教育出版社70年70位"功勋作者"称号。

　　我早知道朱永新是国内知名的大教育家。现在他的名声已然蜚声国际。2020年，国际儿童读物联盟的首届"IBBY-iRead爱阅人物奖"授给了他。一丹奖基金会在香港成立一丹奖"明师堂"，汇聚了包括可汗学院创始人萨勒曼·汗等16名成就卓著的神经科学家、心理学家、经济学家、统计学家和教育工作者等，朱永新作为唯一的华人，也赫然名列其中。

　　朱永新如此充满活力，充满能量，颇有传奇色彩。他是个什么样的人？一个人，凡聪明敏捷，能洞察秋微，又能妙计频出者，是为有智之人；凡天真恻怛、感愤人间之不幸、感慨运之多难者，是为有情之人；凡豪情勇猛、处事不惊、临大敌而无所惧者，是为有意之人。这有智、有情、有意三者，能兼具其二已属难得，而朱永新似乎三者皆具。

　　"永新"的"秘诀"何在？依我看，就在古代一位也姓朱的读书人的诗中："半亩方塘一鉴开，天光云影共徘徊。问渠那得清如许？为有源头活水来。"（朱熹《观书有感》）

　　"秘诀"在"天光云影共徘徊"中。朱永新说，作为一名党外知识分子，学问报国，以学术研究的成果参政议政，用做学问的方法当政协委员，是他多年来一直践行的原则。

　　"秘诀"在"为有源头活水来"中。这源头活水，就是勤奋不息，久久为功。朱永新说，每天坚持写一千字，坚持一年，必有奇功。果然如此，仅这本书而言，四十余万字，平均每天可超过了一千字。

　　永新——永远在路上，孜孜以求；永远在读书，昼夜不息；永远在写作，笔耕不辍；永远在出新，开拓创新。

　　你想详解永新的"秘诀"吗？请读此书。

　　（序言作者叶小文系全国政协文化文史与学习委员会副主任、全国政协委员读书指导小组副组长，原中央社会主义学院党组书记、第一副院长，国家宗教局局长）

前 言

书香伴履职

2020年，新冠疫情肆虐全球，国际局势深刻变化，人类面临重大变局。在中国共产党的坚强领导下，我国成功控制新冠疫情，经济社会恢复发展，科技成果不断涌现，民生福祉有效保障。这一年，中共十九届五中全会规划未来蓝图和远景目标，作出了应对变局、开辟新局的顶层设计，对共和国行稳致远具有全局性、历史性意义。作为全国政协委员、民进会员，我一如既往积极参加全国政协各项相关工作及履职活动，同时充分发挥兼职副秘书长作用，搭建好民进中央与全国政协沟通交流的桥梁。

一

这一年，阅读战"疫"是政协工作的一大亮点。而书香伴履职，也成为我的工作常态。疫情发生后不久，全国政协部署开展"政协委员读书活动"，我从开始便全面参与、全心投入。2月份，在汪洋主席的直接关心推动下，在全国政协相关同志们的帮助下，我发起建立了"防控疫情读书会"线上读书群并担任群主，我以服务好、引导好、管理好读书群为目标，充分运用自身长期参与全民阅读活动的经验和资源，在确立主题、选择书目、引导发言、做好表率、把握方向等方面尽心尽力。读书会的书目，根据汪洋主席"结合当前疫情，关注公共卫生政策"的要求，我咨询了相关专家的意见，选择了《逼近的瘟疫》和《病毒来袭》这两本书，希望委员们通过阅读这两本书，了解病毒产生、传播的机理和危害，历史上抗击病毒的方法措施，正确认识人与自然的关系，增强抗击疫情信心。

"防控疫情读书会"线上读书群得到了汪洋主席的高度关注、热情支持和直接指导。他在上线不到一个小时就率先加入读书会并在群里两次发言，不仅表示自己要积极参与，同时号召委员踊跃参加，使我们深受鼓舞。随后，汪洋主席又就交流选书、读书的方法、导读的观点等问题，不断引导委员深入阅读。在试水一个月的时间内，汪洋主席全程参与，共在群内发言16次。张庆黎、刘奇葆、李斌和刘新成副主席等领导也多次对于读书群的建设给予指导。广大委员积极响应，发言踊跃，讨论热烈。这些发言，既有读书的心得体会，也有对于疫情防控的建议性思考，做到了读书学习与履职建言的良好结合，取得了很好的效果。

3月23日，读书群举办了线下交流会，我与委员代表和特邀专家学者紧扣统筹推进疫情防控和经济社会发展主题，通过领读、分享、互动等方式深入交流。应委员们的强烈要求，原定3月31日晚上8点闭群的"防控疫情读书会"又延长至4月23日，我会同有关专家和全国政协的有关部门，选择了《生命的法则》和《人类的终极问题》两本书作为共读材料，旨在让大家更好地认识自然规律，增强风险防控意识和能力，为提升国家治理水平建言资政、凝聚共识。截至4月22日，"防控疫情读书群"在线发言3700余人次，覆盖全部34个界别。

4月23日，"全国政协委员读书活动"正式启动，我在启动仪式上做了题为《增强使命意识 服务委员读书》的发言，汇报了自己参与读书活动的经验和体会。启动会后，全国政协党组制定了"全国政协委员读书活动方案"，并成立"全国政协委员读书指导组"，我担任了指导组的成员。随后，又成为"委员读书漫谈群核心团队"成员。一直以来，我积极参与读书活动线下交流会、群主工作交流会、读书活动启动仪式等各类活动、各项工作。通过大家半年多的努力，到11月底，全国政协已经有1800多位委员参加了读书群的活动，委员读书蔚然成风。

就在读书活动渐入佳境的时候，汪洋主席又及时提出了新的要求：委员读书不仅仅要交流，还要交锋；不仅仅要讨论，还要争论。如何引导委员积极参与交锋、争论？在文化文史与学习委员会和丁伟群主的支持下，我又受命策划组织了关于家庭教育的大讨论。12月1日开始，家庭教育主题周七个专题陆续登场，我们围绕"学校教育和家庭教育哪个对孩子的影响更大""寄宿制管理的利与弊""家庭教育中要不要惩罚""中小学阶段出国留学的利与弊""隔代教养的利与弊""应不应该让孩子接触网络游戏""成人与成才、幸福与成功哪个更重要"等七个专题，连续一周进行了深入讨论。活动结束以后，刘奇葆副主席专门肯定了我们的探索："朱永新副主席主持的《家庭教育主题周》读书讨论，议题为大众所关心，讨论为大家所关注，议题设置有针对性，讨论交流有锐度，相信参与者都会有收获。这是一次成功的读书讨论活动，希望多开展一些有主题的讨论，丰富读书形式，培育协商文化，把读书资政引向深入。"

除了参加读书群的线上讨论交流外，我还结合自身工作在各种场合主动宣传政协委员读书活动，在中央社会主义学院和江苏省常熟、镇江等地做了关于政协委员读书活动的专题报告。

二

建言资政，是政协委员履职的主要路径。在全国政协十三届三次会议上，我以个人名义或联名的方式提交了关于在线教育、全民阅读、脱贫攻坚等方面的10个提案，其中，关于"关于规范图书价格体系，促进书业健康发展的提案""关于公益性学习资源（在线学习）免流的提案""关于建立国家阅读节，用全民阅读推进社会公平的提案""关于进一步加强未成年人保护　建立网络游戏分级制度的提案"等得到媒体的广泛关注和报道。全年报送社情民意信息12篇，其中政协转送2篇，每日社情采用3篇。全国"两会"期间，各类媒体关于我提案的报道60余篇（不含转载等重复报道），其中关于游戏分级的提案网络点击量近1300万人次，关于规范图书价格的提案网络点击量近1800万人次。而我自己最重视的提案，就是建立国家阅读节的提案。这是我第17次撰写关于阅读节的提案。我在提案中写道："全民阅读是提升公民素质、增强民族的凝聚力、竞争力最有效、最直接、最便捷、最廉价的办法。阅读，对一个人也好，对一个国家也好，具有非常关键的作用。一个人的精神发育史就是他的阅读史。一个民族的精神境界取决于这个民族的阅读水平。"

调查研究,是政协委员的基本功。2020年年初,全国政协文化文史和学习委员会与民进中央共同确定开展以"推动中华优秀传统文化进课本、进课堂、进校园"为主题的网络议政远程协商会。9月下旬,我参加全国政协调研组,赴湖南、天津两省市开展"三进"专题调研。经过扎实的调研与深入的思考,我对"三进"工作有了更深入的认识与理解,并且在11月召开的网络议政远程协商会上做了口头发言。同时,我们克服疫情的影响,通过网上问卷与实地考察(黔、豫)相结合的方式顺利完成民进中央的年度重点考察调研,形成调研报告并向中共中央报送建议书,建议书得到中共中央主要领导同志重要批示,相关建议得到有关部门重视和采纳;我先后带队赴湘、甘、黑、苏、冀等省围绕脱贫攻坚民主监督、西部地区职业教育发展和家庭教育发展、农村中小学图书馆经费保障和质量监控机制、京津冀教育协同发展等主题开展多次调研,形成了相关的参政议政成果。调研期间,我坚持多看、多读、多听、多思、多问,每天认真撰写调研手记,详细记录见闻思考。民进中央2020年年度重点考察调研手记和"三进"调研手记先后在《人民政协报》发表;撰写的"两会"手记《春天的约会——一个民主党派成员见证的中国民主政治进程》由团结出版社正式出版。

这一年,我参与了全国政协"坚持和完善人民政协发挥新型政党制度优势的机制"课题研究,并担任课题组副组长。从今年1月到7月,在疫情防控最严峻的时期,课题组克服困难,先后六次召开工作会议,深入研究问题,数易其稿,精心打磨,最后形成的专题研究报告得到了全国政协领导同志的认可。

一年来,我积极参加全国政协举办的各类会议、活动,如主席会议、常委会议、秘书长会议、秘书长见面会、在京常委座谈会、专题协商会、网络议政协商会、全国政协中非友好领导小组会议、"中非青年大联欢——非洲青年进政协"活动,以及提案委员会、文化文史和学习委员会等召开的各类会议,共计六十余次。

三

作为一名党外知识分子,学问报国,以学术研究的成果参政议政,用做学问的方法当政协委员,是我多年来一直践行的原则。

2020年,我带领的新教育团队交出了一份出色的抗疫答卷。疫情发生不到一个月,我组织学生编写出《面对疫情,教育何为》一书并推出免费网络版,成为教师、父母和学生应对疫情的培训指导用书。新生命教育研究所编写中小学《新生命教育(抗疫版)》读本等近10部著作,为疫情背景下开展生命教育及时提供案例和指导。开展"云伴读""新阅读 喜说写"等各项网上公益活动,累计近千万人次参加学习。10月,以"新时代 新德育"为主题的全国新教育实验第二十届研讨会顺利举行,网络直播观看人数超120万人。我应中央电视台邀请,先后在"开讲啦"和"大地讲堂"做了两次讲演,受到广泛关注好评。

这一年,新教育的各个机构也是书香四溢。新阅读研究所举办主题为"锻造学科阅读"的领读者大会,重磅推出中国第一套体系完整的学科阅读书目第一辑书目,覆盖中学数学、化学、历史及中小学艺术、小学科学5大学科11个师生阅读书目;"中国阅读三十人论坛"秘书处,成功组织"阅读促进社会公平"沙龙,受到广泛关注。新科学教育研究所研制的工程类科技项目学习课程顺利完成。新生命教育研究所与中国宋庆龄基金会合作举办的生命教育研讨会在深圳举行。新艺术教育研究院在北京建立了第一家艺术教育学习中心。新教育参与发起了"新父母大学""新教师大学",期待为中国父母与教师成长做些实实在在的工作。

我仍然坚持阅读与写作,结合工作开展教育研究,先后出版了《走向学习中心:未来学校构想》《给教师的信:阅读与人生》《新家庭教育论纲》《教育的对白——朱永新对话麦克法兰》等著作,获得人民教育出版社70年70位"功勋作者"称号。这一年,英文版的《致教师》,西班牙、罗马尼亚文的《新教育实验:为中国教育探路》,俄文版的《中国当代教育思想史》《中国近现代教育思想史》《中国教育观察》,马来西亚、越南、哈萨克斯坦、吉尔吉斯斯坦、柬埔寨文版的《朱永新教育小语》以及繁体字版的《未来学校》等书籍在十余个国家和地区出版发行。

2020年5月4日,国际儿童读物联盟把首届"IBBY-iRead爱阅人物奖"授予我与荷兰作家玛丽特·托恩奎斯特。在奖项发布会上,评委会主席卡鲁丁评价说:"他致力于从多个方面推动儿童阅读,从儿童到父母再到教师、从乡村到城市再到国家政策,每个方面都取得了丰硕的成果。他一直是本国儿童阅读的推动者。"

12月7日,一丹奖基金会在香港成立一丹奖"明师堂",汇聚了包括可汗学院创始人萨勒曼·汗等16名成就卓著的神经科学家、心理学家、经济学家、统计学家和教育工作者等,我有幸作为唯一的华人名列其中。

成绩属于过去,未来仍需奋进。在新的一年,我会牢记委员初心、不忘神圣使命,继续努力进取,积极履职建言,力争不负时光、不负时代,为国家发展贡献绵薄之力。

"两会"手记

每年"两会",对于我来说最费心力的事情,就是在开会之余写手记。我尽可能原生态、全景式地记录"两会"的每个细节,记录我作为政协委员履职的过程。我利用点滴的时间记录花絮与思考,一点也不敢懈怠。

全国政协何维副主席说,我的"两会"手记是"一部民间'两会'史",这是对我莫大的鼓励,更是对我的鞭策。今年的"两会"由于疫情的原因实施封闭管理,会期虽然压缩了,但是议程几乎没有减少,所以,写手记的压力更大了。

我曾经对一线老师说:做重要的事情总是有时间的。我也想用自己的行动告诉他们这一点。要想写得精彩,就要活得精彩,做得精彩。

非常常委会

5月18日，星期一，晴

每年的"两会"一般都是在春天召开的。所以，我的"两会"手记，总是以"春天的约会"为题与朋友们分享。

今年"两会"前刚刚出版的《春天的约会》，也正式记录了我这些年参加"两会"的所见所闻所思所行。《团结报》围绕此书对我进行了专访，所刊发的《从〈春天的约会〉品读全国政协委员朱永新履职》被今天的"学习强国"转载。

今年的"两会"，从春之头延迟到春末夏初召开，比以往的"两会"，晚了整整两个月的时间。这是多年来第一回。

一年一度的春天的"约会"不仅仅是时间的变化，不仅仅是非常时期的非常"约会"，由于是在防控疫情即将取得关键性胜利的背景下召开的，在内容和形式上也有许多新的变化。这一次在非常时期召开的常委会，也就显得不同往常，成为一个"非常"的常委会。

首先，今年"两会"的会期比过去大大缩短了。以往一般在10天以上，这次压缩到7天。以往有一天的休息时间，这次没有休会日。

其次，今年的"两会"驻地采取全封闭管理。昨天下午到达以后，做了核酸检测，并且告知会议期间再也不能出门了。晚上《人民政协报》的上会记者、《教育在线》周刊贺春兰主编约我散步，她告诉我，今年上会的记者非常之少，只有8个中央主要媒体上会。而且，现在也不能够像往常一样到房间采访，会场只能通过预约的方式才能进入。约委员散步采访，是他们"急中生智"想出来的办法。疫情期间，要确保代表委员的健康和"两会"的顺利进行，采取这些"非常"的办法，也是可以理解的。

早晨5点起床，写《童书过眼录》和《新父母晨诵》，发微博、头条，这些都是每天早上的晨课。

早晨7点50分，乘车去全国政协参加常委会。

上午9点整，十三届政协第十次常委会举行开幕式。张庆黎副主席主持会议。审议通过政协第十三届全国委员会常务委员会第十次会议议程、关于召开政协第十三届全国委员会第三次会议的决定，听取关于政协全国委员会常务委员会工作报告（草案）起草情况的说明、关于政协全国委员会常务委员会关于政协第十三届二次会议以来提案工作情况的报告（草案）起草情况的说明以及关于人事事项的说明。在完成上述程序以后，张庆黎副主席讲话，对如何聚精会神开好"两会"提出了三点意见，希望常委们能够在党和国家事业的大局中总结政协工作，带头落实疫情防控工作，认真开展讨论，充分发表意见和建议。

不到10点，开幕式的议程结束，举行分组会议。委员们对两个报告给予了充分肯定，对有关部委认真办理提案提出了表扬。有委员提出疫情后世界格局发生了新的变化，政协应该有所作为。有委员建议在常委会工作报告中，充分反映政协在防控疫情中所做的工作。也有委员就如何进一步提高提案办理质量，少介绍工作，多回应关切，压缩回复字数，合并同类提案等提出建议。

中午稍事休息。读苏霍姆林斯基《关于人的思考》。这本书20世纪80年代初购买后就读过，这次整理读书笔记时发现，五卷本的苏霍姆林斯基选集没有包括这本书，所以补课再读。

下午2点10分出发去全国政协，3点继续分组会议。下午分组会议主要是讨论人事事项和反映社情民意信息。因为我们小组有两位从抗疫前线回来的院士，即提出建立方舱医院的中国医学科学院的王辰院长和驻扎武汉用中医救治病人的中国中医科学研究院的黄璐琦院长，大家自然非常希望听到他们抗击疫情的故事。

王辰委员说，SARS和冠状病毒相比，一个是小学生，一个是名牌高校大学生，新型冠状病毒非常狡猾，堪称"完美"。他说，最大的已知是人类在病毒面前的无知，忧患意识非常重要。只有在忧患意识基础上的自信才是靠得住的，人才有远见才能有战略的定力。他特别建议加大在医学科技上的投入。

黄璐琦委员以大量的数据说明，中医在这一次抗疫的过程中，如何发挥了非常重要的作用。他也坦陈，中医往往是一人一策一方，很难做比较科学严谨的对照性研究，所以这一次他们在中西医对比治疗方面做了一些探索，取得了比较满意的成效。

很有意思的是，我今天下午3点还"分身"参加了《人民政协报》联合快手的一个节目，是我和全国政协委员、民进会员胡卫、倪闽景等的对谈《疫情后时代，在线教育走向何方？》。有朋友在"直播"中看见了我，其实这是事先录制好的节目。

晚上6点40分与《中国政协》记者王瑛散步交流。利用锻炼的时间采访，是我前些年参加"两会"时"创造"的方法，没有想到，这一次，许多媒体的朋友如此娴熟地采用了。

晚上7点半，在腾讯会议空间参加新阅读研究所联合新艺术教育研究院举行的《中国中小学生艺术学科中学生基础阅读书目》专家审定会，国家中小学艺术教育课程标准组组长尹少淳先生，湖南师范大学教授、教育部艺术教育委员会成员郭声健先生，中央民族大学教育学院教授王军，香港演艺学院戏剧学院导演系教授叶逊谦，北人附中教师发展中心负责人翟香云女士，江苏省海门市美术特级教师陈铁梅，中央美院副教授蒋艳，新阅读研究所副所长、书目负责人丁筱青老师等专家，以及新艺术教育研究院王庚飞院长、余国志副院长、陈锦女副院长、谭秦副院长等参加视频会议。专家们围绕中学生艺术阅读书目的可读性、民族性以及生活性等问题发表了非常好的意见，提出了一批补充书目。我就书目研制的方向和进度也和大家交流了想法。

中国中小学学科阅读书目，是5年前开始启动的一个阅读研究项目，旨在为中国中小学师生提供一个走进所有学科的书目。艺术学科书目团队又是第一个举办学生书目专家终审论证会的团队。为艺术书目团队的高效卓越工作点赞。

与下午的"直播"相仿,晚上人民网强国论坛联合百度 APP 推出"两会"特别策划《代表委员云调研》,我和两名老师(人民网强国论坛网友)进行在线交流。

在交流中就网课"三大难"怎么破解、学区房择校值得不值得等问题,谈了我的想法。直播观众人数近 95 万。

今天《人民日报》头版发表记者冯春梅的长篇报道《为国履职 为民尽责——写在全国政协十三届三次会议即将召开之际》,其中谈到了新冠肺炎疫情发生后,全国政协委员移动履职平台主题议政群中的故事:"群主"朱永新委员负责发布读书进度安排、讨论交流的重点题目、确定各章节导读人,委员们自荐分章导读,书作者、专家在线讲书着重归纳阐明核心内容和主要观点,在线发言达 3700 余人次。朱永新表示,"通过读书学习来提高能力、凝聚共识,是做好新形势下履职工作的迫切需要,也是提高国家治理能力的题中之意。"

晚上 10 点以后写手记。

晚上 11 点 40 分休息。

读书与读人

5月19日，星期二，晴

早晨5点15分起床工作。读《天鹅——安娜·巴甫洛娃的舞蹈与人生》，这是一本关于俄罗斯芭蕾舞女皇的传记图画书，一本感人肺腑的励志读物。安娜的命运是被一场芭蕾舞表演改变的。虽然她的身材对于学习芭蕾不是最好，但是通过不停的练习，用心的琢磨，她把劣势变成了优势。登上艺术巅峰的她，为了普及芭蕾舞艺术，开始了长达数年的全世界巡回演出，带着她的团队行走了56万英里，从繁华的都市到宁静的村庄，她也是最早把芭蕾舞送到中国的艺术家。她一年要穿坏2000双舞蹈鞋，在44个国家演出了4000余场芭蕾舞。

写《童书过眼录》和《新父母晨诵》，完成昨天的"两会"手记定稿。

早晨8点10分出发去全国政协。

8点半到达，与张连起常委交流读书会事宜。今天的《人民政协报》发表了他的"两会"随笔《直与天地争春回》，在"防控疫情读书群"中，他曾经与我并肩作战，给予许多支持。同时与我们民进的同事民进河南省主委张震宇，民进湖南省主委潘碧灵谈读书会工作，感谢他们的精彩导读。

和三位相见格外亲切，源自于这几个月来格外强烈的"精神共鸣"——这一次疫情期间，在汪洋主席的直接关心和推动下，全国政协在移动履职平台成立了"防控疫情读书会"线上读书群，我很荣幸地成为读书群的首任"群主"。

2月20日晚8点,"防控疫情读书会"线上读书群正式上线。围绕疫情防控主题,我们分两个阶段进行委员共读。第一个阶段选择了《逼近的瘟疫》和《病毒来袭》为共读书目,重在通过阅读了解病毒产生、传播的机理和危害,历史上抗击病毒的方法措施,以正确认识人和自然的关系,增强抗击疫情的信心。第二个阶段选择了《生命的法则》《人类的终极问题》为委员共读书目,旨在更好地把握自然规律,增强风险防控意识和能力,为提升国家治理水平执政建言、凝聚共识。两个多月的时间,委员们线上交流,线下研讨,共有300多位委员在线发言3700余次,覆盖全部34个界别,发言文字共计近60万字,其中各位导读委员精心准备的导读发言就有近20万字。发言内容既有读书的心得体会,也有对于疫情防控的建议性思考,做到了读书学习与履职政建言的良好结合。

通过两个多月的共读,委员们就疫情防控问题达成了许多共识。一是深化了对病毒危害以及人类与病毒是对立统一体的认识,人类是大自然的一部分,保护自然就是保护我们自己。二是深化了对中国共产党领导显著优势的认识,全国一盘棋,集中力量办大事,全党全军全国人民齐心协力、勇毅前行,打了一场力度空前的疫情防控的人民战争、总体战、阻击战。三是深化了对防范化解重大突发公共卫生风险重要性的认识,要像保护国土安全一样,把防范化解重大突发公共卫生风险作为实现中华民族伟大复兴进程中必须高度重视的颠覆性风险认真研究和对待。

两个多月委员共读的实践表明,读书学习是专门协商机构成员的基本功,是人民政协固本强基的大事情。委员们普遍反映读和不读不一样,读书对于委员履职具有不可替代的重要作用:读书能促进思考,让我们更加全面、更加客观、更加用历史的辩证的眼光看待当前的问题,提高建言资政的质量;读书能形成共识,通过阅读找到共同的语言、共同的密码和共同的价值,进一步凝聚力量;读书能促进队伍建设,提升委员素养,提高政协整体战斗力;广大政协委员多是各行业的领导和精英,一举一动广受关注,委员读书能在社会形成广泛的带动作用,对于推动全民阅读有着重要的作用。两个多月的共读实践,也证明了汪洋主席的论断:"政协委员是最喜欢读书、最有条件读书、最能把书读好的群体"。

我在活动后，结合这次组织读书群的情况，谈过几点做"群主"的体会和做法。

比如读书群的意义在于促进交流、相互启迪，既怕冷场，不能成为群主的独角戏，也不能成为少数人的"专场"。要维持读书群内正向、活跃的气氛，群主的表率作用非常重要。首先，做发言的表率。作为群主，我尽可能坚持每天在群内发言，注意主动引导话题，鼓励委员发言，增进交流互动，适时回应关切，以保持群内的活跃度。其次，做读书的表率。群主本身应该是个爱读书、勤读书、会读书的典范，可以多分享自己读书的故事、读书的体会、读书的方法，用自身的实际行动引导群内读书。

比如，注重方法创新。从对读书群的服务、管理的工作层面来说，关键是强化服务意识，努力当好"店小二"。具体的方法有三：一是实施招标导读。针对阅读书目，邀请相关委员进行分章或分领域导读。这样既可以调动委员的积极性，也可以增进阅读的深入性。二是线上线下结合。群主的大量工作在群外，在线下，从到其他群做广告，到动员熟悉的委员进群；从与出版社、作者、译者沟通，到精心选择并联系专家导读，更多的是线下功夫。经过一段时间的独立阅读、线上交流后，适时组织线下交流会，对于提升读书效果、巩固读书成果有非常重要的作用。面对面的交流，更容易碰撞出思想的火花。三是邀请专家参与。邀请业内知名专家入群或参加线下交流会，或撰写专门的解读文章，从专业的角度与大家一起深入探讨，对于提高读书成效具有重要作用。这次防控疫情读书会邀请到五位作者和专家，取得不错的效果。

这次线上读书活动，作为委员读书活动的开端，也是一次"试水"，取得了良好的效果。4月23日，在世界读书日当天，全国正式启动了全国政协委员读书活动，成立了网上政协书院，建立了11个读书群，委员读书活动正如火如荼地开展。

作为全国政协委员，这些年来我一直倡导全民阅读，呼吁建立国家阅读节，建设书香中国。在履职的实践中，我也越来越深刻地体会到，在国际国内复杂多变的形势下，在参政议政的领域不断拓展的背景之下，政协委员需要学习的内容越来越多。通过读书学习来提高能力、凝聚共识，是做好新形势下履职工作的迫切需要。作为全国政协委员，应该积极参与到读书活动中来，增强读书学习的主动性、自觉性、针对性、实效性，不断提升建言资政的本领，贡献更多智慧和力量。

上午9点，大会举行闭幕式。会议由汪洋主席主持，通过了政协第十三届全国委员会第三次会议的议程和日程、常务委员会工作报告、常务委员会关于十三届二次会议以来提案工作情况的报告，通过了有关人事事项和选举办法，最后通过了政协第十三届全国委员会第三次会议秘书长、副秘书长名单，李斌为秘书长，我与其他十九位同志担任大会的副秘书长。

在完成了所有议程之后，汪洋主席发表了讲话。他在讲话中对十三届二次会议以来的工作给予了高度评价，认为全国政协常委会在大事要事多的情况下，开拓创新，务实奋进，各项工作取得了长足发展。同时，对于坚定信念，增强信心，齐心协力完成好全年任务；把握方向，狠抓落实，确保政协大会圆满成功等进行了工作部署，希望大家心无旁骛，聚精会神开好"两会"。

中午12点半稍事休息。

下午1点15分起床工作。修改提案，回答《中国新闻出版广电报》王坤宁记者发来的采访问题。该报准备出版六一特刊，围绕着我在5月4日刚刚获得的世界阅读推广奖——"IBBY-iRead爱阅人物奖"，就儿童阅读问题进行了一系列的交流。我说，儿童阅读是全民阅读的基石。所有的成人都是儿童长大的。只要我们保证今天的儿童都能好好读书，读到好书，那么，我们整个社会的基石，就是稳定的。同时，儿童阅读是全民阅读的桥梁。通过儿童阅读的推广，我们其实可以抵达成人，我们会抵达老师、父母或者儿童的家人，并且影响这些成人。当我们大人成为孩子的榜样，自己捧起书本的时候，这就是最好的阅读推广行为。人们常说"真正优秀的童书适合0-99岁的孩子"。所以优秀的童书，有孩子与成人一起共读，就会让双方增进了解，共同成长。

原本以为今天没有安排采访，晚上可以全心全意地写手记，没想到驻会记者中的中央电视台新闻联播记者周培培下午3点左右发来短信约晚上一起"散步"。和前两天的记者一样，我们也是一边走路，一边交流，不知不觉从晚上8点开始走了一个小时。周培培希望找到最好的报道点，从全民阅读问题到"模拟政协"活动，从加强网络教育到网络游戏分级，我几乎把提案全都介绍了一遍。

今天《南方都市报》"察时局"公众号发表了记者吴单的长篇《政协委员朱永新：疫情下孩子沉迷网络，应加强家校企网络素养教育》专访报道。"两会"前他们专门去民进中央，就今年的提案进行了采访。

人民网首页"特别推荐"栏目推荐了我昨天进行的网络直播《网课"三大难"咋破解？学区房择校真值得？朱永新委员回应》，已有99万多人观看。

《团结报》发表记者周福志的专题报道《"两会"前瞻：代表委员的特别期待和特别礼物》一文中，播放了我的视频，介绍《春天的约会》一书，称之为"特别的'两会'礼物"。

《新京报》的微信公众号今天发表记者肖隆平、实习生刘思圆的专访《全国政协常委朱永新：阅读资源公平是社会公平的重要基础》。他们也是"两会"前专门到民进中央拍摄采访，现在的报道大部分都是以融媒体方式呈现。

中国青年网发表记者王龙龙的专访《朱永新：建设好教育"信息高速路"为推动教育公平发力》。"两会"还没有正式召开，媒体已经发动马力预热了起来。今天的中国青年网同时发表见习记者张艺、记者王林的文章《朱永新委员：最好的学区房是家里的书房》，介绍了我在《未来学校》一书中表达的观点：未来教育不是选择最好的学校，而是与学生最匹配的学校。最好的学区房是家里的书房，把家里的书房做好了，真正引导孩子养成学习的内在动力，培养阅读的习惯、兴趣和能力，比任何学区房都管用。

根据这一次的会议安排，今天相对来说是比较轻松的一天，只有上午有会议，下午和晚上没有安排任何活动。

没想到，今天成为颇不宁静的一天，早餐以后，突然收到朋友的短信，传来一个噩耗，陶西平先生去世了。

陶西平先生享年85岁,在民俗之中,可以称之为是白喜事了。可是,他的去世,仍然让我悲痛交加。

就在今年春节,我准备去拜访陶先生,却被告知先生正住在医院ICU里,不方便接待客人,只好作罢。前不久今春的新茶上市,我给先生捎去了,也许都没有喝上,就此天人永隔。

作为德高望重的前辈,先生给我和新教育同人给予了莫大的支持、鼓舞、期待和帮助。整个早晨,我一直都沉浸在悲伤里。

到了中午,我抓紧时间午休片刻。短短的睡梦中,得了几句,我从半梦半醒中惊醒,赶紧记录下来:"忽闻陶公驾鹤去,泪飞顿作倾盆雨。杏坛再无伟岸影,青史永留睿智语。"

发给一位懂格律的朋友。他说雨、语都是仄声字,在旧体诗中一般不能用来押韵。于是再一句句地修订为:"忽闻陶公驾鹤去,未忆高怀泪已倾。青史永留睿智语,杏坛再无伟岸声。"

一件件往事,随着这梦中浮现的诗句,一齐涌上了心头。下午答复报社采访,一直心神不宁,还是放下笔,在微博上写下了一段话,发了几张先生的老照片,寄托哀思。

沉痛哀悼陶西平先生

2020年5月19日6时15分,著名教育家、国家教育咨询委员会委员、国家总督学顾问、联合国教科文组织世界联合会副主席、中国民办教育协会首任会长陶西平,在北京友谊医院抢救无效,不幸逝世,享年85岁。

我与先生上世纪90年代相识于苏州,一直感佩他的道德文章,也一直得到他的提携支持。2002年11月,先生在苏州参加了第二届21世纪教育论坛暨中国民办教育高峰会。2003年5月,先生在苏州参加新教育实验开题论证会,预言"新教育实验会是一条鲶鱼,搅动中国教育这缸水"。2011年9月,先生在鄂尔多斯参加新教育实验年会,预言"新教育团队中间会诞生出中国最优秀的教育家群体"。先生亲自为我的《朱永新教育讲演录》作序推荐,还有许多难以忘怀的感人往事。大恩铭心,无以回报。我们会努力前行,用更优异的成绩告慰先生的在天之灵。

闻讣我何堪？庚子杏坛悲折柱

登仙君勿念，神州教育欣换颜

——陶老千古，永新携新教育同仁泣挽

陶西平先生的一生，为中国教育做出了卓绝贡献，他的生命之火虽然已经熄灭，可他的思想是一部大书，还有待我们继续研读。在人生的旅途上，不知何时是拐弯的路口。唯有把前辈传来的火炬点燃得再旺一些，以此照亮更多人的路途。

晚上写今天的"两会"手记。又收到《人民政协报》吕巍的消息，告诉我，从"两会"正式开始的当天，给我开了专栏，希望提供独家手记。沟通完毕已是10点40分。接下去每天的"两会"手记，需要给《新京报》和《人民政协报》两个独家专栏，这就意味着手记写作的要求更高了，不仅要记录，而且需要起码从两个不同角度去观察记录。

11点20分洗漱休息。

提案后面的故事

5月20日，星期三，晴

早晨5点起来以后，首先完成每天雷打不动的读书、写作：为孩子们写作的《童书过眼录》，为父母写作的《新父母晨诵》。

写荆歌的《语文课》读书笔记。荆歌是多年的朋友，他近年来进军儿童文学，一发而不可收，写出了一批好作品。这本书通过向小梨、雷雨虹、冯玮以及去世的陆敏敏四位热爱文学的少年和两位不同风格的语文老师的故事，巧妙地通过儿童文学，传达了荆歌自己的语文教育主张。我很喜欢荆歌的文字，精练、幽默、轻松、自然、诙谐、深刻。

发新浪微博和头条《朱永新教育观察》。然后，继续完成昨天的"两会"手记。再对今年准备的提案，进行最后的修订。

今年围绕着阅读、教育的大主题，带来了10个提案，主要分三个板块。第一个板块是关于阅读的，包括《关于建立国家阅读节，用全民阅读弘扬优秀传统文化，深入推进社会公平的提案》和《关于规范图书价格体系，促进书业健康发展的提案》。其中建立国家阅读节的提案从2003年至今，在每一年的"两会"中都会提出，我一直认为，全民阅读是提升国民素质、增强民族凝聚力、促进社会公平最有效、最直接、最廉价、最便捷的路径，以富有中国文化底蕴而设置的节日，能够产生提醒、督促、仪式、庆典等多重效果，能够有力地推动全民阅读的深化。

第二个板块是与教育信息化和互联网加教育相关的问题，主要有《关于加强未成年人网络素养教育的提案》《关于建立基于学习权益和学习通券的学分银行体系，鼓励全民终身学习的提案》《关于加强大数据时代学习者隐私保护的提案》《关于公益性学习资源（在线学习）免流的提案》和《关于进一步加强未成年人保护，建立网络游戏分级制度的提案》。这些问题，基本都是关注已久，在这次疫情期间问题被强化、被放大，在进一步观察、思考、调研的基础上而提出的。这一次新冠肺炎的疫情，全世界进行了一场前所未有的大规模互联网教育实验，线上教育也经历了一次真正的"大考"。无论是硬件建设、资源整合，还是质量评价、队伍素养，教育都明显落后于已有技术和时代要求。

这次提案中关于"学习通券"的概念，是与上海宽资本的董事长关新先生讨论以后撰写的提案。关新先生长期关注世界科技与教育的前沿问题。去年底他告诉我：2019年，世界银行与国际货币基金组织联合启动了一个私有学习通券项目（Learning Coin），以此激励员工学习与使用加密货币，同时掌握促进与监管的知识。IBM作为全球区块链技术上的龙头企业，去年宣布开发基于区块链技术上的数字化开放平台，准备一揽子向全球的学习者与内容方提供分布式生产、储存与交易服务。我突然想到，我在《未来学校》一书中提出的学分银行体系，如果加上学习通券的激励功能，将更加有助于学习型社会的建立。于是，关新和他的研究团队，帮助我收集整理资料，完成了这个提案的初稿。

关于在线学习免流量的提案，直接来源于我在新冠肺炎疫情"停课不停学"期间对于在线教育的观察。疫情期间，河南南阳一名高三学生在平房的楼顶蹭邻居家的网络上网课，河南洛宁县14岁女生在父亲的陪伴下晚上到村委会大院支了张桌子蹭网学习，这些画面背后的无奈让我印象深刻。据调查，高清画质的视频节目一个小时需要800MB左右的流量，如果一天上网课5小时，则需要近4G流量，一个月接近100G流量，花费都在百元以上。这对于在数字宽带未能覆盖的贫困偏远地区、只能长期使用网络学习的困难家庭来说，是一笔不菲的费用。

而关于加强大数据时代学习者隐私保护的提案，则是我在去年底中国教育 30 人论坛上与美国马萨诸塞大学波士顿分校教育领导系主任严文藩教授的交流以后撰写的。当时他在论坛上做了一个讲演，提到前几年美国不少教育互联网企业因为学生的隐私保护问题破产。根据美国的法律，凡是收集、保存、引用、发布关于师生的个人信息，都必须征得其本人的同意。而我们现在校园里的各种信息采集基本上很少考虑这些因素。在互联网教育快速发展的今天，我们也该未雨绸缪。

后疫情时代，如何开展教育的"新基建"？如何真正地加快 5G 建设，从村村通走向户户通？如何降低网络学习的成本和费用？如何建立一个科学、动态、全面的学分银行体系？如何鼓励终身学习？如何把线上教育与线下教育有机结合起来？如何重构学习中心和学习流程？这是迫在眉睫的大问题。我的这些提案，分别从上述不同的角度进行了思考。

希望和这一次的新冠疫情大考一样，我们的后疫情时代的教育新基建大考也能够交出精彩的答卷。

第三个板块是与民主政治建设有关，主要包括《关于全面总结脱贫攻坚民主监督工作，进一步发挥民主党派在国家重大战略中的民主监督作用的提案》《关于推广中学生"模拟政协"活动，培养青少年公共品格的提案》《关于加强民族地区、港澳地区国家通用语言文字的推广普及的提案》。

在今年的提案中，有两件与"模拟政协"活动有关。全国青少年"模拟政协"活动是一项以青少年学生为主体，通过模拟人民政协的提案形成过程，了解我国民主政治协商制度，提升协商能力的公益性青少年创新实践活动。自 2002 年起，活动取得了良好的效果。例如，2016 年，第三届全国青少年模拟政协活动中产生的优秀提案《以"互联网＋老年人关怀之家"推进中国智慧养老的提案》被提交至 2017 年全国"两会"，得到民政部的正式回复，学生们提出的互联网＋居家社区养老服务的新模式，目前已在一些地方探索实践。

事实证明，青少年"模拟政协"活动，使青少年有了真实地接触社会、了解民生的机会，也有了在实践中锻炼公共品格的成长机遇，学会了按照法定程序和谐有序地参与身边家庭事务、学校事务和社区事务，学会了如何以和平的、正义的、理性的民主方式表达自己的观点和诉求。有鉴于此，我今年专门提出推广"模拟政协"活动的提案，建议在有条件的城市成立"模拟政协"实践基地，在中小学成立"模拟政协"社团，组织学生观摩全国政协和地方政协常规活动，举办"模拟政协"提案评选活动，邀请政协委员与专家定期走进校园等，帮助青少年学生更好地认识政协，理解公共活动的程序与意义。

今年"两会"前，北京和陕西的中学教师和学生给我发来了一些他们参加"模拟政协"活动的成果，其中西安铁一中学生们的网络游戏分级的提案吸引了我。这个提案是学生们历时数月，调查了数千名学生以后提出来的。他们的调查表明，因网络游戏时间不限和内容分级不细等原因，30%以上的未成年人在游戏中接触到暴力、赌博、色情等违法不良信息，更因不良信息的毒害，未成年人违法犯罪率增加。针对该现状，他们建立网络游戏分级制度；建立网络游戏分级监管与评价机制；修订完善网络游戏法律法规。活动是模拟的，成果是真实的。在陕西省政协刘宽忍副主席的推荐下，我把这份提案正式带到了"两会"。这是对中学生"模拟政协"活动的支持，也是对后生可畏的赞扬。

每一个提案背后，差不多都有一个精彩的故事。其实，今年准备的提案素材还有很多，如关于加快推进幼儿师范高等专科学校建设的建议，关于推进产教深度融合促进职业教育现代化的建议，关于对为中小学校师生提供餐饮服务取得的收入免征相关税费的建议（现在大学的餐饮服务免税），关于建立国际组织任职人员的管理、保障和激励机制的建议等等，由于全国政协一再强调控制数量、提升质量，许多提案转为社情民意信息，或者进一步调研以后继续反映。

从早晨9点开始到下午3点半，时间安排得满满当当，我通过电话连线、视频会议先后接受了人民日报海外版叶晓楠、未来网李盈盈、作家网邓洁舲、瞭望周刊张静、文艺报教鹤然、央广台张蕾等6家媒体的采访。"两会"前我代表民进中央举行了一次媒体见面会，去人民网等进行了访谈，但是这些媒体都希望有自己的"独家"消息。中央电视台新闻频道记者周培培的采访是在驻地的委员直播间进行的。昨天晚上的散步果然"散出了问题"，就推广青少年"模拟政协"活动，推进教育"新基建"，网络游戏分级等问题，我提出了建议。

　　媒体是"两会"的扩音器。智者的思考因媒体而激发行动，弱者的心声因媒体而引发共鸣。媒体在弘扬主旋律、传播正能量、提振精气神方面，具有重要的作用。面对媒体、善用媒体，发好声音，也是政协委员的基本功。

　　下午3点40分，丢下话筒赶紧乘车出发去全国政协。一路上看常州市武进区清英外国语学校的奚亚英校长发来的该校开展"5·20爱的彩虹桥""新父母日"的活动。活动中孩子邀请父母一起阅读亲情主题绘本，采访父母的作息时间，为父母绘制爱的卡片等等，很有创意。该校是新教育种子学校中的示范校，奚亚英校长是新教育的得力干将，新教育实验正是1999年从她的学校里萌芽，那时她所在的湖塘桥小学只是一所4间平房的农村小学，如今早成为一所航空母舰式的教育集团。

　　大家只知"5·20"是"我爱你"的谐音节日，今年5月20日还是第31个"全国学生营养日"，所以新教育种子学校中的河北省邢台县幼儿园举办了"关注幼儿健康、促进膳食均衡"的主题活动，父母们通过和孩子们一起观看PPT、阅读绘本故事、制作营养膳食，度过了一个精彩的节日。同样是新教育种子学校中的幼儿园，山东诸城市实验幼儿园则围绕5月的开学，进行了"相拥五月，为爱归来"的家庭教育指导课，从心理角度指导父母如何协助下旬即将开学的幼儿调整好状态……新父母学校的工作，在新教育种子学校项目中已经深化为日常行为，让人欣慰。

　　下午4点半，在全国政协常委会议厅参加全国政协十三届三次会议委员小组召集人会议。今天是全国"两会"的委员报到日，也是常委会和全会之间的一天间隔日，作为民进界别的召集人，坐在偌大的会场里，不仅戴着口罩，还能够保持着足够的安全距离。

　　主持人李斌副主席通报了大会主要安排，张庆黎副主席就如何聚精会神开好会议提出了要求。他指出，今年"两会"国内国际广泛关注，政协委员热切盼望，社会各界充满期待，希望在会期缩短、日程调整、疫情防控等条件下，努力把这次"精简版"大会开成"精华版"大会，切实肩负起中共中央和全国各族人民赋予我们的光荣使命。如何做到大会会期缩短，协商议政活动不缩水，如何做到确保无疫情、无感染，的确需要我们齐心协力。

开完会，就开始构思今天的手记。正所谓办法总比困难多，围绕着昨天报社专栏连载提出的要求，想出了一个新的写作方式：不再像以前那样从早晨写到晚上，而是先根据选定的主题来写出两篇独立的文章，再根据时间顺序继续补充，完成一整篇手记。

晚上7点，开始写作《新京报》和《人民政协报》的两个专栏连载，分别从后疫情时代的教育"新基建"角度和青少年"模拟政协"活动的角度，完成了两篇千字文。

晚上8点40分跑步锻炼。遇见江苏省政协原主席张连珍、安徽省政协副主席李和平、上海市民进副主委胡卫和《人民政协报》教育在线周刊主编贺春兰，我猜想，又是通过约委员"散步"进行采访吧！果不其然，他们正好在议论全国政协的读书活动，刚刚谈到我关于阅读的两本书呢。

身体活动起来，头脑似乎也跟着灵动起来。跑步返回的时候，基本构思好了接下去几天的主题。

今天还接受了一个有趣的采访：记者苑楚楚转来《中国少年报》《中国儿童报》《中国中学生报》孩子提出的问题，希望我用形象化的语言，分享我眼中的小康，要求用手机拍成一段视频。

小康是什么？不同的人有不同的答案。我想，从孩子们的角度来说，小康就是：哪怕面对全世界流行的新冠疫情，孩子也能够安全地生活，吃得饱饱的；哪怕在学校不能开学的时候，孩子也可以打开电脑或者手机，跟着老师和同学们一起学习；哪怕在网课上没有听懂老师的课，还可以点一下回放，进行复习……小康，就是我们能够享受网络时代的便利，能够更好地生活，学习，成长。当然，作为孩子们的政协委员大朋友，我也要特别叮嘱：希望小朋友一定要记住，网络是一个工具，要加强网络素养，学习正确地使用这个工具。千万不要把时间浪费在打打杀杀的网络游戏上。网络上有很多电子书、视频，选择优秀的内容，就能够让我们阅读更开心，成长更迅速。

这几天媒体的温度明显上来了。《南方都市报》发表社论《升级农村学校图书馆，助力乡村文化振兴》，对我提出建议将农村的中小学图书馆建设工程纳入国家"十四五"规划,"像过去抓营养午餐那样,对农村中小学的图书馆进行一次标准化的改造",出台农村中小学图书馆建设标准给予高度评价:"图书与乡村之间的联系,对公众而言并不陌生,一直以来,从国家层面到社会各界都在持续性地采取送书下乡、文化扶贫、建设乡村图书馆等多种方式,参与农村的文化建设。但也要看到,农村场景下的图书馆建设,亦存在包括实用性不强、利用率低、运营效率不甚理想等问题。而此番朱永新从农村中小学的图书馆切入话题,其公共价值不仅在于呼吁以国家规划介入农村中小学的图书馆建设,可能更在于尽可能发挥学校在农村文化建设中的辐射作用。"

今天的中国青年网发表记者王龙龙的专访《朱永新:建设好教育"信息高速路"为推动教育公平发力》,同时发表见习记者张艺、记者王林的文章《朱永新委员:最好的学区房是家里的书房》,介绍了我在《未来学校》一书中表达的观点:未来教育不是选择最好的学校,而是与学生最匹配的学校。最好的学区房是家里的书房,把家里的书房做好了,真正引导孩子养成学习的内在动力,培养阅读的习惯、兴趣和能力,比任何学区房都管用。

今天的红星新闻"两会"会客厅发表了一系列我的"两会"提案的观点。包括有必要把网络素养纳入普及性义务教育的课程,网络游戏应该建立分级制度,等等。他们甚至还做了一个海报《朱永新教你上网课》。

今天《新京报》发表我的政协笔记《读书是政协固本强基的大事》。《新京报》的微信公众号今天发表记者肖隆平、实习生刘思圆的专访《全国政协常委朱永新:阅读资源公平是社会公平的重要基础》。《南方都市报》"察时局"公众号发表了记者吴单的长篇《政协委员朱永新:疫情下孩子沉迷网络,应加强家校企网络素养教育》专访报道。

接受采访,说了一天的话。完成两篇文章后,就开始补充完成今天的手记。写着写着,渐渐疲惫起来。早一点休息,是确保高效工作的基础。

晚上 10 点 50 分,提前洗漱睡觉。

把"双向发力"落到实处

5月21日,星期四,晴

　　昨天晚上10点左右,北京下起了小雨。几声春雷,打破了夜晚的宁静。

　　早晨4点50点起床,推开窗,空气更加清新了。

　　打开手机,看到了朋友发来一条消息:世界卫生组织总干事谭德塞于当地时间20日称,世卫组织在过去24小时内收到10.6万例新增病例的报告,系疫情暴发以来单日最大增幅,近三分之二的病例由美国、俄罗斯、巴西和印度四个国家报告。疫苗或者特效药的研制,是取得胜利的关键。

　　完成每天的晨课。读《第一次去图书馆》。这是日本的儿童文学作家齐藤洋和插画家田中六大联合创作的图画书。作者通过走迷宫、辨别真假、找一找、找不同等各种游戏,全面介绍了关于图书馆的各种常识、如何使用图书馆,以及如何参加图书馆的各种活动等方面的内容,让孩子在快乐的游戏中,轻松掌握图书馆的各种知识和规则。

　　阿根廷国家图书馆前馆长、著名诗人博尔赫斯曾经说过:"如果有天堂,那里应该是图书馆的模样。"中国的父母很少带孩子去图书馆,读了这本书以后,不妨带着自己的孩子,到当地的图书馆去体验一下。也由衷希望,图书馆建设作为推动全民阅读中的重要组成部分,中国的公共图书馆能够得到更多的支持,有着更大的发展。截至2017年,全国公共图书馆数量为3166个,其中上海、北京两市公共图书馆总量分别为24个、23个,按常住人口计算,平均每100万人才拥有1个公共图书馆。以色列的公共图书馆和大学图书馆有1000多所，其中学术和专门图书馆有400多所，平均不到4000人就拥有一个图书馆。推动全民阅读，还任重道远。

上午10点举行委员小组预备会议。我作为召集人主持会议，传达了昨天下午委员小组召集人会议的精神。选举产生了小组组长，我被选为组长为大家服务，姚爱兴、张雨东、陶凯元、黄震四位民进中央副主席当选为副组长。每年"两会"都有一场本界别小组关注的热点问题，前几年讨论了教育、文化的问题，今年就出版传媒问题继续建言资政。确定界别小组讨论的热点问题，确定把《推进全民阅读，建设书香中国》作为民进组的讨论议题。因为今年"两会"会期缩短，提案也需要相应提前交，向委员们介绍了今年民进组提案准备的相关情况，也就此机会介绍了政协反映社情民意的新的形式《每日社情》。

上午会议期间，重庆市政协副主席、民进重庆市委会主委陈贵云带来了82岁的老民进会员、原重庆市民进副主委、重庆市渝中区教师进修学院曾庆宇老师的三个手抄本和剪贴本，其中有一本是我发表在《人民日报》和《中国教育报》的相关文章的剪报和笔记。

曾庆宇老人是全国优秀教师，酷爱学习，写了25本日记，摘抄本达146本之多。她关心青年教师成长，在20世纪80年代曾经牵头组织成立了专门培养青年教师的"重庆市市中区中青年教师教材教法学习研究组"。她于1981年参加民进，积极参政议政，对组织一往情深。1999年，针对长江下游某县拖欠教师工资问题，她专门向全国人大常委《义务教育法》检查团何鲁丽和朱开轩汇报，撰写了《关于解决拖欠教师工资的建议》。

陈主委告诉我，曾庆宇老人至今仍然一有机会就积极参与民进活动，献言献策。作为晚辈，被她称为"偶像"，我实在诚惶诚恐，请陈主委带一本我的新书《春天的约会》，表达我对她的敬意。正是这样满怀热忱、终身成长的会员，正是这样令人肃然起敬的老师，让民主促进会有了感染力、生命力，有了吸引力。

中午读到民进网发表的《民进先贤赵朴初的政治贡献》一文。今天是民进中央原名誉主席赵朴初先生去世二十周年，今天民进在上海举办了相关纪念活动。时间过得真快。2012年秋，赵朴初铜像揭幕仪式在安徽省太湖县隆重举行，我代表民进中央专程前往参加了揭幕仪式。在青山绿水之间，看着雕像的容貌栩栩如生，似乎仍然伴随在我们身旁。2015年秋，我参加了《赵朴初全集》的出版启动及编撰研讨会，也再一次深受感召。

作为先贤，赵朴初先生有无数思想都在继续指引我们。还记得我刚到北京工作时，刚刚半百之年，我特别请朋友撰写了一幅赵朴初先生的诗词，挂在办公室里督促激励自己：

百年刚过半，炎炎日方时。
松劲每因冷，梅开不恨迟。
长镵诗可喜，远道马能师。
待共湖山乐，东风拂鬓丝。

先生在世时，他最喜欢说的一句话格外简单，我也记得格外清楚："知恩报恩。"可能正是这样一句大道至简的语言，让赵朴初一方面是虔诚的佛教徒，一生慈悲佛心，一方面又是爱国民主斗士，一生为民奔走。前辈们当年都是抛头颅洒热血，冒着生命危险，为国家民族、为天下苍生寻路，如今我们所做的与之相比，实在太微不足道了。把前辈们、把人类中这些伟大的精神一代代传扬下去，恐怕这才是教育最大的意义。物质永远没有精神流传更久远，影响更深刻。

下午2点，乘车去人民大会堂。

下午3点，全国政协十三届三次大会在人民大会堂隆重召开。在庄严的国歌奏唱完毕，全场所有人保持起立，默哀一分钟，对抗击新冠疫情斗争中牺牲的烈士和逝世的同胞，表达全国各族人民的深切悼念之情。这项议程，来自全国政协委员冯丹龙的提案，她在今年2月19日提交了这份提案，发出的第二天就收到全国政协提案委员会办公室"本着急事急办的原则"的回复，"已经转送全国政协办公厅"。5月6日，确认在大会开幕式上的这个默哀仪式。肃穆庄重的一分钟，凝结着对勇者的感恩，对逝者的追思，对生命的尊重，对未来的期待，愿"抗疫精神"能够让我们国家继续交出各行各业的漂亮答卷。

开幕式由全国政协副主席张庆黎主持。审议通过了政协第十三届全国委员会第三次会议议程,听取全国政协主席汪洋关于政协全国委员会常务委员会工作的报告,听取全国政协副主席郑建邦关于政协全国委员会常务委员会关于政协十三届二次会议以来提案工作情况的报告。

考虑到防控疫情的需要,两个报告用的都是简版,整个会议只有一个小时。可谓史上最短开幕式和最短报告。

汪洋主席的报告全文一万字左右,报告时又用的是删节版,只有 6000 字。报告虽短,内容却非常丰富,而且扫码还可以看到更加充实的图文并茂的材料。

汪洋主席在报告中对十三届二次会议以来的政协工作进行了系统总结,对 2020 年工作进行了全面部署,同时对落实中央政协工作会议精神讲了三点意见。

虽然汪洋主席对全国政协十三届二次会议以来的工作花费的笔墨不多,但是,这一年多来的工作的确取得了骄人的业绩。

这一年,中央召开了政协工作会议,这在党的历史和人民政协历史上都是第一次。习近平总书记发表了重要讲话,高度评价了人民政协 70 年的历史贡献,精辟论述了新时代人民政协工作的使命任务、根本要求、着力重点,深刻揭示了人民政协与国家治理体系的内在关系,科学回答了人民政协"是什么""干什么""怎么干"等重大问题。

这一年,举行了"我和我们的政协"为主题的人民政协成立 70 周年系列活动,全国 60 多万各级政协委员参与其中当主角;2100 多名政协委员每人录制了 1 分钟视频,介绍履职情况,展示个人风采。

这一年,推出了 10 期委员讲堂特别节目,讲述了中国共产党领导下各民主党派风雨同舟团结合作的故事;组织 132 批 2149 名全国政协委员参加感悟初心使命的专题参观考察。

这一年,面向全国各级政协委员、社会各界征集了 1400 首主题歌曲歌词作品,评选表彰了 70 年来 100 件有影响力的重要提案活动。

这一年,举行全国政协机关公众开放日活动,让社会尤其是青少年了解政协；开展网络议政、远程协商，把互联网优势同政协协商特色结合起来。

这一年，建立防控疫情读书群，开展委员读书活动，为抗击新冠肺炎建言谋策1300多条，按"特事特办、急事急办"原则，先以参阅件形式及时送交有关部门参考，发挥了作用。

这一年，委员们在人民政协的平台上发光，在本职工作的舞台上发热，提交的5488件提案中立案4089件，主席会议成员领衔督办40个重点提案，大部分提案得到采纳。

的确，这一年政协工作的成果丰硕，可圈可点。这一年政协工作表明，中国共产党领导的多党合作与政治协商制度作为中国的基本政治制度，已经成为国家治理体系的重要组成部分，已经成为大国之治中不可或缺的"政协力量"。

在汪洋主席的报告中，印象最深的是他所讲的第三部分《固本强基：开创新时代人民政协工作新局面》。其中谈到要毫不动摇坚持中国共产党对人民政协工作的全面领导，有序有效推进专门协商机构制度建设，深入做好凝聚共识工作三个关键问题。

关于人民政协的性质定位问题，汪洋主席用了三个"不是……而是"的排比句：政协不是权力机关，不是立法机构，而是具有中国特色的、体现"我有你没有，我能你不能"政治优势的政治组织和民主形式；不是协商主体，而是发扬民主、参与国事、团结合作的重要平台；不是"和"政协协商，而是"在"政协协商。只有明确政协的这个定位，才能更好地在协商中促进广泛团结，推进多党合作，实现人民民主，体现有事好商量、众人的事情由众人商量的特点和优势。

关于人民政协如何做好凝聚共识的工作，汪洋主席继续用了四个"不是……而是"的排比句：凝聚共识不是无区别的强求一律，而是有方向的启发引领；不是单向度的灌输说教，而是互动式的协商讨论；不是表面的附和敷衍，而是内心的深刻认同；不是快餐式的立竿见影，而是长期性的润物无声。要摒弃视不同意见为添乱、把强加于人作共识、将沟通商量当麻烦等错误观念，以道交友、以诚待人、以理服众、以商求同，不断通过加强学习明共识、协商交流聚共识、团结—批评—团结增共识。

在讲话的最后，汪洋主席要求政协委员要努力做到懂政协、会协商、善议政、守纪律、讲规矩、重品行，无论是在人民政协还是在本职岗位，都应珍惜荣誉、知责思进，不存旁观之心、不为消极之举、不图名利之得，自觉投身凝心聚力、决策咨询、协商民主、国家治理第一线，成为民族复兴的正能量。

以"不是"拨开疑云，以"而是"定位使命，阐释人民政协的性质定位，促进建言资政和凝聚共识双向发力，汪洋主席"浓缩版"讲话时间虽短，但信息量很大。这个简洁有力的开幕式，正式启动了2020"两会"的新航程。

下午电闪雷鸣，下了一会儿雨。会议结束后，朋友告诉我，闪电之际，正是我们的默哀之时。

上午10点，《人民日报》海外版的"海客'两会'对话"正式播出了访谈《在线教育要从"新鲜感"向"新常态"转变》。

今天的《人民政协报》发表我的《永新日记》"两会"专栏文章《努力把"精简版"大会开成"精华版"》。《新京报》发表我的政协笔记《读书是政协固本强基的大事》。香港《大公报》发表了记者朱烨、凯雷的专访《朱永新：在港澳推广国家通用语言文字》。

下午会议结束以后回到驻地，开始写作《人民政协报》和《新京报》两个报纸的专栏。

傍晚7点30分，完成两篇千字文的初稿，开始跑步。一边跑，一边思考。正好是华灯初上的时刻，下午的骤雨让气温下降，感觉格外清爽。在身边三三两两的人群，有的是应记者的邀约，在做"散步式采访"，在本届"两会"规定不允许在房间里接待采访后，大家都英雄所见略同地采取了这种方式，也有的是委员之间三五成群地一起交流，一起散步，想来这也是全国各地的委员们分别最久的一次，无论是提案建议，还是心得体会，彼此之间都有很多话要说。

北京已经开始了垃圾分类，在跑步中看见了介绍相关信息的公告牌："垃圾分几类？北京市生活垃圾分四类：厨余垃圾、可回收物、有害垃圾、其他垃圾。"不由得想起了有的宣传册上的另一种介绍方式：可以用猪为标准，对生活垃圾进行分类——猪可以吃的叫厨余垃圾，卖了买猪的叫可回收物，猪吃了会死的叫有害垃圾，猪都不吃的叫其他垃圾。显然后一种介绍方式更为鲜活、有趣，几乎让人过目不忘。这就是同样的教学内容，采取不同的教学方式，可能得到截然不同的效果。

晚上 8 点 45 分跑步完毕，开始整理完善今天的手记。

晚上 9 点 40 分，收到全国政协副主席、九三学社中央常务副主席邵鸿发来的一首他题写的怀念赵朴初先生的诗，十分动人。他说："朴老是国宝，特别是统一战线的特殊人物，很值得景仰和学习。我们不应该遗忘他。故有感而作。"

《为赵朴老西行二十年作》
大愿大行，菩萨志意。
庄严利乐，道在人世。
不舍有情，济衰拯溺。
弘教龙天，起颓振义。①
慧通释马，圆融三谛。②
和合津梁，家国宝翊。
是善知识，众妙身系。
字莲诗瑰，文雅曲逸。
月朗风清，花明水碧。
寻觅何劳，慈光永熠。
晚生未及，云山仰忆。
一瓣心香，虔寅以祭。

临睡前，读汉尼斯先生的《要领》一书。这本书结合汉尼斯担任斯坦福大学校长 16 年的经历，以及他创办美普斯科技公司的过程，概括出领导力的重要内涵，谦逊、本色与信任、服务精神、同理心、勇气、合作与团队配合、创新、求知欲与终身学习、讲好故事等。每

---

① 佛教亦称义学。
② 朴老首倡佛教"三圆融"，即把佛教教义圆融于社会主义，圆融于维护国家民族，圆融于促进世界佛教界友好交往。

一项内涵的认识都是情理交融,充满哲理。

譬如关于谦逊,他认为,自信是领导力的核心,但是谦逊则是自信力的核心。傲慢会蒙蔽我们的双眼,谦逊才能让我们对自己的能力和特色有真实的认知。他指出,谦逊的品质决定了一个人不断成长的动力。要时刻记住:"成功包含幸运的成分,你不是房间里面最聪明的人。"前些天与这本书的译者、清华大学副校长杨斌教授见面,约定 5 月 31 日左右与汉尼斯、杨斌一起,我们做一个直播对话。所以,利用会议的间隙再读这本书。

晚上 11 点洗漱休息。

生命的重量

5月22日,星期五,晴

  早晨5点30分起床工作。发《童书过眼录》和《新父母晨诵》。前者介绍的是儿童第一次听音乐会的过程和注意事项。后者仍然是读杜威。连续几年重读杜威,已经接近尾声了。眼前经常会浮现出100年前他来到中国,在大江南北巡回讲演的身影。

  7点40分,上车前,遇到全国政协邵鸿副主席。正好昨天晚上读他发来写赵朴初先生的诗作之后,今天早晨又读到刚刚出版的《中国政协》杂志上他撰写的文章《读书往事》,讲到他儿时看完了家中小书架上的杂书,讲到"文革"时他翻墙到报社封存的书库找书读,讲到他在老乡家中看线装书,讲到他一次性借阅庐山图书馆的50册流动书箱,很是感动。我们谈起读书就打开了话匣子,直到工作人员催上车,还有点依依不舍。

  早晨7点59分乘车去人民大会堂。我有点好奇,为什么不是8点整出发,而是7点59分?工作人员告诉我,这是"两会"期间,根据不同驻地不同距离的代表委员的不同情况统一调度指挥的。

  今年"两会"一个很大的变化,是记者少了。造成这个现象,是疫情防控的需要,本质上却是尊重生命的需要:生命至上,严防疫情复发。

  许多媒体也有妙计:聘请了一部分代表、委员当"兼职"记者。如果是一般的记者,也许还需要专程找人、约时间,作为委员的"兼职"记者还能够如影随形。

在去人民大会堂的车上,民进组的胡卫委员就当上了"记者"。人们常说"久病成良医",看来作为民进上海市委专职副主委的胡卫是"久被采访成名记",他不仅采访,而且还像模像样用手机进行视频采访。

胡卫问我,对于今天的政府工作报告有什么期待?我说,总理报告是每年"两会"的重头戏,是对去年的总结,更是对今年的谋划,是再出发的集结号。很想看到总理对于如何做好"六保""六稳",如何维护经济发展和社会稳定大局,确保完成决战决胜脱贫攻坚目标任务,全面建成小康社会的工作部署。

8点半不到,就到了人民大会堂。见到了两位地方政协主席,一位是江苏省政协的黄莉新主席,一位是福建省政协主席崔玉英。聊起全国政协的读书活动,他们都高度称赞。一起合影,留下了这次"共读战疫"的纪念。

上午9点,全国人大十三届三次会议开幕式隆重举行。对生命的尊重,对人性的关怀,仍然渗透在细节中——

与昨天政协的开幕式一样,国歌奏唱完毕,习近平等党和国家领导人与全场所有代表委员默哀一分钟,悼念在抗击新冠疫情斗争中牺牲的烈士和逝世的同胞。

总理的报告,也是从讲述新冠肺炎疫情开始。这是新中国成立以来我们遭遇的"传播速度最快、感染范围最广、防控难度最大的公共卫生事件"。我们在较短时间内有效控制了疫情,保障了人民基本生活,也付出了巨大的代价,一季度经济出现了负增长,生产生活秩序也受到了冲击,但是,"生命至上,这是必须承受也是值得付出的代价"。总理的这句话,没有用惊叹号,也没有刻意用铿锵有力的语调,但是,正因为这句话说得如此平实自然,如此天经地义,它的分量就更加沉甸甸的,深深地感动和撞击着会场上所有人的心灵。掌声,在大会堂回响了许久。

在布置今年工作的时候,总理再次把"坚持生命至上"的理念,作为保障改善民生,促进社会事业改革发展的重要指导原则。如何改革疾病预防控制体制?如何完善传染病周报和预警系统?如何坚持及时公开透明发布疫情的信息?如何用好抗疫特别国债?如何加大疫苗药物和快速检测技术的研发投入？如何增加防疫救治医疗设施和移动实验室？如何强化应急物资保障？如何强化基层卫生的防疫？如何开展爱国卫生运动？如何大幅提升防控能力，防止疫情反弹？一句话，一切为了生命安全，坚决守护人民健康，是党和政府治国理政的出发点。

是啊，生命是最高目的，幸福是最高境界。让每一个生命受到关注，得到关爱，让每一个生命享受幸福，这不正是我们孜孜以求的目标吗？

为了生命，所有的代价都必须承受值得付出。为了生命，所有的承受和付出都会被铭记。

每年"两会"，总理的政府工作报告都是最大的亮点。

每年总理报告时，总有人细数掌声。报告里的民生，报告外的掌声，就是代表和委员的心声。今年总理的报告篇幅大大压缩了，语速也快了，有时候想鼓掌也插不上，但是掌声一点也没有减少。

作为教育学者，我习惯从报告中寻找教育的"密码"。因为，"两会"过后，各部委都会把总理报告中所有的文字，变成行动的方案，一一落实。

由于字数的限制，许多内容无法被写进报告，一些内容报告中也无法展开。但是，只要是报告提及的事情，一定是要逐项落实，抓铁有痕的。我曾经看过政府工作报告的分解落实细表，是整整一大本。

这几年，关于教育的问题总是从"公平与质量"开始论述的，虽然提法不完全一样，但是内容基本相同。从2018年的"发展公平而有质量的教育"，到2019年的"发展更加公平更有质量的教育"，再到今年的"推动教育公平发展和质量提升"，公平与质量始终是总理最关注的大问题。其实，这也是教育的永恒话题。我个人理解，"公平发展"和"质量提升"是不可分割的。所谓质量，如果没有公平作为基础，就不可能有真正的质量；所谓公平，如果没有高水平的质量，也不是我们真正需要的公平。教育公平有起点和机会的公平、过程和结果的公平。政府应该着重解决起点和机会的公平，应该努力追求更高质量的公平，从长远的目标来看，更应该实现尊重个性和差异基础上的公平。

报告特别提到了加强乡镇寄宿制学校和县城学校的建设，办好特殊教育，扩大高校面向农村和贫困地区招生规模等，这些问题都是我们教育中的短板，也是教育的老问题，但的确是要解决的教育公平的问题，需要有扎扎实实的措施跟上去。

今年的报告特别考虑到了疫情后的教育问题，强调了有序组织中小学教育教学和中高考工作以及帮助民办幼儿园纾困的问题，很有针对性，也很及时。去年，针对有些地方片面强调公办园数量的问题，总理的报告就提出"无论是公办还是民办幼儿园，只要符合安全标准、收费合理、家长放心，政府都要支持"。今年，突如其来的疫情，更是导致了民办幼儿园的生存危机，保教费不能正常收取，又背负贷款等多重压力，许多幼儿园已经关门或者面临倒闭风险，总理报告及时明确提出"帮助民办幼儿园纾困"的问题，可谓雪中送炭。

我也注意到，今年的总理报告继续提出要支持和规范民办教育发展。"支持"和"规范"并重，首先是"支持"，有了"支持"有了发展，才谈得上"规范"。这是各级教育行政部门应该明确的发展民办教育的原则。

和去年的报告一样，"推进一流大学和一流学科建设"继续写进了今年的报告。我一直认为，中国的大学和科学研究机构，如何更好地融合发展，需要我们认真地研究国际上后来居上的著名高校的发展道路，研究在互联网教育资源日渐丰富、新技术发展日新月异的新背景下，如何建设一流大学与一流学科的新的可能的路径。

2019年，国家在财力非常紧张的情况下，国家财政性教育经费占国内生产总值比例继续保持在4%以上，中央财政教育支出安排超过了1万亿元，完成了总理报告的目标。今年，财力将更加紧张，如何用好宝贵的教育资金，办好人民满意的教育，总理强调了"优化投入结构，让教育资源惠及所有家庭和孩子"的导向，无疑，这是一个公平导向。

是的，让孩子有更光明的未来，国家才有光明的未来。

在总理的报告之后，听取了全国人大常委会副委员长王晨关于中华人民共和国民法典草案的说明和关于建立健全香港特别行政区维护国家安全的法律制度和执行机制的决定草案的说明。

正如王晨副委员长所说的，编纂一部真正属于中国人民的民法典，是新中国几代人的夙愿。党和国家先后四次启动民法制定工作，但在1954年、1962年、1979年和2001年的启动，都分别遇到了各自的困难，只有局部的推进。这一次在众望所归之下迎来的这一部《中华人民共和国民法典（草案）》，早在去年12月的公开征求意见阶段，就已成为了社会热点，诸如"国家、集体、私人的物权和其他权利人的物权受法律平等保护，任何组织或者个人不得侵犯"等条款，受到广泛关注。在新冠疫情下，这一次又增加了与疫情相关的共有监护人制度、建筑物所有权、物资征订等三方面的条款。

王晨副委员长指出，编纂民法典是坚持和完善中国特色社会主义制度的现实需要，是推进全面依法治国、推进国家治理体系和治理能力现代化的重大举措，是坚持和完善社会主义基本经济制度、推动经济高质量发展的客观要求，是增进人民福祉、维护最广大人民根本利益的必然要求。

重在保护私权利的《中华人民共和国民法典（草案）》，是新中国的又一个里程碑。作为中国特色社会主义法律体系的一大支柱，正在为法治中国的建设，夯实根基，提供保障。

按照惯例，国家发改委关于2019年国民经济和社会发展计划执行情况与2020年国民经济和社会发展计划草案的报告及草案、财政部关于2019年中央和地方预算执行情况与2020年中央和地方预算草案的报告及草案，由代表委员书面审查。

中午吃饭的时候，遇到了九三学社中央副主席、原上海市副市长赵雯，谈起了赵朴初老。前两天赵副主席刚刚在上海主持了题为《无尽意》的赵朴初先生的书法艺术展书画展，精选了包括《某公三哭》和三份遗嘱在内的93幅作品。她说，赵朴初老的所有遗物都由她保存，整理以后，将分别捐赠不同的博物馆和机构，其中涉及民进中央的物品，将捐赠民进中央。

今天会议多，采访多，时间少。午饭之后赶紧写手记。

下午3点，举行小组讨论。我担任下午讨论的主持人，全国政协副主席刘新成参加我们民进小组的讨论。左定超、郑福田、胡卫、陈贵云、尚勋武、汤建人、史贻云、潘碧灵、张显友、张震宇、鲁修禄等 17 位全国政协委员先后发言。

大家认为，这次会议能够顺利召开，是疫情防控阻击战取得重大战略成果的一个重要标志，充分体现了中国共产党的坚强领导和中国特色社会主义制度的优越性。在开幕式上的默哀环节，体现了对人民的敬畏和生命的珍惜。报告的第三部分是对近年来政协理论研究成就的一个高度的理论概括，论述精辟，必将成为政协工作的基本遵循。作为政协委员要坚持政治立场，强化责任担当，保持敢字当头、干字为先，做好建言资政和凝聚共识工作。

蔡秀军委员在发言中建议，要高度重视疾控中心的人才匮乏、流失严重、专业不对口等问题，加强对疾控中心的人才培养，按照复合型人才的方向，注意招收有医学、公共卫生教育背景的人才。

李玛琳委员提出两点建议：一是建议政协要更加关注科技创新的工作；二是关注创新人才的培养使用和激励。

牛汝极委员在发言中提出，一个好的报告一定要有评判性命题表达，即"不是什么，而是什么"。常委会报告有 7 个评判性的命题，对于政协性质定位的规定，对于政协委员履职新要求的规定都很有深度，这些规定对形成共识、凝聚共识具有重要作用。

张帆委员认为，报告对于政协工作有许多理论阐述，这些理论观点如何体现于市县以下的政协工作，需要更加细化。新冠疫情后，社会出现不少变化，希望政协请一些专家做些讨论。这项工作很难由某个具体部门承担，政协有条件做这项工作。

罗永章委员建议，要在"建立健全协商工作规则，推动完善协商于决策之前和决策实施之中的落实机制"的基础上，加上一条"决策实施之后的成效评估"。

杨静华委员建议全国政协关注西部地区、边境地区、少数民族地区的职业教育发展的问题，帮助推动广西建设中国·东盟职业教育开放合作试验区。

薛康委员认为，作为组织系统来说，最薄弱的确实在县一级的政协，建议对其更加关注，对其更好发挥作用进一步探索。

何志敏委员建议在提高调研质量方面，尝试开展蹲点式调研；对提案工作，特别是重点提案，采取办理跟进措施，切实提高提案的效果。

虽然会场上没有了以往长枪短炮的记者采访，委员们发言同样争先恐后，非常积极。

匆匆忙忙吃了晚饭。晚上6点，接受新华社记者董瑞丰的采访。结合"两会"开幕时的默哀一分钟等问题，谈对生命的尊重等问题。

晚上7点40分至8点30分，在驻地的直播间参加《人民政协报》和光明网联合主办的"政协委员眼中的书香中国"视频访谈，与丁元竹委员和老委员聂震宁连线，网上"全国政协书院"的建立，如何把读书所得转化为履职成果，委员读书对于建设书香社会的意义，"互联网+"时代如何让人们"打开书本"、品味书香？在推进全民阅读、建设学习型社会的伟大事业中，人民政协有着怎样的优势和力量？围绕着这一系列的问题，谈了自己的想法。

晚上浏览今天的各大媒体，发现了部分自己撰写的文章和关于自己的报道。

今天《人民政协报》"永新日记"专栏发表了我的"两会"日记《"浓缩版"报告蕴含丰富信息》。

今天的《新京报》发表了我的政协笔记《教育需要"新基建"》。

今天的中国教育新闻网发表了记者赵秀兰的专访《朱永新委员呼吁："将未成年人与互联网割裂开来，不可取也难实现"》。我说，将未成年人与互联网割裂开来，将未成年人排斥在数字世界之外，这显然是与时代发展趋势相悖的做法，既不可取也很难实现。网络素养它是一个人的基本素养，也可以称之为新时代的读写算，相当于传统时代的读写算的基本能力。

今天，《南方都市报》的N视频发布了《全国政协常委朱永新：让贫困孩子得到最好的童书，成长就会不一样》的视频专访。我说，农村留住好教师比较困难，但有好图书不难。好教师可遇不可求，但是好书是可遇又可求的，而且成本很低，是最有效帮助孩子成长的一个路径。阅读是缩小城乡差距、推进教育公平的最有效手段，如果在人生的初始阶段，让乡村孩子、贫困孩子也得到最好的童书，他们的成长就会不一样。

上海《解放日报》每周五刊出的《解放周末》今天发表了记者

徐蓓根据我和俞敏洪对话整理的文章《未来的教育，究竟会怎样》，谈到疫情已经成为教育变革的加速器，教育正以看得见的变化走向未来。

今天的《国际出版周报》发表了记者赵依雪的"聚焦两会"专访《朱永新：设立"国家阅读节"，将阅读进行到底》。

今天，人民网－中国共产党新闻网发表了《朱永新：创新机制搭建平台认真履行基本职能》新闻，记录了做客人民网的访谈。我介绍，民进中央初步形成了拟提交全国政协十三届三次会议的党派提案一共有46件，按照中共中央关于优化营商环境的政党协商选题，民进中央以"深化'放管服'改革　激发微观主体活力"为主题开展年度重点考察调研，以教育、文化服务业为重点领域，赴陕西、湖北进行实地调研，组织各专门委员会和16个省级组织开展同步调研，共形成25份调研报告。民进的同志告诉我，到晚上8点左右点击量已经超过100万。

今天，百度的"代表委员议事厅"发表了我的一个提案《关于规范图书销售体系，促进书业健康发展》，阅读人次超过了1800万。可见大家对这一问题的关心。全民阅读是一个精神生态圈，出版销售是一个文化产业链条，让好书能够好好出版，让良币驱逐劣币，是打造这个健康链条的重要一环，是形成良好生态的重要上游环境。

今天晚上，还收到朋友发来一位名叫"SKY－微"的网友在新浪微博上发的一句话："没有阅读的教育，不是教育。——朱永新"这条微博所配的图片，是我写的一本书《朱永新阅读感悟——梦想因阅读而生》，上面有一行手写的字："虽然每篇的文字不多，但都是真理，刚好在带娃的时候，利用碎片的时间翻阅几篇。"听口气，是一位年轻的父母。

这样的消息，让我格外高兴。父母一小步，孩子一大步。无论读的是不是我的书，只要父母认真阅读，孩子一定茁壮成长。

晚上9点多，采访结束以后回到房间，接受中新社记者王捷先的电话采访，就今年"两会"的新特点、互联网教育的优劣势、为什么坚持写"两会"手记等问题进行交流。

挂了电话，先修订给《人民政协报》写的专栏，交稿。再完成

《新京报》的专栏。

很快就是六一儿童节了。晚上《中华读书报》陈香来电，希望我为孩子们推荐新世纪以来最好的儿童文学作品。20年10本书，难度还是不小。选书本来就是仁者见仁智者见智的事情。但还是很认真地反复筛选，查找核对资料，晚上11点28分发送邮件，完成了任务。

又增补了一点手记，发现已经11点40分了。赶紧洗漱。

有朋友善意提醒我，对于媒体的采访尽可能少一些，要低调一些。心中感到特别的温暖，由衷的感动。

说实话，我自己也的确感到身体的疲倦。但是，想一想，生命到底是什么呢？生命的重量到底体现在何处？当我们在疫情之下，如此艰辛地赢得初步的胜利，当我们默哀的时候，缅怀同胞、致敬英雄，我们是如何定义生命、如何定义生命重量的呢？

人是社会动物，无法完全孤独的存在。归根结底，任何人，哪怕再大，作为区区个体，也无非是社会无数链条上的一环，共同推进一些事务，力图让世界一点又一点地接近理想。因此，不同的职业，生命的重量从不同事务中体现。对于医护人员来说，生命的重量在于奋战在疫情第一线，也在于像钟南山、张文宏那样向人们普及相关知识。那么对于委员代表来说，生命的重量在于深入一线的走访调研，分析思考，也在于责无旁贷的献言献策，向人们普及各自专业领域的相关知识，可以说，调研思考是本职所在，呐喊献计是职责所系。

尤其在信息时代，观点多元化的自媒体本就无限瓜分着大众的注意力，从娱乐性上专业媒体本身就处于弱势，必须靠专业性取胜，只能借助于专业人士。如果专业媒体人缺少具有专业知识背景的采访对象，巧妇难为无米之炊，他们又怎么办呢？

更何况，教育的改变，从理念开始。理念的改变，只可能从传播开始。很多教育的问题，要想把常识变成共识，就是需要反反复复地说，从不同角度说，以不同案例说，才能逐步被大家接受。

正是有着这样的心理准备，我才总是抱着一种"虽然辛苦一些，又何乐不为"的心情，尽一己之力。不过，我对自己反复提醒的是：术业有专攻，要围绕自己研究的专业领域发言。现代社会分工细致，这个领域的专家,涉及那个领域,就可能是"专门害人家"了,自己只能为自己的专业研究代言。

11点55分休息。

为报告添彩

5月23日，星期六，晴

5点15分起床。昨天睡得晚，但事情还没做完，早早就醒了。

发完微博。继续写昨天的日记。虽然昨天已经抓紧时间把两个报纸专栏完成，但是，除了专栏内容之外，还有很多信息。完整的一天手记，写了7000多字。早晨就这样匆匆忙忙地度过了。

看见22日晚发布的新闻：国际医学学术期刊《柳叶刀》在线发表陈薇院士团队的新冠疫苗1期临床试验结果——安全，能诱导免疫反应。在5月21日早晨，解放军总后勤部卫生部原部长张雁灵转告我这则喜讯。尽管陈薇院士以科学家的严谨强调，"这些结果是一个重要的里程碑"，"我们对这些结果应谨慎解读……这些结果为新冠疫苗研发提供了积极前景，但距离该疫苗上市，我们还有很多工作要做"，但是，对我们而言，有了这样的一个里程碑，就意味着迈向胜利的目的地又可靠地近了一大步。实干兴邦，相信在专业力量的支持下，在全球力量的推进下，人类最终会取得疫情决战的大胜利。

今天一天都在驻地。

白天，全天分组讨论政府工作报告、计划报告、预算报告等，审议政协常委会工作报告。

委员们依然参与踊跃，近30名委员争相发言。快到下午5点，我才有机会拿到话筒。

委员们谈到体会时，金句频出。有委员说，汪洋主席的报告是充满情怀的，李克强总理的报告是充满力量的。有委员说，史上最短的报告也是最温暖人心的报告。有委员说，政府工作报告是一个微言大义、实事求是的报告，是一个崇尚生命至上、一切以人民为中心的报告，是一个直面风险挑战又鼓舞人心提振信心的报告。有委员说，政协常委会工作报告是一个开拓创新又充满理性的报告。也有委员对报告中的许多"金句"赞不绝口，印象深刻到信口就能复述，如"留得青山，赢得未来"，"我有你没有，我能你不能"等等。

同时，委员们喝彩之余，也不忘建议，不忘支着儿。有委员建议，要充分利用我国疫情防控取得战略性成果同其他国家正在蔓延这个时间差，通过扩大外贸、拉动内需、增加投资发展我们的经济。有委员建议，对外资类、旅游服务类等目前最困难的行业进行研究，要出台针对性的扶助政策，帮助他们渡过难关。有委员提出，去年职业院校扩招 100 万，各地已经使尽了吃奶的力气，今年再扩招 200 万，生源可能会有困难，应该鼓励职业院校和企业结合起来，把招生与招工结合。有委员建议，在采取积极的财政政策时，要在抑制通货膨胀方面制定政策，稳定物价、稳定人心。有委员建议，高标准农田改造要加大向"三区三川"贫困地区倾斜，这些国家级贫困地区农业人口占比超过 90%，教育水平不高，导致高新技能掌握困难，需要成套的农业技术巩固"三区三川"脱贫攻坚的成果。有委员提出，疫情期间共克时艰的许多做法，尤其是弹性工作、在家办公、网络教学、视频会议，能否更多地在后疫情时代常态化？

到了会议期间，很多委员还在继续通过各种渠道听取民意，也有不少委员"现场办公"，把民间的声音带到了会上。有教育局长建议，加快推进幼儿师范高等专科学校建设，推进产教深度融合，促进职业教育现代化；对为中小学师生提供餐饮服务取得的收入免征相关税费。

有知名研究机构建议，在大城市试行"以市为主"的基础教育管理体制，完善农村学校生活及卫生设施及相关服务。有海外博士建议，切实帮助目前滞留海外的留学生顺利回国。有创投企业建议，取消个人无限连带责任的"对赌协议"。有一线老师建议，加强中小学的朗读教学，等等。

虽然在会场的，只是代表委员，但是在这里汇聚了会内会外、线上线下、天南海北、各行各业的呼声与建议。这些声音交互会和，彼此激荡，形成共识，汇聚力量。喝彩是对报告的肯定，支着儿是对报告的跟进，这是心灵的掌声，是对报告以心声喝彩。

在今天的讨论中，我们小组一致建议，期待"全民阅读"继续写入政府工作报告——网络学习需要更强的自学能力，疫情把我们逼得快速适应学习方式的网络化，如果不能及时强化提高阅读，提高阅读能力，那么真正的网络学习将无从谈起，将会对中国教育的根基造成重大伤害。疫情之下，我们更需要全民阅读。

可能在人们的印象中，委员讨论的多是宏观问题。其实，越宏观的问题，越需要细致推敲。算账也是委员的"基本功"之一。

数字，有时是枯燥的，有时又是生动的。

数字，有时能够帮助我们总结过去，有时又能够把我们带向未来。

每年"两会"上，总有不少数字让代表委员心潮澎湃，也有一些数字让代表委员心急如焚。

在今天的小组讨论会上，我们再一次与不同的数字相遇。

在政府工作报告中，2019年的数字是一个漂亮的成绩单：国内生产总值99.1万亿元，增长6.1%；城镇新增就业1352万人，调查失业率5.3%以下；居民消费价格上涨2.9%，社会消费品零售总额超过40万亿元；粮食产量1.3万亿斤以上；常住人口城镇化率超过60%；企业数量日均净增1万户以上；减税降费2.36万亿元；农村贫困人口减少1109万；高职扩招100万人。

在政协常委会工作报告中，也有许多数字：表彰人民政协70年100件有影响力提案，征集1000多首主题歌曲歌词，132批2149名委员参加感悟初心使命专题参观考察，政协领导与党外委员谈心交流316次，提出防控疫情建议1300多条，举办各类学习79场次，培训1.5万人次；收到提案5488件，立案办理4089件；专题协商会议71次，视察考察调研97项。

在这里，哪一串数字不是浸透了汗水？

2020年，因为全球疫情和经贸形势不确定性很大，报告中没有提出全年经济增速具体目标，但这反而让大家对未来的具体数字，有了更多的遐想和期待：城镇新增就业 900 万人以上，登记失业率 5.5% 左右，居民消费价格涨幅 3.5% 左右，财政赤字率 3.6% 以上，中央非急需刚性支出压减 50% 以上，新增减税降费 5000 亿元，职业技能培训 3500 万人次以上，高职院校扩招 200 万人。

在这里，哪一串数字不是孕育着希望？

政府的预算报告，大家最关心的是钱用到哪儿去：脱贫攻坚收官之年，1461 亿，连续 5 年每年 200 亿；教育支出中央财政安排城乡义务教育补助经费 1696 亿元，增长 8.3%；学前教育发展资金 188 亿元，增长 11.8%；职业教育提升计划 257 亿元，增长 8.7%，支持地方高校发展 367 亿元；基本公共卫生服务补助资金 603 亿元，增长 7.9%。财政赤字增加 1 万亿元，赤字率 3.6%。雪中送炭补短板，是政府花钱的原则。

在这里，哪一串数字不是牵动着民生？

这些账目，这两天一直在委员的心里盘算着。今天民进组讨论的时候，有人就问：去年职业院校扩招 100 万，全国各地用了吃奶的力气才勉强完成，今年再扩大招生 200 万，人从哪里来？能不能与企业合作，把招生与招工结合起来，既免费读书，又就业有收入，岂不是一箭双雕？

也有人问：今年全国财政赤字拟安排 3.76 万亿元，较去年增加 1 万亿元，财政赤字率突破 3% 的"国际警戒线"，达到 3.6% 以上，会不会存在风险？财政部门解释说，由于新冠肺炎疫情的影响，全球平均财政赤字率由 2019 年的 3.7% 上升至 2020 年的 9.9%，发达经济体的财政赤字率由 3% 增加到 10.7%。所以，中国的财政赤字率在世界经济体中是属于比较低的，提高一些赤字率也是安全可行的。

委员们细细算账，帮总理和政府谋策，目的就是一个：让明天共同的家底更殷实，日子更美好，生活更幸福。

今天上午 9 点多，会议期间，央视新闻客户端发表记者视频采访《全国政协委员围绕教育热点问题建言献策》。我介绍，用大数据来记录人的学习历程，建立学分银行，把学习的过程结果原生态地记录下来，同时给予学习的奖励。采用学习券的方式，每个人拿着学习券可以进行新的学习，甚至于可以采购兑换学习用品。这样来激励学生和成年人更好地学习，建设一个终身学习的学习化社会。针对在互联网教育快速发展的同时，如何保证学生的个人数据隐私安全建议，应该加强教育大数据隐私保护立法，并利用区块链等新技术，建立学生终身唯一的动态学分银行账户体系，保障学生隐私安全。我没有看到播出，直到中午上海的赵丽宏先生发来截屏，才知道这个消息。

今天听了一天讨论。讨论内容越丰富，短短的千字文篇幅，就越难容纳。直到快散会时也一直没有找到写作的感觉。原计划中午先完成《人民政协报》的部分内容，也变成了读书时间。

下午散会后，突然来了灵感，晚饭后抓紧时间写作，奋笔疾书到晚上6点40分，完成了《人民政协报》的初稿。

晚上6点50分，乘车去全国政协，参加大会秘书处会议。大会秘书长李斌副主席召集秘书处成员，讨论大会的政治决议。这也是每年的固定程序，大家依然很认真细致地讨论。

晚上8点左右会议结束，回到驻地，修改定稿《人民政协报》的专栏文章。

晚上9点，接受浙江日报融媒体记者孙潇娜的采访。就互联网时代的阅读等发表了我的看法。

晚上浏览今天的新闻。看到各媒体仍然有不少我的政协声与影。《人民政协报》"两会"专栏《永新日记》发表我的政协委员手记《政府工作报告里的教育"密码"》。

今天，央广网"两会"云聊室发表视频专访《全国政协常委朱永新：线上学习免流量让"追信号的孩子"安心追梦》。记者王启慧和我就"在线教育"相关话题进行探讨和分享。

"两会"期间，《三联生活周刊》发表了记者刘周岩的专访《政协委员的"网上书院"》，讲述了疫情期间，政协委员发起"防控疫情读书会"，汪洋主席和我们一起读《病毒来袭》《逼近的瘟疫》等图书，为建言资政、凝聚共识双向发力贡献智慧的故事。作为读书群的"群主"，回顾那段难忘的读书岁月，感慨万千。

今天《新京报》官网"两会"专栏"政协笔记"发表我的文章《朱永新：生命至上，贯穿于"两会"的每个细节》。

《中国新闻社》"两会人物"栏目发表记者王捷先的专访文章

《朱永新委员的一天：代表委员的"生命重量"在于建言资政》。记录了我写的"两会"手记、几个提案、对生命重量的看法等。

今天，未来网的"燃新闻"视频发布《加油少年！新时代少儿音乐梦想怎么实现？听朱永新委员这样说》，发出倡议：创作出属于你的我的我们的新时代的少儿歌曲，关注童唱新时代全国少儿歌曲创作活动，见证新时代少儿金曲的诞生。

在未来网记者李盈盈《全国政协委员批评教师带学生应援追星：是对学生身心发展不负责任的行为》采访报道中，我表示希望教师把更多的时间用于阅读、写作和自我提升，"教师提升了内在素养，增强了基本功，就有了辨别真假和善恶美丑的能力，不会再去做追星等有违职业要求的事"。

看完新闻，抓紧完成《新京报》的专栏初稿。写完，已是晚上10点40分，不敢恋战修订，赶紧洗漱。

可能是一直思考和写作，洗漱之后一时间无法入睡，读《深井效应》半个小时。

晚上11点40分休息。

"两大战役"彰显无与伦比的社会动员力

5月24日,星期日,晴

  早晨4点半醒来。这是"两会"常有的起床时间。

  但是,连续几天晚上休息比较晚,想到今天白天的时间比较宽裕,就想再睡半个小时。结果6点才醒。赶紧完成每日功课,发《童书过眼录》《新父母晨诵》《老照片》等每天的微博和头条文章。继续完成昨天的手记。

  上午7点59分出发去大会堂。

  上午9点大会。今天上午是政协大会发言。这也是"两会"最重要的活动之一。在中国的政治体系中,只有政协安排了大会发言这个环节。

  往年的大会发言,一般安排三场,委员分别就经济建设、社会与文化建设、政治建设等领域发表意见和建议。今年由于疫情的影响,只安排了两场,其中一场是视频会议,每场的发言人数和总时间也进行了压缩。加之今年大会又是在全球疫情的特殊背景下举行,大会发言会释放怎样的信号,格外引人注目。

  首先发言的委员是西藏自治区农牧科学院尼玛扎西院长,他一上台就给大家报告了一个好消息:2019年底,西藏62.8万贫困人口全部脱贫,74个贫困县(区)全部摘帽!"民主改革以来,短短六十载,跨越上千年,西藏不仅终结了千百年的封建农奴制,而且现如今,与全国一道迈向全面小康社会,藏族儿女千年梦圆。"西藏的脱贫之路来之不易,总书记亲自谋划部署将西藏整体纳入深度贫困地区予以支持，中央部委、对口省市和央企投入近千亿元，易地扶贫搬迁26.6万人、极高海拔地区生态搬迁13.3万人，创造了人类减贫史上的奇迹。

第二位发言的是华中科技大学同济医学院附属协和医院院长胡豫，他与大家分享了自己100多天战"疫"经历中三点最深切的感想：中国共产党的领导是取得战"疫"胜利的根本保障，"白衣战士"是新时代最可爱的人，团结就是力量。战"疫"经历已经成为他一生永恒的记忆。

两位委员的发言，一个讲脱贫攻坚战，一个讲武汉保卫战，一场是人类几千年来规模最大的一次消灭贫困的攻坚战，一场是新中国成立以来我国遭遇的传播速度最快、感染范围最广、防控难度最大的抗击病毒战，两场说的都是没有硝烟的战争。但是，其严峻性和危险性不亚于任何一场真正的战争。我们取得了两场战争的决定性的胜利，无疑彰显了我们制度的优势，展现了我们无与伦比的社会动员力。

接着，九三学社上海市副主委、复旦大学生物医学研究院院长、中国科学院院士葛均波代表九三学社中央发言，建议"弘扬新时代科学家精神，为建设科技强国汇聚磅礴力量"。全国政协经济委员会副主任、中央财经领导小组办公室原副主任杨伟民则从庞大的市场空间、强大的改革动力、充足的政策工具、显著的制度优势证明"中国经济的巨轮不会因疫情冲击而搁浅"，为我们的自信提供了科学依据。

再接着，黄立委员从民营企业的角度谈如何促进"六稳""六保"，李雪梅委员为基础减负鼓与呼，曲凤宏委员建议"强化水资源的刚性约束"，陈冯富珍委员建议携手合作战胜疫情，穆铁礼甫·哈姆斯委员强调珍惜新疆的大好局面，何报翔委员和屠海鸣委员呼吁反对"台独""港独"，戚建国委员从听党指挥、服务人民方面阐释人民军队的"军魂"。

政协大会发言中，每一位委员的发言都情理交融，既在有理有据地分析问题，更有切实可行的操作建议。从全力以赴地脱贫攻坚、众志成城地战胜疫情，到更多国计民生的方方面面，从两大战役展示的中国智慧与中国力量，到更多的问题、思考与方法，无一不在传播着希望，点燃起梦想。

10点半会议准时结束。按照"两会"防控疫情的要求，所有会议一般控制在一个半小时左右。

上午的会议结束以后，我和民建中央副主席、上海民建主委周汉民约好看望中国残联主席张海迪委员。海迪是我们多年的好朋友。疫情以来，她带领残联的同事没日没夜工作，为疫情影响下的残障人士服务，令人感动。我帮她留下了一张戴口罩的纪念照。

中午2点去驻地新闻媒体直播间，连线中国教育电视台，就中国教育资源平台的提案进行"云采访"。围绕着对农村偏远网络不畅地区的学生而言，未来如何促进在线教育的公平，如何看待电视媒体在促进教育公平中的作用，各级教育部门在搭建教育云平台过程中为了未来取得更好效果应该在顶层设计上注重什么等问题，进行了交流。

下午3点在驻地举行界别协商会议，各小组围绕本界别关注的热点问题讨论交流。以前的界别协商，一般会邀请相关部委参加，这次由于防控疫情的需要，改为内部讨论，会议上集中大家反映的问题，会议后转送到相关部门办理。

预备会上，我们已经商定把"推进全民阅读，建设书香中国"作为民进组界别协商的主题。民进是一个以教育、文化、新闻出版传媒为主要界别的参政党，选择这个话题，完全切合民进的界别特色，说起阅读问题，委员们的话匣子立刻打开，一下就热闹了起来。

黑龙江省中医药科学院副院长王伟明委员是"防控疫情读书会"中《病毒来袭》一书的导读者之一，她结合自己读书和导读的体会，讲述了人类与病毒关系、中医药对人类健康的价值等问题，为大家推荐了相关书籍。

北京大学中文系教授张颐武委员分析了大众阅读的现状和网络阅读的特点，强调了阅读对于公众素养提升的意义，认为国民有强盛的精神力量才能应对未来社会的变化。

天津市教委副主任孙惠玲委员对中小学以考试为中心的功利性"答案阅读"提出了批评，认为只有培养学生的阅读兴趣，让学生与书建立起感情的"悦读"，才能建设真正的书香校园。

北京航空航天大学教授张涛委员对目前大学生的阅读现状表示了担忧，提出了国家云图书馆建设的建议。同时对于外文期刊和图书采购如何顶层设计、分工合作等问题提出了建议。

三位省政协领导也积极参与讨论。贵州的左定超委员希望从民进会员的读书做起，养成阅读习惯，创造阅读环境，提高阅读质量。江苏的朱晓进委员从"有人读书""有书可读"和"书有人读"三个方面，讨论了如何满足读书的多元化需求，养成阅读的兴趣与习惯等问题。内蒙古的郑福田委员则从阅读的"天性""天趣"和"天赋"三个方面，讲述了推进全民阅读要注重量身定做、培塑人格。

在下午的发言中，民进江西省委会主委汤建人委员介绍了他们今年5月16日启动的"读好书就是做公益"的"1%工程·志愿阅读"活动。他提出，公益并不遥远，公益就在每一个人身边。读好书，可以使得人们的心灵得到净化、思想得到升华，不断收获持久的精神愉悦，进而使得整个社会散发出书香味、弥漫着书卷气，不断厚植风清气正、崇礼尚文的文化底蕴，进一步使得人民有信仰、国家有力量、民族有希望。所以，"读好书就是做公益，倡导全民阅读就是倡导全民做公益"。

最后发言的是民进中央副主席、中国科学院成都分院院长张雨东委员。他是一位爱读书的科学家，每次见面，我们都会分享彼此正在读的书，他就互联网时代的电子书阅读和传统文化的优势与不足等谈了自己的认识。

不知不觉，整整两个小时过去了。作为今天会议的主持人，本来我也想深入谈谈自己的阅读主张，讲讲"防控疫情读书会"的故事，也只能给出一块小小的"压缩话题饼干"，最后用一句"世间数百年旧家无非积德，天下第一件好事还是读书"来收场。

是啊，"读好书就是做公益"，读好书就会让自己美好一点，世界就因此美好一分，利人利己利国利民，何乐不为？

下午5点多才散会。在张雨东副主席的建议下，我们一起"放风"了一下，到友谊宫广场呼吸新鲜空气，沐浴温暖阳光。果然，蓝天白云，令人心旷神怡。

下午5点30分晚餐。与中国天主教爱国会主席房兴耀委员交流我国基督教、天主教的有关情况。

晚餐后赶紧整理《人民政协报》和《新京报》的专栏文章。

8点40分，两篇稿子的初稿和审定，全部完成。抓紧时间去运动。

9点半回房间。写手记。浏览今天的新闻和报纸。

今天的《人民日报》"两会感悟"专栏发表我的文章《用共读凝聚共识》。这篇短短的文章"两会"前就写了三稿。编辑原定用作开栏之文。

《人民政协报》"两会"专栏"永新日记"发表我的手记《支着是以心声喝彩》。讲述了会内会外建言资政出谋划策的情况。

《新京报》官微"两会"专栏"政协笔记"发表我的文章《"精打细算"也是委员"基本功"》。

今天的央广网发表记者王启慧的报道——《全国政协委员朱永新：建议为贫困生提供流量补贴　公益性学习资源应定向免流》。其他还有不少网络媒体发表了关于我的"两会"观点。

今天还意外读到了林英5月12日在《晶报》发表的《朱永新的"阅读三问"与国民教育》一文，从三个方面全面评价了我的新书《造就中国人》。

5月11日的《海南日报》发表了刘放先生撰写的人物专访《"IBBY爱阅人物奖"得主朱永新：一个真诚而勤奋的读书人》。

《中国作家网》发表记者邓洁舲的文章《朱永新：推广阅读是推动社会公平最有效、最直接、最便捷、最经济的路径》。其中最后一段文字表达了我对于阅读和写作的基本立场。——"我对这样的写作感兴趣还有一个重要原因是你只有活得精彩，才可能写得精彩。为了写作你必须把每天的生活都安排得更有意义，必须阅读，必须思考，必须更多地参与。"

晚上读完湛庐文化出品的新书《深井效应》。这本书还有一个较长的副标题："医学领域突破性发现，童年经历如何影响未来身体健康"，基本概括了这本书的内容：讲述早期创伤对人的伤害以及如何及时修复。作者娜丁·伯克·哈里斯是哈佛大学公共卫生学硕士，加州大学戴维斯分校医学博士，知名TED演讲人，国际知名儿科医生，童年不良经历研究领域新锐科学家，也是美国青少年健康中心创始人，2019年被任命为加州首任卫生局局长。

在本书中，提出了很多值得关注的问题、分析和指导。比如——
10种童年不良经历，分别是：

1. 周期性情感虐待；

2. 周期性肢体虐待；

3. 身体接触式性虐待；

4. 疏于照看；

5. 情感忽视；

6. 家中有人滥用药物，如与酗酒者或药物滥用者同住；

7. 家中有精神疾病患者，如与患有精神疾病的人或有自杀倾向的人同住；

8. 母亲被家暴；

9. 父母离异或分居；

10. 家庭成员有犯罪行为，如有家人入狱。

首先，有童年不良经历的患者身上存在惊人的共性。60%~70%的患者有过至少一种不良经历，12.6%的患者勾选了4种以上不良经历。

其次，童年不良经历和不良的健康结果之间存在"剂量—反应"关系。一个人的童年不良经历问卷得分越高，他的健康风险就越大。一个得分在4分及以上的人患心脏病及癌症的概率是零分者的2倍，患慢性阻塞性肺病的概率则是零分者的3.5倍。

童年逆境会激活大脑中与警觉、冲动、恐惧等负面因素相关的神经通路。如果我们能够及早识别有高毒性应激反应风险的孩子，就可以利用大脑细胞和神经突触的高可塑性及时干预。

关键在父母：父母健康是保证孩子健康的一个非常重要的因素。就像乘坐飞机遇到飞行危机时，空姐会提醒父母，在给孩子戴上氧气面罩之前，先戴上自己的氧气面罩。

总有些人认为"那些足够聪明且坚强孩子一定能够战胜过去，依靠自己的意志力和坚韧不拔取得胜利"。然而，事实是，绝大多数孩子都不可能"足够聪明且坚强"，即便如海明威这样的"美国硬汉"，最终也选择了自杀。

我一直在说，童年仍然是个黑匣子，还没有向人们敞开。只有更多的科学研究、专业行动，才能更好地帮助每一个人成长。在各种治疗方法中，我们仍然不能忽视阅读的力量。阅读本身就是一种心理治疗方法，如果能够得到专业的阅读指导，则更会起到治标治本的效果。在二十年的新教育中，我们成立的新阅读研究所，推动各项专业阅读研究，研发各类专业课程，就为此做出了重要探索。以深耕阅读推动儿童的自我教育，这是一个重要的疗愈方法。

晚上11点休息。

今天教育的模样，就是明天国家的模样

5月25日，星期一，晴

早晨4点半醒来。4点45分起床工作。写《童书过眼录》和《新父母晨诵》，发微博、头条号。

今天在头条号和大家一起读完了杜威教育文集第五卷的最后一段文字。读完这一段，意味着我们两年多来一起共读杜威的时光即将画一个小小的句号。以《为了创造一个民主社会，我们需要一种教育制度》为题，写了自己的感想："在杜威看来，教育是创造民主社会不可或缺的前提，民主社会，需要具有民主精神的公民。民主社会的人，一定是通过教育培养出来的。没有民主的教育制度，就没有民主的社会制度。在美好的教育制度中，熏陶和培养的人，是道德和智力发展健全，在理论和实践上具有自由独立人格的人。这种人，一方面会努力承继传统中的美好事物，同时更会积极创造未来社会需要的美好的东西。"是啊，今天教育的模样，就是明天国家的模样。我们做教育的人，怎么能够不好好努力呢？

上午9点在驻地参加第二场大会发言。用视频的方式，虽然不像坐在大会堂那样有仪式感和现场感，但是从传播效果来看，应该相差不大。而且，少了车马劳顿，少了路上扰民，也节约了许多时间。

首批国家中医医疗队队长、中国中医科学院院长黄璐琦委员第一个发言。他用自己亲历的实践证明，中医药在重大疫情防控中可以发挥，而且必将发挥重要作用。据介绍，从农历大年初一至3月30日，他们在接管的武汉金银潭医院累计收治患者158例，累计出院

140例，其中中医治疗出院88例，中西医结合治疗出院42例，危重型患者治愈出院率达88%。60岁以上的老人占40%，还有一位83岁的老人。他提出建议，要重视用中国的办法保护人民生命安全和身体健康。

北京市政协副主席程红委员代表民盟中央发言，指出了我国目前儿童青少年健康存在的问题，"体质健康主要指标连续20多年下降，33%的儿童青少年存在不同程度的健康隐患。小眼镜、小胖墩、小糖人和心理卫生等问题较为突出，这大多与不良行为习惯、缺乏体育运动、体检不到位等直接相关。"这些问题与对学校体育工作不重视有关，体育运动"说起来重要、做起来次要、忙起来不要"，每天锻炼一小时的学生不足30%，有些学生上了10多年的体育课还没有熟练掌握一项体育运动技能，青少年体检标准陈旧，卫生健康数据共享困难，学校体检专业性不够，社会相关医疗供给不足，对儿童青少年的健康研判和干预缺乏有效的依据，为此，她提出了相关改进建议，主张"健康中国"要从儿童青少年健康开始。

去年"两会"，我曾经提出过不仅要重视"营养午餐"，更要重视"精神正餐"。有意思的是，今天在"健康中国"之后，民进中央副主席张雨东委员代表民进中央的发言，提出了推进全民阅读，建设"书香中国"的建议。他认为，虽然近年来全民阅读取得了很大的进展，但在普及和深入方面还有不少问题，阅读还没有成为社会风尚和人们的生活方式，出版物良莠不齐，精品力作少见，碎片化、娱乐化乃至庸俗化的阅读多见，严肃认真的阅读严重不足。真正的书香校园、书香社区、书香机关还不够多。在建议部分，张雨东代表民进中央呼吁尽快重启立法进程，为深入推进全民阅读提供法制保障；加强图书评论和好书推荐工作；利用数字阅读的优势把读书会搬到互联网上；为弱势群体和残障人士提供阅读支持，推进阅读公平等。

的确，物质生命在于运动，精神生命在于阅读。阅读是提升国民素质、缩小教育差距、推进社会公平最直接、最有效、最廉价、最便捷的路径。"健康中国"与"书香中国"齐头并进，我们的民族才有美好的明天。

在上午的发言中，还有周汉民委员就增强中心城市动能，罗志军委员就关注农民工就业脱贫，闫小培委员就深化"一带一路"创新合作，江泽林委员就加强产业融合，连介德委员就支持台企发展，刘炳江委员就打赢蓝天保卫战，蒋颖委员就助力企业增强韧实力，贺定一委员就推进"一国两制"在澳门行稳致远，肖苒委员就弘扬新时代民族精神等先后发言。其中周汉民委员和刘炳江委员还在"两会"首次使用了PPT，创新了大会发言的形式。

昨天和今天的发言，从经济、社会、政治、文化、教育、生态等各个方面，勾勒出委员对社会全方位的关注图景，也映照出委员对这片土地这群人的一往情深，体现出委员对职责使命的践行。

一个半小时的会议，很紧凑。回到房间，就收到了杨佳老师的语音留言，她高度评价了张雨东委员代表民进中央的发言，认为呼吁全民阅读、建设"书香中国"很有必要。同时，她还发来她这次带到会议上的提案《关于科技助力健康，推进长效抗菌功能性纸张在视障人士、学龄前儿童及老年人图书应用的建议》。她指出，在日常工作生活中，不经意间接触到被污染的纸张及其制品，很容易受到细菌或病毒的威胁。如今年2月初，浙江台州3人因为打扑克感染新冠肺炎；4月初，美国纽约州8名年龄在70到90岁之间的老人，因聚集玩扑克感染新冠病毒，其中3人包括1对夫妇几周内相继死亡。另据报道，某县卫生防疫站对该县图书馆借阅超过20人次以上的200本图书进行检验，发现16本澳抗阳性，即乙肝病毒携带率为8%。

尤其需要关注的是，视障人士、老年人和学龄前幼童这3个特殊人群因接触被污染的纸张及其制品而传染疾病的风险。中国视障人士多达1700万，为世界之最；学龄前幼童尚未建立卫生健康意识，面临相似问题；老年人爱围聚在一起打牌聊天，排解孤独和寂寞，加之患有这样或那样的基础疾病，从而沦为新冠肺炎等重大传染性疾病的最大易感群体。

为此杨佳委员提出建议：加强长效抗菌功能性纸张及其制品技术的推广应用，制定长效抗菌功能性纸张及其制品相关标准，开拓长效抗菌功能性纸张及其制品国际市场。

杨佳委员是中国科学院大学教授、首届联合国残疾人权利委员会副主席，我和她还有一个共同身份，都是"中国阅读三十人论坛"

成员。这是一个跨领域、非营利的学术研究团体,希望汇聚有志于阅读研究推广的专家学者的专业力量,更深入地研究阅读,更有力地推动全民阅读。

整理上午会议的内容。午餐前基本完成《人民政协报》的专栏初稿。

下午 1 点 59 分出发去人民大会堂。路上继续读《要领》。

下午 2 点 30 分左右到达大会堂后,想到有朋友拜托寄"两会"首日封,马上到大会堂的邮局去看看,可是工作人员说,今年由于防控疫情的需要,不仅以往驻地都有的临时邮局没有了,大会堂的邮局也关闭了。

下午 3 点在人民大会堂,列席人大会议,听取栗战书委员长的人大常委会工作报告、院长周强的最高法院报告和检察长张军的最高检报告。这也是每年"两会"的重头戏,可以看到我国法治建设的进展与成就,会场不断响起的掌声,说明了代表委员对两院工作的满意度。

作为教育工作者,我还是重点关注与青少年成长和教育的司法问题。恰好最高检的报告附录中用图表的方式,讲述了他们如何呵护"少年的你"的故事。去年《少年的你》热映,把校园霸凌这个话题再次推到公众面前。影片中的女主角陈念被侮辱殴打,好友胡小蝶因霸凌而自杀,让大家很揪心,也让这个问题引起社会的广泛关注。

我们注意到,最高法院在完善少年司法制度,依法严惩侵害少年儿童身心健康的犯罪方面,做了大量工作,对性侵儿童的赵志勇等罪行极其严重的一批犯罪分子,坚决依法判处死刑。依法惩治"校闹"犯罪,审结校园欺凌案件 4192 件。出台保护农村留守儿童合法权益的文件,推进司法保护与行政、家庭、学校、社区保护联动机制,努力做到"让每一个孩子都沐浴在法制的阳光下"。

最高检 2018 年就防治校园性侵发出第一号检察建议后,去年又会同教育部赴 8 个省区市督导,与河北、河南、陕西等地省领导夜查寄宿学校安全管理;制作预防校园欺凌 MV《青春需要温暖》,点击量突破 4 个亿;地方检察机关与教育部门联合查访中小学校、幼儿园 3.8 万余所。与公安部、教育部共建教职工入职前查询相关违法记录制度，与教育部、国家卫健委等 8 部委共建未成年人被侵害强制报告制度，起诉侵害未成年人犯罪 62948 人，同比上升 24.1%。专门出台相关政策，规定凡拉拢、诱迫未成年人参与有组织犯罪，一律从严追诉、从重量刑。张军检察长亲自带头，全国 3 万余名检察官担任中小学法治副校长，落实法治教育从娃娃抓起，重庆"莎姐"、阿坝"格桑梅朵"、宁波"七色花"、武汉"秦雨"、泉州"刺桐花"等未成年人检察团队走红校园，"把对孩子的保护做得更实、更细"。

过去一年，最高法院和最高检在坚持服务大局、司法为民、公正司法方面进行了许多新的探索，其目标正如周强院长所说的那样：让司法有力量、有是非、有温度，让群众有温暖、有遵循、有保障。自古以来，刑罚与教化就是社会稳定的两大基石。有此坚实基础，才有"少年的你"在今天茁壮成长，才有人们在未来的和谐幸福。

下午会议结束回到驻地，浏览今天的报纸和新闻。

晚餐以后继续写专栏。7 点左右，完成《新京报》专栏初稿。

7 点后去运动 40 分钟。见到不少委员也在快走锻炼或漫步交流。

今天朋友转来"学习强国"发表的我的三篇文章。一篇是《团结报》上发表我的"两会"手记之六《为报告添彩》，讲述 5 月 23 日小组讨论政府工作报告。一篇是央广网发表的专访《全国政协委员朱永新：建议为贫困生提供流量补贴 公益性学习资源应定向免流》。一篇是《中国青年报》发表的专访《朱永新委员：建议建立网络游戏分级制度》。

今天的《人民政协报》"两会"专栏"永新日记"发表我的手记《"两大战役"展现中国智慧和力量》。

今天的《新京报》官微"两会"专栏"政协笔记"发表我的文章《谈起阅读，委员们的话匣子立刻打开了》，讲述了昨天民进小组讨论的故事。

今天的《中国教育报》发表了我的文章《"模拟政协"活动培育青少年公共精神》。

今天的凤凰网发表文度记特约评论员于平的文章《弥合城乡"阅读差距"的书香社会，才能守住精神之"根"》，对我连续 18 年锲而不舍推动设立国家阅读节进行了评论："朱永新委员的执着，源于他的危机感。在互联网时代,尤其眼下这个手机时代,电视、电脑、手机的大、中、小屏占领了很多人的生活。浅阅读流行,碎片化阅读盛行,真正沉下心来坚持深度阅读的人正变得越来越少。"作者指出,阅读,是一个人通过文字与自己的内心进行对话,一个文明的社会,离不开阅读精神和书香气息。

今天央广网、百家号、北京日报客户端等也发表了不少有关我提案的报道,其中百度的"代表委员议事厅"发表的关于网络游戏分级的提案,访问量超过了 1300 万。

今天还有一个与阅读相关的来信。远在美国的萧三郎先生发来的《美国中小学生阅读报告》,这是由美国著名大数据在线教育软件公司 Renaissance Learning 发布的各个年龄段孩子的年度阅读报告,公布美国孩子在各个年龄段的最热图书。我一直想让我们新阅读研究所也能够做一个这样的年度报告,限于人力和财力,一直未能如愿。同时,他特别让我呼吁一下赴美国留学生回国的问题。他说,"我们现在想回来,机票都只能订到十一了"。

晚上 9 点写完今天的日记。时间较早,抓紧读书。读完了汉尼斯的《要领》。发现他和我有一个共同的特点,就是喜欢读历史书籍和人文传记。他说,他阅读那些伟大领导者的故事,来了解他们的习惯,了解哪些特质让他们取得成功,看他们如何应对危机,如何对待成功以及如何面对失败。他还说,文学、传记和历史"它们就像实验室,我们可以测试和学习重要的经验教训,而无须将自己置身于那些艰难险阻中去"。阅读失败的案例,帮助他能够认识如何避免一些错误,以及如何像经历过的人那样复苏过来。"我深信,我毕生的阅读习惯,尤其是阅读成功领导者故事的习惯,塑造了作为斯坦福大学校长的我。"

晚上 11 点洗漱休息。

把民间的声音带到"两会"上来

5月26日,星期二,晴

早晨5点醒来。"两会"期间会议多,写作也多,久坐伤腰,一觉醒来仍然觉得腰不舒服,做了几个腰部健身的动作,起床工作。

今天的《新父母晨诵》开始和老师、父母一起重新读苏霍姆林斯基。从2011年开始读苏霍姆林斯基,断断续续读到2017年。最初是因为编辑《苏霍姆林斯基教育箴言》的需要,所以许多苏霍姆林斯基的名言只是发了原文,但没有进行解读对话。这一次对全部文档进行了新的整理,准备再用一些时日对没有解读过的原文进行新的解读,也算是一次新的对话。

今天的《童书过眼录》推荐的是左伟老师的《好馋嘴的妈妈》,它仍然是一本有趣的洞洞书。通过让孩子寻找不同物体的相似性,培养孩子的观察力、联想力等智力品质。

读阿来的签名本《攀登者》。这是一个讲述攀登珠峰的英雄的故事的电影文学剧本。我收藏作家的签名书多年,赠书必读,也是多年养成的习惯。有的是翻翻,有的则是细读。

上午9点小组会议,讨论"两高"工作报告和《民法典》草案。因为要去全国政协参加小组组长会议,无法听大家的精彩发言。不过,作为组长,还是应该了解情况,回到驻地以后把讨论记录找来翻阅了一遍。

上午9点10分出发去全国政协。

上午10点在政协常委会议厅参加小组组长会议,潘立刚副秘书长主持会议。张庆黎副主席就会议的有关事项做说明,希望大家善始善终开好会议,回去后宣传贯彻好"两会"的精神,积极参加今年政协的各项协商议政工作,展现新时代政协委员的风采。

午饭后简单休息,抓紧写专栏。中午2点20分完成《人民政协报》的专栏初稿。

下午3点参加小组会议。按照会议的安排,下午是审议选举办法草案,候选人名单草案,各项决议草案围绕学习贯彻中央政协工作会议精神,讨论政协工作。我传达了上午小组组长会议的内容。

由于5点要列席参加政协主席会议,4点离开会场,乘车前往全国政协。

"两会"期间,主会场在北京,"分会场"在全国各地,在各个网络平台,在各个自媒体,在各个朋友圈,甚至在各个家庭的餐桌上,代表委员的许多建议成为"热议"。民进中央副主席、民进上海省委会主委黄震委员告诉我,最近上海民进公众号"火爆"了,潘向黎会员关于春节假期延长至15天的建议,热评超过10亿,胡卫委员关于增设火车青年票的建议,热评超过4亿。

同时,有关机构、个人也通过各种路径提建议,反映社情民意。我自己每天都能收到不少来自方方面面的意见和建议,希望把他们的声音带到"两会"上来。

如在开会的第一天,21世纪教育发展研究院院长杨东平老师就转交了两份建议给我,其中一份是《关于进一步完善农村学校生活及卫生设施及相关服务的提案》。他们在调研中发现,自2013年底教育部、国家发展改革委、财政部启动"全面改薄"工程以来,农村学校的生活设施得到很大改善,但是农村学校生活设施的配置标准尚不能全面满足农村儿童在安全、卫生、健康、心理等方面的需求,一些学校中还出现"旱厕在操场一侧,洗手的水龙头却在另一侧",或"有了投影仪但没有遮光帘"等"达标却不好用"的问题,学校对设施设备的维护也存在困难,国家标准化配备的投入对于教育教学工作的促进效果还没有得到最好的发挥。在深入调研的基础上,他们提出了三条相关建议:一是对农村学生的实际在校生活需求进行梳理,在"20条底线"的基础上制定并出台更为详尽的《农村学校生活及卫生设施标准》。如对饮水净化系统等进一步落实和补足，更好地推动健康饮水、洗手台、卫生厕所、淋浴设施等对于良好卫生生活习惯养成的促进和引领作用。二是结合制定中的《义务教育学校评价指标》，形成与农村学校实际职能相匹配的学校评价和管理机制。三是探索新的财务管理模式，保障农村学校因地制宜地增补、调整和维护生活设施的必要资源。应该说，作为专业研究机构，他们对于许多问题的调研是深入的，建议的操作性也是很强的。

在会议期间，江苏省常州市教育局局长杭永宝也多次与我沟通，希望我能够反映基层教育行政部门的心声。他反映说，现在各地中小学校、幼儿园食堂原则上要求自主经营，但受制于人员编制、经费投入及专业化等因素的影响，部分中小学食堂采用委托专业餐饮公司，采取"零租金"形式经营。根据现行税收政策，对中小学校食堂委托经营者征收增值税等相关税费，这样无疑增加了经营成本，在一定程度上加重了学生家长的经济负担，同时也影响了学生的伙食质量。他们建议参照高校学生食堂的办法，对委托经营者在中小学校食堂为师生提供餐饮服务取得的收入等免征相关税费。他同时还提出了加快推进幼儿师范高等专科学校建设的建议和关于推进产教深度融合促进职业教育现代化的建议等。作为长期从事教育管理工作的领导，这些建议也有很大的合理性。

我的一位艺术家朋友，因为疫情被困在美国，原定的回国机票被取消，三天前她发来了《将心比心，创造条件让海外学子有机会选择回国》的建议。她提出，应该创造条件，让在海外的优秀人才回国参与建设疫情后的经济和科技。"一司一国一线一周一班"这个政策不利于召回我们在海外培养的优秀人才。虽然在严控疫情风险的背景下，接待大批回国人员会给各地政府增加挑战，但中国为此付出资源和努力是值得的。

刚刚发来的这些建议，不一定能够马上变成提案上交，但是，他们的思考激发深思，许多问题已经纳入我今年调研和关注的重点课题。

我一直认为，一个国家的"两会"，不仅仅是代表委员参与的"两会"，而是全国人民参与的盛会。把民间的智慧、民间的声音、民间的力量汇聚起来，除了"两会"的平台，我们还应该有更多的渠道。"位卑未敢忘忧国",历来是中国人民的情怀。

忙碌的一天中间,抽空参加了两个有意思的读书活动。

一个是中央统战部办公厅青年"同伴"小组和民革中央团结学习小组的共读互学活动。

两个单位的年轻人在民革中央礼堂就学习习近平总书记重要讲话精神,讲好多党合作故事的主题进行交流,他们共读的一本书,就是团结出版社刚刚出版的《春天的约会——全国政协常委朱永新的"两会"手记》。在会议的间歇见缝插针,通过视频连线的方式,我和与会人员进行了交流,谈了我自己对于读书的认识,讲述了把阅读作为自己的生活方式,用阅读丰富自己的知识,净化自己的心灵,提升建言资政的能力的几点体会。

责任编辑李可介绍了这本书的选题和出版过程,她说:如何认识好、学习好、宣传好有中国特色的新型政党制度,让故事更有说服力、感染力,是他们一直思考的问题。出版《春天的约会》这本书,就是要向广大读者和世界展现一个全面、多彩、真实的多党合作故事。

连线的时候,我正在去全国政协会议的车上,委员们耳闻目睹了这一别开生面的视频会议,为会内会外的共读互动喝彩。

另外一个就是晚上9点,参加央视新媒体中心的"两会"直播"云上会"节目《全民读书,代表委员的"夜读"时间》,与全国人大代表、四川省作家协会主席阿来和全国政协委员、读者集团赵金云总经理一起担任嘉宾,交流阅读的问题。

在介绍完各自在"两会"上带来什么提案以后,重点就互联网时代的全民阅读问题交流了观点。赵金云委员认为,互联网带来对纸质书籍阅读的冲击,已经引起世界的广泛关注,联合国教科文组织的世界图书与版权日的设立,英国的阅读起跑线计划,美国的阅读挑战行动等,都是应对阅读危机的对策。阿来则讲到了互联网时代的电子阅读与纸质阅读如何有效结合、互相补充的问题。

不知不觉,话题转到了"两会"期间的读书问题。阿来随身携带的是一本关于19世纪末20世纪初成都的著作,赵金云则是一本经营管理的书和一本《读者》杂志。我的书单则相对较长,一个系列是每天早晨推荐的"童书过眼录",包括荆歌的《语文课》、左伟的《小石头音乐互动绘本系列》、以色列作家博格曼的《西蒙说》、殷健灵的《象脚鼓》；另一个系列则是教育理论系列，哈里斯讲述童年创伤的《深井效应》、汉尼斯讲述领导力的《要领》、威林厄姆讲述阅读心理机制的《心智与阅读》、苏霍姆林斯基讲述道德教育的《关于人的思考》。

最让大家吃惊的是，我的"两会"阅读中，还带来了一本有阿来签名的《攀登者》。做梦也不会想到，这本书在"两会"上能够与阿来以这样的方式"见面"。

更让我难以置信的是，就在今天，2020珠峰高程测量登山队8人已从海拔7790米的二号营地出发，如果天气条件允许，将于明天凌晨开始冲顶。

就在阿来签名的这本《攀登者》扉页上，他抄录了杜甫的一句诗："会当凌绝顶，一览众山小"。登山如此，写作如此，读书不也是如此吗？

回到房间，已经是晚上10点。抓紧浏览今天的报纸和新闻。

今天的《中国青年报》发表记者杨宝光的文章《朱永新委员：建立国家阅读节》：朱永新建议，以孔子诞辰日9月28日作为我国国家阅读节，倡导全民阅读。并把全民阅读作为国家战略。为此，应成立国家全民阅读指导委员会，建立国家全民阅读基金，建立国家公共图书馆和大中小学图书馆标准，为贫困家庭和弱势人群发放免费购书券，为新生儿赠送阅读包。

今天的《人民政协报》"两会"专栏《永新日记》发表我的手记《从"健康中国"到"书香中国"》，讲述了大会发言的故事与感想。

今天，《新京报》发表我的专栏文章《"两高"报告中，我最关心司法如何呵护"少年的你"》。

今天，中国少年报·未来网发表记者李盈盈专访《学生提案获委员力挺："模拟政协"践行立德树人和全面育人》。

晚上，浙视频记者"云采访"播出《全国政协常委朱永新：在未来，课程比大学更重要》。

有媒体协调明天采访，晚上做了点功课。

11点50分休息。

以"攀登者"之心为国家添助力、增合力

5月27日，星期三，晴

　　早晨5点起床工作。发微博、头条，写"两会"手记。
　　回答中国网的采访。中国网教育频道曾瑞鑫主编精心准备了六个大问题，从对于疫情期间的教育行业发生的一些重大变化的感想，到后疫情时代教育方式的变革；从疫情过后教培行业的发展，到整个民办教育的新定位；从中小教培机构如何得到政府扶持，到中国好教育盛典如何越办越好。对这些问题通过录音一一回复。
　　8点10分，出发去全国政协。
　　9点参加政协十三届常委会第十一次会议。汪洋主席主持了今天的会议，通过了选举办法、秘书长候选人名单、常委会工作报告（草案）、提案审查情况的报告（草案）和政治决议（草案）。这次常委会是为下午的闭幕式做准备的，半个小时不到，就完成了相关程序。
　　上午10点，在驻地接受中央电视台新闻联播记者周培培的采访，就总书记去经济界别的讲话和中国式民主问题谈自己的体会。
　　上午11点至12点，做客中央广播电视总台中国之声2020年"两会"特别节目《央广会客厅》，就如何发挥"互联网+"优势，打造未来学习中心与听众交流。
　　中午读殷健灵的新书《象脚鼓》，一本以全国政协委员邰丽华为原型的小说，这是一个描写听力障碍的特殊群体的故事，是一部关于爱、自信和希望的小说，也是一本讲述如何在平凡中创造不平凡的奇

迹的书。笔耕不辍的健灵也是最早采访新教育实验的媒体人。

下午1点59分出发去大会堂。路上带了《象脚鼓》一书，在等待开会的时候看完了这本书。

下午3点参加政协十三届全国委员会第三次会议的闭幕式。汪洋主席主持会议，补选李斌副主席为政协秘书长。在通过了常委会工作报告、提案工作报告和政治决议之后，汪洋主席做了重要讲话。他高度评价了这次会议，要求委员们要从伟大抗疫斗争中汲取力量、坚定信心，要紧扣目标任务提高履职能力、增强工作实效，要为实行中国式民主发挥作用、作出贡献，希望大家珍惜机遇、不负时代，为国履职、为民尽责，为决胜全面建成小康社会、实现"两个一百年"奋斗目标、实现中华民族伟大复兴的中国梦而努力奋斗。

汪洋主席在闭幕讲话中对这次会议给予了高度评价。他指出，在会期压缩、节奏加快、任务更重的情况下，全体委员认真审议文件、深入协商交流，围绕统筹推进常态化疫情防控和经济社会发展、落实决战决胜目标任务，积极建言资政，广泛凝聚共识，充分体现了专门协商机构在国家治理体系中的重要作用，是一次民主、团结、求实、奋进的大会。

对汪洋主席的讲话，我们的确感同身受。这次会议，会期压缩了整整4天，但是时间压缩，协商议政"不缩水"，真正把"精简版"会议开成了"精华版"。

拿提案来说，作为委员履职的重要形式，本次会议的提案工作呈现一些新的变化：委员参与度更高了，1944位委员提交了提案，占委员总数的90.38%；界别提案增加了，比二次会议增加了1.6倍；提案总体质量更高了，选题更聚焦，调研更深入，意见建议的科学性、可行性显著增强；提案内容更集中了，围绕夺取疫情防控和实现经济社会发展的目标双胜利，确保完成决战决胜脱贫攻坚目标任务，全面建成小康社会等重大问题的提案，占了绝大多数；网络参政更普遍了，网上提交的提案占比高达92.68%，其中通过委员移动履职平台提交的达到2140件。

再以会议的媒体报道为例。与以往数千名媒体记者的大规模报道不同，这次现场记者少，会场、驻地显得"静悄悄"。但是，各大媒体上出现了许多来自代表委员的报道。这不仅完成了以往的媒体报道任务，还多了一种看"两会"的视野，也让代表委员的媒体素养得到了提升。我自己也在撰写《新京报》的"政协笔记"、《人民政协报》的"永新日记"、中国网的"两会"手记等专栏文章里，在人民网的"云调研"、央视的"云中会"等访谈中，亲身体会了作为委员如何讲好政协故事的酸甜苦辣。

会议期间，委员们与党和国家领导人共商国是，建言献策，畅所欲言。习近平总书记在经济界别的重要讲话，为我们解读政府工作报告提供了一把金钥匙，为我们看清当前国内外复杂多变的局势提供了一架显微镜，高屋建瓴、统揽全局，内涵丰富。我们看到了中国经济的强大韧性和巨大潜力，理解了中国发展的长期大势和独特优势，也再次感受到民进前贤为什么有坚信"只有跟着共产党走，才是在正道上行"的政治抉择。

作为国家治理体系的重要组成部分，人民政协如何更好为实行中国式民主发挥作用？政协委员如何更好地发挥主体作用？如何紧扣目标任务提高履职能力、增强工作实效？如何努力做到建言资政有用、凝聚共识有效？

这需要我们像汪洋主席在讲话中倡导的那样，反对"走过场、讲形式的做派"，拒绝"蜻蜓点水式的调研"，力戒"讲大话、唱高调式的建言"；这需要我们多读书、读好书、善读书，"进一步把握政协工作规律和协商的方法要义"；这需要我们学会运用互联网、大数据等现代履职手段，增强建言资政的前瞻性、精准性，提升凝聚共识的针对性、有效性。

会议的结束是行动的开始。通过自己的努力，汇聚更多正能量，更好地为国家治理"添助力、增合力"，为实现"两个一百年"的奋斗目标，为实现中华民族伟大复兴的中国梦作出新的贡献，是委员们的光荣使命。

会议结束了，会议相关的许多工作还没有画上句号。

回到驻地，继续写《人民政协报》的专栏。4点45分完成初稿。

晚餐后，写《新京报》专栏，6点50分完成初稿。

看完新闻联播以后，浏览今天的报刊、网络媒体的新闻等。注意到中国网已经发出了文字专访:《朱永新:提升教师、学生网络素养拥抱"未来教育"》。近几年的"两会"中,中国网一直在编发推出我的"两会"手记专栏,今年也是如此。曾瑞鑫主编的效率很高,早上给他们的录音,傍晚5点多,就整理刊发了。

今天的《人民政协报》"两会"特邀记者专栏发表我的《把民间的声音带到"两会"上来》。

《新京报》官微发表我的"两会"专栏"政协笔记"《与阿来共同见证"攀登者"》。

《人民网》文化频道发表了记者邓洁舲、杜佳妮采写的"两会""艺"起聊系列访谈之十一《连续18年!朱永新提议设节日唤醒全民阅读意识》。

《中新网》发表中新社记者王捷先的"两会"访谈《民进中央副主席朱永新:民进将更好履行参政党职能》。

今天越南作家协会官网和越南最大的网上书店发表了我的越南语新书《朱永新教育小语》的推荐文章。朋友给我发来了相关链接。

晚上9点,开始跑步。

晚上10点30分,整理完这次"两会"的最后一篇手记,长舒一口气。想起下午汪洋主席对政协工作的部署,对委员们的期许,脑海里浮现出的是阿来笔下的攀登者的形象。

昨天晚上与阿来对话之后,今天上午就听到了2020珠峰高程测量登山队8人成功登顶的好消息。我想,作为政协委员,我们何尝不是攀登者呢?

阿来的电影文学剧本《攀登者》是以真实的故事为原型的。1960年5月,王富洲、屈银华、刘连满、贡布首次从北坡登上珠穆朗玛峰。在8700米冲刺时,刘连满、王富洲与屈银华召开党小组会,决定贡布接替刘连满,由王富洲、屈银华和贡布登顶,而刘连满甘当人梯,托举三人上了峭壁。《攀登者》的原型,就是这四位英雄。书中通过王五洲、曲松林、多杰贡布、黑牡丹、夏伯阳、李国梁、扎西、徐缨、赵军钊等人物的塑造,全面展现了他们为了国家的荣誉和个人的梦想舍身犯险的英雄品格。

阿来写的是自然界的攀登者。在他看来,"登峰是用身体去感触自然界的伟大，感触自己人格与意志的升华"。在20世纪六七十年代，在国家极其困难，大部分中国人连饭都吃不饱的情况下，"人的意志，国家的意志让这种不可能最后变为可能，彰显了英雄主义精神"。

其实，登山是如此，当好政协委员也是如此。因为，这种"个人的意志和国家意志，让这种不可能变为可能"的做法，这种"彰显了英雄主义精神"的行动，在社会上的更多领域，包括在政协工作中，也同样如此。

个人意志在内，意味着初心，意味着本性。国家意志于外，意味着团结，意味着共识。两者结合，是人类最大的力量源泉。正是这种力量，引领着也激励着人类一代又一代地持续攀登上一座又一座高峰。

建言资政，委员要做这样的"攀登者"。每位委员都有自己的本职工作和专业特长。能够在本职上尽善尽美，能够在专业领域不断进取，就为建言资政打下了坚实基础，就能够言之有据、言之有理、言之有物，真正在建言中体现智慧，为国家支招，为民众分忧。这样的建言资政的"攀登者"，将会登上自身的高峰，也会引领大众看见高峰更美的风光。

凝聚共识，委员也要做这样的"攀登者"。高速前行之际，阻力与离心力必然加大。当下社会不同群体之间认识不一，一方面是网络时代的正常多元化，一方面也存在着隔膜甚至对立造成的撕裂。我们认可前者的个性化，也要警惕后者的破坏力。作为委员，在遇到后者的情形时，我们也要做思想与言论上的"攀登者"，既要勇于亮出旗帜，坚持原则，也要换位思考，入情入理地剖析，让更多的人因真理而聚，为幸福而行，共同努力筑造我们的家园。

实现"两个一百年"的奋斗目标，实现中华民族伟大复兴的中国梦，正是一个英雄主义的梦想。实现这个梦想，必然需要个人意志与国家意志的结合。做一名生活的攀登者，做一位工作的攀登者，做一个建言资政、凝聚共识的攀登者，这样的委员就是英雄的委员。

晚上读朱小蔓教授的《关注心灵成长的教育——道德与情感教育的哲思》。几年前曾经与她在《读书》杂志做过一次对话，讨论道德教育的问题,今年新教育年会的主题是大德育,为撰写年会的主报告,需要阅读一些这方面的著作。

晚上 11 点休息。

年度提案

提案,历来是"两会"最受委员和媒体关注的问题。

我曾经打过比喻,如果"两会"是中国人的"政治春节"的话,提案则是不可缺少的"年货"。政协委员一年调查研究、辛勤劳作的成果,往往也集中体现在提案上。媒体记者,凭着自己灵敏的嗅觉,也会跟踪那些有分量、有新意、有见解的提案。

当然,如果做不好,如果马马虎虎、敷衍了事,也会弄出让人哭笑不得的"雷人提案"。

所以,认真,用心,勤勉,是做好委员必需的基本素质。

关于规范图书销售体系，促进书业健康发展的提案

案由：

近年来，由于原材料生产成本和人力成本的大幅增长，图书市场无序的各种打折促销等价格战频发，随之产生出一系列问题。

一、出版社利润不断下降，被迫强调经济效益，压缩成本。不愿意开发时间长、成本高的选题，大量公版图书充斥市场。因为盲目追求销量，不惜代价降价销售，破坏了整个图书市场的价格体系。很多有创意的优秀小型图书策划机构举步维艰，很多在价格战中被淘汰。

二、图书作为标准化产品，重复购买率比较高，很多大电商平台把销售图书仅仅作为平台的引流工具，一味频繁采用价格杠杆，吸引更多流量并提高用户重复购买的频率。在促销中，不以图书产品质量为标准，仅以折扣、返点多少为考量。经常采用不参加促销活动就将图书屏蔽的形式，让读者无法找到好书。电商平台在双11、双12、618等网店销售高峰期，强迫经销商参与平台活动，强行压低进货价格，提高返点费用，使供应商没有谈判空间。

三、网络书店因各种引流活动，销量每年攀升，但利润不断下降。为了维持利润空间，变本加厉向供应商要更低价格和更高返点，进入恶性循环。实体书店因店面、人员、营业时间等负担重，无法像网店一样疯狂打折，地面客户逐渐减少，销售额和利润降低。目前很多地面店如果脱离风险投资或租金补贴，很难维系基本生存。

四、打折促销表面看读者受益，但图书定价随之提高，实际读者并无太大收获，反而因不良模式诱导读者过于聚焦价格，很多促销

力度大、价格低的图书内容良莠不齐，鱼目混珠，读者很难获得真正的优质图书。

五、新华渠道对民营出版商的歧视。大部分新华渠道对民营图书公司的进货价格远低于出版社价格，并且账期长，有的甚至一年结一次款。很多出版商被迫寻求其他渠道的补充和快速回款，不惜降价以降低利润。

建议：

作为精神产品和文化产品，想要解决目前图书价格混乱的问题，政府应该对图书市场的无序竞争进行干预和协调，统一规范，可具体可参考一些国际做法。

第一，借鉴以法国等欧洲主要国家实行的图书定价销售制。图书作为特殊的文化产品，作为保留民族传统文化和精神的重要载体，不能与其他流通商品一样随意打折销售。新书在一定期限内必须按照出版社定价销售，出版一年或一定时间后可以按照一定折扣销售，保护消费者、书店以及各个链条上参与者的利益。

第二，借鉴以美国为代表的国家实行的公平销售制。从市场公平、反不正当竞争的角度出发，要求出版商对所有经销商一视同仁，即所有出版商对各类经销商的批发折扣一致。禁止销售渠道进行无底线的打折促销。

第三，改变图书赊销模式。图书行业长久以来是赊销模式，渠道无成本进货，实际销售后在一定时间内给出版社回款，同时可以无条件退货。这就造成绝大部分经营风险都在上游出版商（出版商所支付的人员、生产和版税等成本基本无法拖延），回款周期极长（3-6个月，新华系统可长达1年），退货可以吃掉前期全部利润。应该改变赊销，将经营风险分解在全产业链。

我们希望通过规范图书销售体系，从定价、折扣、销售模式等方面，促进书业的健康发展。出版的各环节都不再陷入价格战，就会考虑从更多的角度满足读者需求，更好地服务读者大众。同时，政府进行统一折扣限定，优化市场竞争实现优胜劣汰，社会效益和经济效益都得以保障。

建议办理部门：中央宣传部、国家发展改革委

国家市场监管总局关于政协十三届全国委员会第三次会议《关于规范图书销售体系，促进书业健康发展的提案》答复的函（略）

关于推广中学生"模拟政协"活动 培养青少年公共品格的提案

案由：

青少年"模拟政协"活动，通过模拟人民政协的提案形成过程，可以了解我国民主政治协商制度，提升协商能力，是一项公益性青少年创新实践活动。

自 2002 年起，由中国致公党发起、多家组织机构参与的青少年"模拟政协活动"定期举办，使青少年通过实践活动，加深对人民政协组织形式、议事规则的了解，培育其公共责任意识和公共合作能力，取得了良好的效果。例如，2016 年，第三届全国青少年"模拟政协"活动中产生的优秀提案《以"互联网＋老年人关怀之家"推进中国智慧养老的提案》被提交至 2017 年全国"两会"，得到民政部的正式回复，学生们提出的互联网＋居家社区养老服务的新模式，目前已在一些地方探索实践。2017 年活动中产生的优秀提案——北京人大附中的《关于完善中小学性教育体系的提案》经许怡委员提交至 2018 年全国政协大会，10 月得到正式回复，被接受办理。

事实证明，青少年"模拟政协"活动具有重要意义。

一是开启了青少年参与社会生活、承担公共责任、建立家国意识、培育公共精神的实践之路。青少年"模拟政协"活动，使青少年有了真实地接触社会、了解民生的机会，也有了在实践中锻炼公共品格的成长机遇。

二是为德育实践化提供了可参考的实践经验。长久以来，我国德育课程最大的问题就是脱离了生活实际，远离学生的真实生活。青少年"模拟政协"活动，使学生通过了解政协历史、观摩政协议事活动，在生活中切实体会我国的民主政治体制，并从真实生活中发现问题、提炼提案，培育真实的德育品格。

三是以实际行动践行了立德树人根本任务与全面育人教育目标。要落实这一教育目标，不仅要培养青少年的私德，还要培养他们参与公共生活、承担公共责任的公德，更要在此基础上养成青少年学生热爱祖国、热爱中华民族的大德。青少年"模拟政协"活动，是一种可贵的公共品格教育探索，为实现立德树人和全面育人寻找了可行之路。

四是探索了社会主义合格公民的养成路径。青少年在"模拟政协"的过程中，学会按照法定程序和谐有序地参与身边家庭事务、学校事务和社区事务的过程，也是模拟协商民主生活实践的过程；青少年在协商民主实践中得到历练，学会如何以和平的、正义的、理性的民主方式表达自己的观点和诉求的过程，也正是一个合格公民的成长过程。

建议：

第一，在有条件的城市成立"模拟政协"实践基地。如2016年至今，北京市政协与中小学合作，成立了50个"模拟政协"实践基地，取得了良好成效。

第二，鼓励学校成立"模拟政协"社团。如北京市在参与"模拟政协"活动的学校中，人大附中、101学校、166学校等都先后成立了"模拟政协"社团。全国各地的"模拟政协"活动中，也都成立了相应的学生自组织。

第三，组织学生观摩全国政协和地方政协常规活动。在全国政协第二次公共开放日上，就有人评论说，虽然让中小学真正理解政协可能有一定难度，"但这并不妨碍通过体验和感受政协氛围，在孩子心里种下一粒协商民主的种子"。北京市政协定期邀请参与"模拟政协"活动的师生，观摩政协常规议事活动，使师生通过现场体验活动，增进了对我国政治体制和协商民主议事方式的了解。

第四,举办"模拟政协"提案评选活动。最近三年来,北京市就有 200 余项青少年"模拟提案"得到政协委员的关注,其中 50 余件提案经政协委员提炼修改后,上交北京市或全国"两会"。

第五,邀请政协委员与专家定期走进校园。通过委员和专家、学校师生开展研讨交流,使活动更深入,提案更有价值和可行性。如根据学生的"模拟政协"提案,北京市政协定期邀请提案所涉及领域的专家学者和相关机构负责人进行交流。

第六,举办"模拟政协"实践成果展示活动。通过评选优秀提案,现场模拟提案办理等展示交流活动,帮助青少年更好地认识政协,理解公共活动的程序与意义。

建议办理部门:全国政协、教育部

(转为意见建议)

关于加强大数据时代学习者隐私保护的提案

案由：

我国高度重视教育大数据研究与应用工作。《国务院关于印发促进大数据发展行动纲要的通知》指出，要"发展教育大数据研究，探索发现大数据对变革教育方式、促进教育公平、提升教育质量的支撑作用"。近年我国的教育信息化建设取得巨大成就，极大提高了教学和管理的质量和效率。

但是，在教育信息化发展过程中，海量的学习者信息被各种系统所获取和利用，其中包含不少隐私信息。在大数据分布式计算、存储等新技术广泛应用的情况下，数据分析挖掘、共享交易等新应用场景不断出现，数据安全以及个人隐私泄露等问题凸显。教育领域数据隐私不仅涉及孩子成长、家庭隐私，还关系到社会发展乃至国家安全，值得高度关注。

当下，教育大数据在采集、存储传输、共享使用等各环节都存在隐私风险。在采集阶段，存在未获得学习者知情同意采集数据和过度采集数据（与教育无关的数据，如家庭收入及生物识别数据等）的问题；在存储传输环节，存在因管理不当或技术不达标、软硬件有安全漏洞导致的泄露问题；在共享使用环节，存在过度挖掘以及被用于非教育行为（如用于精准投放广告）等问题，甚至对学习者的人身、财产安全造成威胁。

教育大数据主要涉及政府、学校、个人和第三方机构几方。造成上述风险的原因有多种。

第一是管理不到位。相关法律法规不健全、相关部门监管不到位（力度不够、标准缺失等）。

第二是行业不规范。行业道德底线缺失，出于经济利益等动机驱动，很多第三方机构收集价值巨大的学习者大数据，造成泄露风险。

第三是技术不过硬。目前数据传输存储挖掘等核心技术基本上还在国外，是安全隐患。

第四是个人不重视。教育者、学习者及父母的数据隐私保护意识和维权意识不强，助长隐私侵权行为，甚至有恶意泄露学习者隐私信息的情况。

建议：

一、加强教育大数据隐私保护立法。欧盟、美国等在教育数据隐私保护方面普遍采用立法为主的模式，如美国的《儿童在线隐私权保护法》《学生数字隐私和家长权利法》等。我国直到《网络安全法》才对网上隐私保护提出原则性要求。建议借鉴国外立法经验对现有法律进行完善和细化。如，在民法中确定隐私权独立的人格权地位，在刑法中增加侵犯公民隐私权罪条款，在行政法中针对政府机关权力行使制定专门的隐私权以及网络隐私权保护法。同时，还需颁布隐私保护专门法律，明确隐私权的范围，列明各主体在隐私保护过程中的权利和义务，以及侵犯隐私行为发生后应承担的责任和补救方式。

二、加强政策、技术研究，强化监管指导。相关部门和行业协会可从制定隐私保护政策、建立信息隐私认证体系和推动隐私保护技术升级等方面强化监管指导。隐私政策条款应清晰明确且严格执行，以保障信息收集、使用合法，如制定教育大数据使用规则，对数据的收集范围、隐私分级、使用目的、使用时限、加密和脱敏处理以及使用者义务等做出规定。建立教育行业信息隐私认证体系，消除个人对隐私保护的忧虑，促进隐私保护和教育大数据应用之间的平衡。培训管理人员，提高其业务素质和职业操守。监控教育大数据的使用状况，对侵犯学习者隐私的单位和个人进行处罚。此外，可借鉴国际经验，在教育部门设立专门的教育数据隐私保护机构。

三、推动行业行为自律。充分调动行业积极性，遵守相关法律，提升从业道德，让行业自律发挥更大作用。可借鉴其他行业的自律性建设经验，结合教育行业自身特点，制定更具针对性、更为细致的学习者隐私保护措施，为学习者提供更高水平的保护。

四、提升学习者的隐私保护意识和技能。政府、学校及媒体应加强关于隐私数据保护法律法规的宣传教育，提升学习者和父母的隐私保护和维权意识；学校还要加强学生隐私保护的制度建设和技术储备，并应开设相应课程，教会学习者一些隐私数据保护的基本技能。

建议办理部门：中央网信办、教育部、工业和信息化部

中央网络安全和信息化委员会办公室关于政协十三届全国委员会第三次会议《关于加强大数据时代学习者隐私保护的提案》答复的函

朱永新委员：

您提出的《关于加强大数据时代学习者隐私保护的提案》收悉。经商全国人大常委会法工委、教育部、工业和信息化部，现答复如下：

感谢您关心和支持网络安全工作。个人信息安全是社会普遍关注的问题，教育领域用户规模多，特别是青少年居多，做好教育领域个人信息保护事关重大。您提出的加强教育大数据隐私保护立法、加强政策技术研究、强化监管指导、推动行业自律、提升学习者的隐私保护意识和技能等建议，非常具有针对性和现实意义，对我办会同有关部门做好相关工作具有重要借鉴作用。

一、已开展的工作

（一）推动个人信息保护相关立法

我国个人信息安全法律保护不断加强，全国人大及其常委会在制定《关于加强网络信息保护的决定》《网络安全法》《电子商务法》等立法工作中，确立了个人信息保护的主要规则；在修改《刑法》中，完善了惩治侵害个人信息犯罪的制度；在编撰《民法典》中，将个人信息受法律保护作为一项重要民事权利。按照全国人大常委会立法规划和工作计划，我办会同全国人大常委会法工委正在抓紧个人信息保护法研究起草工作，进一步完善个人信息处理规则，保障个人在个人信息处理活动中的各项权利，强化个人信息处理者的义务，明确个人信息保护的监管职责等。

（二）提升教育领域信息安全意识和技能

教育部深入实施《教育信息化2.0行动计划》，重点保障数据和信息安全，强化隐私保护，切实维护好广大师生的切身利益。

大力推动基础教育阶段信息安全教育，将信息安全、隐私保护等纳入小学初中和高中相关课程教材，推动各地通过课堂教学、主题班队会等多种形式，持续开展网络安全教育。在职业教育阶段，2019年制定发布347项高等职业学校专业教学标准，明确高职院校毕业生必须有信息安全意识、信息素养等基本素质；印发《教育部关于职业院校专业人才培养方案制定与实施工作的指导意见》，明确指出中等职业学校应当将信息技术等列为必修课或限定选修课。在高等教育阶段，大力推动信息安全等相关领域"慕课"建设与应用，信息安全技术、信息安全素养等课程面向在校学生和社会学习者开放。

（三）规范个人信息收集使用行为，推动加强行业自律

我办指导全国信息安全标准化技术委员会研制发布《个人信息安全规范》等一系列国家标准，对个人信息处理全生命周期提出安全

保护要求，指导行业企业自律开展个人信息保护。2019年，我办联合工业和信息化部、公安部等部门，组织开展APP违法违规收集使用个人信息专项治理，发布了《APP违法违规收集使用个人信息行为认定方法》，受理接受网民举报信息12000余条，对用户量大的1000余款APP进行深度评估，对260款问题APP采取约谈、公开曝光、下架等处罚措施；通过专项治理，APP超范围收集使用个人信息问题得到明显改善，教育文化领域APP隐私政策透明度有了大幅度提升。我办和市场监管总局推动开展APP个人信息安全认证工作，引导行业企业自律加强个人信息安全保护，今年9月已完成首批18款APP的认证证书发放工作。

（四）加强个人信息保护宣传

我办高度重视个人信息保护宣传教育工作，充分利用网络安全宣传周等平台，组织校园日、青少年日、个人信息保护日等与学校学生密切相关的主题活动，并通过网络安全进校园等系列活动，广泛宣传个人信息保护相关国家法律、政策、标准，普及个人信息保护技能。教育部每年以国家安全教育、国家网络安全宣传周为契机，组织各级各类学校开展多种多样的网络安全主题教育活动，有效提升了广大师生的隐私保护意识，提高了网络安全风险防范能力。

二、下一步工作

个人信息保护是一项长期的工作，相关法律法规、标准规范有待完善，社会的安全意识和责任意识还有待进一步加强，监督管理工作的方式方法有待改进。我办将进一步加强统筹协调，会同有关部门重点做好以下工作：

1. 配合全国人大常委会法工委加快出台《个人信息保护法》，进一步明确个人信息收集、存储、传输、使用等各环节安全管理要求。

2. 指导全国信息安全标准化技术委员会抓紧在研国家标准的研制和尽快公布，完善行业标准体系，指导行业企业开展个人信息保护自律。

3.持续做好 APP 违法违规收集使用个人信息专项治理工作，加强技术检测和监督检查，加大对违法违规行为的处置和曝光力度，提升全社会个人信息安全保护水平。

4.指导优化课程设置，将隐私保护、信息安全等融入教育教学过程，提高学生隐私保护意识和技能。

再次感谢您对网络安全工作的关心和支持，欢迎继续提出宝贵意见建议。

中央网络安全和信息化委员会办公室

2020 年 9 月 28 日

关于建立基于学习权益和学习通券的学分银行体系 鼓励全民终身学习的提案

案由：

一个国家的竞争力，最终由其国民素质决定，国民素质高低则由国民学习力决定。为此，包括美、日、韩在内的一些国家先后出台相关政策，鼓励全民终身学习。中共中央、国务院近期出台的相关文件中，也明确提出"建成服务全民终身学习的现代教育体系"，要求着力发挥网络教育和人工智能的优势，积极利用现代科技技术加快推动教育改革，建设人人皆学、处处能学、时时可学的学习型社会。建立全民终身学习奖励体系，作为现代教育体系的重要组成部分，已经呼之欲出。

2019年，世界银行与国际货币基金组织联合启动了一个私有学习通券项目（Learning Coin），以此激励员工学习与使用加密货币，同时掌握促进与监管的知识。IBM作为全球区块链技术上的龙头企业，去年宣布开发基于区块链技术上的数字化开放平台，准备一揽子向全球的学习者与内容方提供分布式生产、储存与交易服务。

我国数字化普及程度已领先全球，在数字消费、电子支付与游戏娱乐领域更是超级大国。2019年我国居民平均每天在数字娱乐方面花掉3.54个小时（社交、游戏与视频），超过传统学习与娱乐的2.44小时（读书、看报、电视与电台）。一旦国家推出终身学习奖励体系，即可引导公民从数字消费与娱乐向全民学习、全民进步的方向发展。

建议：

建议国家建立基于学习权益和学习通券的学分银行体系，鼓励全民终身学习。

从技术上，该体系依托区块链技术与数字经济学，专为激励全民终身学习而设计。

从组成上，该体系的核心是学习权益与学习通券，二者均由国家有关部门设立、发行、监管和使用，均记录在每个公民终身唯一的学分银行账户中。

学习权益是每个公民都享有的数量相等且无须偿还的个人权利和利益。使用这些权益，可在国家级学习资源平台乃至商业教育机构中，公平地学习各类知识、技能。学习权益是国家赋予公民的福利，限本人使用，不可转让出售，是一个公平、透明、可支配的权利，人人都可在国家认证的机构、单位或导师处参加学习。

学习通券是学习行为完成并获取结业学分或证书时，自动生成的一种加密数字资产。通券由国家法律规定上限数量，并在指定范围内使用，支付其他服务，从而达到奖励的作用。通券同时也是一种可以生产、拥有与交易的数字资产，一旦产生后可以按比例分别支付给学习方、授教方及资源提供方（场地、网络服务商等）。通券可在国家指定范围内流通、兑换及转让。例如：学员甲学习某课程结业，创造了 10 枚通券。其中 2 枚支付给授教方，1 枚支付给网络服务方后，学员甲可获得 7 枚通券。此时，市面上将出现 10 枚通券，并用分布式记账的方法登记。与此同时，这 10 枚通券可以在国家制定的场景下流通与支付（如学习、医疗、税务、交通、娱乐等）。当市场上通券达到一定规模时，其价值与接受程度可以成为人人希望拥有的学习奖励。

全民终身学习的过程中产生的内容、数据、创新与技术等都是巨大的数字化资产与社会财富，均可利用通券将其溯源、确权及安全可靠的使用。区块链上的记账与通券的应用，将从根本上保证学习数据、内容、知识产权及相关利益的唯一性、合法性及分配性问题，这为多样、灵活的学习与教学形式，为公民个性化的发展提供无限可能。结合通券的区块链交易系统还可以更有效地实施激励措施来塑造市场参与者的行为。通券可以成为行为管理和激励工具的系统方法，可以实现不同价值系统间的"价值转换"与"价值转移"，从而达到建立学习型社会与市场的目的。

终身学习将提高公民的素质与幸福指数，从而为国家长期健康发展提供不竭动力。由国家顶层设计与监管的学习权益与通券，不但可以避免数字货币所带来的监管漏洞与安全隐患，也可以事半功倍地推进学习型社会建设。

建议办理部门：教育部、科技部

（转为意见建议）

关于加强民族地区、港澳地区国家通用语言文字的推广普及的提案

案由：

新中国成立以来，党和国家大力推广普及国家通用语言文字，取得了历史性成就。截至目前，普通话在全国范围内普及率已接近80%，但是东西部之间、城乡之间发展很不平衡，特别是民族地区、港澳地区的普通话的普及率仍然相对较低，这对于维护国家统一、民族团结和社会稳定，对于增强中华民族凝聚力向心力带来不利影响。

从民族地区来看，由于《宪法》《民族区域自治法》《国家通用语言文字法》对学习使用国家通用语言文字的表述不一，一些民族自治地方过于强调优先使用和保护少数民族语言文字。如《内蒙古自治区民族教育条例》第十九条规定："自治区各级各类民族学校应当使用本民族语言文字或者本民族通用的语言文字进行教学，重点发展民族学校的双语教学工作。"

一些民族自治地方在实施"双语教育"时，多采用少数民族语言文字教学、加授汉语课的教学模式，导致少数民族学生的普通话水平偏低。这既不利于各民族交流交往交融，也不利于民族地区的脱贫攻坚，甚至会影响社会稳定和国家安全。

如前些年新疆中小学少数民族学生的汉语课每周仅授3-5个小时，仅占全部课时的23%，导致"汉语课成了外语课"。在教材体系上，新疆使用的自编教材被系统植入"双泛"思想，严重"去中国化"，大批维吾尔族青少年受到毒害。新疆近年破获的暴恐案件中，

许多参与者年龄在 30 岁以下，基本不懂国家通用语言文字。直至近几年，在中央的高度重视下，新疆才"拨乱反正"，使用国家统编三科教材，中小学各年级全部课程使用国家通用语言文字授课，同时加授少数民族语文课程，新疆的教育和社会生态才逐渐转好。

如从港澳地区的情况来看，目前港澳地区通用语言以粤语为主，文字则是繁体字，英文和葡文在当地也有较高使用率，但国家通用语言文字普及率一直偏低。其原因在于除法律方面的困境外，还与政治问题交织在一起。《中华人民共和国香港特别行政区基本法》第九条"香港特别行政区的行政机关、立法机关和司法机关，除使用中文外，还可使用英文，英文也是正式语文"。但在实际应用中，香港社会普遍认同的"中文"是粤语和繁体字。

根据香港大学社会科学研究中心 2012-2013 年调查显示，普通话、简化字是香港居民日常生活和工作中使用率最低的语言文字，其中普通话使用率 14-15%、简化字 20.7%；而粤方言使用率 95%、繁体字 77.8%，而香港语言教育规划也明显倾向于英语，英文课是小学到高中 12 年的核心课程，学时占总课程 17-21%。

港澳回归以来，国家有关方面曾尝试加强港澳地区的国家通用语言文字教育。但是，澳门在特区政府支持下取得可喜进展，香港一直遭到内外敌对势力的阻挠。国家通用语言文字普及不充分，在香港青少年中产生严重负面效应，严重影响了香港民众的人心回归和国家认同，影响了香港繁荣稳定和国家安全。2019 年香港发生的"修例风波"，也充分说明加强以语言文字为载体的中华文化认同教育的重要性。

建议：

综上，我们建议国家要加大民族地区、港澳地区国家通用语言文字的推广普及力度。

一是成立由国务院领导牵头的民族地区、港澳地区国家通用语言文字推广普及部际协调机构，研究部署相关工作。

二是尽快召开高层次的全国语言文字工作大会，从国家层面加强国家通用语言文字推广普及的顶层设计和长远谋划，明确民族地区、港澳地区国家通用语言文字的推广普及的政策和目标。

三是修订相关法律法规或出台中共中央、国务院文件，明确国家通用语言文字的主体性地位，突出学习使用国家通用语言文字是公民的法定义务。

四是全面加强国家通用语言文字教育教学，推动民族地区"双语教育"改革，提高港澳地区国家通用语言文字教学课时占比，强化青少年的文化认同和国家认同。

五是深化内地与民族地区、港澳地区的语言文化交流，传承中华优秀文化，加强青少年的沟通交流，铸牢中华民族共同体意识，为中华民族伟大复兴凝心聚力、培根铸魂。

建议办理部门：中央深改委、国家民委、国务院港澳办、教育部

中华人民共和国教育部关于政协十三届全国委员会第三次会议
《关于加强民族地区、港澳地区国家通用语言文字的推广普及的提案》答复的函（略）

关于加强未成年人网络素养教育的提案

案由：

调查表明，我国未成年网民规模达 1.69 亿，未成年人的互联网普及率达到 93.7%，即便在农村，未成年人的上网比例也高达 89.7%。但是，未成年人的网络技能主要用于聊天购物和娱乐游戏，基本技能缺失严重。

随着 5G 时代的来临，网络空间作为家庭、学校、社会等现实世界的延展，已经成为未成年人成长中密不可分的一部分。网络及网络背后的软硬件成为国家的核心竞争力，网络素养也已经成为数字时代的基础素养。

建议：

为此，对加强未成年人网络素养教育提出如下建议。

第一，充分认识培养未成年人网络素养的意义。

近年来，不断有所谓"手机/游戏/直播/短视频毁了下一代"的说法见诸媒体，很多学校和父母也因此对孩子上网采取了完全禁止的做法，相当一部分学校甚至不允许 APP 进校园。但是，将未成年人与互联网割裂开来，将未成年人排斥在数字世界之外，显然是与时代发展趋势相悖的做法，既不可取也很难实现。

目前在很多欧美国家，使用 ipad 教学已经是普遍现象，很多地方人工智能已经进入教学体系，成为老师和学生的得力助手。研究显示，互联网和社交媒体有助于学生获取知识、拓展技能、为未来步入社会做好准备。所以，有必要引导全社会认识网络时代的特征，打造并推广符合未成年人的人生发展和社会化需要的网络素养教育体系。

第二，鼓励有条件的学校开设网络素养课程。

目前，网络素养相关的教育内容并没有被全面、合理、科学地纳入普及性义务教育的各个阶段。无论课程内容和课时，还是师资队伍和教学水平，都无法满足提升未成年人网络素养的需要。由此形成两个完全脱节的世界，一边是孩子们在网络中自然生长，建立自己的秘密花园；另一边是家庭学校视网络为洪水猛兽，只关心学生的学科成绩，漠视他们在网络中的言论与行为。因此，有必要将网络素养纳入普及性义务教育基础课程，系统规划与组织。

第三，家庭应承担起未成年人网络素养教育的责任。

父母的网络素养对未成年人有言传身教的作用，良好的亲子关系对未成年人健康上网有促进作用。

一项针对未成年人网络使用的调研发现，亲子关系越好的家庭，孩子的网络认知能力、技术能力和创造能力越强。调研中的父母大多认同互联网对孩子有帮助，应该多接触而不与时代脱节，但自己又不知道怎么引导孩子。因此，网络素养教育体系中，应当将家庭纳入其中，首先让父母懂网，学习如何在网络问题上与孩子建立开放友好的沟通。

第四，通过阅读、影视欣赏等多种手段，培养孩子自主提升网络素养的能力。

我国未成年人的网络知识和技能，主要由同学、朋友或者其他等"非正规"渠道获得，这导致青少年网络素养存在明显短板，存在过度沉迷、网络欺诈、网络暴力等很多隐患，也充分反映出青少年在网络时代的主动学习、自主学习的特点。

应该充分结合这一特点，协助孩子通过阅读网络主题的图书、欣赏网络主题的影视等有效的手段，不仅让青少年自主提升网络素养，而且提高阅读能力，提升欣赏水准，强化核心素养。

第五，发挥网络平台和互联网企业的作用，通过"科技向善"，探索新的数字技术，为未成年人打造一个健康友好的网络环境。

网络平台和互联网企业应承担相应的社会责任，为未成年人网络保护贡献力量。应鼓励企业探索通过产品或技术来实践对未成年人的网络保护,上线青少年版,建立防沉迷机制等。事实证明,互联网企业在未成年人网络素养教育方面大有可为。如针对网络游戏采取的各种配套服务,有效降低未成年人用户游戏时长,一些网络公司也发起了各种行动,为家庭提供网络教育辅导,搭建亲子沟通的桥梁,为大中小学校提供课程和师资培训等等,都在不同程度上也取得了积极的效果。

希望尽快建立政府牵头,加强"家·校·企"三方联动的网络素养教育,为提升未成年人的网络素养奠定坚实的基础。

建议办理部门:中央网信办、工业和信息化部

中华人民共和国教育部
关于政协十三届全国委员会第三次会议
《关于加强未成年人网络素养教育的提案》
答复的函(略)

关于全面总结脱贫攻坚民主监督工作 进一步发挥民主党派在国家重大战略中的民主监督作用的提案

案由：

2016年以来，受中共中央委托，各民主党派中央对口八个重点贫困省区，对地方党委和政府贯彻落实精准扶贫基本方略情况进行民主监督。这是新中国成立以来各民主党派首次共同参与的专项民主监督工作，而且一盯五年，贯穿打赢脱贫攻坚战的始终。

各民主党派中央高度重视，围绕推动中共中央关于脱贫攻坚重大决策部署的落实，不断强化组织内部动员与外部资源整合，举全体之力完成好这项光荣使命。一方面聚焦脱贫攻坚重点难点，把脉问诊，抓药开刀。据统计，2019年各民主党派中央共开展各类监督调研152次，其中领导班子成员带队调研45次，涉及563个村，向对口省区各级党委、政府反馈各类意见建议400余条，并通过直通车渠道向中共中央、国务院就脱贫攻坚的体制机制等重大问题提出建议，为打赢脱贫攻坚战作出了积极贡献。一方面双向发力，通过持续开展脱贫攻坚民主监督，各民主党派中央思想建设、组织建设、作风建设都得到加强，履职尽责的能力和水平得到提升。这也充分彰显了我国新型政党制度的优势。

在脱贫攻坚民主监督中，也发现了一些工作上的不足或局限。

首先，缺少规范的制度设计。脱贫攻坚专项民主监督作为一项新实践，尤其在初期，各方面对其定位认识并不完全一致。专项民主监督的实体制度、程序制度、保障制度尚不健全，仍处于阶段性任务、不敢监督不愿监督不善监督的初步阶段，工作水平不均衡不充分，需要进一步顶层设计和细化强化。

其次，尚未形成有效的工作机制。参与监督的民主党派在开展专项监督时，工作机制仍待改进，民主监督的机构、程序、方式和内容还不健全，而且作为柔性监督，民主监督的责任、动力、落实、评价机制也不健全。

再次，民主监督能力不足。与参政议政、政党协商等职能相比，民主党派在履职民主监督职能方面的能力是"突出短板"，缺人才、缺机构、缺保障。

最后，民主监督实效待强化。存在监督不实不深、监督质量不高、实效性不强等问题。有的采取送钱送物、以社会服务代替脱贫攻坚专项民主监督，监督地点和监督内容也没有充分发挥党派的组织优势、界别优势等。

建议：

第一，全面总结脱贫攻坚民主监督工作。总结好脱贫攻坚民主监督的经验，这是在中国共产党领导下打赢脱贫攻坚战一个有机组成部分，建议统一谋划部署。同时要注重将各民主党派的好做法好经验上升为制度，为2020年后进一步发挥民主党派在国家重大战略中的民主监督作用，提供制度保障。要加快研究落实《中共中央关于坚持和完善中国特色社会主义制度　推进国家治理体系和治理能力现代化若干重大问题的决定》中关于"健全相互监督特别是中国共产党自觉接受监督、对重大决策部署贯彻落实情况实施专项监督等机制"的要求，早谋划、早部署。

第二，突出界别特色，真正发挥出民主党派民主监督的效能。专项民主监督要突出党派特色，发挥各党派的界别优势。要通过民主监督效能的增强，切实增强民主党派成员对多党合作制度的认同和信心，增强社会公众对新型政党制度的信心。要加强品牌建设，通过多次"专项监督"的推进，树立民主党派民主监督品牌。

第三，突出政治性监督。民主党派脱贫攻坚民主监督不同于党政督查巡查、上级考核问责、第三方评估和媒体公众的社会监督，必须突出政治性。然而，脱贫攻坚等专项民主监督所监督的内容仍主要是"事务性"的，监督工作还本着"帮忙不添乱"的思路，寓监督于帮扶、于协商、于参政议政中，未来专项民主监督在制度设计和工作部署时，应更多关注政治性监督。

第四，探索同级监督机制。脱贫攻坚民主监督是由民主党派中央对对口省级中共党委实施的监督，这种"非对称性"便于监督活动的开展。然而，中国共产党与各民主党派实行互相监督，首先应是一种"平级"的监督，建议鼓励地方多探索一些同级的专项民主监督。

建议报送部门：中央办公厅、全国政协办公厅、中央统战部、国家监察部

中共中央统一战线工作部关于政协十三届全国委员会第三次会议《关于全面总结脱贫攻坚民主监督工作 进一步发挥民主党派在国家重大战略中的民主监督作用的提案》答复的函（略）

关于为公益性学习资源与在线学习免流的提案

案由：

在移动互联网时代，人们的学习场景和学习方式发生了极大的变化，线上阅读和在线课程发展迅速。中国新闻出版研究院的调查结果显示，2018年我国数字化阅读方式的接触率为76.2%，数字化阅读人群持续增加；"慕课"学习呈现快速增长之势，截至2019年8月，上线"慕课"数量增加到1.5万门，学习人数达2.7亿人次，在校生获得"慕课"学分人数发展到8000万人次。在新冠肺炎疫情"停课不停学"期间，全国两亿多学生居家通过钉钉、QQ、企业微信等软件进行线上学习，教育部及时推出的"国家中小学网络云平台"、中国大学精品开放课程网站"爱课程"都提供了优质、免费的学习资源。

但是，对于贫困地区、生活困难家庭来说，虽然课程资源由国家免费供给，但在线学习需要流量费用。在数字宽带未能覆盖的贫困偏远地区，学生只能借助于手机等智能终端和移动通信网络来学习，流量就成为学习的拦路虎。新冠肺炎疫情期间，有几张照片被人民日报微信公众号刊登：一张是河南南阳一名高三学生在平房的楼顶，蹭邻居家的网络上网课，一张是河南洛宁县14岁的初中女生晚上在父亲的陪伴下，到村委会大院支了一张桌子蹭网学习。这既是农村学生刻苦学习精神的体现，也是实实在在的无奈之举。

一是流量费用较高。很多农村和城市低收入的学生家庭，都没有安装宽带，只能使用手机网络流量上网观看教学视频进行学习。线上课程学习中，高清画质的视频节目一般一个小时需要800MB左右的流量，如果一天上网课5小时，需要近4G流量，一个月需要100G左右的流量，意味着无论哪个运营商推出的流量包，一个月花费都在百元以上。这对困难家庭来说，是一笔不菲的费用。

二是缺乏针对公益性学习资源的一揽子免流方案。进入移动互联网时代，流量成为运营商的重要收入来源，据工信部《2019年通信业统计公报》显示，2019年移动互联网接入流量消费达1220亿GB，比上年增长71.6%，三大运营商对于流量的竞争越来越激烈，推出了不限制流量的无线流量卡，运营商也纷纷选择和互联网公司合作推出定向免流服务。但是，所谓无限制流量的电话卡，使用满40G流量后，就会限速，变为3G网络，是降速不限流。而和互联网公司合作推出的免流服务，则覆盖面有限或者带有附加条件。比如网易和联通合作推出的"网易白金卡"，只对属于网易的APP产品都免流量费。说到底，运营商的免流套餐或者服务，是服务于商业目标的营销手段，而不是针对教育的公益性目标。

习近平总书记提出：构建网络化、数字化、个性化、终身化的教育体系，建设"人人皆学、处处能学、时时可学"的学习型社会。学习型社会的构建离不开现代信息技术与教育教学的深度融合，网络学习是必然趋势。要构建以学习者为中心的终身学习体系，应考虑和照顾到贫困家庭等弱势群体的需要，以跨越数字鸿沟、保障教育公平。

本案建议：

以政府购买服务的方式，全面实行公益性学习资源和中小学生在线学习免流服务。

一是对进行网络课程学习的贫困学生提供网络流量补贴，并逐步扩大到所有中小学生。教育部、民政部、工信部合作，为家庭没有能力安装宽带的贫困学生提供网络课程流量补贴费用。具体可以使用"双列表"的方式：民政部门列出符合一定条件的贫困学生名单，教育部门列出可以免流量的学习类网站，工信部门协调运营商提供技术支持。符合条件的贫困学生在这些列表内的网站进行学习时减免流量费，可以采取运营商为学生提供免流服务后获取政府补贴形式进行。

二是推进对所有公益性学习资源，提供免流服务。首先，教育部及各地教育行政部门加强对公益类学习资源的甄别，选出一批质量高、效益好、使用广泛、公益性突出的学习资源类网站和 APP。其次，通过政府购买服务的方式，向三大运营商支付定额的流量费用，购买流量定向服务。所有学习者在浏览、使用这些公益性学习资源时实行定向免流。

建议办理部门：教育部、民政部、工业和信息化部

中华人民共和国教育部关于政协十三届全国委员会第三次会议
《关于为公益性学习资源与在线学习免流的提案》答复的函

朱永新委员：

您提出的《关于为公益性学习资源与在线学习免流量的提案》收悉，经商工业和信息化部、民政部，现答复如下：

教育部高度重视在线教育工作，统筹推进教育信息化发展，大力实施教育信息化 2.0 行动计划，不断扩大优质教育资源覆盖面。

一、夯实网络基础设施，推进教育信息化建设

一是中央财政通过明确生均公用经费列支范围，实施全面改善贫困地区义务教育薄弱学校基本办学条件工作等方式，加强中央财政对贫困地区教育信息化建设的支持力度。二是与工业和信息化部联合开展学校联网攻坚行动，加快推进学校宽带网络接入和提速降费。截

至 2020 年 8 月，全国中小学（含教学点）网络接入率达到 98.7%，93.1% 的学校已拥有多媒体教室，数量达 402.8 万间。三是为有效支撑新冠肺炎疫情期间"停课不停学"工作，教育部印发《关于疫情防控期间以信息化支持教育教学工作的通知》，对改善网络支撑条件、提升平台服务能力、汇聚社会资源等工作进行了部署。教育部与工业和信息化部联合印发《关于中小学延期开学期间"停课不停学"有关工作安排的通知》，积极组织有关企业做好"国家中小学网络云平台"技术支撑和运行保障工作，相关企业提供超过 7000 个服务器、90T 带宽等资源，支持超过 4.22 亿人次的学生开展在线学习。

二、落实救助政策，加强对困难学生保障

一是民政部指导各级民政部门贯彻落实《社会救助暂行办法》和相关政策文件，通过将困难学生家庭纳入城市最低生活保障、将符合条件的困难学生纳入特困人员救助供养范围、加大临时救助力度等措施，不断提高对困难学生家庭救助水平。2019 年，全国共向包括困难学生家庭在内的人员实施临时救助 917.7 万人次，累计支出救助资金 128 亿元。二是新冠肺炎疫情期间，针对农村偏远地区用网问题，组织基础电信企业抢建抢修网络，推出了特惠流量包、免费用宽带、送手机送光猫等多项精准帮扶举措，着力减轻家庭困难学生用网资费压力，惠及超过 6800 万师生。各地通过发放网络补助基金和助学流量包、配置网络移动终端等方式，保障贫困学生参与线上学习。如北京大学为经济困难学生配置电脑、手机等网络移动终端；四川大学为经济困难学生按照 200 元 / 人标准发放在线教学通信补助等。三是 2019 年，教育部与民政部签订《关于城乡低保人员等信息与学生资助信息共享交换合作协议》，通过国家电子政务外网数据共享平台实现低保、特困供养等困难群众人员信息共享交换，为教育救助等相关救助政策落实提供支撑。

三、推进资源建设，提供免费教育服务

一是 2017 年，教育部启动建设国家数字教育资源公共服务体系，现已接入各级平台 169 个，数字教育资源覆盖了小学、初中、高中共 85 个学科，873 个教材版本，总数近 5000 万条。二是持续开展"一师一优课、一课一名师"活动，共计晒课 2012 万余堂，遴选出部级优课 7 万堂、省级优课 19.7 万堂，内容覆盖整个基础教育阶段，通过国家教育资源公共服务平台向广大师生免费提供。三是 2020 年 2 月，开通国家中小学网络云平台，开设各类专题课程学习模块，网页浏览已达 23.41 亿次，访问人数近 20 亿人次，用户覆盖全国包括港澳台在内的所有省区，免费服务全国近 2 亿中小学生。四是教育部印发了《关于在疫情防控期间做好普通高等学校在线教学组织与管理工作的指导意见》，组织 37 家课程平台面向全国高校免费开放 4 万余门在线课程。高校和"慕课"平台免费为"学习强国""军职在线"等平台持续提供精品"慕课"近 5000 门，助力学习强国建设。

下一步，教育部将会同有关部门，深入实施教育信息化 2.0 行动计划，继续推进学校联网共建行动，加快偏远贫困地区学校网络覆盖，完善学校网络教学环境，改善在线学习条件，优化优质教育资源服务供给能力，促进教育优质资源均衡发展；同时，贯彻落实《关于做好家庭经济困难学生认定工作的指导意见》，做好家庭经济困难学生认定工作，利用信息化手段推进社会救助家庭经济状况核对机制建设，提高社会救助对象认定的准确性。

感谢您对教育工作的关心与支持！

教育部

2020 年 11 月 9 日

关于建立国家阅读节，用全民阅读传扬优秀传统文化，深入推进社会公平的提案

案由：

社会公平的基础是教育公平，当社会能够为所有的受教育者提供相对公平的教育资源时，不同区域、不同群体的学生才有可能真正站在同一个起跑线上。自改革开放以来，党和政府在缩小教育差距、促进教育公平方面做了大量工作，硬件的差距已经逐步填平。脱贫攻坚的成果，也让千家万户的教育硬件，得到进一步的改善。这一切，无疑为社会公平提供了坚实的基础。

但是，毋庸置疑，我国的东部与西部、城市与乡村、重点校与薄弱校之间，仍然存在着较大的差距。这个差距，尤其是教师质量方面的差距，在短时间内，很难得到根本性的改变。要想进一步提升教育公平，从而更快地推动社会公平的进程，我们需要更多的路径，更好的方法。

其实，我们在推进教育公平的时候，往往忽视了一个非常重要的领域：阅读公平。研究表明，阅读一直是社会变革和社会进步的重要力量，也是改变社会分层、促进社会公平的重要工具。

苏联著名教育家苏霍姆林斯基曾经说过，当偏僻乡村学校的孩子们有了与中心城市的孩子一样多的优质图书时，他们精神发展的起点就站在了同样的起跑线上。这与美国学者赫希的观点完全一致，他在《知识匮乏：缩小美国儿童令人震惊的教育差距》一书中提出，阅读的差距，恰恰是社会不公平的重要原因所在，"我们只有在妥善处理

好阅读问题后,才能在知识经济时代的竞争中处于最佳地位,才能实现保证每位学生人生起点公平的目标。与经济繁荣和社会公平相比,解决阅读问题才是当下最为紧要的事情。"所以,他发起的核心知识运动,就是努力让所有的学生能够和那些最伟大的经典对话,用阅读填平社会的沟壑。

最近这些年,在相关部门的推进下,全民阅读已经红红火火,进入了新阶段。我们需要把全民阅读更好地与传统文化的传承联系起来,与教育公平的推进联系起来,与社会文明的发展联系起来,进一步强化和深化。

每一年,我都会走进一百多所不同区域不同类型的学校。那些注重阅读的学校,图书馆品质高、师生阅读氛围好的学校,无论是从师生的精气神,还是从学校的文化建设、各类教学品质考核上,几乎无一例外地高。这一类的农村学校,各项指标超过城市学校的,早已不是个案。事实证明,阅读是提高国民素质、缩小教育差距、推进社会公平最有效、最直接、最便捷、最廉价的路径。

本案建议:

第一,以孔子诞辰日9月28日作为我国国家阅读节,倡导全民阅读。虽然联合国教科文组织1995年宣布每年4月23日为"世界图书与版权日",号召散居在全球各地的人们都能享受阅读带来的乐趣与成长,都能保护知识产权,尊重和感谢为人类文明奉献自己力量的人们,这个节日在中国简称为"世界读书日",但是,4月23日并不像孔子诞辰日那样具有中华民族的文化基因,无法激发起人们对优秀传统的怀念与传承。

第二,节日的功能,除了庆祝之外,莫过于提醒。建立国家阅读节,就是更进一步提醒我们思考:能否为乡村的孩子、弱势人群的孩子、边远地区的孩子提供更多更好的优质图书?能否有更多的阅读推广人、志愿者为这些孩子提供阅读指导,让他们享受阅读、热爱阅读、学会阅读?能否加强西部地区、民族地区、薄弱学校的图书馆建设,帮助他们办好身边的精神食堂?

第三,与建立国家阅读节相配套,我们建议把全民阅读作为国家战略。为此，我们应该成立国家全民阅读指导委员会，建立国家全民阅读基金，建立国家公共图书馆和大中小学图书馆标准，为贫困家庭和弱势人群发放免费购书券，为新生儿赠送阅读包。我们相信，通过倡导全民阅读，让每个孩子、每个家庭、每所学校都能够得到相对公平的阅读资源，社会的公平和教育的公平就有了最基础最根本的保障。用全民阅读填平社会的沟壑，我们将因此拥有一片更适宜人类文明发展的原野。

建议报送部门：中共中央宣传部、司法部

（转为意见建议）

关于进一步加强未成年人保护 建立网络游戏分级制度的提案

案由：

近年来，随着社会经济发展水平的提升、电子产品的不断普及，未成年人触网比例显著提升。据统计，有超过 80% 的未成年人玩网络游戏，60.8% 的少年儿童平均每天使用网络时间超过 30 分钟。因网络游戏时间不限、内容分级不细等原因，60% 以上的未成年网游玩家视力下降，30% 以上的未成年人在网游中接触到暴力、赌博、色情等违法不良信息。因不良信息的毒害，未成年人违法犯罪率增加。

未成年人沉溺网络游戏，已成为不容忽视的社会现象，对政府部门网络内容监管、互联网企业社会责任意识以及行之有效的约束机制、家庭网络教育等提出了更高要求。

造成上述问题的原因，主要包括未成年人自控力差，家庭、学校网络教育欠缺，监护人的监管缺乏有效手段；行业监管不细不实，缺乏有效强制力，目前只有上海、山东专门成立了网络游戏行业协会，尚没有全国性的行业协会，导致游戏行业标准不一，甚至有部分企业为了利益，将审批过的游戏通过后期升级修改内容，规避监管；立法不健全，相关法律法规及管理条例内容宏观，缺少具体的细则和分级方案，执行效果不明显。

国家和地方相关部门已意识到网络游戏产品对成年人、未成年人用户应该区别对待，并由此出台了相关管理办法，但却缺乏具体可操作的分级管理制度。比如我国于 2010 年 8 月实施的《网络游戏管理暂行办法》明确规定:"网络游戏经营单位应当根据网络游戏的内容、功能和适用人群,制定网络游戏用户指引和警示说明,并在网站和网络游戏的显著位置予以标明。以未成年人为对象的网络游戏,不得含有诱发未成年人模仿违反社会公德的行为和违法犯罪的行为的内容,以及恐怖、残酷等妨害未成年人身心健康的内容。网络游戏经营单位应当按照国家规定,采取技术措施,禁止未成年人接触不适宜的游戏或者游戏功能,限制未成年人的游戏时间,预防未成年人沉迷网络"。制度虽然已经明确互联网运营商以及网游游戏内容生产企业的责任,但在实践中,很多时候缺乏可操作性,更多的是依靠网游运营商自觉遵守。大量案例表明,有的运营单位为追求利益,并不会主动采取技术措施,预防未成年人沉迷网络;或者即便采取,也只是装装样子,很容易就被破解。这就需要进一步加强对未成年人的保护,建立健全分级制度,依法加强监督管理。

本案建议:

对此,建议从以下方面进一步做好相关工作。

一是建立网络游戏分级制度。建议从网络游戏类别、认证、时长、充值方面建立网络游戏分级制度,游戏企业必须执行,并由文化和新闻部门审核监管。根据目前社会发展客观实际和网络游戏内容(是否包含暴力内容、不良语言、性内容等),可从早教类、管控类、限制类、禁止类等方面划分,对不同年龄段的未成年人建立网络游戏产品分级制度,其中包括实行用户注册登录实名认证分级(未成年人及其监护人身份证信息、手机号、人脸识别等),实行未成年人登入网游时段、时长监管分级,实行游戏充值限额分级等。

二是建立网络游戏分级监管与评价机制。建立第三方网络游戏分级监督及评价机构,试行行业自主监管,制定评价标准、评价体系;建议由文化和旅游部、中宣部新闻出版局等部门负责加强网络游戏分级审查监管,对违规企业依法加大处罚。

三是修订完善网络游戏法律法规。建议立法机构对《未成年人保护法》《网络安全法》《出版管理条例》《网络游戏管理暂行办法》进行修订,增加"基于未成年人保护的网络游戏分级"相关内容,同时各地区也应根据地方经济社会发展实际,尽快调整完善相关管理条例内容。

建议报送部门:中共中央宣传部、文化和旅游部、国家新闻出版署

中共中央宣传部、文化和旅游部关于政协十三届全国委员会第三次会议《关于进一步加强未成年人保护 建立网络游戏分级制度的提案》答复的函

朱永新委员:

您提出的《关于进一步加强未成年人保护 建立网络游戏分级制度的提案》收悉,经研究并商中央网信办、共青团中央等提案会办部门,现答复如下:

近年来,网络游戏等互联网新业态发展迅速,成为青少年休闲娱乐、文化消费等的重要选择,但也出现了未成年人沉迷网络、过度消费等问题,引起社会各界广泛关注。您提出的建立网络游戏分级制度、实施网络游戏分级监管与评价、完善网络游戏法律法规等建议,对帮助我们改进工作具有积极的参考意义。

中宣部高度重视防止未成年人沉迷网络游戏工作,近年来积极协调推动各地各有关部门,完善制度规定,严格游戏审批监管,压实网络游戏企业主体责任,推动防止未成年人沉迷网络游戏工作取得有效进展。在完善制度规定方面,出台了《网络出版服务管理规定》《移动游戏内容规范(2016年版)》《关于移动游戏出版服务管理的通知》《国家新闻出版署关于防止未成年人沉迷网络游戏的通知》等部门规章和规范性文件,为防止青少年沉迷网络游戏提供制度保障。尤

其是2019年10月印发的《关于防止未成年人沉迷网络游戏的通知》对防沉迷工作进行了全面规定,《通知》要求网络游戏企业实行网络游戏用户账号实名注册制度,对未完成实名注册的用户停止提供游戏服务;要求网络游戏企业严格控制未成年人使用网络游戏时段、时长,每日22时至次日8时不得以任何形式为未成年人提供游戏服务,向未成年人提供游戏服务的时长,法定节假日每日累计不得超过3小时,其他时间每日累计不得超过1.5小时;明确要求网络游戏企业采取有效措施,限制未成年人使用与其民事行为能力不符的付费服务。正在起草的《网络游戏管理办法》,对网络游戏出版经营单位严格控制未成年人使用网络游戏时段、时长,规范向未成年人提供付费服务,切实维护未成年人合法权益等进行了明确规定。中宣部还积极推动《未成年人保护法》《未成年人网络保护条例》《网络信息内容生态治理规定》等法律法规修订或起草。正在修订的《未成年人保护法》专设"网络保护"章节,对未成年人个人信息保护、网络沉迷防治等做出法律制度设计。正在起草的《未成年人网络保护条例》,从网络素养培育、网络权益保障、网络信息内容建设、沉迷网络防治等方面建立制度规范。

  关于建立网络游戏分类分级制度的问题,我们感到,网络游戏无论是面对成年人还是未成年人,都要坚持正确的政治方向、出版导向、价值取向,传播主流价值和先进文化,遵守法律法规和公序良俗,讲品位、讲格调、讲责任,抵制低俗庸俗媚俗。现有的网络游戏管理制度明确规定,在中华人民共和国境内从事网络游戏出版经营活动,应当遵守宪法和有关法律、法规,坚持为人民服务、为社会主义服务的方向,坚持社会主义先进文化的前进方向,弘扬社会主义核心价值观,传播和积累一切有益于提高民族素质、推动经济发展、促进社会进步的思想道德、科学技术和文化知识。同时,我们也特别强调网络游戏坚持保护未成年人优先,对含有可能影响未成年人身心健康内容的游戏,坚决予以禁止。工作中我们积极尝试推进网络游戏适龄提示,国家新闻出版署发布的《关于防止未成年人沉迷网络游戏的通知》明确提出探索实施适龄提示制度,要求网络游戏企业应从游戏内容和功能的心理接受程度、对抗激烈程度、可能引起认知混淆程度、可能导致危险模仿程度、付费消费程度等多维度综合衡量，探索对上网出版运营的网络游戏作出适合不同年龄段用户的提示，并在用户下载、注册、登录页面等位置显著标明。目前，一些网络游戏头部企业已主动开展适龄提示试点，帮助未成年人和家长、老师等区分游戏内容，对是否适合特定年龄段用户使用作出合理判断。我们将认真总结试点经验，条件成熟后进一步推开。

围绕推进网络游戏实名认证工作，国家出版主管部门联合有关部委先后出台了《关于启动网络游戏防沉迷实名验证工作的通知》《关于深入开展网络游戏防沉迷实名验证工作的通知》等文件，去年印发的《关于防止未成年人沉迷网络游戏的通知》也进行了明确规定。为有效推动实名认证制度落地落实，国家新闻出版署加快推进防沉迷实名认证系统建设，目前已基本建成，正推动分批接入国内游戏企业在线运营的网络游戏。近年来，有游戏企业尝试在游戏登录、支付等环节运用人脸识别技术甄别未成年人，对防止未成年人沉迷网络游戏有一定作用，但也引发人们对信息泄露风险的担忧。我们感到，为保护人们特别是未成年人的个人隐私和信息安全，实名注册与人脸识别登录措施配套的做法需慎重考虑，有必要在确保安全的前提下审慎推进。

为营造健康清朗的行业生态，中宣部加大网络游戏行业规范管理力度，严格网络游戏前置审查，加强对网络游戏的事中事后监管，加大网络游戏把关力度，积极探索建立网络游戏企业信用档案制度，确保内容健康合规。中宣部还推动各地出版主管部门加强对属地网络游戏企业的监督管理，加强与网信、教育、文化执法、公安、市场监管、工信等部门沟通，统筹相关资源和力量，构建分工合作、高效管用的网络游戏综合治理机制。今年，国家新闻出版署加大网络游戏企业"防沉迷"工作的监督检查力度，组织北京、上海、广东、浙江、福建、天津等重点地区全面排查属地企业及游戏的防沉迷落实情况，督查和自查游戏上万款，基本实现主要游戏企业全覆盖。检查发现问题700多条，约谈游戏企业主要负责人50多次，均责成相关企业作出整改。中宣部正在此基础上开展专项督查，对重点企业、重点游戏以及各地已发现问题的整改情况进行检查，对存在问题的将进行曝光和处罚。中央网信办等部门指导国内主要网络直播和网络视频平台统一开发上线网络防沉迷"青少年模式"，限定使用时长，推荐适合青少年浏览的优质内容，禁止使用打赏充值等互动功能；开展了2020"清朗"未成年人暑期网络环境专项整治，重点整治网络游戏账号实名注册制度和未成年人防沉迷措施落实不到位的问题，严格规范网络游戏诱导未成年人进行充值打赏、购买装备等付费行为，督促网络游戏企业落实保护未成年人的社会责任。

工作中我们感到，加强青少年互联网使用方式的引导，是一项需要政府、企业、学校和家庭等方方面面共同努力的工作。中宣部将继续加强与有关部门沟通协作，加大规范管理力度，压紧压实相关互联网企业的主体责任，引导学校、家庭做好对青少年的监护和教育，形成防止未成年人沉迷网络的工作合力。

感谢您对宣传思想文化工作的关心和支持！

中共中央宣传部
2020年11月15日

调研手记

察实情、说实话、谋实策，是政协委员的担当。调查研究，是政协委员必须练就的硬功夫。

汪洋主席提出，委员要改进工作作风，强化问题导向，"反对走过场、讲形式的做派，拒绝蜻蜓点水式的调研"，以良好作风保证履职成效。这就要求我们像老黄牛一样埋头苦干，用力耕耘、勤勤恳恳、扎扎实实，在调研中，对那些事先安排好的"标准流程"和"经典路线"要保持足够警惕，对各种数据、案例也要善于分析，及时发现新问题、隐形问题、深层问题，更多、更快、更好地发现新方法。

边走边看边想边记，由表及里，去伪存真，才能发现真问题，找到好对策。

民进中央年度重点调研手记（贵州）

8月16日　星期日　贵阳　多云

早晨5点起床工作。发微博和头条。

在新冠肺炎疫情的影响下，今年的民进中央重点考察调研（大调研）是近年来最晚的一次了，时间一直从四月份推到了八月份。

昨天下午结束了民进开明出版传媒论坛、《春天的约会》新书发布会、"无界学习"演讲等活动后，我陪同蔡达峰主席从上海来到了贵阳，正式开启了一年一度的大调研。

今年的重点考察调研，中共中央建议的主题有两个：一是"积极推进改革创新，激发经济发展新动能"；二是"提升治理效能，保障改善民生"。经过研究，民进中央选择了社会治理领域，并确定调研题目为"提升基层治理效能，促进社会和谐稳定"，并进一步聚焦在"城乡社区治理"。我们为什么聚焦于城乡社区的治理？中央相关文件指出：社会治理是国家治理的重要方面和重要基础。城乡社区是社会治理的基本单元。城乡社区治理事关党和国家大政方针贯彻落实，事关居民群众切身利益，事关城乡基层和谐稳定。所以我们这次调研聚焦城乡社区。

虽然面临疫情流行的特殊情况，民进中央还是按计划正常启动了今年的重点考察调研工作。前期不能实地考察，我们就在北京召开了两场专题研讨会，并创新工作方式，通过网络方式向全国的民进组织下发并回收了调查问卷；民进29个省级组织及相关的专门委员会也开展了调研，在全国范围内了解情况、聚焦问题。

今天是正式调研的第一天，上午是调研座谈会，我主持会议并介绍了本次调研背景。座谈会上，省政法委汇报了贵州省基层治理的基本情况，省委组织部、省发展改革委、民政厅、农业农村厅、生态移民局以及贵阳市委政法委、民政局等先后做了情况介绍，省财政厅、教育厅、人力资源和社会保障厅、住房和城乡建设厅、大数据局等做了书面发言。调研组专家领导也就有关问题与省市相关部门做了沟通。从各部门的发言中可以看出，贵州省委省政府高度重视社会治理，全省的社会治理也取得了良好的效果，人民群众的获得感、幸福感、安全感大幅提升。如贵阳市全市的刑事案件由2012年的5万余件下降到2019年的2.7万余件，老百姓的安全感由2012年的89.37%大幅度上升到2019年的99.05%。贵州省的不少做法，比如利用大数据精细化管理、特大社区的网格化管理等，也值得总结推广。

当然问题也是存在的，各部门在交流材料中也都没有回避问题。比如，社区基本公共服务设施短板突出、建设滞后，养老、托幼、残疾人保障等基本公共服务有效供给不足，社区工作人员数量短缺、素质参差不齐，社区工作者职业化、规范化程度不高，具有社会工作者职业资格的只有1%左右；基层政法警力严重不足等问题。这里既有当地的地域性问题，也有全国的普遍性问题。与会人员也提出了许多很好的意见和建议，如关于修订《中华人民共和国城市居民委员会组织法》关于调整居民委员会规模、居委会名称统一等问题。

座谈会最后，蔡达峰主席做了重要讲话。他说，中共十八大以来，以习近平同志为核心的中共中央，从坚持和完善中国特色社会主义制度、推进国家治理体系和治理能力现代化的战略高度和大局，全面谋划和推动社区治理，对社区治理提出了一系列要求。贵州和全国各地积极贯彻落实和探索实践，出台相关实施办法，推进社区治理。广大社区不断提高自治能力，在维护社会秩序和稳定、促进民生改善，特别是在疫情的群防群治的一线，发挥了重要作用，展示了治理成效。蔡主席指出，社区治理要发挥居民的作用，中国特色社会主义社区治理的成效，必须体现在服务居民、造福居民、依靠居民、组织居民参与中，体现在基层党政与居民的关系上，关键是要维护好居民权益；要开展社区协商，社区有很多事情需要居民参与，尤其是居民参与协商，这需要基层党组织发挥组织领导作用，需要基层政府履行政府协商的职能，需要社区内部开展基层协商，需要广大居民参与协商活动，从而形成社区协商的习惯和机制。蔡主席最后强调，社区治理的目标是实现"党领导下的政府治理和社会调节、居民自治良性互动"。社区治理要推进居民自治，这是社区实现共建共享共治的重要环节，需要提高居民自我管理、自我教育、自我服务、自我监督的能力。城乡社区治理意义重大、任务繁重，我们会充分了解实际情况，认真梳理大家反映的情况、提出的意见建议，深入研究，形成建议向中央反映。

中午12点座谈会结束，午餐，休息。

下午2点半，调研组出发前往贵阳市南明区进行实地考察。南明区是贵阳市的中心城区，是省委、省军区所在地，全区面积103平方公里，常住人口96万人，多项重要经济指标位居贵阳市前列。南明区的社会治理有一些独特有效的做法，治理效果不错，也有些长期的、普遍的问题，从区领导的介绍来看，他们有清醒的认识。

调研组重点考察了南明区社会治理综合服务中心。该中心总面积2300平方米，由区委政法委代管，交警、住建、生态、城管、人社、消防等12部门入驻，通过大数据技术、网格化管理，构建起"一个中心、四级联动、五大体系、四个保障"的工作体系。依托这个中心，南明区实现社会治理的精细化、科学化。尤其是针对花果园片区人口数量大、密度高、流动性强的特殊情况，服务中心在片区综合治理方面发挥了巨大作用。

实地考察后，调研组与贵阳市、南明区的相关部门、街道及社区群众进行了座谈，南明区、花果园街道、花果园街道遵义中路居委会分别介绍了情况，居民代表谈了自己在社区生活以及参与社区治理的切身感受。

下午5点座谈会结束，返回宾馆。傍晚6点陪同蔡达峰主席会见了前来拜会的孙志刚书记和谌贻琴省长。

晚上8点，与贵州省副省长王世杰和政协副主席李汉宇交流，进一步了解基层社会治理的情况，以及贵州经济社会发展特别是教育发展的情况。

晚上10点读《关键的少数——不确定时代的核心圈法则》一书。其中有三个主要观点：第一，一个公司或机构的文化可能有许多特征，但是只需要少数几个关键的特征就可以发挥重要作用；第二，一个公司或者企业广泛接受的行为可能很多，但其中几个做事情的方式得到遵从，大家就会更能够一起同行；第三，一个公司或机构有许多各个层面的决策者，但是真正能够把组织带向变革之路的也是少数的几个人，而这些人甚至不是人们通常认为的关键人物。

晚上11点休息。

8月17日　星期一　贵阳，兴义　阴有小雨

早晨5点15分起床工作。

在政协委员读书群发每日读书笔记和名家谈读书专栏文章。发微博和头条《童书过眼录》《新父母晨诵》等。看到今天的《人民政协报》文化讲坛发表了我的讲演《阅读与人生》。

上午8点40分出发，前往贵阳市公安局块数据指挥中心、体验展示中心进行考察。指挥中心建设以"社会治理"为主题，以"人事物"为核心，全面融合政府部门、社会、互联网等多源数据，从全新的角度来完成对社会的服务管理，用大数据实战验证实现社会治理体系和社会治理能力现代化的"弯道取直"。展示中心主要通过文字、图片、视频、实物展示等方式，辅以智能显示屏、实景沙盘等，全面展示了贵阳公安抢抓大数据战略和警务机制改革历史机遇，全面启动贵阳公安现代化建设的情况。通过民警同志的详细介绍，我们发现大数据等新技术的应用渗透到了公安系统的每一个环节，使得整个系统工作高效、便捷、细致、安全。大数据技术助力社会治理实现科学化、精细化，也充分体现了贵阳"大数据之都"的真正内涵。

从市公安局出来，便直接乘车前往机场，乘飞机去兴义。经过35分钟的飞行，11点40分左右调研组顺利到达兴义。

下午2点前往黔西南州安龙县，考察易地扶贫搬迁新市民居住区

蘑菇小镇社区治理情况，先后考察了蘑菇镇天菇小学、天菇警务室、综治中心、开明慈善道德讲堂、新生活超市、社区服务中心、新市民服务中心等。

易地扶贫搬迁是脱贫攻坚的重要手段。在昨天的调研中我们了解到，全贵州省易地扶贫搬迁188万人，数量居全国之首。这么大数量的人口迁移，"搬得出"已属不易，"留得住"则更为关键，涉及居民的就业、孩子的入学等一系列重要民生问题。而形成的这些新的规模不小的社区，其社会治理问题也是对政府的考验。针对这些问题，黔西南州各级政府解放思想、积极创新，通过搬迁户双身份（异地搬迁居民既保留原来的农村户口，又同时拥有新市民身份）的办法解决了居民关心的"三块地"问题，通过土地流转、发展蘑菇种植产业等办法解决了居民的就业问题，同时新建学校、医院、文化场所、便民服务中心的基本设施，解决居民生活中的切身问题，使得蘑菇小镇变成了一片人民安居乐业的热土。

考察之后召开了座谈会，安龙县街道（镇）、居委会有关负责同志和村民代表作了发言，并与调研组专家进行了交流。蔡达峰主席在讲话中指出，易地扶贫搬迁是打赢脱贫攻坚战的关键，贵州探索出了一条独具特色的易地扶贫搬迁加社会治理的路子。安置地有了新家园，搬迁群众成了新市民，他们如何很好地融入新的环境，衔接好农民和新市民"两种身份"，对于政府和搬迁群众来说都是一个巨大挑战。要加强安置地的社区治理，确保搬迁群众搬得出、稳得住、快融入、能致富。安置地的社区治理要从长计议，真正做到把对新市民的政策持续推进下去，既要积极探索，又要审慎操作，保证社区的长治久安，让人民群众有更多的获得感。

下午5点10分考察结束，傍晚6点10分回到宾馆用餐。

按照惯例，调研期间，我会主持召开调研组内部研讨会，与参加调研的部委同志和专家研究调研中遇到的情况和问题，对调研报告撰写提出意见和建议。晚上7点半会议正式开始，调研组同志结合两天来调研的情况，针对部门准备的调研报告初稿进行了研讨。大家基本肯定了报告初稿的内容，也提出了许多修改意见，比如，突出贵阳利用大数据进行"智治"这一亮点，探索解决"智治"背景下隐私保护问题，重点研究居委会的职责定位以为《居民委员会组织法》修订提供借鉴，突出易地扶贫搬迁"后半篇文章"社区治理方面问题与经验，发掘更好发动群众实现自治的经验等方面。这些问题对于我们后期完善调研报告很有帮助。

晚上9点左右会议结束，回房间继续工作。去政协委员读书群学习交流。自从年初发起防控疫情读书群以来，每天早晚到读书群讨论交流，已经成为每天的必修课。准备明天早晨的《名家谈读书》《民进好提案》专栏文章等。

晚上11点休息。

8月18日　星期二　黔西南州兴义市　阴有阵雨

早晨5点20分起床工作。仍然完成政协委员读书群的发文、"爬楼"观看昨天的文章等。

上午9点，在翠湖宾馆召开调研座谈会，主要是听取黔西南州和安龙县社会治理工作基本情况，贵州省政协副主席、民进左定超主委主持会议。会上，中共黔西南州委副书记、州人民政府州长杨永英同志和黔西南州人大常委会副主任、中共安龙县委书记钱正浩同志分别汇报了黔西南州和安龙县社会治理工作情况，安龙县委组织部、政法委、民政局、农业农村局等相关负责人也分别介绍了各自领域的基本情况。

这几天的调研中，调研组对贵州省易地扶贫搬迁后新社区治理的情况和利用大数据技术实现"智慧治理"的做法印象深刻，也一致认为这是贵州社会治理工作的亮点。在今天黔西南州的座谈会上，大家仍然对这两方面感兴趣，也能看到州县在这方面的探索与努力。在州长的介绍中我们了解到，"十三五"期间，黔西南州实施易地扶贫搬迁33.85万人，占全省规划搬迁人数的18%。为确保搬迁群众能顺利入住、稳定居住、脱贫致富，全州实施新市民居住证制度、"农低保"转"城低保"制度、新市民住房公积金制度、新市民就业保障制度、教育医疗扶贫工作制度等13个制度，制定出台服务保障脱贫攻坚指导性文件28个,精准落实保障措施400多项。在"智慧治理"方面,黔西南州投资建成全州大数据平台,推动全州26个部门实现数据互通,并与省级部门数据共享;在全省率先建成覆盖全州36个新市民居住区的"雪亮工程",安装4000多个高清摄像头,与"天网工程"、"智能安防系统"一体化运行,有力实现了人口管理、风险预警、服务民生、安防布控、信息采集等五大功能。

中午12点40分,蔡主席一行先行离开。下午2点半,我率队继续调研考察。在兴义市考察了泗金新市民社区和万峰林镇双生村。前者正是易地扶贫搬迁移民形成的新社区。这个社区有30多栋楼,近3万居民,都是从山里搬下来的。社区环境优美,设施齐备。有学校、卫生室、超市、邮局、市民服务中心、警务室、农村金融扶贫点以及各类生活设施。政府在设计之初考虑也比较周到,为了群众能记住"乡愁",特意建设了纪念馆,保存着各种农具,社区绿地上的雕塑也有苗族支系"四印苗"的符号。此外还有很多贴心的设计,比如,由于搬迁居民中不识字(主要是年长和年幼)人数较多,在高楼林立的社区非常容易迷路,找不到家。为此,社区建设时特意在路边划了各种不同颜色的线,只要在出门的时候记住门口路线的颜色,就能顺着颜色找到家;同时还在各楼外立面做了不同的动物标识(晚上会亮),人们只要记住自己楼上的动物标识就能找到家了。在这里我们也看到了无处不在的"智慧管理"。在社区警务室,有先进的警务指挥系统,其功能之一就是通过高清摄像头人脸抓拍及识别,自动对比本地居民数据库,可以非常方便地识别陌生人,便于流动人员的管理。我们也看到了新市民居住证,正面有个人详细信息,包括户籍地址(保留农村身份)和现居住地址(新市民身份)。在新市民服务中心,有实时更新的本地工作岗位需求和社区居民在全国的分布情况,在大屏幕上一目了然。

在这些形式之外,基层社会治理本质层面东西,也是调研组非常关心的问题。在上午的座谈会上,我就社区协商的问题询问当地领导。我说,新社区的居民可能来自不同地方,原来互不认识、没有交流,现在住到一起后如何能迅速融合,如何融入城市生活,在相互不熟悉的情况下如何选举产生居民委员会,居委会如何发挥作用,新市民的社区共同体意识如何培养，社区协商机制如何建立等，都是需要认真研究的问题。当地领导介绍说，这些情况他们也有所考虑。老乡进城前后，政府组织了一系列活动：一是"亲城"，带着老乡到城里坐公交车、逛超市、看医院、访学校，增加老乡对城市的亲近感；二是"乐城"，向老乡介绍城里的医疗、教育、文化等各类资源，这些资源以前住在山里的时候是肯定没有的；三是"融城"，组织老乡参加城里的活动，或组织一些有特色的活动，促使大人跟大人熟悉，通过一起上学，实现孩子和孩子交流。看得出来，政府在这些方面也都做了比较扎实的工作，但这些还都是浅层次的融合，要真正建立基层协商，做好基层治理，实现社区自治，还有很长的路要走。

说到社区（村民）自治，下午在万峰林镇双生村（据说村里有47对双胞胎）倒是看到了比较鲜活的案例。村民们独创的"领头羊"模式，较好诠释了村民自治。所谓"领头羊"，指的是在村里比较有威望、处事公正、村民比较信任的人，由村民直接选举产生并报镇党委备案，10-15户村民产生一位，并最终选出一位"总领头羊"（此人必须不是村支两委干部）。他们接受村支两委的领导，但也有许多独立的集体决策权（针对村里公共事务）。除了这些，"领头羊们"的另一项重要工作是化解和调解村民的各类矛盾，这为维护基层和谐稳定发挥了重要作用。

下午调研中间，利用间隙接受了中央电视台的采访。2017年，中共中央办公厅、国务院办公厅联合下发了配合各民主党派进行年度重点调研的通知，各级党委政府和新闻单位也特别重视，中央电视台随调研组采访也已经制度化。采访中，我就民进中央为什么选择"提升基层社区治理效能，促进社会和谐稳定"主题，以及调研中发现的问题与建议等谈了自己的想法。

离开双生村回到宾馆，用餐后就赶往机场了。飞机晚点半小时左右，晚上11点35分落地北京大兴机场，到家已是凌晨一点多了。

三天的调研，时间虽然很短，但由于准备比较充分，还是发现了不少问题。在月底的补充调研中，我们会继续深入现场，了解情况，发现问题，提出意见与建议。

民进中央年度重点考察调研手记（河南）

8月31日　星期一　北京晴、安阳雨

今天开始，是为期三天的民进中央2020年重点考察调研（第二次）。

早晨5点起床工作。打理全国政协委员读书漫谈群。吴尚之群主出差前委托我帮助他照应读书群工作。发了我的《每日读书笔记》、《名家谈读书》等专栏，与在群中委员交流。发微博、头条的《童书过眼录》等专栏。

早晨7点50分从家出发，赶往北京西站，乘坐9点38分的高铁前往安阳。今年的重点考察调研聚焦基层社会治理，我们在前期设计调研方案时就提出，要分别对农村和城市基层社会治理情况开展调研。此前，8月15日至18日，蔡达峰主席带队在贵州省开展调研，主要聚焦农村治理情况；本次刘新成常务副主席带队在河南开展的调研，主要是考察城市社区治理情况。

在火车上简单用了午餐，下车后直奔宾馆，稍事休息。

下午3点，在宾馆召开调研座谈会，我主持会议，并简单介绍了调研背景。安阳市委书记李公乐首先介绍了安阳市基本情况和安阳市基层治理工作情况。随后安阳市委组织部、市委政法委、发展改革委、民政局、住房和城乡建设局等部门先后作了情况介绍。人力资源和社会保障局、政务服务和大数据管理局、城市管理局等提供了书面材料。

通过了解，相比于之前调研的贵阳、兴义等地方，安阳的基层治理还是有自己特色的。贵阳作为全国"大数据之都",其基层治理体现了鲜明的大数据特色,"智慧治理"无处不在;安阳虽也有一些"智治"的影子,但更多的是在创新体制机制方面。比如,基础设施方面,建成"一有七中心",即每个社区都有坚强的党组织,都配备社区便民服务中心、综治服务中心、文体活动中心、卫生服务中心、老年人日间照料中心、儿童服务中心、志愿服务中心;居民自治方面,实现"一约四会"制度(村规民约、民情恳谈会、民事协调会、民意听证会、民主评议会)全覆盖;此外还有"四议两公开"、"一征三议两公开"、"五老(老党员、老干部、老教师、老政法、老模范)化解机制"等,这些都取得了不错的效果。

当然,问题也是存在的,并且大多也是一些普遍性的问题。譬如,一是基层治理人才队伍短缺。造成人才短缺的主要原因是待遇不高和职业前途不明。当地经过连续多年上调,社区书记(主任)生活补贴达到了每月2942元,但这并没有足够的吸引力,并且缺乏稳定的工资增长机制;社区干部缺乏解决事业身份和提拔调动的机制,出路少、晋升难。综合之下,这造成社区人才流失相对严重(近年全安阳市社区干部流失率为15%)。二是基层治理经费不足。当前在社区人口快速增长、社区服务需求日趋增多、精细化管理压力越来越大的情况下,社区经费不足问题日益凸显。今年防控疫情支出更大,使得经费愈加紧张。三是群众自治意识不强,参与性不足,市场作用发挥不够,社会组织参与度偏低。这些都是普遍性问题,从今年的调研(29省市问卷调查,贵州省实地调研)情况来看,绝大多数地区并没找到破解之道。

在听完大家的意见之后,刘新成常务副主席做了重要讲话。他首先对安阳市在基层治理工作中取得的成绩和创造的经验表示肯定。他强调了基层社会治理的重要性。他说,中共十八大以来,以习近平同志为核心的中共中央,从坚持和完善中国特色社会主义制度、推进国家治理体系和治理能力现代化的战略高度,全面谋划和推动社会治理,把社会治理确定为国家治理的重要方面,把社区治理确定为社会治理的基本单元,对城乡社区治理作出了全面部署。各地响应中央号召,陆续出台相关实施意见和配套办法,基层治理成效初显。在今年的疫情防控战中，基层作为联防联控、群防群治的第一线，经历了一场治理体系和治理能力的大考，我们的体制优势得到充分体现，展示了中国特色社会主义制度强大的凝聚力和生命力。当前城市社区正经受着社会的深刻变化，社区治理也在逐步探索中，客观上存在着一些新老问题。这些问题反映了社区治理体制、意识、能力和作用还不完全适应新时代的新要求。他提出要加强对于社区的理论和实践研究，找准社区的定位，探索社区管理的多元化模式，希望通过这次调研充分了解实际情况，多方听取意见建议，以便形成相关建议，在政党协商、政协协商等多种场合和渠道予以反映。

晚饭后，应邀去观看了民进河南省委组织举办的"庆祝民进成立75周年暨战疫启示开明读书会"。活动以《最美逆行者2020》一书为共读书目，通过舞蹈、朗诵、讲述、小品等丰富多彩的形式，以感人肺腑的真实内容，热情赞美了抗疫英雄（其中有不少民进会员），令人动容。我想这种形式的活动，对于团结会员、加强广大会员自身思想政治建设、引导会员不断增进政治共识具有重大意义。自读书会成立以来，安阳民进已经举办了近30场读书会，通过共读一本书，凝聚会员共识，提升会员素质，辐射社区学校，取得了非常好的效果。

活动结束回到宾馆已9点半。与河南民进张震宇主委等相约跑步锻炼半个小时左右。

回到房间，洗漱之后读了20分钟斯蒂芬·平克的《人性中善良的天使》。这本被比尔·盖茨评价为他"一生读过的最重要的书"，从人类的暴力行为减少这样的事实背后，发现了关于人性的许多秘密。

晚上11点休息。

9月1日　星期二　安阳　晴

昨夜一场秋雨，今晨碧空如洗。

早晨五点半起床工作。打理政协委员读书群，发微博、头条的《民进好故事》等专栏文章。

上午八点半出发，实地考察北关区彰东街道恒大绿洲社区。社区成立于 2015 年 7 月，辖区面积约 19.7 万平方米，总户数 3581 户，常住居民 8795 人，工作人员介绍说，实际居住人口超过 1 万人。

调研组乘车到达社区后发现，社区可称得上"环境优美、风景如画"。院内绿树郁郁葱葱，连廊曲径通幽，湖面微波荡漾，令人心旷神怡。应该说，社区的"硬环境"非常好，具体到社区治理"软环境"如何，居民的"幸福感"怎样，我们还要继续寻找答案。

近年来，社区按照"一有七中心"标准开展规范化建设，通过整合各方资源，在原有便民服务功能的基础上进行了升级改造，建成约 3400 平方米的社区新时代文明实践站。调研组一行在社区志愿者带领下，先后参观了一站式便民服务大厅、社区党建阵地、社区卫生服务站、新时代学雷锋志愿服务站、书画活动室、矛盾调解室、综治中心、书吧、科普馆、多功能活动室、宣讲中心、道德讲堂、未成年人实践站、艺术展览室、心灵氧吧、舞蹈室、儿童之家、居家养老休息室等 28 个功能室。据介绍，社区坚持以党建为统领，探索形成了社区党支部一个核心，社区工作者和志愿者服务队两支队伍，律动生活、健康驿站、创新学堂三大品牌的"123"管理服务工作格局，让居民充分享受社区各类文化信息资源。总体看来，社区治理情况不错。但是，一个直观的感受是政府大包大揽得较多，居民自治自理得少，讲解的人员虽然都穿着志愿者的服装，其实都是从学校、机关临时调来的。可能不是日常工作的常态。调查研究，最担心的就是看不见真实的情况。

随后，调研组返回安阳迎宾馆召开座谈会。河南省政协副主席、民进河南省委会主委张震宇主持会议并介绍了此次调研的背景情况。北关区、彰东街道、恒大绿洲社区、盘庚中社区有关负责同志和居民代表围绕基层社区治理作交流发言，详细介绍有关情况。刘新成常务副主席及部委司局领导、专家学者问了不少细节性问题，也指出了一些颇有点尖锐的问题，共同就居民自治、社区协商、矛盾化解、社区工作者队伍建设等问题进行了广泛深入的互动交流，现场气氛热烈。譬如，针对我们印象不错的恒大绿洲社区，刘副主席问到了社区干部的编制在哪里，工资由谁来发；民政部同志提出了一个具体问题：偌大的社区，有基层党组织，但却没有成立居委会。针对这些，他们回答起来似乎略有吃力，但也可能是基层治理的难点痛点所在。陆军教授提出了基层治理的可持续问题，尹栾玉教授介绍了北京、天津社区治理的情况及经验，似乎对当地有一定的借鉴意义。

调研安排十分紧凑，但今天午饭后有一点点自由的时间，我见缝插针去参观了一下民进中央原主席许嘉璐先生多次提及的中国文字博物馆。安阳是中国八大古都之一，是甲骨文的故乡、世界文化遗产殷墟的所在地，是非常有文化底蕴的地方。文字是文化的载体，汉字及各民族文字是中华民族的伟大创造，也是中华文明的重要标志。此前了解到，中国文字博物馆，是由河南省民进与安阳市民进撰写提案呼吁建立的，更是希望能够一睹其尊容。博物馆的设计很有特色，据说是梁思成的弟子操刀。内容陈列也比较丰富，以世界文字为背景，以汉字为主干，以少数民族文字为重要组成部分，荟萃历代中国文字样本精华，讲解中国文字的构形特征和演化历程。我们注意到，包括文字文化研究交流中心和文字文化演绎体验中心等在内的博物馆的二期工程和中国文字公园也在建设之中。应该说，这是民进为当地甚至为全国文化事业做出的巨大贡献。短短一小时的参观学习，感觉受益匪浅。

下午4点10分，乘车前往安阳高铁站，乘车去郑州。

5点20分到达郑州，入住黄河迎宾馆。6点，调研组与河南省主要领导同志餐叙，交流调研工作等情况。

晚上七点半，和秘书跑步40分钟左右。

晚上八点半，参加新教育实验理事长的视频会议，研究讨论疫情背景下新教育年会的方案和新教育二十年的有关活动。

晚上10点结束以后继续读《人性中善良的天使》。

晚上11点休息。

9月2日　星期三　郑州　晴

今天是本次调研的最后一天，主要安排是与河南省委省政府及省直、郑州市相关部门座谈，以及在郑州市实地考察。

上午是省里的座谈会，在黄河迎宾馆会议中心召开，照例由我主持。会议程序和之前都一样，省领导做主要汇报，相关部门分别介绍情况，调研组领导专家与省里同志交流，最后刘副主席讲话。省里准备的汇报材料做得比较扎实，一进会场我便发现桌子上摆了厚厚的一摞，包括河南省委省政府主汇报材料，以及省委组织部、发展改革委、民政厅、住房和城乡建设厅、人力资源和社会保障厅、大数据局，以及郑州市委市政府和市里的一系列对应部门的材料。我数了一下，一共有17份。

河南省人民政府副省长、省公安厅厅长舒庆同志做了全省基层治理工作情况汇报。从汇报中可以看出，河南省在基层治理方面的工作还是扎实的，成绩也是显著的。譬如，在为基层减负松绑方面，省里着力解决形式主义、官僚主义问题，大力精简文件和会议，2019年省委发给县以下的文件减少了30.1%，召开的会议减少了30.9%；在强化基础建设方面，全省51874个村全部完成综治中心规范化建设；在强化源头预防方面，着力做到"小事不出村、大事不出乡、矛盾不上交"，今年上半年全省各类利益诉求群体规模聚集起数同比下降62%，涉军群体规模性聚集同比下降85%。

令人印象深刻的河南省基层治理工作经验做法，涌现了一批有河南特色、在全国有一定影响力的"河南品牌"。如，发源于南阳邓州的"四议两公开"工作法被写入《中国共产党农村基层组织工作条例》；发源于郑州新密的"一村（格）一警"基层警务模式被评为全国公安系统创新发展四大品牌之一，目前全省有4.5万名辅警驻村、1万名民警驻社区；发源于焦作市的"'334'楼院协商治理模式"入选民政部中国社区治理十大创新成果；开封基层社会治理"一中心四平台"模式被中央政法委评选为政法工作创新经验；登封市"封调禹顺"诉前调解模式被中央政法委评选为司法体制改革创新成果；扫黑除恶"三书一函"工作机制被全国扫黑办推广。此外还有很多，如易地扶贫搬迁工作中的开展产业扶贫"五个一"，推动公共服务"五个有"，建设美好生活"五个新"，以及许多在各自社区范围内适用的"特色经验"等等。我想这些高度的概括总结正是河南省基层社会治理工作成绩的体现，其背后是全省上下的辛苦探索与实践。今年河南的"硬核防疫"全国瞩目，也必然与其基层治理的良好基础分不开。

当然成绩的背后，问题也是必然存在的，譬如，思想认识有待提高，部分地区基础设施不完善，基础设施运维保障机制不健全，部分领域建设资金缺口大等等，这也都是普遍性的问题。

刘新成常务副主席在最后的讲话中也肯定了河南的成绩，并再次强调了加强基层社会治理的重要性。他说，在基层社会治理方面，河南省和郑州、安阳两市进行了积极探索，取得了不少成绩，创造了很多经验，调研组会认真梳理研究，体现在调研成果中。他强调，中共中央委托各民主党派中央就相关问题开展调研，体现了对基层社会治理的高度重视，也反映了这方面工作还有提升空间。要进一步提高对基层社会治理的认识。基层群众自治制度是我国的一项基本政治制度，是中国特色社会主义民主的体现，是人民当家做主的体现，也是国家治理体系的组成部分。中国特色社会主义进入新时代，我国社会主要矛盾已经转化为人民日益增长的美好生活需要和不平衡不充分的发展之间的矛盾。基层社会治理方面存在的问题，是人民对美好生活的向往和基层社会治理能力发展不平衡不充分之间矛盾的具体表现，也是我们应该补齐的短板。人民群众的满意度和获得感是衡量新时代基层社会治理工作的标准，要把相关工作做得更精细、更有质量，解决现实生活中困扰基层群众的身边小事，积极化解社会矛盾，促进社会和谐稳定，确保"两个一百年"奋斗目标的实现。

下午，调研组一行考察了金水区花园路街道通信花园社区。这是一个老旧社区，面积0.55平方公里，辖区内有6个公共单位，12个居民区，总户数2076户，常住居民6112人。虽说是老旧社区，但我们看到社区内整洁干净，有精致的小花园，有多样活动场所，连楼道间的墙壁也都做了美化装饰，给人非常温馨的感觉。在介绍中我了解到，近年来社区积极贯彻"社区党建+志愿服务"工作模式，培育出"银发调解服务队""互助养老服务队""社区养花协会"等16个志愿服务组织，长期活跃在社区楼院、楼组和居民当中，用常态化活动凝聚人心，不断将社区治理工作引向深入。社区将每60户划分为一个楼组，以"九在楼组"（学习、健康、清洁、和谐、诚信、平安、奉献、欢乐、关怀）为切入点，开展"三净三有"（地面净、墙壁净、门窗净；有文化、有活动、有服务）为标准的星级楼组创建。负责介绍的大姐还为我们唱起了"说唱九在楼组"歌。在社区考察后召开了现场座谈会，听取金水区委主要负责同志汇报基层社会治理工作情况和街道、居委会、居民代表的发言，并进行互动交流。

4点座谈会准时结束，本次调研的任务算是正式结束。随后民进中央同志走访了省民主党派大楼，观看了民进河南省委举办的抗疫漫画展，考察了省委会的办公场所，并与省委会同志合影留念。

5点，乘车前往新乡，准备参加明天的黄河生态保护与文化发展论坛。晚饭后，观看了新乡市政府举办的论坛欢迎晚会。

西部地区职业教育、家庭教育调研手记（甘南藏族自治州）

9月8日　星期二　甘南藏族自治州合作市　阵雨

昨天上午，今年的中国教师发展论坛在陕西师范大学落下帷幕。

中午散会后，直接赶赴西安北站，乘1点32分的高铁前往兰州。火车下午4点45分到达兰州西站，又坐了四个多小时的汽车，到住处已是晚上9点多。草原上下起了雨，空气湿润而凉爽。3000米左右的海拔，有轻微的高原反应。

早晨5点起床。准备教师节致辞。按照惯例，每年教师节，我都要给新教育的老师们写一封信，谈谈我对于教育的理解和对于教师的期待。今年的题目是《教师的幸福来自美好的关系》。

上午9点，在营地参加了一个关于后疫情时代教育培训行业发展问题的学术活动，与《人民政协报》教育周刊主编、中国教育在线主编、英孚教育集团中国区总裁等交流我关于未来教育与培训行业的发展等问题的思考。

上午11点半左右出发，前往合作市开展调研。在车上吃了半个三明治，算是午餐。不到两个小时的路程，到达甘南的首府合作市，与民进中央调研组一行会合。稍事休息，出发前往州委大楼参加调研座谈会。

本次来甘南调研，是教育部委托进行两个课题的调研，主要是针对西部欠发达地区的职业教育和家庭教育问题。调研组成员除了前两天参加教师发展论坛的专家和机关同志，还有甘肃省民进及教育厅、人社厅的同志。

座谈会上，甘南州教育局、人社局、妇联和关工委等部门，以及合作一中、二中、一小、幼儿园的负责同志分别作了情况介绍，学生家长代表作了发言。省教育厅、人社厅提供了书面材料。

应该说，近年来整个甘南州教育事业有了长足的发展。以幼儿园为例，从2004年的16所增加到了去年的376所，用教育局长的话说是"井喷式发展"。职业教育、家庭教育也都有了较大的进步。但是限于当地的经济社会发展水平和民族地区、高原地区的特殊州情，教育事业的发展还面临较大的困难。

在职业教育方面主要有以下问题：一是学生就业机会少，职业教育出口不畅。这在欠发达地区应该是普遍性问题。一方面，思想观念问题导致很多学生不愿意接受职业教育；另一方面，由于缺乏产业支撑，职业教育学生就业机会少，这又更强化上述观念，最终形成恶性循环。所以，2019年全州职普比仅为3.1∶6.9。二是教师专业化程度低，特色专业教师急缺，总体编制不足。该州专业课教师占专任教师40%，双师型教师仅67人，占专任教师的16.1%。教师专业结构不合理，数量十分紧缺。三是校企合作仍在低层次徘徊。校企合作深度不够，合作机制不健全，学校与企业、专业与需求、学生与岗位未能真正有效对接，企业的积极性也不高。四是社会培训与脱贫攻坚结合不够，职教扶贫功能发挥不够。五是职业教育基本还是走的升学路线，95%的学生都是走"2+3"的模式，升入高职学院继续学习，而不是在当地就业。

家庭教育方面同样存在不少问题。一是资源严重不足。本地的家庭教育学术研究力量缺乏，由于经费等原因，外面的资源也很难引入。二是城乡发展不平衡。此问题在甘南州这样的民族地区尤为突出。城区的家庭教育工作无论在相关方的思想认识上还是具体行动上都有一定的成果，山区的农民与多数牧民文化程度不高，对孩子的关注相对不够，再加上特殊的生活方式，导致这样的家庭很少有真正意义上的家庭教育。三是留守儿童问题严重。贫困地区成年人多外出打工，此问题具有普遍性。四是家庭教育的方向偏离，重视应试教育、忽视思想品德和心理健康教育的问题在甘南州同样明显存在。

通过座谈会和有关材料的研读，我们发现，在甘南这样的西部民族地区，职业教育与家庭教育有许多特殊的困难。但是，部分干部的思想认识困难还是关键问题。譬如，面对现实困难，创造性解决问题的意识较差，"等靠要"的思想较重。当然，考虑到如此特殊的州情，很多情况是非常可以理解的。

座谈会开到6点多。回酒店用餐、休息。由于有点高原反应，不敢轻易运动。

晚上就在房间休息，整理日记，读《人性中善良的天使》下册。

晚上11点休息。

9月9日　星期三　甘南藏族自治州合作市　阵雨

早晨5点起床工作。在政协委员读书群发专栏文章。发微博、头条的专题文章等。

今天上午的安排是实地调研，考察一所小学和一所中等职业学校。

8点半，调研组来到合作市第一小学。一下车，校园给我的第一感觉是环境优美、整洁卫生，是一所比较高水平的现代化学校。州政协主席徐强在校门口迎接我们。他骄傲地告诉我，自己就是这所学校的毕业生。还兴致勃勃地为我们背诵了他为母校40年校庆写的文章《人生一甲子，母校四十年》中的片段。

经了解，该校始建于1963年，是州教育局唯一一所直属全日制普通小学。在校长的引领和讲解下，我们参观了教学楼、家长谈话室、心理疏导室、体育馆、报告厅等，并大致了解了学校在开展书香校园和家长学校建设方面的情况。学校的校长很有想法，学校的各方面工作也有条不紊。

离开一小时后，我们来到甘南州中等职业学校。该学校是由原甘南师范学校、甘南畜牧学校、甘南藏族综合专业学校整合而成的一所全日制综合性公办普通中等职业学校。学校占地200亩，有教职工213名，在校生1600余名，开设了汽修、早教、计算机应用、电子商务、烹饪、畜牧兽医等 13 个专业。调研组先后考察了图书馆、教学楼、实训楼、宿舍楼、学生餐厅、多功能体育馆、标准化塑胶体育场等。

在学生宿舍，我看见虽然整整齐齐，但是非常单调，没有任何学生的烂漫活力与生活气息。校长告诉我，准备请文化公司设计。我对校长说，为什么不让学生自己来布置属于他们的环境呢？文化育人，要让学生创造属于他们自己的学校文化和宿舍文化。这是西部教育一个比较普遍的问题。

没有想到的是，该校的基础教育教学设施相对比较完备，尤其的汽车实训的十几个车间和设备，给我们调研组留下很深刻的印象。校长介绍说，这是享受了三州三区的扶贫政策，国家给予的 5000 多万专项经费建立的各种教学实验室与实训中心。在学校图书馆，意外地看到了我在 2010 年出版的《给中国教育的 100 条建议》一书，陪同调研的州政协主席徐强很感兴趣，说里面的建议放到现在仍然非常适用，便借阅了一本回去学习。

考察结束之后，调研组在学校召开了座谈会，校长作了相关情况介绍，调研组成员与学校师生代表进行了交流。该校反映的最大的实际困难是，年轻教师少、专业型教师少、"双师型"教师少，加上原来三校合并后教师基本满编（且专业结构不合理），新鲜血液无法输入，造成专业骨干教师少、学科带头人少等现象。其他方面，诸如教师职称评定名额太少、学校经费保障不足、中职升本科渠道不畅等问题，具有一定的普遍性，有些是需要国家层面才能解决的问题。

调研中发现，关于职业学校的布局问题，与特殊教育的布局一样，有一刀切的问题。据说，教育行政部门要求每个县应该有一所职业学校和特殊学校，但是对于像甘南这样的自治州，只有 70 多万的人口，县域经济发展又非常薄弱，集中力量办好州的职业教育学校已经非常不容易了，没有必要全面开花。

座谈会开到 11 点 40 分，午餐后便前往夏河机场，准备飞往西安再转机到长沙，在湖南开展民主监督脱贫攻坚调研。

在夏河机场休息室，抽空录了两个视频，一个是教师节的致辞，一个是中国挪威的后疫情时代教育发展的对话。

突然发现手腕剧痛，在机场简单处理。去西安的飞机略微晚点，于下午5点半到达咸阳机场。

利用在机场等候的时间，朋友帮助找了一位正骨中医师来治疗。简单用餐后转乘晚上9点50分的飞机前往长沙，晚上11点40分落地黄花机场，凌晨12点36分到达九所宾馆。

因为早晨还要早起乘高铁，在睡前先把平常早晨5点要发的微博、头条写完发出。

凌晨2点，休息。

脱贫攻坚民主监督调研手记（湖南）

9月10日　星期四　长沙雨　怀化阴　泸溪阴

6点50分起床，看到窗外下起了大雨。

今天一上午仍然是"在路上"：早餐后，7点15分出发前往长沙南站乘坐8点28分的高铁，10点多到达怀化南站，再坐2个多小时的汽车，终于在中午12点40分到达本次调研的目的地湘西州泸溪县。20分钟吃完饭，休息一小时，下午2点45分准时出发开始调研。

今年是脱贫攻坚收官之年，是全面建成小康社会的关键之年，民主党派的脱贫攻坚民主监督也即将画上句号，本次调研应该是最后一次脱贫攻坚民主监督调研了。根据安排，蔡达峰主席和我各带一队，分别在湘西州的花垣县和泸溪县开展调研，最后再在长沙汇合，与省委省政府主要领导交换意见。

下午调研的第一个点是上堡村易地扶贫搬迁集中安置点——武溪镇武水花园小区。该小区环境优美、依山傍水，当地领导称之为"江景房"。小区现有居民789户，人口2749人，都是从附近的几十个村庄搬迁过来的。我们走进了一家建档立卡贫困户，四室一厅，宽敞明亮（该户家有5口人，按照人均25平方米的标准，分到了125平方米的房子）。在与户主交谈中了解到，他和爱人原来在广东打工，现在回来在附近的扶贫产业园工作，每人每月有4000多元的收入；老家的土地流转出去，每年还有2000元的收入。交谈中，他的脸上始终洋溢着满足、幸福的笑容，"现在在家工作，虽然比外出打工赚的少一点,但是能照顾母亲妻儿,孩子上学也方便,觉得心里特别踏实。我们真是赶上了好时代,党的政策好!"

随后,我们考察了一个位于小区内的扶贫车间。这是一个来料加工公司,公司的老板是本地去南方打工回来创业的年轻人,承接的是原来的东家广东某电子厂的订单,雇用小区内没有工作的当地居民加工电机线圈。在门口,我们看到了招聘广告:工人实习期满后工资为2100元每月,有些活儿还可以带回家做,比较灵活。工人说,工作熟练后基本都能拿到2100元,有些好手每月能赚3000元。公司就在小区楼下,对于工人来说非常方便。

随后,调研组来到武溪镇第二小学考察。这是一所乡村小学,但是完全不是我们印象中的乡村小学:宽敞明亮的教室、干净整洁的餐厅、正规标准的操场、温馨舒适的阅览室,都给我们留下了深刻的印象。从校长颇为自豪的介绍中我们还得知,该校的教学设备也非常先进:整体网络覆盖,实现网络授课"班班通"(当地的"互联网+教育"模式)。整个硬件设备自然是没的说,可对于教育来说更为根本的"软件"水平到底如何,我们还是想了解一下。

走到一间教室外,我们看到一位女老师正在用多媒体设备播放幻灯片上课,就走进去听了一会儿,正好是我感兴趣的关于阅读的内容。老师正在讲(其实是念幻灯片内容)阅读的意义,读书的重要性,引用了很多名人名言,老师念,学生跟着读。我觉得讲课的方法略显生硬,阅读课不应该是这么上的。

看食堂的时候我就告诉校长,要看看学校的图书馆。校长告诉我,学校的阅览室设施也很不错。阅览室的整体环境布置很漂亮,书籍的质量也还不错。一层是学生阅读区,孩子三五成群,有的坐在沙发上,有的坐在课桌前,正在津津有味的看书。我问一个六年级的小朋友爱看什么书,他说爱看童话,我说是爱看安徒生还是格林兄弟?他说是爱看中国神话。我又问他知道哪些中国神话故事,他说都忘记了。还有一位学生在看雷锋的故事,我问他喜欢什么书,他说喜欢看《西游记》,但是和他讨论孙悟空、沙和尚、猪八戒等性格特点,却也说不上来。我与校长交流的时候说,孩子单独阅读的效果不一定好,可以推进共同阅读,同一个班级共读一本书,读后一起交流,有利于加深对书的记忆和理解。教师的阅览区，阅读的环境也很舒服，但是明显没有适合教师阅读的书籍。看得出，学校教师的阅读是不够的。我对校长说，没有爱读书的教师，无法培养爱读书的孩子。应该好好推动教师阅读。

学校隔壁是武溪镇五里洲村部，调研组在那里召开了座谈会，主要议题是听取泸溪县城乡教育均衡发展、教育扶贫有关情况介绍，并围绕完善"互联网+教育"育人模式助推城乡教育均衡发展座谈交流。虽然在来之前对于泸溪县的教育情况有一定了解（参政议政部说该县是教育扶贫先进典型），但听了县教育局的汇报后，还是觉得亮点颇多，尤其是在一个民族地区的贫困县，能做到这样难能可贵。该县县委县政府高度重视教育，"县委书记抓教育"落到实处，完善机制、加大投入、力促均衡、注重公平，探索出一条贫困地区发展教育与脱贫攻坚有机结合、教育改革与教育信息化有机结合的好路子。先后荣获"全国中小学校责任督学挂牌督导创新县""全国义务教育发展基本均衡县""湖南省教育强县"等多项殊荣，教育改革创新经验得到孙春兰副总理及湖南省委书记、省长的多次批示，也得到了多家中央媒体的宣传与推广。

从教育局长和几位校长的介绍中了解到，他们在"互联网+教育"育人模式助推城乡教育均衡发展方面的确做得不错，通过"班班通"等技术手段让偏远山区的孩子能够和城里的孩子享受同等质量的教育，这对于山区孩子来说确是有重大的意义。但我也感觉到，他们对于"互联网+教育"的认识和使用更多满足并停留于技术层面，基本还处于把线下课搬到网上的阶段，还没有开始思考"互联网+教育"到底该怎么做才更有效，什么才是真正的"互联网+教育"。当然，思想需要逐步解放，理念也需慢慢更新，只要继续重视教育，不断创新发展，当地教育肯定会越来越好的。

座谈会开到6点多，似乎还有些话题没说完，好在明天下午还有座谈会，可以继续讨论。

晚上8点与华中师范大学教师教育学院何静院长等一边跑步一边交流教师教育改革问题。不知不觉在江边跑了50分钟。

晚上10点读英国学者彼得斯的《道德发展与道德教育》一书。

年会在即，主报告仍然没有完成，许多该读的书还没有读完。

晚上 11 点休息。

9 月 11 日　星期五　湘西土家族苗族州泸溪县、吉首市　阴，小雨

早晨 5 点 20 分起床。完成"政协读书群"、头条号《朱永新教育观察》、新浪微博的专栏文章撰写和发布。

8 点早餐，8 点半出发前往泸溪县职业中学调研。学校离酒店很近，5 分钟便到。

王维红校长早已在校内等候。一下车，我们就看到路两边立着很多牌子。王校长对学校的介绍，也就从这些牌子开始，原来这些都是对该校"就业明星"和"创业明星"的介绍。我们看到，该校毕业的很多学生在广东、深圳等地工作，他们的月薪多在 8000 元到 1 万元的样子，高的有接近 2 万，也有年薪几十万的高管、幼儿园园长，还有自己创业当老板的。用身边熟悉的人激励学生上进，是王校长的理念之一。

随后在校长的引领讲解下，调研组依次考察了学校的汽修实训车间、电子商务、平面设计和非物质文化遗产传承实训基地等。我们发现，他们学校的校企合作做得比较到位。比如，在汽修车间，来自一线的汽修师傅正在带着学生修理汽车，这些汽车是实实在在的顾客委托维修的故障车，而非学校的教学工具。学生真刀真枪的操练，不仅可以更快学到技术，也可以增强工作的责任感，同时也为学生带来了一定的收入。又如，平面设计工作间，学生和老师在紧张忙碌地工作，他们做的是来自外面的订单，而非简单的课上练习。再如，在电子商务教室我们看到，学生用自己学习的知识，结合当地特色农产品销售需求，边学习边接单销售，学习与实践相结合。最厉害的同学在两个月里接了 67 单，赚了一万多元。在非物质文化遗产传承实训基地也是如此，传承人和学生的作品随时可以上市销售。据了解，该校与 50 余家企业合作，实现"上学即上班、上课即上岗、入校即入职"

的学习实践环境。相比于前两天在甘南调研的合作市职业中学,这个职业中学的校企合作情况好很多。

学校就业情况良好,对口升学采用菜单式的小班化教学模式,在全国和省级中职技能大赛中屡屡夺金摘银,毕业率保持在100%,对口就业率98%。"办职教就是抓就业,抓就业才能促脱贫"是王校长的办学理念,他们学校也真是这么做的。

我和县委书记交流中得知,县里已经准备投资建新的职业教育中心,扩大学校规模。我对书记说,职业教育是最能够造福乡梓的,离本地经济社会发展最近的。虽然职业学校的学生只有20%左右留在本地就业,但是不少人在外地赚了第一桶金以后,回家乡创业的大有人在。书记同意我的分析,骄傲地告诉我,他们的高性能复合材料产业园,70%的企业都是本地人回乡创办的。

离开职中,我们前往马王溪村,考察紫砂陶瓷厂扶贫车间。该厂始建于1988年,占地30亩,主要生产销售紫砂酒瓶包装容器。2016年开始,酒鬼酒厂在这里扶贫,扩大了生产规模,解决了马王溪村和附近村的贫困人口的就业问题。该厂老板就是返乡创业人员,工人中有许多建档立卡贫困户,对于帮助当地脱贫做出了一定的贡献。该厂也先后被认定为"就业扶贫车间"、"巾帼就业扶贫车间"等。我们与一位夫妇都在厂里工作的村民交流时,看得出他满脸洋溢着幸福的神情。

随后,我们走访了两户建档立卡贫困户。第一户家中五口人,年龄最大的孩子今年已经17岁,因为小时患有脑膜炎未及时治疗,致使双腿残疾不能行走,现在还在矫正中,并且影响到智力发育。我们进门的时候,孩子正在边吃饭边看电视。孩子妈妈说,这顿饭已经吃了两个小时了。我跟孩子说,吃饭时间太长对肠胃不好,他似乎也能听懂,冲我微笑。从访谈中得知,虽然有送教上门,但是老师只是陪孩子玩玩游戏、教点知识,这是不够的,应该注重对于培养学生的行为习惯和生活自理能力。送教上门,是特殊教育的一个大课题。第二户是一个80岁的老人家,儿子在当地公益岗位(护林员)工作,孙子在外地打工。两家都已经脱贫出列,家里的房子宽敞整洁,院子前后都是果园,一年有1万元左右的收入,人的精神状态都还不错。

从第二家出来，我们步行到红土溪村村部，召开院坝会，听取驻村第一书记、村支书、村民代表介绍情况。村支书已经70岁，他自己介绍说，从1979年开始，已经做了40多年的村长、书记。总体来看，第一书记和村支书都非常敬业，村里有门面房出租，有几万元的集体收入。陪同的县委书记告诉我，村干部的收入也增长了，现在村支书的年收入已经达到45000元，所以要求全职工作。

中午12点20分回到酒店，午餐休息。下午2点15分，带着行李出发，前往县委会议室，参加泸溪县脱贫攻坚民主监督座谈会。

来到县委所在地，我们看到一座略显老旧的办公楼，前后是临街的敞开式小广场，并没有常见的"县委大院"，"这样跟老百姓没有距离感"，县委书记笑着说。据介绍，县委办公楼于1995年启用，一直用到现在。本来也想过要建新楼，不过在"八项规定"出台后就作罢了。会议室在6楼，没有电梯，我们气喘吁吁地爬了上去。

2点30分，座谈会正式开始，马石城副主委主持会议。县委书记杜晓勇介绍了全县脱贫攻坚工作基本情况。从书记的汇报中看出，该县脱贫攻坚工作扎实、成绩显著。截至2019年底，全县93个贫困村全部出列，累计脱贫15763户、63310人，贫困发生率下降到0.61%；脱贫摘帽工作经湖南省第三方评估，群众满意度达到99.49%，位居全省第一；教育扶贫卓有成效、亮点突出，多次得到国家领导人和省委书记、省长的批示，多次获得国家、省级表彰。书记还特意介绍说，泸溪县拥有"全国平安建设先进县""全国文明县城""全国卫生县城""全国义务教育发展基本均衡县"等十个国家级荣誉。

随后，县财政局、农业农村局、发改局、教体局、卫健局等负责同志先后作了发言。他们的发言主要集中在政策诉求方面，总体来说，都是希望延续脱贫攻坚相关优惠政策，国家加大对西部地区、民族地区的投入等。发改局提出，希望原农村低保户易地搬迁后能享受城市低保；农业农村局提出，希望取消中央项目的地方资金配套要求；财政局提出，希望涉农资金整合政策在2020年后能够继续实行；民政局提出，希望国家进一步加大对农村"一老一小"的投入；教体局提出，希望增加民族地区教育经费，希望少数民族学生高考加分政策能继续……

会议的最后一个议程是我讲话。我在讲话中表达了对泸溪县脱贫攻坚工作成绩的敬佩之意,尤其是谈了对于该县通过职业教育扶贫工作的深刻印象。同时,我也从推动教育高质量均衡、继续办好职业教育、加强教师队伍建设等方面提出了自己的建议。

下午5点会议结束,我和调研组一行乘车前往吉首市,与蔡主席带队的去花垣县的调研组汇合。

晚上8点在驻地前的广场跑步锻炼40分钟左右。民族特色的风雨桥,宽敞明亮的大广场,香味扑鼻的桂花树,热热闹闹的广场舞,很难想象这里是湘西少数民族地区。

晚上读科尔伯格的《道德教育的哲学》,这本书是他把道德的认知发展阶段理论运用到现实的德育问题上的实验与理论思考,对于道德判断与道德行为、道德气氛与责任判断、课堂道德讨论对儿童道德判断水平的影响、学校的道德环境等进行了深入的研究。对于撰写新教育的主报告,具有一定的参考价值。

晚上继续准备明天与湖南省委省政府的反馈发言。

晚上11点休息。

9月12日　星期六　吉首、怀化小雨,长沙阴

早晨5点起床。整理调研手记。在"政协读书群"、头条"朱永新教育观察"等发完专栏文章,每天的早课都需要一个小时左右的时间。

上午又是在赶路。8点半从吉首乘车出发,10点到达怀化南站,乘坐10点12分的高铁,11点32分到达长沙南站,12点多到达九所宾馆。下车后直接到餐厅,调研组与中共湖南省委主要领导餐叙。

饭后湖南卫视的明星主持汪涵来看我,我们一起聊了一些教育和扶贫方面的话题。他说自己最近开始直播卖货,只卖中国货。在助农扶贫方面,曾经一小时卖掉10万斤红薯、5000斤玉米。还有一次把湖南贫困县的农产品差不多卖空了。这真是很了不起。每次见到他,

都能感觉到满满的工作热情。他说，作为民进会员，总要做点对社会有益的事情。临别时我跟他说："你是一个热情且充满正能量的人。"

送走汪涵后，休息了半小时，2点钟参加了"同心·彩虹——励志行动"座谈会。这是一个由民进会员、上海海川剑鑫教育集团董事长奚剑鑫发起的教育扶贫项目，旨在对贫困地区、贫困家庭开展教育扶贫结对工作。每年在湖南贫困县选送部分学生去上海临港科技学校学习3年，学生所有费用全部由上海海川剑鑫教育集团资助，同时，学生毕业后将推荐到相应企业就业，真正做到一人就业、全家脱贫。我在发言中勉励孩子们到了大上海以后能够保持初心，艰苦奋斗，努力学习，健康成长。

下午2点半，民进中央·湖南省脱贫攻坚民主监督工作座谈会正式开始。湖南方面，省委书记、省人大常委会主任杜家毫，省委副书记、省长许达哲，省委常委、统战部长黄兰香，省人大常委会党组副书记、副主任黄关春，副省长隋忠诚以及相关厅局的负责同志参会。这是本次调研的"重头戏"，基本算是民进中央对口湖南开展脱贫攻坚民主监督五年的一个总结。会议由杜家毫书记主持，许达哲省长汇报了省里开展脱贫攻坚工作的总体情况。

我代表民进中央反馈民主监督调研成果，充分肯定了湖南省脱贫攻坚工作的成绩，湖南省委省政府统筹抓好疫情防控和收官之年脱贫攻坚各项工作，见事早、行动快、力度大、效果好。目前，疫情"加试题"的影响已降到最低程度，"三保障"和安全饮水问题已实现动态清零，19.9万未脱贫人口已基本具备脱贫条件，向党中央国务院交出了一份优异答卷。我在反馈意见中也提出了今后持续开展扶贫工作以及与乡村振兴战略相衔接的工作建议，希望能够进一步注重发挥农民的主体作用，探索加强农村基层治理，更加注重统筹协调，同时做好目标、数据、产业、政策、工作机构与队伍的对接。由于要控制时间，近6000字的反馈稿仅用了23分钟。

随后杜家毫书记讲话，并代表省委、省政府感谢民进中央长期以来给予湖南经济社会发展特别是脱贫攻坚的大力支持。他说，脱贫攻坚民主监督既是推动工作的有效抓手，也是彰显我国新型政党制度优势的创新实践。民进中央自2016年对口湖南开展脱贫攻坚民主监督以来，在精准识贫精准扶贫、构建巩固脱贫成果和防止返贫长效机制、加强政策接续和风险管控研究、推动脱贫攻坚与乡村振兴战略有机衔接等方面给予湖南科学指导和倾情支持，有力推动了中共中央大政方针和决策部署在湖南落地落实。湖南方面将深入宣传民进中央在湘开展民主监督的工作成效和典型经验，共同把民进中央对口湖南开展脱贫攻坚民主监督打造成为"群众满意工程"。当前，离脱贫攻坚收官只剩最后3个多月时间，湖南省委省政府将进一步绷紧弦、加油干，充分用好民主监督调研成果，自觉接受民主监督，坚持抓重点、补短板、强弱项，在劳动力稳岗就业、产业扶贫、易地扶贫搬迁后续帮扶、防止返贫监测帮扶等方面聚焦发力，扎实开展好消费扶贫，做好建档立卡动态调整工作，努力用自身工作的确定性有效应对各类风险隐患的不确定性，以决战总攻的气势打赢脱贫攻坚战。

最后蔡达峰主席做了重要讲话。蔡主席充分肯定湖南脱贫攻坚成就重大、来之不易，感谢湖南省委、省政府对民进中央脱贫攻坚民主监督工作的高度重视和全力支持。他指出，近年来，在以习近平同志为核心的中共中央坚强领导下，湖南省委省政府带领全省上下，众志成城，艰苦奋斗，决战脱贫攻坚，历史性地消除了困扰三湘儿女千百年的绝对贫困，交出了经得起实践、人民和历史检验的高质量答卷，体现了首倡之地的首倡之为和首倡之功。在这一过程中，民进中央把对口湖南开展脱贫攻坚民主监督工作作为义不容辞的重要政治任务，全力投入脱贫攻坚战，围绕中共中央脱贫攻坚目标任务的精准落实，带领各级组织和广大会员，发挥自身优势，深入贫困地区，深入基层群众，切实开展民主监督活动。在打赢脱贫攻坚战、全面建成小康社会的伟大事业中，民进见证了湖南的发展，湖南见证了民进的履职，湖南和民进并肩作战，精诚合作，建立了深厚的友谊，取得了丰硕的成果。他强调，当前，脱贫攻坚已进入决战决胜、全面收官的关键时刻，各级民进组织和会员要坚定贯彻中共中央决策部署，坚持不懈做好对口湖南脱贫攻坚民主监督工作，全力巩固脱贫成果、助力消除返贫现象，全面总结脱贫攻坚民主监督工作经验，深入宣传湖南脱贫故事和多党合作故事，广泛凝聚人心和力量。在解决相对贫困问题、全面改善民生、实现共同富裕的新征程上，要深入关注个体尤其是年轻人的全面发展，深入关注群体和地区的共同富裕，促进"三农"协同发展、城乡融合发展，夯实稳定致富的格局。

4点钟会议准时结束，调研组直接乘车前往机场，大部队乘坐下午4点55分的航班返回北京。送走蔡主席一行后，我则乘坐下午5点35分的飞机前往无锡，到苏州参加明天上午的中国陶行知研究会第六届第六次理事会议。

8点10分到达苏州苏苑宾馆，临时参加了陶研会的会长会，会后又和许新海、卢志文、陈东强等研讨新教育的工作到十点多。

晚上读完彼得斯的《道德发展与道德教育》一书。特别赞同他在第七章讲的一句话："不管你是不是愿意，每一位教师都是德育教师。"

晚上11点半休息。

全国政协"中华优秀传统文化进课本、进课堂、进校园"调研手记（湖南、天津）

9月23日　星期三　长沙　小雨

早晨5点40分出家门，到机场乘坐7点15分的飞机前往长沙。

这是本月第二次来湖南、来长沙了，在习近平总书记视察湖南前后各来了一次。10天前，陪同蔡达峰主席到湖南开展脱贫攻坚民主监督调研，并与湖南省委、省政府交换意见。这次到湖南是全国政协的调研活动，由刘新成常务副主席带队，开展"推动中华优秀传统文化进课本、进课堂、进校园"专题调研。

本次调研由全国政协文化文史和学习委员会组织，目的是就学习贯彻习近平总书记有关弘扬中华优秀传统文化的重要论述，推动中央有关决策部署贯彻落实情况调查研究，提出意见建议，为完善中华优秀传统文化教育、推动中华优秀传统文化传承发展积极建言。具体来说，本次调研是为11月全国政协、民进中央联合召开的远程协商会做好前期准备。

9点40分到达长沙，10点10分到达蓉园宾馆，12点调研组与湖南省委、省政府主要领导会面、餐叙。省委杜家毫书记介绍了习近平总书记在湖南考察和讲话的主要内容，特别是在岳麓书院对于"惟楚有材，于斯为盛"的新阐释。

中午稍事休息。下午考察的第一个点是湖南中医药大学。进了教学楼，学校工作人员首先向调研组介绍了学校自编的养身健身操，现场学生们的展演有板有眼。据说这是根据马王堆出土的资料编排的中医健身操。学校的青年讲师团也颇有特色,据称是全国高校"首个国医青年讲师团",被称为高学历、高水平、高颜值的"三高团",团内成员不仅有中医学专家,还有中医文化研究专家、艺术硕士等,通过编写中医文化进课堂教材、开展线上线下课程等手段传承中医文化、服务当地群众。调研组还考察了中药种质馆、动物标本馆等。在动物标本馆,可爱的小朋友表演了学校自编自导的《我们不生病》小品剧目,通过孩子们喜欢的方式让孩子们更多地了解中医、了解传统文化。在这里碰见了湖南诺贝尔摇篮教育集团的老朋友,他们与湖南中医药大学联合成立了全国首个少年儿童中医教育研究院,开启了高等学校和学前教育共同弘扬中国优秀传统文化的合作。最后还听了一堂中医推拿的公益课程,听课的许多是年轻的妈妈。这是学校的优儿帮公益机构开展的"中医、营养、心理、安全"儿童四维成长讲座系列之一。

离开中医药大学,我们来到了雨花非遗馆。该场馆是一个"非遗"综合性场馆,馆内开设了非遗产品展销区、舞台表演区和手作体验区。该馆目前已经汇聚了359个非遗项目、200多位非遗传承人,成为国内聚集非遗项目数量最多、非遗传承人最集中的场馆。调研组先后考察了浏阳夏布、湘西竹编、瓷刻、湘绣、堆字牌匾、剪字艺术、制香工艺等项目。该馆还是全国中小学生研学实践教育基地,在非遗项目进校园方面,与多所学校合作设立了29个非遗研习所,并开发了针对不同学段的30余门研学课程。在木工和制香工作室,我们看见了不少在这里学习木工手艺和制香工艺的中小学生。在"芒果大叔木艺"工作室,我看见了一位老人家正专心地刨木。与他聊天得知,他已经80岁了,在这里学习木工纯是因为兴趣。因为年轻时喜欢篮球,他还专门做了打篮球的木雕。在这里还见到了一对父女草编传承人。父亲告诉我,他们的项目特别受中小学生欢迎。孩子们在这里学草编,每人每次28到38元。他们到学校讲,每小时200元。女儿有听力障碍,但是也有一手草编绝活,父女的每月收入还不错。最后,调研组还会见了非遗传承人代表,并观看了木偶表演和京剧表演。我想,这大概就是未来学习中心的雏形了,未来的学生,可以在这里学习他们感兴趣的项目,既是很好的劳动教育,也是很好的艺术教育。

调研结束回到宾馆，陪同刘副主席会见了民进湖南省委会领导班子成员。潘碧灵主委简要汇报了民进湖南省委近期的亮点工作，刘副主席对他们的工作表示赞赏，并对他们在脱贫攻坚民主监督工作中给予民进中央的支持表示感谢。

晚上8点半跑步40分钟。

晚上读完《教育未来简史——颠覆性时代的学习之道》。这本书提出了对于未来学习场景的11个预测，现代学习者必须具备的8项核心能力，以及现代教育者需要扮演的11种角色。对其中引述的一句话印象颇深，即"教育界之所以难有重大改变，是因为一个重大变化往往要求周遭的一切跟着变化"。（泰德·赛泽）。

晚上11点休息。

9月24日　星期四　长沙　多云

早晨5点20分左右起床工作。

用一个小时左右的时间完成"政协读书群"、新浪微博、头条号《朱永新教育观察》等必修课的作业。

今天上午没有实地调研，安排的是调研座谈会。

上午8点半在蓉园宾馆参加"推动中华优秀传统文化进课本、进课堂、进校园"专题调研座谈会。副省长吴桂英做总体情况报告。省委宣传部（文明办）、省教育厅、文化和旅游厅、文联、社科联、湖南师范大学、湖南工艺美术职业学院、湖南九天星传统戏曲文化传习中心、湖南省木偶皮影艺术保护传承中心、长沙市明德中学负责同志先后汇报相关情况，与会政协委员作了互动交流发言。

我印象比较深的是九天星的介绍。湖南九天星传统戏曲文化传习中心的负责人李建凤是民进会员，他们从2007年开始，就努力探索"戏曲动漫进校园"的演出方式，走进了全国近20个省市的数千所中小学校。同时，在湖南省教育厅的支持下，他们在长沙开福区第一小学等6所小学实践，开设了戏曲课程，同时开设了戏曲进校园的校长与教师培训，覆盖的学生有 20 万人次。李建凤的发言，以及湖南省木偶皮影艺术保护传承中心主任谭青松的发言，都给我们一个启示，如何发挥好专业团体、专家团队在中华优秀传统文化进课本、进课堂、进校园中的作用，使之常态化、体系化、制度化，有着很大的空间。

　　从昨天的调研和今天的介绍中了解到，对于推动中华优秀传统文化进课本、进课堂、进校园工作，湖南省高度重视，坚持把弘扬中华优秀传统文化作为落实立德树人根本任务的重要举措来抓，充分利用湖南"非遗资源"和"红色资源"丰富的特点，坚持多措并举、综合施策，取得了不错的效果。他们推进的思路比较遵循教育规律和认知规律：小学低年级，以培育学生对中华优秀传统文化的亲切感为重点，开展启蒙教育，培养学生热爱中华优秀传统文化的感情；小学高年级，以提高学生对中华优秀传统文化的感受力为重点，开展认知教育，了解中华优秀传统文化的丰富多彩；初中阶段，以增强学生对中华优秀传统文化的理解力为重点，提高对中华优秀传统文化的认同度，引导学生认识我国统一多民族国家的文化传统和基本国情；高中阶段，以增强学生对中华优秀传统文化的理性认识为重点，引导学生感悟中华优秀传统文化的精神内涵，增强学生对中华优秀传统文化的自信心；大学阶段，以提高学生对中华优秀传统文化的自主学习和探究能力为重点，培养学生的文化创新意识。通过螺旋式上升的教学模式，切实增强学生传承弘扬中华优秀传统文化的责任感和使命感。

　　面临的困难具有普遍性。一是认识还有待加强。尤其是在中小学阶段，面临升学压力，"考什么学什么，不考的不学"的意识普遍存在，一些学校和父母担心影响成绩而对开展传统文化课有抵触情绪。二是师资力量不足。因传统文化种类繁多，老师不可能什么都会，但每个项目配一名老师也不可能，学校没那么多编制。现有老师的业务能力也参差不齐。三是资源建设有待完善。目前中华优秀传统文化资源比较分散，需进一步分类整理；课程设置和教材编写也比较滞后；教育形式还比较单一等。此外，还有"更为普遍"的"经费投入不足、人员编制不足"等老大难问题。我在发言中对中医药大学和非遗馆的工作进行了分析，提出创造性地解决师资、经费、资源、基地等问题的思路，同时，对于如何整合课程，顶层设计研究课程体系，培养中华文化的根本精神等问题发表了看法。

座谈会最后是刘新成副主席讲话。他首先对湖南省的相关探索给予了高度肯定，并强调，调研组在接下来的行程中，要继续坚持问题导向，并特别关注几个问题：一是高度关注中共中央和国务院传承和弘扬中华优秀传统文化的有关决策部署在地方的贯彻落实情况；二是注意发现制约当前中华优秀传统文化进课本、进课堂、进校园工作中存在的关键问题，并围绕这些关键问题建言献策。三是要通过调研进一步学习领会中央精神和相关政策，并注重及时发现干部、群众、家长、学生在相关问题上的认识误区，及时做好政策宣传和阐释，以凝聚共识。

会议开到接近12点。

午餐，休息。下午2点出发去机场，飞往重庆，参加明天召开的民进中央基础教育座谈会。

本次"推动中华优秀传统文化进课本、进课堂、进校园"专题调研为期六天，因为我们民进中央的基础教育座谈会早已经确定会期，教育部领导和民进中央主要领导都要参加会议，我作为分管参政议政工作的负责人，必须参加并且主持会议，只好中间请两天假去重庆。好在，前不久我刚刚去过湘西，吉首大学和吉首民族中学等大部分调研点我近年来也先后去考察过。对于情况比较熟悉。

晚上到达重庆。与参政议政部门的同志讨论交流会议筹备情况。

晚上8点跑步，随手拍了山城夜景。在江边随处可见洪水的痕迹。今年重庆抗疫抗洪还是非常不容易的。我们原先定的酒店整个一层被洪水淹没，不得已临时换了酒店。

晚上阅读关于劳动教育的文献。为明天的会议做些准备。

晚上11点休息。

9月27日　星期日　天津　晴

结束了重庆的活动后，昨天下午飞到天津。

今天是实地调研，看起来安排相当紧张，一天总共有五六个调研点。

上午是考察天津师范大学。车子一进校门，我们便感受到了校园环境的"大"和"美"。"大"，该校占地3500亩，校内的道路比得上外面宽阔的马路；"美"，校内绿树成荫、芳草青青、湖波荡漾。进校门正对着那片湖上，有两条龙舟正在训练。据校党委书记介绍，该校的龙舟队共获得11次世界大学生龙舟锦标赛冠军，20多次全国大学生龙舟锦标赛冠军，实现了优秀传统文化在大学生中的传承与发展。在校图书馆，调研组先后考察了学校的相声艺术传承基地、古籍保护中心等。校长介绍说，学校还有杨柳青年画、泥人张彩塑、宫前中幡等传统文化和非遗项目传承基地，把传统文化融入日常教学当中。

随后，调研组在图书馆会议室召开了调研座谈会。市政府做了专题汇报，市教委、文化和旅游局、交响乐团、曲艺家协会、社科联、艺术研究中心等先后做了情况介绍。天津民间艺术种类繁多，地方特色浓郁，群众基础较好，"三进"工作总体开展不错。所面临的问题与困难，与在湖南了解的情况基本一致，看来都是一些共性的问题。

上午考察时间较长，导致座谈会开到了十二点多，回到宾馆用餐后已经一点多了。休息了半小时，两点钟又出发了。

下午的任务更紧张，总共有五个考察点。第一站是南开中学，主要考察了校史馆。学校杰出校友不胜枚举，尤其是周恩来总理、温家宝总理求学期间的事迹展出让人印象深刻。第二站是天津市实验中学。我们先后参观了校博物馆、校史馆、艺体馆等。在艺体馆内看到，学生们以社团的形式分别在上武术课、声乐课、书法课、木版画课等，学生交响乐团正在演奏，舞蹈社团正在排练。可以看出，学校硬件设施非常好，开设的课程也很丰富。第三站是天津自然博物馆。该馆是国家一级博物馆、全国科普教育基地。博物馆以生命演化为主题，陈设丰富、标本齐全，与各学校合作开展了丰富多彩的科学、科普、文化课程，深受当地家长师生的喜爱。第四站是天津市政协文史馆，第五站是委员履职活动馆，我们分别了解了天津市政协及民主党派的发展历程，以及委员们开展履职活动的基本情况。在文史馆内，我们看到一面面的"明星委员"墙，图文并茂地介绍着优秀馆员们工作和履职的先进事迹。整个下午安排相当紧凑，到了最后腿都走酸了。看了下计步器，到 6 点调研结束时，我已经走了接近 15000 步了。

在天津政协俱乐部用晚餐，回到宾馆已经 8 点了。录制后天领读者大会的视频，接近 9000 字的稿子，录了 58 分钟。

农村中小学图书馆经费保障调研手记（河北阳原县）

为落实好农村中小学图书馆经费保障，提升农村中小学图书馆建设的质量水平，更好发挥农村中小学图书馆（含图书室、阅览室，下同）在改进基础教育育人模式、提升中小学教育教学质量，推动教育扶贫、促进教育公平中的作用，10月20日至21日，我带领民进中央与财政部联合调研组就"农村中小学图书馆经费保障机制和质量监控机制"赴张家口市阳原县开展调研。同时，就教育部委托课题"促进家庭教育发展"开展调研。

10月20日　星期二　张家口市阳原县　晴

早晨5点起床。上网发布"政协读书群"的专栏，微博和头条的文章等。

早晨8点，从北京家中出发前往清河站，乘坐G2507次高铁去阳原县。

11时21分，火车到达大同市天镇县，参与调研的河北方面的同志在这里接上我们，转乘汽车前往阳原县。

近一个小时的车程，12时20分到达阳原宾馆，简单午餐以后稍事休息。

下午3时，调研组出发前往第一个调研地点：阳原县实验小学。据校长介绍，学校始建于1913年，是一所具有深厚文化底蕴的百年老校。结合这次调研的主题，我们重点了解了学校开展阅读方面的情况。该校建有一栋图书楼，建筑面积357平方米，现有图书73555册，生均30.5册；阅览室2个，面积130平方米。

调研组首先参观了展示室，听取了校长和教导主任的介绍。实验小学的读书活动给我们留下了深刻的印象。学校以"为学生的一生打好底色"为出发点，打造提升语文素养的四大工程，一是规范汉字的书写工程："我是中国人，我爱中国字"；二是课外经典阅读工程："与书为伴，成就人生"；三是作文评改改革工程："自评互改，以改促写"；四是精美诗文晨诵工程："晨诵经典，传承文明。"学校专门设立了阅读课和聊书课，确保阅读量不低于145万字。

我注意到，他们虽然不是新教育实验学校，但是班级共读的书是根据新阅读研究所研制的中国中小学基础阅读书目，按照班级人数的最大容量统一采购。每天晨诵的教材，也是根据《新教育晨诵》选印给学生。许多共读书已经被学生翻烂了。

校长用两个事例说明阅读给学校、学生带来的改变：一个是学校的考试成绩进步很大，尤其是语文成绩在全县名列前茅；另一个更有意思，学校仅有的一棵苹果树，今年结了很多苹果，但是没有一个孩子去随便摘苹果，而是组织起来统一摘了，每个班分了一些，"读书多了，学生们的素质都提高了"。真是令人欣慰的事情。

随后，我们走进了一间教室，我随机与几名小学生作了交流，问他们喜不喜欢读书，喜欢读什么书，最喜欢哪本书，一年读几本书等，孩子们都做了相应的回答。总体看来，孩子们阅读的情况还不错。学校图书馆的总体情况也还可以，但也有一些不适合学生阅读的书籍在里面。

离开实验小学，我们前往阳原三中调研。校长介绍说，三中是一所比较新的学校，建于1999年。目前学校有学生1805人，图书73000册，生均40.4册。从去年开始，学校将4月确定为"读书月"，开展了"经典伴我成长""亲子阅读，陪伴成长"等读书活动。调研组在学校参观了教室、滑冰场、科技馆、学生食堂、宿舍等，学校整体硬件设施不错。民进中央参政议政部的焦静同志在该校支教，我们这次过来也算是调研加看望慰问。我们特意到焦静同志任教的两个班级去看了，孩子非常喜欢"焦老师"。焦静也比较注重引导学生读书，专门给两个班级建立了图书角，并联系捐赠了一些图书，供孩子们随时阅读。在与孩子的交流中发现，他们还是很喜欢阅读的。但老师们说，由于课业负担较重，每天的课程安排太满，很难保证阅读的时间。

最后我们来到阳原四中。这是一所乡镇初级中学，有300多名学生，70多名老师。在学校综合实验楼的一间阅览室，我们遇到了一名在这里支教的北京朝阳区的语文老师，她很重视阅读，并向我们详细介绍了她给学生上阅读课的情况，并着重介绍了她的"文脉梳理"阅读方法。她说，她的"文脉梳理"阅读法不仅是帮助孩子阅读，也是可以应对中考阅读理解的。但是我也有些担心，怕这样阅读有些"功利"。来到学校图书馆，我专门与图书管理员做了交流，询问她的个人情况和学生借阅的整体情况，并请她用图书馆的借阅管理系统查询一下某一年全校借阅情况，她"研究"了很久，查到了一组2018年的数据，绝大多数是"零"。是不是说明，大多数学生都没借过书呢？这其中，或许也有很多原因。

一天的调查下来，感觉有喜有忧。喜的是校长教师越来越重视阅读了，也越来越重视学校图书馆建设了。忧的是，农村中小学图书采购与配置仍然缺乏规范，统一招标采购的书籍、社会捐赠的书籍许多都无法保证质量。如我们看到了一些不适合师生阅读的企业的安保、质检等方面的书籍，看到了价格昂贵的精装线装书等。图书管理人员，也基本上是照顾性安排，无法真正指导师生阅读。在几个学校，我都与图书管理员作了交流，总体来说他们的年龄偏大、个人业务素质不太达标，学校对于"图书管理员"的认识还不到位，认为他们只是简单负责"借出收回"的工作，当然也就不会安排业务素质高的老师专门做这项工作。图书管理员，或者说图书馆长对于一所学校在推动阅读方面能够发挥的巨大作用，可能他们还远远没有认识到。在"十四五"期间，如何像抓农村中小学的营养午餐工程那样，扎扎实实地推进书香校园工程，任重道远。

6点钟从学校出来，天色已经很黑了。回到宾馆，晚餐以后参加了两个视频会议。

晚上8点，在远播教育集团董事长李霞的主持下，与美国哥伦比亚大学教授、哥伦比亚大学中国教育研究中心执行主任程贺南教授就"从中美教育交流百年史看中国未来的教育发展"的主题，进行了一次跨洋对话。程教授介绍了美国哥伦比亚大学与中国现代教育史的不解之缘，杜威、孟禄多次来华讲学、调研，并且培养了陶行知、胡适、张伯苓、蒋梦麟、陈鹤琴等一批中国现代教育的巨匠。我介绍了新教育实验与进步主义教育运动的关系，讲述了新教育发展20年的历程，以及未来教育与未来学校的构想。

晚上9点半，与新教育主报告团队开视频工作会议，讨论主报告撰写的问题，就主题、结构、内容等进行了讨论，交流到12点左右。

晚上12点半休息。

10月21日　星期三　张家口市阳原县　晴

早晨5点起床工作。处理"政协读书群"、微博、头条等问题。

上午8点半，在下榻的宾馆召开座谈会。结合调研主题，先后召开"农村中小学图书馆经费保障机制和质量监控座谈会"和"促进家庭教育发展座谈会"。参加座谈会的有调研组全体成员，河北省财政厅、教育厅，阳原县财政局、教育局、妇联、关工委有关同志，以及阳原县实验小学、三中、四中的校长等。

安排调研之初，参政议政部的同志已经给相关方面发了比较详细的调研提纲，希望他们参照准备材料。从各汇报单位提供的材料来看，该县的学校图书馆建设、图书配备、人员配备等方面总体的情况都不错；从参会人员的现场介绍来看，也都是"谈做法"多于"说问题"，"讲成绩"多于"提建议"。可以肯定的是，全县相关部门、学校在促进学生阅读方面都做了自己的努力，也取得了很大的成绩，学生阅读的"硬件保障"有了巨大的进步，这些我们在学校也都看到了。但是，各方面对阅读的理解、认识有待增强，开展阅读活动的方法、途径创新不足，学生阅读时间难以保证等"软性"问题也都是客观存在的，并且是更深层、更难解决的问题。当然，通过近些年的调查研究来看，这些问题也是全国普遍的问题，在农村地区尤为严重。

如中小学图书经费的保障机制还有待进一步健全，中小学图书馆藏书质量有待进一步提高，中小学图书馆管理人员素质有待进一步提升，中小学图书馆服务教育教学的机制有待于建立。教育部《中小学图书馆（室）规程》的内容也有待于进一步完善。在关于家庭教育的座谈会上，也面临着同样的问题，如家庭教育的管理部门职责有待进一步明确，家庭教育的经费、人员等有待进一步落实，家庭教育的教材品质有待进一步提升等。

座谈会一直开到12点半，简单午餐后，稍作休息，下午2点准时出发。

下午的活动是图书捐赠仪式，地点是在离阳原县城50分钟车程的化稍营镇化稍营小学。

2时50分，我们到达化稍营小学，河北省人大常委会副主任、民进主委张妹芝早已在学校等候。在学校孔子像前的空地上，我们举行了简单的捐赠仪式，神墨教育、开明出版社等机构共向阳原县捐赠了价值二十余万元的图书，我专门跟孩子们讲了10分钟读书的重要性，鼓励他们好好读书，做一个快乐的读书人。我给孩子们做了一个即兴讲演，身体的成长与精神的成长，儿童时期的阅读与人生的发展。

到了学校才知道，这是一所今年刚刚加盟新教育的实验学校。校长告诉我，近两年他们参加了新教育的好几个活动，开始了书香校园建设和家校合作共育，有效提升了学校品质。仪式后，调研组考察了学校图书室，硬件条件不错，藏书也不少，有6万多册藏书，大部分是适合孩子们阅读的图书，但也有一些不适合小学生的图书。

活动结束以后，在前往张家口火车站的路上，调研组顺路考察了泥河湾遗址。这是国际标定的第四纪地层代表地点，其研究价值可与世界公认的人类起源地——东非的奥杜维峡谷相媲美，泥河湾标准地层记录了第三纪晚期至第四纪地球演化和生物、人类进化的历史，受到国内外地质、古生物、古人类及史前考古专家的极大关注。

7点左右与市委回建书记等餐叙交流，全市正在积极备战2022年的冬奥会。

乘坐7点40分高铁回北京。

20时24分到达北京北站。20时55分到达办公室，录制东钱湖论坛的视频，21时40分录完。这是一个由博鳌论坛原主席龙永图担任主席的跨界国际教育论坛，原定23日有一个主旨讲演，因为与另外一个重要活动冲突，改为视频发言。

今天有老师在我的微博留言："我们×××小学没有书，每次上边检查还要去别的学校借书，检查完就还给人家，这些孩子没有一本书可读，感觉很可悲！"我没有核查事实，但是我曾经走过许多农村中小学，这种情况绝对不是个案。

晚上10点半左右到家。11点休息。

社情民意

反映社情民意信息,是委员履职的重要内容,也是各级政协和民主党派特别重视的一项工作。

社情民意信息,往往是针对某些特别重要、特别紧急的问题,及时向政府部门反映,所以,它有很强的时效性,是参政议政的"轻骑兵"。注意反映社情民意信息,有助于我们培养问题意识,学会观察生活,注重学习积累,提高履职能力。

关于建立国家教育资源平台 确保"停课不停学"的建议

全国政协副秘书长、民进中央副主席朱永新,四川省政协委员、民进四川省委会秘书长张宏,四川省政协委员、民进四川省委会文化出版工作委员会主任伍亮吉,武汉市黄陂区人大常委会副主任、民进黄陂区工委主委魏益琨,民进黄陂区工委副主委、黄陂一中副校长方恒华,民进会员吴建红,民进会员艾建军,民进会员、武汉大学教育科学研究院副教授王郢,民进会员、福州教育研究院教研员何捷,民进会员、无锡市尚贤教育集团副校长王佳,民进会员、湖南省岳阳市岳阳楼区教育局干部梅磊,民进会员、吉林省方志馆馆长竭宝峰,民进会员、上海市松江区教育学院语文教研员谈永康反映,按照国家统一部署,为防控新型冠状肺炎疫情,多省市已经明确中小学、幼儿园推迟开学。同时,为了确保在延迟开学期间广大师生在不聚集的前提下,实现"学习备课,两不耽误",武汉等地的教育部门正在组织中小学按照教学计划,开展线上教学。不少民办教育机构也积极支持配合,免费为中小学提供直播技术服务。但在此过程中有两点应引起重视:

一是要避免各地教育部门和教育机构在线上教学方面重复投入,造成需求不足或资源浪费。

二是要注意到地区和家庭条件的差异,避免部分家庭无网络或无播放设备,无法参与在线学习的问题。

为此,建议:

一、由教育部统筹全国中小学应对疫情期间的教学安排,协调各地互通有无、共享资源，明确特殊时期的教育教学要求，确保所有学生停课不停学、教师停课不停教。

二、在教学途径上，建议采用网络、电视台和广播电台共同播放的形式，满足中西部农村和未脱贫地区不同层次用户的需要。

三、恢复开学后（疫情消除后），应着手建立国家教育资源平台，作为平时的公益性、普惠性资源平台，同时又是特殊时期的应急平台。应由教育部牵头公开征集、购买优质课程与教育资源，并向全国所有中小学和家庭免费提供，并不断完善其课程体系。

关于加快推进幼儿师范高等专科学校建设的建议

全国政协副秘书长、民进中央副主席朱永新反映,自 2018 年 11 月,中共中央、国务院颁布的《关于学前教育深化改革规范发展的若干意见》实施以来,学前教育师资发展滞后的状况有所改观。但从调研的情况来看,学前教育师资不足、队伍不稳等问题依然普遍存在。在一些沿海省份经济发达地区师资供需矛盾也十分突出。

一是总量刚性需求很大。对照国家幼儿园教职工配备标准规定有关幼儿园教职工(包括"两教一保")1∶5 至 1∶7 配比标准,而目前沿海地区省份普遍在 1∶15 或 1∶16 左右,幼儿教师缺口总量巨大。

二是供需不相匹配。目前学前教育两方面的主要师资来源都与实际需求不够适配。一方面中等幼儿师范学校由于培养档次较低,在招生过程中缺乏相应的吸引力与竞争力,很难招到优秀的生源,幼师生入学成绩普遍处于中等以下,幼师品质不能保证;另一方面本科师范幼儿师资,由于其生源可塑性不强等多种因素影响,不能有效满足学前教育教学需要。幼儿教师培养具有一定的特殊性,其弹、唱、说、跳、琴、棋、书、画等十多种基本技能适宜早期开始训练,初中毕业生具有较好的可塑性,初中毕业后本土化五年制专科培养模式,既可选择到好生源,又符合幼师教育培养规律。

三是幼师高专短缺。一些地区包括长三角核心区域存在着幼儿师范高等专科学校的空白,急需通过设置初中五年制幼儿师范高等专科学校,来建立、构筑学前教育师资培养的强大基地和高地。

为此建议:

一是加速、加力推进幼儿师范高等专科学校的设置与建设。根据中共中央、国务院《关于学前教育深化改革规范发展的若干意见》中"办好一批幼儿师范专科学校和若干所幼儿师范学院，支持师范院校设立学前教育专业"的精神，以及教育部"十二五"有关院校设置关于"对于现有高等师范教育资源无法满足需要，且布局合理，条件具备，可以中等师范学校为基础设立幼儿师范高等专科学校"的指导意见，建议保持"十二五"与"十三五"之间的政策延续性，如：江苏省已将原江苏教育学院常州学前教育分院、原江苏教育学院宿迁分院等列入"十三五"规划中期调整方案，必须抓住时机加速、加力推进。

二是将幼儿师范高等专科学校的设置审批权完全下放至省级人民政府，改审批性备案制为申报备案制。我国幅员辽阔，各地情况错综复杂，存在着较大的差异，而幼儿教育分布面广点散、地处基层，实践证明，高等师范毕业的本科师资既"下不去"，也"留不住"，只有通过就近本土化专科办学，才能真正得到解决。而省级人民政府比较了解本省实际情况，可以根据本省不同地区的现实需求进行科学规划，统筹考虑，作出科学的决策，因此将幼儿师范高等专科学校设置审批权完全下放到省级，是切合现实情况并切实可行、实事求是的为民举措。

三是坚持以初中毕业起点的五年制专科层次为幼儿教师培养的主要模式，培养优质的学前教育师资。实践证明，初中毕业生就读学前教育专业，不仅素质更为全面，潜力更大，尤其是在音体美等技能方面可塑性更强，而且专业巩固性效果更好，更能适应幼儿园的实际需要，更能牢固扎根基层幼儿园工作。初中生五年制专科毕业后，可通过5+2方式进入本科学习，培养各幼儿园教育教学的骨干力量及领军人物。

关于在大城市试行"以市为主"的基础教育管理体制的建议

全国政协副秘书长、民进中央副主席朱永新反映，我国目前实行的是"以县（区）为主"的基础教育管理体制，这种管理体制于2001年由国务院发布的《关于基础教育改革与发展的决定》提出并确立，主要为了解决当时农村地区取消教育费附加和教育集资以后，农村义务教育资金来源渐趋窘迫，教师工资拖欠现象严重，债台高筑，乱收费屡禁不绝等方面问题，其实质是强化了县级政府举办义务教育的责任。"以县（区）为主"的基础教育管理体制在农村区域广阔、学校分散、财力不足的地区仍具有现实合理性，但在我国的大城市，表现出明显的不适应性。这种以行政区管理的模式，不仅不利于一座城市的基础教育整体优质均衡，还引起了不必要的教师、生源的竞争和攀比，造成教育资源严重浪费。

第一，各区之间存在财力上的差异，经济强区与弱区之间的教育投入差距较大，部分区的财力已不堪重负。2018年北京市海淀区的一般公共预算教育经费达到了115.86亿元，其次为朝阳区（96.65亿元）、东城区（65.28亿元），而比较城六区的数据，东城区的小学和幼儿园生均经费都是最高的。上海市中心城区各教育学段实际生均经费支持均排在前列，近郊和远郊各区生均经费支持均远远低于中心城区，如黄浦区的生均经费支持是近郊各区的2倍左右。在深圳市，由于"潮汐人群"主要为工作地贡献税收，而由居住地提供教育公共服务，加之要在2020年完成"公办幼儿园在园幼儿数50%"的建设任务，部分地区每年的教育支出将占到区财政收入的一半以上，区财政面临不堪重负的严峻挑战。重庆市沙坪区因大量非沙坪区户口的学生入区就读，而中央及市级财政对非沙区户籍学生的资金支持总量不到实际开支的1/3，使得政府财政不堪重负。

第二，城市内部发展不均衡，城市新区及郊区的教育质量不如中心城区，难以满足公众对教育公平的合理需求。由于历史原因、自然条件差异及地方政策等因素，同一城市不同区域的发展不平衡，城市中心区与边缘区差异较大。北京市超过七成的市、区重点小学，分布在东城、西城、朝阳、海淀四区，各区县的初中义务教育质量存在较大差距。上海市的徐汇、静安、杨浦、黄浦地区，公、民办学校的整体数量与教育质量都要远高于金山、青浦、松江等郊区。大城市内部优质教育资源的分配极不均衡，影响了城市内部的教育生态与教育公平。与此同时，城市内经济发展水平较高的部分地区，通过高薪、保障住房、配偶就业、孩子上学、重建人事档案等优惠条件，吸引优秀教师跨区"迁徙"，背离了教育均衡发展的轨道，对流出和流入地教师队伍的良性发展也不利。

为此建议：

一、在大城市开展"以市为主"的基础教育管理体制改革研究和试点，构建公平均衡、优质高效的市级基础教育管理体制和运行机制。推进教育均衡化发展，实现教育公平是全社会的要求，重新认定各级政府在承担义务教育中的责任，是推进教育均衡化的重要政策和制度保障。因此，可以在北京、上海、深圳等条件较为成熟的城市，开展"以市为主"基础教育管理体制改革的研究和试点，从市级层面对各区域的教育资源进行统筹与调配，避免各区各行其是，缺乏"一盘棋"的整体计划，统一行政、规范政策、提高效率。此举有利于促进城市区域内教育的优质、均衡、一体化发展，市一级政府统筹基础教育事业，逐步取消区县级的管理职能。从国际上的经验来看，"大学区"管理体制是纽约、伦敦、莫斯科等世界大城市通行的基础教育管理体制，而不是在城市内分割成若干学区，区级之间互相竞争，制造差异。

二、做好大城市基础教育均衡发展总体规划，建立基础教育资源需求预测与合理配置机制，加大市级政府基础教育转移支付力度。在市级层面对教育资源进行整体把握、规划和调整之外，应进一步明确基础教育均衡发展的具体任务、推进步骤、基本策略和发展目标，分阶段推进教育资源优质均衡发展，将教育资源配置结构调整的重点，转向解决区域内部教育发展的不平衡不充分问题。充分考虑资源的辐射半径，打破按行政区域设置的常规配置路径，扩大覆盖面，同时避免资源过于集中在某一区域的情况，造成入园和入学难等问题。转变目前大城市县（区）级政府承担基础教育经费主要责任的现状，强化市级政府承担基础教育支出的主要责任。北京、上海、深圳等城市财政实力雄厚、收入结构稳健，具有很强的市级财政能力。因此，在市一级层面，围绕基本公共服务均等化、促进城乡一体化发展的目标，建立财政性教育投入的统一口径，保障城市内部各区县在基础教育阶段的各项财政教育支出水平保持一致。

促进产教深度融合　推动职业教育现代化

全国政协副秘书长、民进中央副主席朱永新反映，产教融合、校企合作是职业教育的基本办学模式，是办好职业教育的关键所在。但职业教育多元化办学、企业深度参与协同育人的格局远未建立，企业与学校"一头冷、一头热"深水区问题没有根本上破解。

一是校企深度合作存在体制障碍。校企合作的深入开展必须要落实企业、学校"双主体"地位，但现有制度框架下，企业的主体地位还没得到确立，缺乏企业参与职业教育法律与政策方面的约束。企业对职业教育的重视程度未达到应有高度，尚未充分看到参与职业教育能够给企业带来的人力资源优势和潜在的长远发展利益。

二是产教融合支持政策落地困难。在具体实施过程中，受政策刚性不足、地方财力有限、督导考核力度不强等原因，已有政策落实并不理想。由于教育系统体制机制原因，企业在参与职业院校课程设置、教材开发、专业规划、实习实训等方面明显缺位，学校的人才供给与产业的实际需求无法连通，产教"两张皮"现象突出。

为此建议：

一、开展试点工作。在职业教育发展水平高、产业基础好的长三角、珠三角等相对发达地区的城市，如江苏常州市等，深入开展产教融合先试先行，在办学自主权、财税优惠力度、师资引培等方面给予更大的政策支撑，并列入国务院督查激励事项大力推进，尽快形成全国职业教育校企深度融合协同发展模式的样板。

二、建立健全企业参与办学的激励与引导机制。通过顶层设计、调整教育产权政策、优化学校治理结构、建立风险防范机制等，鼓励有条件有意愿的企业参与合作举办混合所有制职业院校，并出台参与合作举办职业院校的企业，在土地、财政、税收优惠等方面的相关支持政策。积极发挥国有企业特别是中央企业示范带头作用，鼓励其举办混合所有制职业院校。

三、进一步健全行业组织功能。完善行业协会体制建设，明确行业组织参与职业教育的法定职责，充分发挥行业组织在职业资格标准制订、技能等级标准制订，对与本行业相关的学校的专业和课程标准制订，及其评估、考核、认证各环节的桥梁功能和指导作用。

建议对中小学校食堂委托经营者免征相关税费

全国政协副秘书长、民进中央副主席朱永新反映，目前，各地中小学校（含幼儿园，下同）食堂经营模式原则上要求自主经营，但受制于人员编制、经费投入及专业化等因素的影响，部分中小学食堂采用委托经营的模式，即委托专业餐饮公司采取"零租金"形式经营。根据现行税收政策，对中小学校食堂委托经营者征收增值税等相关税费。然而，由于征收增值税等相关税费，带来了一些问题，如，增加经营成本，在一定程度上加重学生家长的经济负担，同时也影响学生的伙食质量。

为此建议：

国家税务部门充分考虑中小学教育作为基础教育，具有很强的公益性特质，参照财政部、国家税务总局在《关于继续执行高校学生公寓和食堂有关税收政策的通知》中明确的"对高校学生食堂为高校师生提供餐饮服务取得的收入……在营改增试点期间免征增值税"，对委托经营者在中小学校食堂为师生提供餐饮服务免征相关税费。

巩固"全面改薄"成果 完善农村学校生活卫生设施及相关服务

全国政协副秘书长、民进中央副主席朱永新反映，自2013年底，教育部、国家发展改革委、财政部启动实施《关于全面改善贫困地区义务教育薄弱学校基本办学条件的意见》《全面改善贫困地区义务教育薄弱学校基本办学条件底线要求的通知》（简称"20条底线"）工作以来，"全面改薄"取得显著成效。截至2018年底，全国30.96万所义务教育学校（含教学点）办学条件达到"20条底线"要求，占义务教育学校总数的99.76%，学生和教师全面受惠。然而在实际走访中发现，一些农村学校生活设施的配置标准尚不能全面满足农村儿童在安全、卫生、健康、心理等方面的需求，部分学校中还出现"旱厕在操场一侧，洗手的水龙头却在另一侧"，或"有了投影仪但没有遮光帘"等"达标却不好用"等问题，学校对设施设备的维护也存在困难，国家标准化配备的投入对于教育教学工作的促进效果还没有得到最好的发挥。原因在于：

一是"20条底线"中一些底线标准的描述不够清晰、具体，减弱了其实际落实的力度和预期作用的发挥。例如，"配备开水供应设施设备"一条，没有对净水设备或水质提出要求，最终学生喝到肚子里的水质依然没有得到保障；又例如，"除特别干旱地区外，寄宿制学校应设置淋浴设施"一条，没有对"特别干旱"做出明确的界定，同时也忽视了干旱地区的寄宿学生对校内淋浴设施较其他地区可能存在的更为迫切的需求。

二是"20条底线"的覆盖面有所不足，忽视了农村学校医疗卫生设施和服务缺乏的问题。农村学校中留守儿童、特殊儿童、困境儿童的比例较高，家庭教育的相对缺位使得营养问题、视力问题、寄生虫问题等较为突出。然而，由于经费缺乏等原因，农村学校缺乏卫生室和卫生人员，也缺乏与农村卫生体系的有效协作，学生体检往往流于形式。《义务教育学校管理标准》要求参照的《国家学生体质健康标准》，也没有涉及在农村儿童中较为常见的健康问题，农村儿童健康问题的解决存在明显空档，农村学校教育教学工作的推进也就缺乏稳固的根基。

三是农村学校缺乏因地制宜地增补、调整和维护生活设施的必要资源。受一些地方财政的限制，"不足100人的学校按100人计算"的生均公用经费划拨并没有得到全面的落实，"中心学校"制度下许多村小和办学点并非独立法人机构，也没有资金专用账户，学校公用经费还存在被中心学校截留的问题。倘若要用本已十分紧张的学校公用经费来解决"达标却不好用"的问题并对新增的设施设备进行持续的维护，对许多学校来说挑战很大。而这些问题若不能很好地解决、新增的设施设备若得不到维护，那么国家标准化改造的先期投入就很难发挥其最大价值。

为此建议：

一、对农村学生的实际在校生活需求进行梳理，在"20条底线"的基础上制定并出台更为详尽的《农村学校生活及卫生设施标准》。对饮水净化系统等进一步落实和补足，更好地推动健康饮水、洗手台、卫生厕所、淋浴设施等对于良好卫生生活习惯养成的促进和引领作用。针对农村学校的营养和健康问题，就农村学校的食堂和医疗卫生设施，以及相关人员的配置与工作规范，形成综合性改善方案。

二、结合制定中的《义务教育学校评价指标》，形成与农村学校实际职能相匹配的学校评价和管理机制。加强农村学校参与和组织学生的营养和健康工作、寄宿生的情感关怀工作等实际职能的扩充，鼓励农村学校开展生活教育，培养学生良好的生活和卫生习惯，在学校考评与绩效工资的核定中对这些工作给予充分的权重，强调生活教育在儿童成长和学校发展中的根基作用。

三、探索新的财务管理模式，保障农村学校因地制宜地增补、调整和维护生活设施的必要资源。一方面，短期内需加强上级教育督导部门和审计部门对于中心校财务分账和统筹的监管，确保农村学校，尤其是农村小规模学校（和教学点）的生均公用经费能够按照国家规定全额按时划拨。另一方面，建议探索由中心校统筹配置转移至县教育行政部门统筹配置，逐步剥离中心校对村小和教学点的财务控制权。由县级教育行政部门参照住建部《房屋公共维修基金使用管理办法》，设立农村学校校舍及设施设备改造和维护基金，减小周期性或应急性设施设备的维护花销对学校公用经费稳定性的干扰，确保设施设备的使用效益能够最大化。

健康码要让出行更"健康"

全国政协副秘书长、民进中央副主席朱永新反映,健康码是我国"数字抗疫"领域的重要创新,已成为推动企业复工复产的必备工具,也已经成了每个人的"健康身份证",有"码"在手,才能出行无忧。进入常态化疫情防控阶段后,各地逐步实现全方位复工复产、复商复市、复课复学,这对健康码数据的精准性、全面性、实时性提出了更高需求。特别是中秋国庆双节即将到来,出行人数大幅增加之际,健康码使用中的"一城一码"等现象应引起重视,尽快升级完善。

一是各地区健康码之间未实现信息互通共享。对于异地出行旅客而言,进出机场、火车站,入住宾馆酒店,前往餐饮娱乐场所时,都需要出示健康码,为此需要根据当地防疫要求重新申领。这一过程不仅烦琐耗时,还造成了人群在公共场所的聚集,并不利于疫情防控。

二是健康码不具备轨迹信息检索功能。由于健康码的主要功能是展示健康状况,不能直观显示持有者的行程轨迹。在宾馆酒店等很多场所,入住时除了要出示健康码以外,还需要旅客登录国务院客户端出示通信大数据行程卡,以证明自己未前往疫情集中地区和中高风险地区。

三是老年人、低收入人群等特殊群体往往难以提供健康码。我国还有很多老年人、低收入人群没有手机,或不能熟练使用手机。健康码从下载 APP 到完成人脸识别的四级实名认证,对他们来说操作步骤繁多且难度较大,导致日常出行、办事受阻。日前,黑龙江哈尔滨一位老人因无法扫描健康码导致乘坐公交车受阻,在网上引发公众热议。

以上问题表面上看是技术问题，实则是社会治理精细化的问题。小小健康码关乎国家"大棋局"，只有让健康码保障健康顺畅出行，才能满足人民群众实际需求，助力构建以国内大循环为主体、国内国际双循环相互促进的新发展格局。

为此建议：

一、让健康码更便利。完善管理机制，解决健康码属地化管理中各自为政的问题，打通"数据孤岛"，避免反复申领不同地方健康码。一是制定统一的数据标准和数据源要求，整合公安、工信、交通、人社、民政等多方数据，保证健康码的权威性和专业性。二是在健康码中整合三大运营商数据，对来自不同风险级别区域的旅客进行标识，尽快推动健康码在全国各省区市实现互通互认。三是探索健康码与身份信息绑定，如进出火车站、入住宾馆酒店时，只需身份证即可快速查验健康码信息。

二、让健康码更安全。加快建立和完善健康码异常人员数据库，实现全国数据实时更新和信息即时推送，督促各省将健康码异常人员纳入社区监管范围，杜绝异常人员随意流动。同时，要加快"健康码"技术迭代升级，筑牢安全"防火墙"，切实保障用户隐私权。

三、让健康码更温暖。在健康码更便利、更安全的基础上，应考虑通过线下登记、社区或单位集中申报的方式，解决特殊群体在申领健康码时遇到的困难。例如，困难群众每天向经常居住地的居委会申报健康状况，连续7天后，由居委会向当地公安、卫生部门报备申请，以纸质版的健康码代替电子健康码。

参政之声

除了撰写提案、反映社情民意信息,在政协大会、常委会、专题协商会、双周协商座谈会上的发言,在各种媒体上发表的文章,都是参政议政的"好声音"。

勤读书、勤思考、勤写作,一直是我的生活方式,也是我参政议政的工作方式。政协委员,不能够只是在"两会"大会上出现、发声,不能够只是担任每年几天的"会议委员"。所以,如何在日常生活中有强烈的"委员意识",如何利用各种会议、各种场合、各种媒体传播政协的声音,表达委员的关切,既是在全社会树立政协形象、展示委员风采的需要,也是委员自加压力、提升自我的需要。

没有平时的积累,也很难有"两会"时的精彩。

我为什么连续十六年建议设立国家阅读节

2019年全国"两会",我提交了三个阅读方面的提案。其中第一个就是关于设立国家阅读节、建设书香中国的提案。这已是我连续16年提出相关提案。

有了世界读书日,还有必要再设立一个国家阅读节吗?其实4月23日世界读书日纪念的是两个外国作家——莎士比亚和塞万提斯,没有中国文化背景。World Book and Copyright Day,正确翻译应该是"世界图书与版权日"。由于我国将其翻译为"世界读书日",导致读书日期间我们相对比较重视阅读,而对出版、版权与知识产权保护方面的工作有所忽视。世界上许多国家都有自己的阅读节,中国作为一个重要的文明古国,更应该有属于自己的阅读节。

近年来多次参加全国政协和民进中央在广西、湖南、云南等地的一些深度贫困地区的调研,我更加感觉到加强农村中小学图书馆建设与阅读指导的紧迫性。

记得在广西某县一所村小调研时,中午我们去学校,图书室"铁将军"把门,原来孩子们在学校吃完饭都回家休息了,村民也无人借书看书,图书室没有发挥应有作用。

在云南某县的一所镇中心小学调研时,因为新建教学楼,图书收进食堂仓库了。我们跟踪到仓库,发现所有的书被打包放在仓库的墙角。很多新采购或者赠送的书,包装都没有打开。

所去的学校,有一些要么没有书读,要么书不适合学生读,要么不让学生借书读,没有专门的管理人员、开放时间短等问题比较普遍。于是,我呼吁建立中小学图书馆的基本书目制度,建立基本的配备标准，真正让农村学生能够与城市的孩子一样读到好书。

我们在调研中还发现，当前高校图书馆建设也面临不少问题：如图书馆场馆等硬件设施差异巨大，馆藏资源配置存在问题，电子资源同质化且外文资源经费负担沉重。现行图书采购和资产管理模式不合理，低折扣中标采购严重影响图书馆入藏图书质量。高校图书馆的人力资源建设严重滞后，馆员职业门槛过低，素质能力参差不齐，工资待遇、职称评审等方面普遍被边缘化。高校图书馆开展社会化服务难度大。为此，我建议要分类制定高校图书馆建设标准，加强高校特色化馆藏建设，改变高校图书馆资源配置和管理方式，加强电子资源建设，努力改变外文数据库购买中的被动局面，加强高校图书馆的人才队伍建设，引导有条件的高校图书馆向社会开放。

关于阅读的提案日益受到社会关注。每一年，我都会从新的角度、用新的素材，不断完善这个提案。同时回应有关部门答复中的问题。在去年的提案中，我提出将9月28日孔子诞辰日设立为国家阅读节。有不少人问我，你为什么如此执着地呼吁设立国家阅读节？我的回答是，一个人的精神发育史就是他的阅读史，一个民族的精神境界取决于这个民族的阅读水平，一个没有阅读的学校永远不可能有真正的教育，一个书香充盈的城市才能成为美丽的精神家园，共读共写共同生活才能拥有共同语言、共同价值、共同愿景。

阅读对于国民素质的提升和国家竞争力、凝聚力的加强具有不可替代的重要作用。阅读是最有效、最便捷、最廉价、最直接的提升国民素质与国家竞争力量的路径。同时，从推进教育公平的角度说，我也一直认为，教育是最大的民生，阅读是最高效的教育，推动阅读是推进教育公平最简便的方法。

当前，不少人精神文化生活匮乏，有的人离开校园后几乎不再读书。建设书香中国，是提升国家的精神力量、凝聚人民群众力量的重要抓手。只有把阅读作为国家战略，长远部署，稳步推进，我们才能不仅积累物质财富，还能创造精神财富，才能为明天储备足够的财富基础，再一次转化为更为丰厚的精神、物质的双重财富。

这些年来，全民阅读在我们国家受到了前所未有的重视，但是与世界上许多国家相比,我们全民阅读的水平还相对较低,还有很长的路要走,我将继续为之鼓与呼。

(发表于2020年1月4日《光明日报》)

面对疫情，教育大有可为

为阻断疫情向校园蔓延，确保师生生命安全和身体健康，教育部日前下发通知，要求2020年春季学期延期开学，学生在家不外出、不聚会、不举办和参加集中性活动。但延期开学后，孩子的学习怎么办？全国多地、多校、多所教育机构开展网络教学，包括开设直播课程、提供公益性学习资源等，课程内容既有针对中高考和边远地区学生的课业辅导，也有指导学生居家运动的特色课程，确保孩子们不落下学习进度，真正实现了"停课不停教、不停学"。

网络教学在这次疫情防控中发挥了重要的保障性作用，但其实用性早已不局限于这样的特殊时期。近年来，线上教学、虚拟课堂、远程教育等在我国发展迅速。线上教育机构空前活跃，教师、学生、父母参与网络学习也非常活跃。作为教育工作者，我曾在网络上开设公益课程，同时有21500余人听课，其效率之高、覆盖范围之广可见一斑。这也为我们提出了一系列新的课题：互联网在何种意义上改变了我们的教育生态？如何真正实现网络学习与线下学习的融合与合作？如何实现学校与社会教育机构的优势互补？可以说，网络教学正在改变整个社会教育资源的分配方式。这次疫情中，网络教学既体现了其价值，也启示我们，需要更加系统地规划和建设线上教育资源平台以及相应的教学评价机制，从而在全社会形成更加立体、高质量的教育体系。

面对这样一场疫情，我们除了教会孩子如何做好个人防护、养成良好的个人卫生习惯，还应当传递哪些有价值的理念和认知？一线医护人员的执着坚守、各条战线上工作人员的无私奉献、一方有难八方支援的团结精神，在疫情防控中都得到集中体现。一幕幕感人的场景也可以化作课堂的养分，让孩子们乃至全社会共同思考，在生命面前，个人、集体、政府乃至全社会的所为与应为。今天的孩子，就是未来的专家、医护人员、公务员等社会成员，不同的社会角色究竟要如何对待生命、如何理解责任，这涉及生命教育、科学教育、社会教育、道德教育、责任教育等等，是每个孩子在成长过程中必修的人生功课。

为了阻断病毒传播，近期许多人都在家中没有外出，不少日常工作忙碌的家长也得以有更多时间陪伴孩子。这恰恰为我们关注家庭教育、思考如何与孩子沟通提供了一个契机。教育往往是从家庭开始的，父母今天的样子，就是孩子明天的样子。对于一些家庭来说，这段时间可能是少有的亲子24小时共同生活的宝贵时光，如何利用好与孩子在一起的时间？从亲子共同阅读，到亲子共同游戏，再到父母和子女促膝长谈，广大家长珍惜与孩子朝夕相处的时间，好好担当起家庭教育的责任，才能为孩子的健康成长提供良好的家庭环境、带来更多积极影响。我们特别鼓励父母和孩子一起，选取这次疫情中的一些现象为主题，完成一次共同的作业，共同查资料、共同讨论，在疫情过去之后形成一份小小的研究报告。这不仅将是一次有效的思维训练，也将成为家长和孩子共同的珍贵记忆。

通过这次疫情我们能体会到，教育不仅仅发生在校园。无论是通过网络进行远程教育，还是更加重视家庭教育，每一个环节都能成为课堂。用好这些课堂，不仅能让孩子学到更多东西，对老师和家长来说同样也是一种进步和成长。

（发表于2020年2月7日《人民日报》）

灾难面前，教育应该做什么

作为教育工作者，当此大疫和抗疫时刻，我觉得，更重要的是坚守教育的根本，反思教育的目的。比起落下几个月的功课更为重要的是，面对这一灾难，我们要用什么来教育我们的孩子？我们能不能把灾难当作教材，把危机变成机遇，真正地重新构建我们的教育？

面对灾难之中冲锋在疫情最前线、奋斗于施工建设现场、忙碌于物资补给、奔波在社区街道的英雄们和种种不端表现甚至丑陋行径、违法行为，我们能不能把这次灾难看成对孩子进行教育的实践课堂？以这次灾难中全社会的表现为教材，让教师和学生乃至全社会好好讨论一下，在生命面前，个人、专家、政府、全社会的所为与应为。

今天的孩子，就是未来的专家、政府官员和社会公民，我们大家在不同的社会角色下，究竟要如何对待生命，自己的、他人的、社会的，这涉及生命教育、科学教育、社会教育、道德教育、公民责任等等，这些内容，是生而为人的根本内容，也融合了最鲜活的各类学科知识。对生活的反思与学习，让孩子乐学、好学，就是最好的功课。

专家告诉我们，防止疫情扩散最好的办法，除了戴口罩、勤洗手，就是尽可能少走动，待在家中。我想，这恰恰给我们重新关注家庭教育提供了一个重要的契机。真正的教育是从家庭开始的。这次灾难让父母在短时间内，实现了教育权利上的"王者归来"。如何利用好与孩子在一起的这段时光，亲子共读，亲子游戏，亲子交流？我想，没有父母的成长就永远不会有孩子的发展。孩子可以和父母一起，以这次灾难为题，完成一次共同的作业，共同查资料，共同讨论，在灾难平息之后交出一份小小的研究报告。

教育是为生命奠基的事业。这次灾难也暴露了国民生命安全与身体健康方面知识的贫乏,暴露出我们生命教育的缺陷。期待我们的教育,能够把目光从考试、分数、排名,移到师生的生命上来,移到教育的根本问题上来。

(发表于2020年2月12日《人民政协报》)

疫情下的在线教育：最大挑战不是技术，而是教育

突如其来的疫情，不但给原本欢乐团圆的节日蒙上了悲伤忧愁的气氛，也给教育带来了严峻的挑战。

疫情刚开始，教育部就提出"停课不停学"的要求，并且在1月29日宣布：拟于2月17日开通"国家网络云课堂"（www.eduyun.cn）。云课堂将以部编教材及各地使用较多的教材版本为基础，向全国小学一年级至高中三年级师生提供网络点播课程。考虑到部分农村地区和边远贫困地区无网络或网速慢等具体情况，同时安排中国教育电视台通过电视频道播出有关课程和资源。

对于教育信息化和网络教学来说，疫情，也许是一次契机，是一次把坏事变成推进教育变革的机遇。

教育部通知既出，有朋友就发来信息说，"朱老师，你说的未来学校真的要来了！"2月6日，香港中和出版社出版了我的小书《未来学校：重新定义教育》的繁体字版。出版社用的一个宣传标语，就是"停课不停学，是时候讨论未来学校了"！也有人评论说："建立空中课堂，一直是教育信息化的重点，而新冠肺炎疫情将这项既定日程表上的议程提前了。"

现在，虽然距离2月17日国家网络云课堂开通还有几天时间，但是包括湖北武汉在内的全国许多地区和学校，已经迫不及待地举行了网络开学仪式并且正式开始线上课堂的尝试。

从各地的情况来看，褒贬不一。来自各方面的抱怨也不绝于耳。

据调查，目前的网络远程教育主要有三大问题：一是卡顿、掉线，技术上缺乏支持。由于承担着前所未有的峰值，许多在线课程平

台出现了不同程度的卡顿现象；二是效果不如线下教学，大部分教师没有网络教学经验；三是家庭负担重，学习管理和监督"转嫁"至父母。

其实，这些问题，都不是网络（远程）教育本身的问题，从技术支持、质量保证、管理监督来看，我们只要加快国家5G网络建设，加大国家教育资源平台建设，鼓励社会教育机构参与课程开发，上述问题也都有解决的可能。

所以，问题的关键，还是我们如何看待新的技术革命与教育变革的关系，如何有效地利用好新技术改造传统教育，以更好地应对疫情这样的灾难，应对未来发生的变化。这次疫情，敲响了未来学校转型的冲锋号，也为"空中课堂"在未来的常态化提供了可能。

人类总是借助于工具认识世界的。工具的发明创新推动着人类历史的进步，同样，教育手段方法的变革创新也推动着教育的进步与发展。

人类发展到今天，不仅知识的积累突飞猛进，而且传播知识的方式也多次发生颠覆性的改变。按照法国学者莫纳科提出的观点，大约经历了四个主要阶段：依靠人与人之间直接传递的表演阶段，依靠语言文字间接传递的表述阶段，依靠声音图像记录的影像阶段，依靠人人平等互动的互联网阶段。

每个不同的阶段，教育手段方法也各不相同。

教育手段方法包括三个维度：学即获得信息的手段、教即传播信息的手段以及教学互动的手段。我们可以看到，每一次传播方式的变革都极大地改变着教育手段方法，促进着教育效率和教育品质的提高。

在表演阶段，获取信息的手段比较单一，完全依靠口耳相传；在表述阶段和影像阶段，因为有了文字、活字印刷和影像技术，教师不再是获取信息的唯一来源，教和学有了相对分离的可能性；在互联网阶段，特别是随着移动互联网、人工智能、大数据、超级计算、脑科学等新的科学技术的出现，世界变成了一个家园，知识的传递更快捷平等，而且导致传授方式、模式也发生着深刻变化。

过去老师居高临下、我教你学，现在完全可以颠倒过来，师生共同面对问题,老师不一定比学生懂得多,学生在某一个领域可能超越老师;过去在学校上课学习,回家做作业,现在完全可以在家里学习,在教室里解疑释惑;甚至,今后知识的学习已不再是学校教育最重要的部分,学生在网络上、家里、其他社区中都可以获得知识。

互联网革命与教育变革

在人类历史上,从来也没有任何一项技术能够像互联网这样,如此迅速而深刻地改变着人类生产与生活方式。

发端

其实,世界上第一台计算机的诞生,不过在70年前。第二次世界大战期间,美军为了解决处理大量军用数据的难题,成立了由宾夕法尼亚大学莫奇利和埃克特领导的研究小组,开始研制电子计算机。

1946年2月14日,一台由17468个电子管、6万个电阻器、1万个电容器和6000个开关组成,重达30吨,占地160平方米的电子计算机正式问世。但是,那个时候的计算机显然与教育几乎毫不相关,更没有对于学校教育产生任何影响。

斯金纳的教学机器

就在差不多同时,在同一所大学的实验室里,另外有一个心理学家斯金纳正在受委托进行另外一项研究:训练鸽子,试图让它们用啄的动作来控制火箭的飞行。因为当时德国在战争中开始使用火箭攻击英国,而盟军还没有类似武器。可惜这项研究没有突破性进展。

失败的斯金纳并不气馁。不知道是受计算机研究的启发,还是一种奇妙的巧合,斯金纳在战后发明了一种教学机器。这个机器的构造包括输入、输出、贮存和控制四个部分。

他把教学材料分解成由按循序渐进原则有机地相互联系的几百甚至几千个问题框面组成的程序。每一个步子就是一个框面,学生正确回答了一个框面的问题,才能开始下一个框面的学习。如果答错了，用正确答案纠正后再过渡到下一个框面。框面的左侧标出前一框面的答案，成为对该框面问题的提示。一个程序学完了，再学下一个程序。

斯金纳为他的教学机器提出了四条原则：

一是积极反应原则，即必须使学生始终处于一种积极学习的状态。二是小步子原则，即把教学内容分解成一个个的小步骤，前一步的学习为后一步的学习作铺垫，后一步学习在前一步学习后进行。由于两个步子之间的难度相差很小，所以学习者的学习很容易得到成功，并建立起自信。三是即时反馈原则，即让学生立即知道自己的答案正确，这是树立信心、保持行为的有效措施。四是自定步调原则，即允许学习者按各人自己的情况来确定掌握材料的速度。

人们把斯金纳的研究称为机器教学或者程序教学。如果细心研究，我们可以发现，斯金纳的程序教学思想与现在的"慕课"已经非常接近，可惜当时还没有互联网，他的这些思想与技术也没有真正改变学校的教学。

但是，斯金纳的努力，却为后来的非学校运动和学校消亡论提供了论据。

非学校运动和互联网教育的萌芽

20世纪60年代开始，世界教育发生了一个革命性的转折。随着苏联人造卫星的上天，让美国人感觉国家处于危险之中，科技落后的根源在于教育的落后。

全社会对于教育不满的情绪空前高涨，各国学生运动的风潮也进一步打破了人们对学校的美好期待。人们逐渐认识到，学校并没有像预期的那样，带来经济的繁荣和社会的进步，相反是许多社会问题产生的根源。许多人认为，学校不再是一个有价值的机构。

正如非学校运动的代表人物伊凡·伊里奇所说："多少代以来，我们企图通过提供越来越多的教育，使这个世界变得更加美好。可是迄今为止，这种努力失败了。"在他看来，现代学校不仅阻碍了真正的教育，而且造就了无能力、无个性的人，还造成了社会的两极化和新的不平等。因此，应将学校连同课程学习及其观念一起废除。

他呼吁废除学校对于教育的垄断，应该使受教育者享有选择教育的权利，成为积极的消费者，应该"为每个人创造一种将生活的时间转变成学习、分享和养育的机会。"要实现这一理想，就要建立一个教育网络。

在这个网络中，任何人通过社会生活和日常生活而学习知识和技能，并且直接应用于社会。各种教育资源被置于学习者的主动的控制之下，使学习成为自我创造式的教育。教育的网络确定了新的学习方式，为学生提供了新的与世界联系的方式，而非仅仅通过教师、课程和计划的准备而进入世界。

可见，在伊里奇的教育构想中，已经有了现在互联网教育的模样。但是，由于当时互联网技术还没有公开问世，不仅学校没有消亡，教学格局也没有发生根本的变革。

1969 年，同样是出于军事的需要，美国国防部高级研究计划管理局开始建立一个命名为 ARPAnet 的网络，试图把几台军用计算机主机联接起来。虽然最初只联结了 4 台主机，但这无疑是互联网正式诞生的标志。

1986 年，美国国家科学基金会试图将互联网在军事上的应用转向科研与教育，利用 ARPAnet 发展出来的 TCP/IP 通信协议，在 5 个科研教育服务超级计算机中心的基础上建立了 NSFNET 广域网。5 年后商业机构发现了它的价值，商用 Internet 于 1991 年正式成立，Internet 由此进入了一个新的历史发展时期。

互联网的惊人影响力，已经毋庸置疑。

一是互联网的发展速度非常之快，据著名咨询机构 IDC 的最新研究报告显示，目前全球互联网用户数已经达到 32 亿人，约占全球总人口数的 44%；其中，移动互联网用户总数达到 20 亿。据统计，截至 2016 年 1 月，我国移动互联网用户总数已经达 9.8 亿户。

二是互联网的应用非常之广，在商业、交通、金融、生产等领域，互联网已经和正在颠覆传统的模式。

那么，互联网究竟能不能改变我们的教育呢？

教育领域的"乔布斯之问"

在教育领域,曾经有一个著名的"乔布斯之问":为什么IT改变了几乎所有领域,却唯独对教育的影响小得令人吃惊?

事实上,滴滴是2012年在北京中关村诞生的一家公司,到现在也不过7年时间。教育和互联网的结合其实比它早得多,最初就是从军用转向教育科研领域的。虽然互联网出现以后,教育也在变化,但是这种变化是非常小的,在互联网运用最为发达的美国,也只有25万人在网上学校学习。

对此,美国联邦前教育部长邓肯提出过一个观点:原因在于教育没有发生结构性的改变。他指出:信息技术在教育领域的应用一般可以分为三个阶段,一是工具和技术的变革(如PPT运用,计算机辅助教学),二是教学模式的改变(如"慕课"),三是学校形态的改变(教育结构的变革)。我们恰恰在学校形态与教育结构上停滞了、中止了。

所以,基于"互联网+"的教育,最主要的不是技术问题,而是必须颠覆传统的教育结构与模式,对学校形态进行新的设计。

实现"未来教育"的三个基本条件

互联网改变教育,是一个正在发生的事实,随着时间的推移,它必然会像互联网改变商业和金融一样改变教育,基于互联网的混合学习必然会成为未来教育的基本模式。当然,它需要以下三个基本条件。

打破现在的学校格局,承认线上学习的合法性

我们现在整个教育体系是建立在工业革命的基础上的,它是主张大规模、强调效率优先,主张以知识传播为主要目的的,教师、教材、教室的"三教"中心格局相当稳定,成为教育的"铁三角"。这些一直没变化,而这个东西不变,教育的"滴滴"是无法登场的。必须把以知识为中心改为以学生为中心。必须打破教育的时间空间限

制，像斯坦福网络高中一样，允许学生通过线上学习获得知识和必要的学分认定。

为什么要把不同学习基础、不同学习兴趣、不同学习习惯的人强制性地安排在同一个教室呢？

未来的学校，完全可以通过网络来学习，通过团队来学习，在家里学习，在图书馆学习，自己来解决学习过程中大部分的问题。一人一张课表，随时调整内容。在未来，无论你在哪所学校，无论你在城市还是乡村，都不必按部就班地学习各门课程。而是基于个人兴趣和问题解决需要而进行的自主性学习，是大规模的网络协作学习。

学生可能不再需要我们为他提供一个非常完整的知识结构，而是在完成自己最初的知识结构以后，通过自主的学习，建构他能够满足自己学习的个性化的结构。学分、学历、学校未来都不重要，重要的是你学到了什么，你分享了什么，你建构了什么，你创造了什么，这才是最重要的。

其实，在中国，把实体学校与互联网学校结合起来的探索已经有成功的案例。慕华成志教育科技公司已经与清华大学附小等联合建立了互联网学校，并且与22个省的107个城市5000所学校合作，进行传统学校加互联网学校的混合学习探索。

从郑州外国语学校的实验班等来看，混合学习明显优于传统学校单一的课堂教学模式。所以，未来的学习中心将从现在的实体学校走向实体学校加互联网学校，再到完全学生自主选择学习方式与学习场所的混合型学习。

建立教育的国家标准和国家教育资源库

首先要建立国家教育标准。学习方式的变革，对学习内容会提出更高的要求。教育越是自由，越是定制，越是个性，越是需要建设高效优质的学习中心，越是需要国家力量的整合。

教育是文化的选编。教育首先要传授我们这个国家、我们这个民族所崇尚的价值观。这个选择国家是有责任的，必须建立国家标准。这个国家标准要科学，应该更个性，应该有最低限度的要求。

现在的课程标准和教育内容太深太难，现在我们要求学生的知识结构太庞大了，太艰深了。造成了大部分的学生陪着少部分的学生在学习。这种模式要打破了，国家只需要给一个最基本的要求就可以了，关键是保证国家的价值观和基本读写能力。教育的很多问题就是因为我们的标准有问题。

定了标准以后，提供什么教学资源就显得非常重要了。应该举全国之力，把全世界最好的资源（包括国内外民间教育机构甚至个人开发的各种最优秀的资源）整合在国家的教育平台。

现在一方面教育投入不足，一方面又有大量的浪费。每个县、每个学校都去建自己的教育平台，都建自己的资源中心，都去开发自己的课件。一些重要的网络教育机构，如科大讯飞、学堂在线、好未来等，也在开发相同的课程，那么多的投入，太浪费了。

这就需要国家组织专业团队，用先进的网络技术把资源整合起来，使死资源变成活资源，把静态的课程变成动态的课程。全国，乃至全世界的学生都可以通过国家教育资源平台学习。

建立基于互联网的教育考试评价制度

什么算好的教育？什么算真正掌握了知识体系？怎样才算是真正有用的人？怎样检验和评价学习的成果？这就需要用评价去推动改革。

评价和考试是我们改单发展的风向标，现在我们评价的技术太落后了。中国没有一所大学目前真正具备了判断人才水平的能力。什么是好学生？真正把自主权交给学校，没有校长敢要。这就是我们没有好的评价机制。

我们的评价不是为了改进，而是为了贴标签，是为了选拔，为了淘汰。这样一种考试评价机制要有变化。未来的评价主要不是为了鉴别，而是为了改进。在学习的早期过程，可以用大数据的概念，自动记录学生的学习过程，作为评价的依据。在记录过程的同时，要发现这个学生的知识点缺陷，及时帮他改进。同时，未来的考试评价会更加重视实际能力而淡化文凭学历。

未来的大学也可能出现全新的模式，可以不要限制上大学的地点，也不要管你在什么地方上大学，只要你能够通过严谨而且经过国际认证的评估，来证明你自己对某一理论的精通和理解，就可以进入社会找到工作。

如果这样的话，教育会发生什么变化呢？目前基于互联网的教育评价从技术上讲已经没有障碍，人脸识别技术、大数据、云计算等都可以在最大程度上提高考试评价的效度与信度，杜绝弄虚作假和作弊行为。我相信，在这样一个互联网改变一切的时代，如果这三个问题得到解决，我们的教育一定会发生一个让我们自己也会非常惊讶的变革，一种全新的学习中心，将会像今天的"滴滴"一样出现，一个新的教育世界，将会孕育出更加美好的未来。

（发表于2020年2月《腾云》）

以读攻"毒" 享受"孤独"

　　面对大疫，在家办公，也许是杜绝传染的最佳路径。除了处理工作，如何有效安排时间就显得很重要。看到网上许多人抱怨宅居的无聊、空虚、枯燥、抓狂，甚至编出了花样繁多的解闷视频，我有点哑然失笑。其实，这不正是我们读书思考，享受宁静、神游书海最好的时光吗？

　　不经历这场疫情，真的不知道，原来我们对病毒的传播、对疫情的防范与控制知道得太少。宅居的这些日子里，遍寻出版物，找到了两本与疫情有关的书来读，获益匪浅。这就是《逼近的瘟疫》和《病毒来袭》，前者是像惊悚小说一般的纪实文学，后者是一本结合社会学、传播学、网络科学的流行病学科普读物；前者是获得普利策大奖的医学记者所写，后者是新生代病毒学家所著；前者历史视角展现了瘟疫对人类的影响，讲述了人类在与瘟疫的战争中败下阵来的教训，后者注重普及病毒传播的过程与路径，指导人们如何与流行病作战。

　　了解瘟疫，才能更好更快地战胜瘟疫。希望大家从这两本书中汲取知识与智慧，也希望大家利用目前这段难得的空闲和安静，读一点平时想读而没有读的好书，用阅读享受当下的"孤独"。

（发表于 2020 年 3 月 2 日《中国新闻出版广电报》）

加强未成年人网络素养教育

近日收到一个孩子妈妈的来信，她痛心疾首地告诉笔者：这段时间，因为11岁的孩子要用手机上网课、写作业，所以她把手机和密码都交给了孩子。没想到的是，孩子开始沉迷于手游，不到一个月花费了1万多元。

调查表明，我国未成年网民规模达1.69亿，未成年人的互联网普及率达到93.7%，农村未成年人的上网比例也高达89.7%。但是，未成年人的网络技能主要用于娱乐游戏和聊天购物，硬件知识、网络学习等基本素养相对缺失。加强未成年人网络素养教育迫在眉睫。

网络空间作为家庭、学校、社会等现实世界的延展，已经成为未成年人成长中密不可分的一部分，将未成年人与互联网简单割裂开来，既不可取也很难实现。研究显示，互联网和社交媒体有助于学生获取知识、拓展技能、为未来步入社会做好准备。所以，有必要引导全社会认识互联网社会的时代特征，打造并推广符合未成年人生理心理特征、满足个人发展和社会化需要的网络素养教育体系。

此次新冠肺炎疫情防控中，停课不停学出现了一些问题，一定程度上暴露出部分未成年人在网络素养上的短板。在现有课程体系之下，网络素养相关的教育内容并没有被全面、合理、科学地纳入义务教育的各个阶段，无论课程内容和课时数量，还是师资队伍和教学水平，都还无法完全满足需要。一般而言，我国未成年人网络知识和技能的获得主要由同学、朋友、家长等渠道来完成，缺少正式教育容易带来过度沉迷、网络欺诈、网络暴力等很多隐患。因此，有必要将网络素养纳入义务教育基础课程，系统规划与组织，通过自主阅读、活动研讨等灵活而深入的方式，提升网络素养。

也要看到，家庭应承担起未成年人网络素养教育的责任。父母的网络行为对未成年人有言传身教的作用，也能够有效利用技术防止问题的出现。同时，良好的亲子关系对未成年人健康上网有促进作用。中国社会科学院社会学研究所一项调研显示，亲子关系越好的家庭，孩子的网络认知能力、技术能力和创造能力越强。但调研中不少父母也表示，自己不知道怎么引导孩子合理上网。因此，网络素养教育体系也应当将家庭纳入其中，首先让父母懂网，在网络问题上与孩子建立开放友好的沟通关系。

网络平台和互联网企业也应该探索用新的数字技术，为未成年人打造一个健康友好的网络环境，承担相应的社会责任。应鼓励企业探索通过产品或技术来实践对未成年人的网络保护，开发青少年版、建立防沉迷机制、试水网络教育等。事实证明，互联网企业在未成年人网络素养教育方面大有可为。比如有的公司正在尝试建立全环节覆盖的未成年人健康上网保护体系，并为大中小学校提供课程和师资培训等。有的公司在农村地区推广网络教育，让孩子们学习正确使用平板电脑等，为培养农村孩子的网络素养探索了经验。

可以说，建立政府牵头、家校企三方联动的网络素养教育，不仅是为了提升未成年人的网络素养，更是为网络时代的未来奠定基础。

（发表于 2020 年 4 月 17 日《人民日报》）

政协委员选书要锚定"六读"

作为政协委员,我们不仅应该热爱读书,更应该成为全民阅读的模范。广大政协委员多是行业的领导和精英,一举一动广受关注,如果委员们热爱读书,必能在社会形成广泛的带动作用,对于推动全民阅读有着重要的作用。

政协委员应该读什么书?我个人建议,可以从六个方面选书,即读专题、读经典、读传记、读管理、读文学、读中国。读专题,是我们根据政协委员建言资政的需要,就某一问题的深入研究;读经典,那些经过时间大量淘沙积淀下来的书籍,是文化的源头,是饱含哲理的智慧源头;读传记,与伟大的灵魂对话,可以为我们的人生提供榜样、指明方向;读管理,会让我们更加深刻地理解人性、理解工作、掌握工作方法和技巧;读文学,能够滋养心灵、陶冶性情、提升境界,也能够帮助我们提高读写能力;读中国,能让我们更加认识中国,理解中国,让我们的工作更合国情、更接地气。

许多委员有"没时间读书"的感慨。我认为,我们要学会拧紧时间的水龙头,把零碎边角时间用于阅读中。在政协委员中开展读书活动是人民政协固本强基的大事,意义重大。

(发表于 2020 年 4 月 23 日《人民政协报》)

让阅读照亮更多孩子的奋斗路

1995年,联合国教科文组织宣布每年4月23日为"世界图书与版权日",号召全球各地的人们,无论年老还是年轻、贫穷还是富有、患病还是健康,享受阅读带来的乐趣与成长,保护知识产权,尊重和感谢为人类文明奉献自己力量的人们。这一日子在中国被称为"世界读书日",以此推进阅读,在全社会涵养书香。

25年弹指一挥。随着互联网的发展,人类的阅读生态发生了很大变化。但无论信息载体、图书形式以及阅读方式发生怎样变化,阅读的价值与阅读的本质不会变,人类的阅读需求不会变,以阅读充实生命、改变命运的梦想也不会变。

阅读也是教育的重要方式和重要内容。近年来,我国在缩小教育差距、促进教育公平方面做了大量工作,但在东部与西部、城市与乡村、重点校与薄弱校之间,仍然存在一定差距。要想进一步提高教育质量、提升教育公平,还需探索更多路径、找到更好方法。这其中,推进阅读公平是重要一环。

有教育学家曾说过,当偏僻乡村学校的孩子们有了与中心城市的孩子一样多的优质图书时,他们精神发展的起点就站在了同样的起跑线上。有学者认为,只有在妥善处理好阅读问题后,才能在知识经济时代的竞争中处于最佳地位。让所有学生能够和那些最伟大的经典对话,用阅读填平生活的沟壑,正是推动阅读的社会意义所在。

近年来,由于工作需要,笔者走进了许多不同区域不同类型的学校,发现那些注重阅读的学校,图书馆品质高、师生阅读氛围好的学校,无论是师生的精神气质,还是学校的文化建设以及各类教学指标的考核，都相对较好。我们以"营造书香校园"为主题进行的教育探索行动，特别强调以阅读为手段推进家校共育。通过多年跟踪调查，我们发现阅读在学校教育、家庭教育中，都有着极好的效果。而新教育萤火虫亲子共读公益项目，长期给数十万父母免费提供阅读方法的指导。那些注重阅读的家庭往往能够亲子共读，帮助孩子养成阅读兴趣、掌握阅读方法、提高阅读能力，孩子各方面发展也更加均衡、更加全面。

当前，"父母的书架决定孩子的未来""最好的学区房是家中的书房"，已经成为许多家庭和学校的共识。伴随又一个"世界读书日"，我们可以更多关注：如何为乡村的孩子、困难群体的孩子、边远地区的孩子提供更多更好的优质图书？如何更有效地为这些孩子提供阅读指导，让他们享受阅读、热爱阅读、学会阅读？如何加强西部地区、民族地区、薄弱学校的图书馆建设，帮助他们办好身边的"精神食堂"？阅读是提高国民素质、缩小教育差距、推进教育公平的有效路径。用阅读照亮更多孩子的成长之路，他们将因此拥有更美好的生活、更美好的未来，也必将为人类智慧和文明的发展拓展出更大空间。

（发表于2020年4月24日《人民日报》）

增强使命意识　服务委员读书
——在全国政协委员读书活动启动仪式上的发言

防控疫情读书会是在汪洋主席的具体谋划、直接关心和大力推动下成立的，在文化文史和学习委员会的有效保障下，成功开展了委员读书活动。作为全国政协委员读书活动的"试水之作"，它肩负着探索方法路径、总结经验的任务。读书会采取委员"线下读书、线上交流"的方式，委员们热烈讨论、深入交流。这些发言，既有读书的心得体会，也有对疫情防控的建议性思考，体现了"读书学习与履职建言相结合"的政协特色。

作为读书群发起人，我深知汪洋主席倡导政协委员读书的意义，深知委员读书对于凝聚共识、榜样示范和提高履职能力的作用，也深知群主的使命和责任。从接受任务开始，就为自己提出了服务好、引导好、管理好读书群的"三好"目标，把它作为一项重要的委员履职工作对待。当好群主，我认为需要注意以下三点：

突出政协特色

委员读书活动不同于一般的书友会，要强化政治意识、突出政协特色。为此，群主需做好三方面工作：一是确立主题、选好书目。读书群要有明确的主题，可以结合党和国家的中心任务、重大战略、社会热点难点等问题来选定。按照汪洋主席要求，我们从防控疫情的主题拉开了读书会的帷幕。确定主题以后，选书也非常关键，所选书籍的质量很大程度地影响着大家阅读的兴趣和交流的效果。选书是个技术活，既要契合主题，又要深浅合适、雅俗共赏，需广泛征求委员和专家意见，慎重选择。二是结果导向、学以致用。根据主题，读书会应明确要研讨的方向、要解决的问题，使讨论交流有的放矢；及时梳理发言中的真知灼见，形成针对性的意见建议，以真正体现委员读书活动的价值。三是注重引导、把握方向。委员们来自各行各业，思维方式、关注重点各不相同，这在保证了发言的精彩性、多元性的同时，也可能会导致"跑题"现象。作为群主，既要引导大家积极发言，也要时时注意突出主题性、强调方向性，把大家往正题上引、往主线上牵。

发挥表率作用

读书群的意义在于促进交流、相互启迪，既怕冷场，不能成为群主的独角戏，也不能成为少数人的"专场"。要维持读书群内正向、活跃的气氛，群主的表率作用非常重要。首先，做发言的表率。作为群主，我尽可能坚持每天在群内发言，注意主动引导话题，鼓励委员发言，增进交流互动，适时回应关切，以保持群内的活跃度。其次，做读书的表率。群主本身应该是爱读书、勤读书、会读书的典范，可以多分享自己读书的故事、体会、方法，用实际行动引导群内读书。

注重方法创新

从对读书群的服务、管理的工作层面来说，关键是强化服务意识，努力当好"店小二"。具体方法有三：一是实施招标导读。针对阅读书目，邀请相关委员进行分章或分领域导读。这样既可以调动委员的积极性，也可以增进阅读的深入性。二是线上线下结合。群主的大量工作在群外，在线下，从到其他群做广告，到动员熟悉的委员进群；从与出版社、作者、译者沟通，到精心选择并联系专家导读，更多的是线下功夫。经过一段时间的独立阅读、线上交流后,适时组织线下交流会,对于提升读书效果、巩固读书成果有非常重要的作用。面对面的交流,更容易碰撞出思想的火花。三是邀请专家参与。邀请业内知名专家入群或参加线下交流会,或撰写专门的解读文章,从专业的角度与大家一起深入探讨,对于提高读书成效具有重要作用。这次防控疫情读书会邀请到五位作者和专家,取得不错的效果。

(发表于2020年4月25日《人民政协报》)

读书，从领导干部开始

"书卷气"就是领导力

习近平总书记指出："读书可以让人保持思想活力，让人得到智慧启发，让人滋养浩然之气。"这是对所有人适用的。对于领导干部阅读，习近平总书记也有精彩论述："只有加强学习，才能增强工作的科学性、预见性、主动性，才能使领导和决策体现时代性、把握规律性、富于创造性。"可见读书学习对于领导干部的重要意义。

领导干部的阅读首先是对自己的工作具有重要指导作用。领导干部的工作内容非常广泛，但最重要的还是做决策、拿主意。做决策、拿主意往往需要有广阔的视野，多方面的知识背景和相对精深的专业素养。

总的来看，我们的领导干部大部分是从基层成长起来的，优势在于实践经验比较丰富，不足在于中外文化和思想理论素养还不够。领导干部跨行业跨专业的情况也比较普遍，不仅决策风险增加，而且容易导致领导团队之间的矛盾与冲突。这时候，读书学习就显得非常重要。

当然，领导干部读书不仅是为了胜任工作，也是为了使自己的人生更加丰富多彩。陶行知先生说，人生为一大事来。我经常把这件大事理解为"看风景"。风景有两种，自然的风景和精神的风景。行万里路，是为了看自然的风景；读万卷书，是为了看精神的风景。腿不能够到达的地方，眼可以到达，眼不能到达的地方，心可以抵达。

自然的风景是有限的，精神的风景是没有边际的，这才是无限风光的顶峰。

其实，我们静心想想就能发现，在温饱的基础上，人们所追求的一切幸福，哪怕表面上看来是物质的奢华，归根结底都是为了精神上的幸福。因此，人生真正的财富，是精神的财富。领导干部读书，可以帮助他们拥有宁静的心态、从容的心情、理智的头脑、开放的胸怀，拥有这些无限的精神财富，自然也就拥有了更为丰富和幸福的人生。

领导干部读书还有一个特别的作用，这就是对社会的示范作用。领导干部在会议上引用什么书，他正在读的书，会相当程度上影响一个部门甚至一个城市的阅读风气。领导干部的读书风气对全社会阅读氛围的形成，具有重要的引领与推动作用。正如杜鲁门总统说的那样："不是所有的读书人都是一名领袖，然而每一位领袖必然是读书人。"尤其在这信息爆炸的时代，领导干部更应该牢记：知识就是力量，书卷气就是领导力。

把生命读成传奇大书

费尔巴哈说，人是他自己食物的产物。从身体发育来看，吃什么，你就会成为什么。从精神发育来看，很大程度上，人的精神世界由他阅读的图书塑造，读什么，你就会成为什么。

目前，我国每年出版的图书达 40 万种之多，我们不可能所有书都看。那么，领导干部该读什么书？

我认为，领导干部阅读的书籍中，有八个关键词值得注意：经典书、传记书、管理书、文学书、哲学书、专业书、战略书、中国书。

从图书的品质上，我特别强调要读经典。那些经过时间大浪淘沙积淀下来的经典，是文化的源头，阐述着人生的哲理，能帮助领导干部树立正确的人生观和价值观。经典诞生的时间相对比较久远，无论是东方还是西方的经典，在阅读上障碍也相对较多，不容易进入。但是，一旦耐着性子静下心，真正把经典读进去，读多了，阅读审美能力就加强了，阅读的口味和习惯也就养成了，阅读的鉴别力也会提高，再读其他好书就势如破竹。

领导干部要读传记。每个人的生命都是一个不断书写中的故事，每个人既是这个故事中的唯一主角，也是最重要的编剧。能否把自己的生命故事写成一部伟大的传奇，在很大程度上取决于我们自己。那些伟大的人物传记，就是一个个已经被成功书写的生命传奇，是一部部厚重的大书，是为我们书写传奇树立的原型和榜样。为自己寻找到生命的原型、人生的榜样，无疑会为我们的书写过程提供更为充沛的动力。与伟大的人物对话，与崇高的精神交流，会使自己不断地汲取到奋进的力量。

领导干部要读管理。领导干部是从事管理的，管理是科学也是艺术。一些优秀的管理图书，会让我们更加深刻地理解人性，理解工作，掌握工作中的方法和技巧。如《从优秀到卓越》让我们知道，优秀经常是卓越的敌人；《如何改变世界》让我们知道，只要用心去行动，普通人的努力也可以改变世界。这些书首先教我们"管"自己，会让自己的生活与工作更有效率，同时教我们"理"他人，协助同事做好相关工作。

领导干部还要读文学。好的文艺作品往往通过移情的作用，通过作品中人物的悲欢离合的命运，让人们的心灵受到震撼与启迪。如《平凡的世界》《巴黎圣母院》等，这些优秀的文学作品是活的哲学，通过浓缩和提炼，深刻地揭示出人生的意义和价值，让我们更好地认识世界、认识自我，在潜移默化中陶冶情操、提升境界，可谓无用之大用。仅从小处讲，阅读文学作品还可以让我们的语言更加丰富优美。熟读唐诗三百首，不会作诗也会吟，阅读是写作和讲演的基础，阅读好的文学作品，对于提高我们的表达能力与写作能力，无疑是大有裨益的。

领导干部要读哲学。哲学是一切文化、科学，尤其是人文社会科学的精神基石，可以使人"知而能识，学而能思"，可以帮我们培养思辨能力、养成批判精神、开阔个人眼界、提升人生格局。领导干部学哲学主要是指学习马克思主义哲学，最重要的意义是思想建党、理论武装，解决好领导干部世界观、人生观、价值观"总开关"问题。

多读哲学，在生活中，能使我们明理通达，富有智慧；在工作上，领导干部具有较高的哲学思维层面的素养和能力，有助于看透事物本质、提高工作效率、提升工作水平。

从阅读的内容上，最重要的当然是要读专业。领导干部要成为自己分管领域的行家里手，就离不开阅读，必须结合自己的阅读兴趣和工作性质，阅读一些自己特别关注的领域和相关专业的书。全国政协原副主席张怀西曾说：一个人不可能什么都懂，边工作边学习也一下忙不过来，你首先要订阅两份分管工作领域的报纸与杂志，看大家在关心什么，那些先进典型的经验好在哪里，看多了就懂门道了，就能够把握住最重要的事情，然后再围绕这些事情有目标地阅读更多书籍。

领导干部要读战略。领导干部做决策，针对的很多是关乎国计民生的大问题，综合性强、复杂性高。要做到科学决策，想提出针对性强、切实可行的解决方案，就需要全局视野、战略眼光。这也要求领导干部读书时多关注宏观战略问题，多从党和国家大局和国内国际大格局的角度思考问题。

最后，领导干部在阅读中需要留意的一点：要读中国。我们从事的是中国特色社会主义事业，中国特殊的国情，决定必须走自己的道路。在借鉴西方发达国家和一切先进文明经验的同时，一定要立足这片热土，否则就容易犯南橘北枳的错误。无论是费孝通的《乡土中国》，还是熊培云的《重新发现社会》，无论是基辛格的《论中国》，还是傅高义的《邓小平时代》，从不同的角度认识中国，理解中国，发现中国，对我们的认知有启迪，让我们的工作接地气。

以上八个方面读书建议，前五个主要是有益于提升自身综合素质，后三个则更多是结合实际工作需要。

选择什么书来读，的确需要有睿智的眼光，需要我们结合各自的情况，在实践中慢慢磨炼。我们还可以利用一些相关的推荐书目，来指导自己的阅读。只要坚持下去，我们的精神必然通过持续不断的阅读变得丰富，我们的人生必然通过精心选择的阅读变得厚重，我们的世界必然会通过知行合一的阅读变得精彩，我们的生命，自然会因为阅读，而读成一部厚重的传奇大书。

阅读贵在坚持，思想不应"私享"

不少领导干部觉得工作太忙，没有时间读书。的确，作为政府官员，有大量的工作需要完成，要挤出整块时间专心读书、从容学习，似乎不可能。坚持阅读，也的确不容易。但我认为，"没有时间"仍然只是缺乏阅读习惯的借口。

要想找到阅读的时间，首先必须从思想上真正把阅读当作最重要的事情。自来水是压出来的，时间是挤出来的。学会利用零碎时间非常重要。古人就有所谓"三上"（马上、枕上、厕上）读书法。"马上"，相当于我们在汽车里、旅途中的读书。"枕上"，相当于今天的睡前阅读。"厕上"，相当于现代人在卫生间里的阅读。这个习惯因人而异，并不值得特别提倡。但在卫生间放一些相对轻松的小品、画册、短文，也不失为一种办法。

时间抓起来就是黄金，抓不起来就是流水，时间的开关，握在自己手中。当阅读成为我们的生活方式，成为生命中不可缺少的组成部分时，我们就会发现，不必刻意为阅读寻找时间，阅读就在身边。

领导干部应该怎样读书呢？这些年来，在我个人的读书实践中有如下心得体会。

第一，目标导向，制订系统读书计划。领导干部工作千头万绪，要静下心来读书，首先必须为自己制订一个系统的读书计划。可以审视一下自己已读过的书籍，分析一下自己的阅读史，研究一下自己阅读的结构是否合理。参考相关的领导干部阅读书目，或者根据自己的知识结构，结合阅读中从兴趣激发、数量保障、品质提升的一般规律，制订一个阶梯式相对完整的个人阅读计划，用三到五年时间读一些基础的经典，补一些缺少的知识结构。这个计划可以具体到月或者周，定期检查计划执行的情况，每半年总结调整一次。

第二，针对问题，结合中心工作读书。领导干部的阅读虽然不可能"立竿见影"，但是适当的"急用先学"也是有必要的。有效阅读最关注的问题之一，就是结合自己的本职工作阅读。这样的阅读最容易读出知行合一的效果。

第三，学思结合，养成不动笔墨不读书的习惯。阅读是一种学习，是汲取；写作是一种思考，是表达。学习与思考结合，阅读才能够更有成效。阅读是站在前人的肩膀上前行，写作是站在自己的肩膀上攀升。真正的思考是从写作开始的，而写作对于巩固阅读的成果非常有益。古人强调不动笔墨不看书，就是认为阅读时进行认真的圈点、批注、记录，对于提高阅读效果具有特别的意义。所以，在读书的时候，应该尽可能采取知性阅读的方法，与书中的观点深度对话，把握其要义精髓。

第四，有详有略，浏览与精读相结合。根据不同的内容，要采取浏览与精读的不同方法。否则，应该精读的只是浏览，就会囫囵吞枣，应该浏览的却在精读，就是瞎子点灯白费蜡，两种阅读结果都会收效甚微。对此，我在阅读订阅的十余种报纸时，一般采取先浏览标题、粗读主要内容的办法，遇到与自己工作关系紧密、与自己参政议政联系紧密、与自己研究的课题高度相关的文章，则剪下来慢慢细读，有些则长期保持备用。对于不同的书籍，甚至同一本书籍的不同章节，也采取不同的阅读方法：有的匆匆翻阅，花个把小时就可以读完，有些则花费好几天甚至更长时间才能够读完。对一些重要的著作，还要不断温故知新，常读常新。

第五，注重积累，争取成为一个领域的小专家。领导干部工作变动相对较多，工作分工也相对比较杂，因此阅读的范围与内容也相对比较广泛，难以形成相对固定的专业领域，变成所谓的"万金油"。但是，如果能够有意识地坚持关注一两个重点领域，在广博的基础上兼顾精专，长期对某一领域进行聚焦性阅读，就能够成为"小专家"。

第六，共同阅读，带动大家一起读书。生活在不同的语言里，就是生活在不同的世界上；共读一本书，就是创造并拥有共同的语言与密码。共读，就是和读同一本书的人真正生活在一起。共同阅读的过程，往往能够在潜移默化中有效形成共同的价值观和共同的文化，避免成为生活在同一个屋檐下的陌生人的尴尬。对领导干部来说，共同阅读是一个非常重要的课题，有着双管齐下的作用：一方面能够推动身边的人养成阅读的习惯，领导干部读什么书，推荐什么书，本身就是一种表率；一方面能够利用阅读，把阅读与机关建设、团队打造结合起来。

思想不应"私享"。领导干部养成自己读好书的习惯,养成与大家分享好书的习惯,无论是个人从书本中汲取营养,还是在共读中传播交流,都是一个分享思想、丰富思想、完善思想直至践行思想的过程。这个过程体现在领导干部的身上,会更快导致从个体到群体的进步,也会更快导致从书籍到生活、从精神到现实的改变。领导干部阅读的重要价值,正因如此才无可替代。

(发表于 2020 年 4 月 25 日《中国组织人事报》)

在阅读与写作中成长

世界上有三种风景，我们就生活其中。

好山好水，我们要领略世间的各种好风光；我们生活在社会之中，每天看到人情百态，这是社会的风景，所以我们要行万里路；还有一道风景，那就是精神的风景，精神的风景是由智慧的文字构造起来的，所以我们要读万卷书。

精神的风景带给人的体验是最深刻的

我们每个人的幸福程度和这三种风景有很大的联系。我们生活在物质世界之中，需要基本的物质生活作保障，但是我们知道，物质生活并不能给人完全的幸福。心理学家做过研究，当一个人的收入水平达到平均线以后，平均线之上的部分不能增加人的幸福感。

我们生活在物质世界的同时，也生活在一个由人组成的社会里。要成为一个好老师，我们首先要成为受人欢迎的人，要懂得理解别人，宽容别人，懂得爱别人，要懂得在被人需要的时候及时去帮助别人，这个时候你才能成为一个受人欢迎的人。

人是复杂的，要纯粹从人际关系中得到真正的幸福感也很难，所以精神的世界就显得特别重要。世界上只有人要过精神生活，只有人是一个符号性动物，只有人能够把前人所创造的智慧用文字的形式记录下来，让我们能够不断地充实自己，完善自己。

所以当你真正宁静下来的时候，真正沉下心来读书的时候，你的内心是最平静的、最安详的、最幸福的。我一直认为精神的风景带给人的快乐和体验是最深刻的。在一本书面前，人人都是平等的，书的价格现在虽然很贵，但总的来说和另外两个世界相比还是便宜得多。所以这三种世界中，精神世界的成本是最低的。

文字是精神风景最重要的组成部分，文字的秀美和壮美，绝不亚于任何大自然的鬼斧神工，不亚于人世间的任何悲喜剧。英文的26个字母，排列组合出无限的内容，诞生出伟大的作家、伟大的经典；汉字更是充满魔力，同样的汉字在不同的作家那里，会形成各种不同的思想表达。

书的生命是靠读者赋予的，在读书中找寻幸福

和文字打交道，最重要的是两种人，一种是读书的人，一种是写作的人。读书的人为什么是幸福的呢？读书的人可以欣赏全世界最美丽的文字、最美丽的精神风景，眼睛可以到我们的脚无法走到的任何地方，心灵可以得到最充盈的满足。写作的人更幸福，他不仅仅像读书人一样可以欣赏美，更重要的是可以创造美。创造是人最幸福的体验，那么多丰富深邃的文本可以由他创造。

作为一个教师，为什么要把阅读和写作放在非常重要的位置？先讲阅读，大家都知道我写过关于阅读的几本书，一本叫《我的阅读观》，一本叫《书香也醉人》，最近又写了一本叫《造就中国人》，这三本书都阐述了我对阅读的一些认识、观点。关于阅读，我有五个基本观点。

第一个观点：一个人的精神发育史，就是他的阅读史。

营养和运动对身体是两个非常重要的支持，那我们的精神是怎么成长的？精神是不是也需要像肉体一样需要营养呢？费尔巴哈曾经说过，"人是他自己食物的产物"，为了身体的成长，我们需要补充营养；为了精神的丰盈，我们同样需要补充营养。精神的食粮，就会影响我们精神的发育和成长。

阅读的高度决定精神的高度，人类几千年的思想、几千年创造

的智慧和财富在最伟大的书里，你不去阅读它，它舒适地躺在你家的书架上，藏在你们学校的图书馆里，它跟你是没有关系的。只有阅读的时候才发生了关系，只有阅读你才能把这些书的生命激活。我经常说，书的生命是靠读者赋予的，是靠我们通过阅读把它激活的。

阅读对每个人来说都是非常重要的。如果我们没有阅读生活，如果不懂得运用符号来进行思维，那么在很大程度上是不如动物的。

第二个观点：一个民族的精神境界，取决于这个民族的阅读水平。

从民族的角度来说，阅读绝不是个人的事，阅读涉及一个民族的精神境界。影响一个民族最便捷、最有效的方法，是让这个民族的所有人都拿起书本来，让阅读真正成为这个国家的一道风景。

我考察过世界各个国家的阅读水平，发现凡是那些创造力强、生命力强的民族，都是最善于阅读的民族。比如说，犹太人中出了很多伟大的思想家、艺术家、科学家。马克思从人类社会的角度，爱因斯坦从物质世界的角度，弗洛伊德从精神世界的角度，颠覆了前人所构建的理论体系，这三个人都是犹太人。

所以阅读不仅仅是学校的事，不仅仅是教师个人的事、学生的事，更重要的是国家的大事。当我们在学校里培养孩子的阅读兴趣时，其实我们是在塑造一个国家、一个民族。

第三个观点：一个没有阅读的学校，永远不可能有真正的教育。

这是每位教师应该时刻记在心里的一个基本观点。苏霍姆林斯基曾经说过："一个学校可以什么也没有，只要有了为学生的精神世界而准备的图书，那就是学校。"一个偏远的乡村学校和一个城市学校，如果拥有同样多的好书，他们就站在了同一个起跑线上。

苏霍姆林斯基还说过，学校里要有两套大纲，一套是知识体系的大纲，一套是学生课外阅读书目的大纲。在新教育实验中，我们也充分认识到，阅读是改变学生、改变学校、改变教师最有力的武器。

新教育实验有十大行动，第一个行动就是营造书香校园。在2010年，我们专门在北京成立了一个新阅读研究所，其重要的使命就是研究书目。我们用10年的时间研制九大书目，为中国幼儿、小学生、初中生、高中生、大学生、教师、父母、公务员、企业家这

9个人群，每个人群精选了100种书，每一本书还有2—3本延伸阅读书目。如果这些人群能够真正细读，这对他们的成长将是难以估量的。

新教育中，教师成长最重要的理论之一就是专业阅读。专业阅读，站在大师的肩膀上前行。一个教师的阅读，是从浪漫走向精确，再走向综合的发展历程。一个教师的生命成长中，如果没有一些书让他刻骨铭心，没有一些书伴随着他的职业旅程，他不可能有长远的发展。一个教师，无论是新手，还是有一定教龄的教师，在你的教室里正在发生的事情，在其他教师的教室里可能早就发生过了，通过阅读，你就能知道这件事情应该怎么处理，通过阅读，你就能够很快地借鉴其他人的经验。

教师的阅读对教师的成长非常关键。每一个教师都有自己的教育观，通过大量阅读，建构起来的教育工具箱、教育思想库，能够对你所面临的各种教育问题应付裕如，而一个没有阅读的教师，只能措手不及上阵应付。

对于学生来说当然更是如此。在学生成长最关键的时期，如果进行大量深刻的阅读，对他的成长是非常重要的。读书的孩子，他的气质、眼神都不一样。阅读对学校的发展也起着关键的作用。

第四个观点：一个书香充盈的城市，才能成为美丽的精神家园。

如果说一所学校是一个"点"，那么一个城市才是一条"线"，它对于区域的教育生态会产生非常重要的影响。

一个城市的阅读生态，对学校的阅读生态也会产生影响。期待一个城市的图书馆、一个城市的书店，能够成为一个城市的精神客厅，城市的书店能够串成一个城市的精神风景线。

第五个观点：共读共写、共同生活，才能拥有共同的语言、共同的价值、共同的愿景、共同的密码。

教育不仅强调读，而且强调共同阅读。教师和学生是"师生共读"，教师和教师是"师师共读"，父母和孩子是"亲子共读"，共读对教育、对学生、对教师自身的成长来说都具有非常重要的意义。

如果没有共同努力的生活，很多人其实就是生活在同一个屋檐下的陌生人，虽然生活在一起，但可能没有共同的话语，没有精神的交流，没有密码。一个家庭是如此，一个学校，一个教室，大到一个国家何尝不是如此呢？

在阅读中学会阅读，在写作中学会写作

写作的人是文字的魔术师。无论是英文的26个字母，还是中文的几千个方块字，它们的组合变化抵得上任何奇妙的化学反应。通过各种搭配，这些文字可以创造出世界上最神奇的东西。

写作的人是伟大的观察家。他不仅需要一颗纯洁的心灵，更需要一双善于发现的眼睛。写作的人能够看到别人无法看到的世界，发现别人无法发现的风景。

写作的人是智慧的思想者。写作是最好的思考，没有写作，就谈不上真正的思考。写不好往往是因为我们想不清，所以也有人开玩笑说，写作是所有文科学生的数学。

"学而不思则罔，思而不学则殆"，如果把"学"看作阅读的话，那么"写作"其实就是真正的思考。学习通过阅读进行，而思考往往是通过写作进行。写作是思维，尤其是批判性思维、系统性思维训练的最有效的方式。

写作的人是历史的创造者。历史不仅是现在客观发生的事，也是历史学家的历史，是记录者眼里的历史。写作不仅仅记录着我们所处的时代，也记录着我们自己的生活，书写着我们每个人自己的生命传奇。

很多教师说，没时间写作，眼睛一睁忙到熄灯，早晨很早到学校。但是我同时要告诉他，只要认为是重要的事情，就一定能为它寻找到时间。

如何利用有限的时间？"二八原则"，把你做的所有事情分一分，分为重要而紧迫、重要而不紧迫、不重要而紧迫、不重要而不紧迫的事，凡是不重要的事情，能拖就拖，但必须要用80%的精力，做那些重要而紧迫的事情。

阅读也好，写作也好，其实只要重视，一定是有时间的。我养

成早起的习惯,每天早晨5点起床,清晨这段时间是最值得利用的、最清醒的、最宁静的时光,最可以自由支配。

善于写作,勤于写作。写作对教师的成长具有非常重要的意义。新教育实验特别强调专业写作,要写火热的教育生活,要写对教育生活的感受,要写教室里发生的故事,每天用心记录教室,记录跟孩子的故事,记录读书,记录你的思考,记录你的个案。

教师每天的写作看起来可能很平凡,甚至有的时候会很无趣,但是串起来将会精彩纷呈。教师的阅读和写作,不仅对工作有好处,对人生也有好处。当我们老了的时候,把读过的书再读一遍,把写的东西拿出来再翻阅,我们会觉得这一生很丰富、很充实。所以作为教师,一定要在阅读中学会阅读,在写作中学会写作,在阅读和写作中健康成长,在和文字打交道中充分享受幸福,并且为世界创造更多的美好,与更多的人分享文字带来的幸福。

(本文由李孜、王珺根据朱永新老师讲课录音整理,发表于2020年5月6日《中国教育报》)

用共读凝聚共识

全国"两会"的召开，是中国政治生活中的大事。连日来，代表委员们肩负着神圣使命，通过扎实的履职，让中国特色社会主义民主政治高效运转，凝聚起磅礴的向上力量。

疫情防控期间，委员们立足本职岗位，通过人民政协的既有渠道，反映社情民意、出主意想办法，以实际行动展现了责任担当。除此之外，全国政协还有一个特别的举措——建立防控疫情读书群。两个多月的时间里，委员们一起读书，线上交流、线下研讨，谈读书心得体会、议疫情防控策略，做到了读书与履职的良好结合。不仅如此，全国政协还于4月23日正式成立了移动履职平台全国政协书院，常态化开展读书活动。

全国政协为何如此重视读书？读书学习可以促进思考，让人看问题更加全面、客观、辩证，委员们有针对性地一起读书，既可以达成更高层次的共识，也能有效提升建言资政的质量。在防控疫情读书群，委员们通过共读共学共同讨论，深化了对疫情防控的认识，深化了对我国政治优势的认识，深化了对防范化解重大突发公共卫生风险重要性的认识，提出了完善预警机制等近百条建议。

人心是最大的政治，共识是奋进的动力。政协委员是各族各界群众的代表人士。要凝聚社会共识，政协委员首先要达成共识，共同阅读便是通往共识的有效方式。小到家庭、大到国家，共同的阅读是形成共同语言和密码、共同价值和愿景的重要路径。政协委员社会联系面广、影响力大，共同阅读中形成的共识，又可以积极地影响社会，推进全社会共识的形成。同时，委员读书的行为本身，也会起到很好的示范作用，对于推动全民阅读、建设书香中国有着重要意义。

一个人的精神发育史与他的阅读史密不可分。在外部环境复杂多变，我国发展面临诸多困难挑战形势下，在参政议政领域不断拓展的背景之下，政协委员需要学习的内容越来越多，迫切需要通过学习提高能力、共读凝聚共识。

在全国"两会"前启动的读书活动，激发了政协委员读书学习和参政议政的热情。我会和更多的委员一起，为阅读鼓与呼，不断提升建言资政、凝聚共识的本领，共创我们美好的未来。

（发表于 2020 年 5 月 24 日《人民日报》）

巩固脱贫成果和解决相对贫困　教育扶贫仍大有可为

目前，我国剩余贫困人口即将全部达到脱贫基本条件，消灭绝对贫困胜利在望。习近平总书记指出，脱贫摘帽不是终点，而是新生活、新奋斗的起点。脱贫后如何防止返贫、实现富裕是一个重大课题。要使脱贫成果持续、稳固，就要不断创新教育扶贫方式，激发贫困人口的内生动力，提升贫困人口的发展能力，建立长短结合、标本兼治的脱贫长效机制。

要将教育扶贫的既有经验转化为长期制度安排。教育扶贫在打赢脱贫攻坚战中积累了很多行之有效的经验，如控辍保学、推普脱贫、职教脱贫、高校定点扶贫等。为更好地推进脱贫攻坚和乡村振兴有机衔接，亟须深化教育扶贫政策，用好持续稳定的教育扶贫长效机制。如完善控辍保学机制，变"要我上学"为"我要上学"，建立健全辍学行政督促复学机制、入学联控联保机制、动态监测机制、督导检查机制和考核问责机制，解决学生由于学习动力不足、知识改变命运的信心不足和自我期望值不高等非智力因素辍学和"隐性辍学"。

要研究制定 2020 年后的教育扶贫内容和项目。2020 年，国家将全面完成脱贫攻坚任务，贫困县、贫困村、连片特困地区等区域性整体贫困问题基本解决，有关概念和与此关联的教育扶贫政策和措施面临退出或调整。义务教育均衡也将同期达标，有关项目面临深化和完善。而相对贫困治理更侧重个体，多通过提升人力资本、改善就业质量、保证机会公平、深化分配调整、完善社会保障、促进城乡融合等制度机制来解决。应针对新的形势和特点，谋划"十四五"时期的教育扶贫内容和项目。

要系统构建教育扶贫的配套制度。贫困地区教育扶贫不仅是上学升学的问题，还有就学就业能否紧密结合的问题，是一个系统工程。一方面要探索以城带乡模式，系统解决农村教育面临的师资结构性短缺、优质资源匮乏等问题；另一方面政府、市场和企业协同发力，解决好"上好学""就好业"。尤其要鼓励企业通过开办职校、实行校企联合培养、招生招工结合等开展职教扶贫，解决大量贫困学生读职校后可能的就业难题，实现"一人读职校，全家都脱贫"，通过看得见、摸得着的效果，引导贫困人口加大人力资本投入。

要加大教育"新基建"对贫困人群的投入力度。本次疫情期间在家上学，1/3学生家中没有网络学习设备，10.41%学生家中没有互联网，其中大部分在贫困地区和困难家庭。进入相对贫困阶段，我国教育扶贫的范围和内容都将大大扩展，既要"扶教育之贫"，又要"靠教育扶贫"。要解决好网络教育在农村的"最后一公里"的设施建设，要注重为贫困地区的学校和家庭提供优质图书资源，在解决好"营养午餐"的基础上，关注"精神正餐"的问题。

要注重发挥社会力量的优势。社会力量对参与教育扶贫有热情、有优势，应当支持、鼓励、引导、规范社会力量参与到教育扶贫中来。鼓励民办教育机构通过结对帮扶、优质资源共享等方式全面参与教育脱贫。鼓励社会公益组织联合专业团队定向教育扶贫。建立协调机制，将各类大小不一的力量汇总起来，综合优化资源配置，因地制宜实施有针对性的帮扶。

要推动农民教育提质增效。一段时间内，农民仍是相对贫困的主体。提高农民发展能力和内生动力，是教育扶贫的重要内容。应深入推进农民教育培训提质增效三年行动，推行灵活有效的培训方式，围绕脱贫巩固、现代农业发展和全产业链需要，培养一批高水平高素质的"三农"人才。

扶贫先扶智，脱贫先治愚。在巩固脱贫成果和解决相对贫困的新时代，教育扶贫仍大有可为！

（2020年6月22日十三届十二次政协常委会书面发言）

新学习需要新教育，新教育呼唤新基建

今天和大家分享的题目是新教育实验和传统教育变革。这次会议的主题是新基建、新教育和新经济。事实上，这一次的疫情应该说给我们的教育带来很大的挑战，同时也给教育带来很多启迪，我们新教育实验的理念、内容、方法也就可以闪亮登场。

从新教育的理念来说，我们提出的是过一种幸福完整的教育生活。无论教育怎么变，好的教育理念不会变，因为教育的根本是要培养人。培养什么样的人？我觉得是幸福完整的人，当他在学校里生活中就应该过幸福完整的教育生活，幸福是人生的最高的目标，当然也应该是教育的最高的目标。我们的学生在学校的生活中能不能幸福快乐，能不能享受他的学习生活，能不能在团队合作中进行学习，我觉得这是我们面临的一个很大的挑战。

在这次疫情期间，我们看到有一些孩子过得很充实很幸福，也有一些孩子过得很痛苦很无奈。这取决于我们的教育理念，我们究竟要把孩子带向何方？仅仅有幸福当然是不够的，所以我们又提出了完整。什么叫完整？我们的理解就是身、心、灵的和谐统一，把每个人的个性充分地张扬出来，让每个人成为更好的自己。这是教育的一个非常重要的理念，让每个人成为更好的自己，不是用统一的大纲、统一的考试、统一的评价，把所有的人培养成同样的单向度的人；而应该是多元、丰富、个性的，这是未来教育一个非常重要的特征。

现在的教育是补短的教育，未来的教育应该是扬长的教育。补短的教育永远只有一个英雄，其他人都是陪读者，都是失败者；扬长的教育每个人都是英雄，每个人都能够成为更好的自己。所以这是新教育实验的一个根本性理念，我觉得这也是引领未来教育的一个根本理念。

那么在这样一个理念下，我觉得一个很重要的内容，也是新内容，是未来的学生应该学什么？

我经常问很多人，我说现在孩子们在学校里学的这些东西难道就是天经地义的吗？我们是不是就应该每天这样按部就班地到学校去学习，在一个个教室里学习同样的内容，然后同样的考试和评价。其实不是。我记得在2015年世界教育创新峰会上，有人曾经给全世界教育家做过一次很有意思的调查，他调查发现，其实大部分教育家认为现在学校里学习的大部分内容并不是必需的，他们认为需要保留的只有17%。所以我们新教育就构画出了一个未来教育的学习内容体系。这个体系就是我们要减掉50%的课程，把难度降低，内容减少，减少以后的课程更应该围绕学生的生命和生活展开。

那么也就是说我们的基础课程是新生命教育，我们把人的生命分成三个维度，长度、宽度和高度。也就是说教育首先是为生命而存在的。所以我们让人的生命活得更长，帮助他懂得怎么保护自己，碰到灾难怎么自救和他救。同时人并不只是生物学意义上的人，我们是一个社会的人，那么他应该懂得社会交往，有良好的社会关系，他应该赢得别人的尊重、信任，有很强的自尊感。所以我们要教会他怎么和别人和谐相处，怎么成为一个有交往能力的人，这就是生命的宽度，也是唯有人类才具有的生命的高度。只有人才能用符号进行思维，只有人才能有真正意义上的价值观、思维和信仰。这样一个关于生命的学问，现在在我们教育中是缺失的，所以我主持编写了一套新生命教育读本，而这个读本现在非常受欢迎。这一次的疫情也敲响了我们生命教育的警钟，我相信会有更多的学校选择生命教育。

有了新理念，有了新内容，当然接下来就是新方法。那么教育方法的变革，是我们下一步必须认真思考的问题。

我去年写了一本书，叫《未来学校：重新定义教育》，这本书其实就是寻找一个面向未来的新教育方法体系。这个方法体系包括学校要变革，变成什么呢？要从学校（school）变成了学习中心（learning center）。未来的学校，它是线上线下结合起来的，不是说每天都要准点到学校去，也不是一定要7岁才能上学。我设计的这样一个学校，是一个终身学校，没有上学时间，没有毕业时间。在这个过程中，随时随地开始学习。未来我们还会设计一个学分银行体系，从开始到结束，所有的学习活动和学习过程，学生自己或者父母亲都可以帮他原生态地记录下来。他可以把学习的所有过程都原生态的记录在他自己的学分银行卡号上，用区块链的方法，只有他可以打开自己的账户，也只有他可以把他需要的资料完整地呈现出来。

除此之外，我们还会有好的认证体系，帮助人们更准确更客观地去评价这个人。所以未来会是针对每一个人进行单独的评价，而不是把他和别人相比，同时我们还会看出一个人的成长能力，其实一个人能力的好或差，成长性和学习能力是很重要的。而这种能力的提升，通过一般的考试是无法衡量，考试是固态的静止的一种评价。

所以我觉得在未来一种新的学习方法会出现，未来各种各样的学习可能都会在线上或者是线上和线下结合起来。有些人更适合自己学习，那么他可以以自己线上学习为主。有些人更适合团队学习，他可以约同样的人一起进行小组式的合作学习。未来将会是这样一种多元化的学习，以研究性为主的学习。制定这样一种新型学习方式和合作式的学习方式，会成为未来学习的主体。未来的学习不是简单地去接受知识，学习过程的本身很可能就是一个创造性的过程。

总而言之，我觉得这一次的疫情给我们的整个的教育带来了一个非常大的变革。所以我提出为了适应未来的新的学习，我们需要新教育的新基建。这个新基建我觉得有几条是很重要的，第一条就是要构建一个面向全体学生、全体公民的中国最大的教育资源平台。这个平台应该整合全中国所有的教育公司，包括一起教育科技公司等，大家要把最好的课程全部放在这个平台上。当然有些可以收费，有些可以免费，有一些国家购买服务以后放在网上全部免费。我觉得国家应该构建一套全免费的、从摇篮到坟墓的一个课程体系，把最好的课程全部放在国家的平台上，这样任何家庭、任何人，在任何时间都可以得到最好的教育资源，而且这个教育资源通过国家的课程委员会评估以后可以不断地更新。

我觉得构建一个这样的教育资源平台，并把全世界最好的教育资源采购到我们的平台上,这是未来新教育新基建的一个很大的任务。

新教育新基建第二个任务就是要建立一个学分银行体系。评价是教育的关键,你怎么衡量这个人有没有学习,学习的效果到底好不好,没有这样一个评价体系是不行的。所以我提出要建立一个激励性的学分银行体系,那就相当于我们学习的所有过程都存在银行里,但是我们会给利息。那么我们给什么?我们给奖励,给学习券。你学习了一门课程,你得到学分,然后我给你奖励,这样子鼓励大家不断地学习,建设一个终身学习的学习化社会。

第三,我们要尽快推动5G的全面建设。我们知道还有很多地方上不了网,据统计全国还有30%-40%的人上网是非常不方便的。包括我们经常会碰到网络延迟和不流畅等等各种各样的网络故障。所以在很多情况下我们都不敢做直播,我们往往做录播;在很多情况下我们不敢跟国际连线,像我前一段时间跟斯坦福大学校长直播,虽然是直播但是大部分的内容都是事先准备好的,因为网络不行,有的时候就不得不用其他的方式。所以我们要尽快地推动硬件的建设,保证到每个家庭每个地方都可以非常便捷流畅地上网,只有这样,才能够保证所有的人都能够接收最好的信息和资源。

在这样一个新基建新教育和新经济的大背景之下,我们整个的教育会有一些新的挑战,也有一些新的机遇,让我们一起努力为迎接这样的挑战和机遇,为更好的教育,为更好的中国的明天而努力。

谢谢大家。

(2020年6月24日在第四届世界智能大会"新基建新教育新经济高峰论坛"上的讲演)

"知识和智慧最能改变贫困的面貌"

6月23日,在全国政协礼堂的东南厅,第五专题组围绕"研究2020年后扶贫政策调整完善"议题进行了热烈讨论。

发言中,大家一致认为,我国的脱贫攻坚取得了举世瞩目的成就,充分彰显了中国共产党领导和我国社会主义制度的显著优势。尽管当前脱贫攻坚面临的困难和挑战依然艰巨,但只要坚定不移地把中共中央的决策部署落实好,扎实推进脱贫攻坚战最后一年的工作任务,就一定能够如期地完成脱贫攻坚目标任务。

发言中,大家就合理设置过渡期,保持扶贫政策的稳定性和连续性;科学确定相对贫困标准,健全解决相对贫困的长效机制;持续支持扶贫产业发展,增强贫困地区发展能力;做好易地扶贫搬迁的后续文章等问题提出了许多具体的意见和建议。

在许多常委的发言中,不约而同地关注到了如何更好地发挥教育、文化在扶贫中的作用问题。马志伟常委结合自己在青海的调研,建议要"加强精神脱贫"。曲凤宏常委结合农工党中央在毕节扶贫的经验,讲述了通过让教师走出大山开阔眼界的教育扶贫故事。温思美常委则抛出了两个研究课题,希望好好研究贫困地区贫困人口的可持续反贫困能力建设和贫困人口的代际传递问题。提升反贫困能力建设,成为常委们发言中频频出现的关键词。

有常委建议,要将教育扶贫的既有经验转化为长期制度安排。教育扶贫在打赢脱贫攻坚战中积累了很多行之有效的经验,如控辍保学、推普脱贫、职教脱贫、高校定点扶贫等。为更好地推进脱贫攻坚和乡村振兴有机衔接,亟须深化教育扶贫政策,用好持续稳定的教育扶贫长效机制。

有常委提出,要研究制定 2020 年后的教育扶贫内容和项目。在把握相对贫困治理更侧重个体等特点的情况下,多通过提升人力资本、改善就业质量、保证机会公平、深化分配调整、完善社会保障、促进城乡融合等制度机制来解决。应针对新的形势和特点,谋划"十四五"时期的教育扶贫内容和项目。

有常委主张,要加大教育"新基建"对贫困人群的投入力度。要解决好网络教育在农村的"最后一公里"的设施建设,要注重为贫困地区的学校和家庭提供优质图书资源,在解决好"营养午餐"的基础上,关注"精神正餐"的问题。

有常委认为,社会力量对参与教育扶贫有热情、有优势,应当支持、鼓励、引导、规范社会力量参与到教育扶贫中来。要鼓励民办教育机构、社会公益组织、教育专业团队参与教育扶贫,优化资源配置,因地制宜实施有针对性的帮扶。

有常委指出,在今后相当长的一段时间内,农民仍是相对贫困的主体。提高农民发展能力和内生动力,是教育扶贫的重要内容。应深入推进农民教育培训提质增效三年行动,推行灵活有效的培训方式,围绕脱贫巩固、现代农业发展和全产业链需要,培养一批高水平高素质的"三农"人才。

"知识和智慧最能改变贫困的面貌",周汉民常委的这句话引起了大家的深刻共鸣。扶贫先扶智,脱贫先治愚。在巩固脱贫成果和解决相对贫困的新时代,教育扶贫仍大有可为!

(发表于 2020 年 6 月 24 日《人民政协报》)

巩固脱贫成果,教育大有可为

2020年是全面建成小康社会收官之年、脱贫攻坚战决胜之年。习近平总书记强调,脱贫摘帽不是终点,而是新生活、新奋斗的起点。如何防止已脱贫人口返贫、边缘人口致贫,是一个现实而紧迫的重大课题。要使脱贫成果持续、稳固,就要不断创新教育扶贫方式,激发贫困人口的内生动力,提升贫困人口的发展能力,建立长短结合、标本兼治的脱贫长效机制。

教育扶贫工作在打赢脱贫攻坚战中积累了很多行之有效的经验,如控辍保学、推普脱贫、职教脱贫、高校定点扶贫等。更好推进脱贫攻坚和乡村振兴有机衔接,需要巩固教育扶贫政策,健全持续稳定的教育扶贫长效机制。如完善控辍保学机制,变"要我上学"为"我要上学",建立健全辍学行政督促复学机制、入学联控联保机制、动态监测机制、督导检查机制和考核问责机制,解决学生由于学习动力不足、知识改变命运的信心不足和自我期望值不高等非智力因素辍学和隐性辍学的问题。

同时,应该及时研究制定2020年以后的教育扶智扶志内容和项目。2020年,国家将全面完成脱贫攻坚任务,贫困县摘帽、贫困村出列、区域性整体贫困问题基本解决,有关概念和与此关联的教育扶贫政策和措施面临退出或调整。义务教育均衡也将同期达标,有关项目面临深化和完善。相对贫困治理也将更侧重个体,需要多通过提升人力资本、改善就业质量、保证机会公平、深化分配调整、完善社会保障、促进城乡融合等制度机制来解决。鉴于此,有关部门应针对新的形势和特点,谋划好"十四五"时期的教育扶智扶志内容和项目。

贫困地区教育扶贫不仅是上学升学的问题，还有就学就业能否紧密结合的问题，是一个系统工程。一方面要探索以城带乡模式，系统解决农村教育面临的师资结构性短缺、优质资源匮乏等问题；另一方面政府、市场和企业要协同发力，努力满足"上好学""就好业"的新需求。尤其要鼓励企业通过开办职校、实行校企联合培养、招生招工结合等开展职教扶贫，解决大量贫困学生读职校后可能面临的就业难题，实现"一人读职校，全家都脱贫"，取得更多看得见、摸得着的效果。

新冠肺炎疫情防控期间，很多学校停课不停学，这提示我们，要加大新基建在教育领域的投入力度，解决好网络教育在农村"最后一公里"设施建设。同时，也要注重为贫困地区的学校和家庭提供优质图书资源，在解决好"营养午餐"的基础上，关注"精神正餐"的问题。

社会力量对参与教育扶贫有热情、有优势，应当支持、鼓励、引导、规范社会力量参与到教育扶贫中来。比如，鼓励民办教育机构通过结对帮扶、优质资源共享等方式全面参与教育脱贫，鼓励社会公益组织联合专业团队定向教育扶贫。建立协调机制，将各类大小不一的力量汇总起来，综合优化资源配置，因地制宜实施有针对性的帮扶。

摆脱贫困不仅要摆脱物质的贫困，也要摆脱意识和思路的贫困。巩固脱贫成果，实现乡村振兴，教育大有可为。完善教育扶贫长效机制，补齐教育发展短板，就一定能夯实脱贫致富的根基，共创更美好的生活。

（发表于 2020 年 6 月 30 日《人民日报》）

政协委员应该成为读书的模范

习近平总书记曾指出：读书可以让人保持思想活力、让人得到智慧启发、让人滋养浩然正气；领导干部的读书学习水平在很大程度上决定着工作水平和领导水平。"只有读书学习，才能增强工作的科学性、预见性、主动性，使决策体现时代性、把握规律性、富于创造性。"对于政协委员来说也是如此，尤其是在新形势下，参政议政的领域不断拓展，政协委员需要学习的内容越来越多。通过读书学习来提高能力、凝聚共识，是做好新时代履职工作的迫切需要。

政协一直有读书学习的优良传统。早在1954年，毛泽东同志就提出把学习作为政协的五大任务之一。政协章程也明确规定学习是政协委员的一项基本任务。汪洋主席也十分重视政协委员读书。他提出，"政协委员应该是最喜欢读书的群体，最有条件读书的群体，最能够把书读好的群体。"他还指出，读书能促进我们思考，提高建言资政的质量；读书能够促进队伍建设，提高政协整体战斗力；读书能够让我们更加全面、更加客观、更加用历史的辩证的眼光看待当前的问题。可见，政协委员通过读书学习进行自我教育，既有历史的必然性，也有现实的必要性。

习近平总书记、汪洋主席都是爱读书的典范，是我们学习的榜样。从"一物不知，深以为耻，便求知若渴"，到步行30里路去借书；从带一箱子书下乡，到田间地头"啃字典"；从政务繁忙时坚持"经常能做到的是读书"，到暖心劝诫领导干部"少一点无谓的应酬，多用一些时间静心读书"……一路走来，习近平总书记读书不辍，把读书学习当成一种生活态度、一种工作责任、一种精神追求。汪洋主席曾要求干部通过读书提高个人修养,"干部要少一些浮躁喧嚣,多一些笔墨书香;少一些吃喝玩乐,多一些知识文化;少一些投机钻营,多一些真才实学"。他还曾多次向领导干部和公众推荐书目,《世界是平的》《新论语》《第三次工业革命》《幸福的方法》等,都在他的书单里。

作为政协委员,我们不仅应该热爱读书,更应该成为全民阅读的模范。广大政协委员多是各行业的领导和精英,一举一动广受关注,如果委员们热爱读书,必能在全社会产出广泛的带动作用,对于推动全民阅读、建设书香社会有着重要的作用。

政协委员应该读什么书?习近平总书记指出:经济、政治、历史、文化、社会、科技、军事、外交等方面的知识,领导干部要结合工作需要来学习,不断提高自己的知识化、专业化水平。要坚持干什么学什么、缺什么补什么,有针对性地学习掌握做好领导工作、履行岗位职责所必备的各种知识。各种文史知识,中国优秀传统文化,领导干部也要学习,以学益智,以学修身。汪洋主席也曾指出:读书活动不限于政协理论方面,内容是宽泛的,包括文化、科技、教育各个方面。习近平总书记和汪洋主席对于"读什么书"问题的回答,也正指明了政协委员在面对参政议政领域不断拓宽的挑战时的努力方向。

我个人建议,政协委员读书,可以从六个方面着手,即读专题、读经典、读传记、读管理、读文学、读中国。

读专题。作为政协委员,根据建言资政的需要,我们经常要就某一领域的问题进行专题阅读、深入研究。只有把相关领域弄懂、吃透,有了比较扎实的基本功,才能在履行职能时建务实之言、谋可行之策。

读经典。读书就像交朋友,要交就交最值得交的好朋友,要读就读最值得读的好书。时间是最公正的法官,那些经过时间大浪淘沙积淀下来的经典,是最值得交往的朋友。经典是文化的源头,饱含人生的哲理,能帮助我们树立正确的人生观和价值观。

读传记。每个人的生命都是一个不断书写的故事,自己既是这个故事中的唯一主角,也是最重要的编剧。能否把自己的生命故事写成一部伟大的传奇,在很大程度上取决于我们自己。那些伟大的人物传记，就是一个个已经被成功书写的生命传奇，是一部部厚重的大书，正可以作为我们书写传奇树立的原型和榜样。与伟大的人物对话，与崇高的精神交流，会使自己不断地汲取到奋进的力量。

读管理。管理是科学也是艺术。一些优秀的管理图书，会让我们更加深刻地理解人性，理解工作，掌握工作方法和技巧。如《从优秀到卓越》让我们知道，优秀经常是卓越的敌人；《如何改变世界》让我们知道，只要用心去行动，普通人的努力也可以改变世界。这些书首先教我们"管"自己，会让自己的生活与工作更有效率，同时教我们"理"他人，协助同事做好相关工作。

读文学。优秀的文学作品往往通过移情的作用，通过作品中人物的悲欢离合的命运，让人们的心灵受到震撼与启迪。它们是活的哲学，通过浓缩和提炼，深刻地揭示出人生的意义和价值，可以让我们更好地认识世界、认识自我，在潜移默化中净化心灵、陶冶情操、提升境界，可谓无用之大用。此外，阅读好的文学作品，对于提高我们的表达能力与写作能力，也是大有裨益的

读中国。我们从事的是中国特色社会主义事业，中国特殊的国情决定了必须走自己的道路。在借鉴西方发达国家和一切先进文明经验的同时，一定要立足这片热土，否则就容易犯南橘北枳的错误。无论是费孝通的《乡土中国》，还是熊培云的《重新发现社会》，无论是基辛格的《论中国》，还是傅高义的《邓小平时代》，都可以帮助我们从不同的角度认识中国，理解中国，让我们的工作更合国情、接地气。政协委员在提意见建议时尤其不能脱离国情，切忌"言必称欧美"，生搬硬套国外做法。

当然，不同专业的政协委员，还有自己的专业学术书要读。但不论读什么，都需要坚持。只要坚持下去，我们的精神必然会因为持续不断的阅读变得丰富，我们的人生必然会因为精心选择的阅读变得厚重，我们的世界必然会通过知行合一的阅读变得精彩。我们的生命，最终也会因为阅读而成为一部厚重的传奇大书。

读书的时间哪里来？我在和许多委员交流时发现，不少人感慨"没时间读书"。我一直认为，重要的事情总是有时间的。说没时间读书，多是因为没把读书看作是重要的事情。习近平总书记曾说：经常

听有的同志说自己想学习，但"工作太忙，没有时间学习"。听上去好像有些道理，但这绝不是放松学习的理由。能不能多一点学习、多一点思考，少一点无谓的应酬、少一点形式主义的东西。总书记的话，恰好回答了我们如何认识读书重要性和如何管理时间的问题。

我们要学会管理时间。时间的开关握在我们自己手中，拧紧时间的水龙头，把零碎边角时间用于阅读中，不让时间"跑冒滴漏"，是想阅读的同志必须重视的问题，也是每个成年读者的必由之路。古人所谓的"三上"（马上、枕上、厕上）读书法，看似有些不雅，其实就是很重要的经验之谈。阅读贵在坚持，贵在养成习惯。当阅读成为我们的生活方式，成为生命中不可缺少的部分时，我们就会发现，不必刻意为阅读寻找时间，而是时时都有阅读时间。

汪洋主席曾指出："政协应当成为一个读书的模范群体。即不仅是读书了，而且是读了好书，更重要的是能够把书读好了。这应当是专门协商机构成员的基本功。"政协委员是各行各业的代表性人士，理应成为读书的模范，理应不断增强读书学习的主动性、自觉性、针对性、实效性，不断提升建言资政的本领，同时利用自身的影响力带动社会形成全民阅读的良好氛围，争取为实现中华民族伟大复兴的中国梦贡献更多智慧和力量。

（发表于2020年第6期《中国政协》）

普通孩子也能实现人生逆袭

日前见到被称为"90后国民学长"的李柘远。小伙子阳光帅气、举止儒雅、话语不多。这位不到30岁的年轻人，有着难以想象的自信心和自控力，更有着不可思议的经历与传奇：18岁，来自福建厦门的他，以全额奖学金被耶鲁大学录取；22岁，入职全球顶尖的投资银行高盛；23岁，获选世界经济论坛全球杰出青年；25岁，被哈佛商学院录取并获得奖学金；28岁，入选福布斯30岁以下精英榜，成为"亚太经合组织未来创变者"中国首席青年代表。

这样一位有着如此优秀的履历、几乎堪称"男神"的年轻人，既不是官二代，也不是富二代，而是出身于一个普通的单亲家庭。

那天见面时，他送我一本自传《不如去闯》——一个不到30岁的年轻人，讲述自己的成长故事。怀着对他的好奇，"五一"期间我读完了这本书。

我最关注的是他的家庭生活与家庭教育。我知道，任何优秀的孩子，背后一定有一个优秀的家庭。但怎么也没有想到，他是在一个单身母亲的养育下成长起来的，母亲是一位普普通通的大学外语教师。

书中母亲"出镜"不多，序言是母亲写儿子的，后记是儿子写母亲的。基本可以看到柘远的亲子关系和家庭教育状况。母亲没有什么特殊的教子"秘诀"，我总结就是四条：

第一，把孩子当作朋友。"母子神聊"是他们家最美的风景，和儿子"侃大山"是母亲最开心的一件事情。他们一起交流彼此看过的电影、书籍，游览过的地方，无话不谈。

第二，让孩子有优良的体质。柘远本来是一个体质孱弱、性格内向的孩子，母亲有意识地和他一起爬山、远足，到海边骑车，几年下来不仅身体健壮了，性格也变得开朗了。

第三，让孩子有积极的人生态度。柘远回忆说，母亲给他写过一封充满"阳光的味道"的信，告诉他未来不求他做多大的事业，只希望他能够生活得快乐、踏实、不违本心。母亲送给他4个关键词：勇气、诚实、毅力和同情心。

第四，让孩子有健全的品格。虽然母子像朋友一样相处，但是该严格要求的地方从来不含糊。如6岁时的柘远有次未经允许拿走姥爷的一支钢笔，被母亲狠狠揍了一顿，并且对他说："以后再敢小偷小摸，小心我打断你的手！"

当然，比上面四条更重要的，也许还是母亲自己的以身作则。在书中，我们看到他的母亲如何刻苦地读书写作，如何"对教学较真到不行"，如何每天晚上雷打不动地亲子共读半小时，等等。我很喜欢书中最后一页那张母子情深的照片，从这张照片，我们可以想象他们之间的信任与默契。

我印象最深的是，柘远是一个有着清晰的人生目标并且自觉而严格地按照目标轨道前行、勇敢去闯的年轻人。当许多青年大学毕业以后还不知道自己究竟要干什么的时候，柘远早已经明确了自己的人生方向。初三立志接受顶尖教育，大三决定毕业后去投行锤炼基本功，后来为追寻梦想放弃百万年薪、试水创业，接着考入哈佛攻读MBA、继续充电，再到如今学成归来、成为金影科技合伙人，等等，每一步都是按照自己的人生计划在行走，每一件工作都全力以赴做到完美，每一点时间都精确利用到极致。

聚会上，金影的创始人、前盛大文学CEO侯小强跟我说，柘远是他见过最刻苦努力、自律高效的年轻人。哈佛日常学习繁重，柘远平均每天忙碌18小时、坚持课业和国内工作两不误，不但在毕业时漂亮地完成学业、门门满分，还把公司里他牵头的业务和"学长LEO"教育项目做得风生水起。

这个小伙子极致的严谨和认真，从一个例子可见一斑：国内流行一则关于哈佛的毒鸡汤，说那里的学生常通宵学习，因此"凌晨四点半的哈佛图书馆总是灯火通明"。为揭露事实真相，柘远并非"说说而已",而是在入学哈佛后不久,用几天时间走访哈佛各间图书馆、采访不同科系学生,写出一篇6000多字的真相调查文章,逻辑清晰、论述有力地告诫国内读者不要轻信谣传。这篇文章后来被《人民日报》等多家媒体转载,阅读量过亿。

这几年人们爱谈"情怀",柘远就是真正带着情怀认真生活、做事的年轻人。他放弃令人艳羡的金融高薪工作,投身创业海洋,因为他想"帮助更多像自己一样的普通孩子,接受优质教育,实现人生逆袭"。在"学长LEO"平台,柘远正通过文章、音频、视频、课程等形式分享自己的经历和方法,为数百万读者提供有力的引导和鼓励。

记得那天见面的时候,柘远没有参加我们的餐叙,理由就是当天的写作任务没有完成。这是一个我从来没有见过的、对自己严格得近乎苛刻的人。

也许,柘远是不能复制的。但是,他的人生态度是应该而且可以学习的。那就是:为自己寻找目标,并且勇敢地去闯。

(发表于2020年7月10日《中国青年报》)

为推动全民阅读贡献"政协力量"

编者按：学习型社会是小康社会的一个重要目标。在世界读书日来临之际，本刊特推出文章介绍我国建设学习型社会以及全国政协委员读书活动情况，呼吁全社会共同为全民阅读和学习型社会建设贡献力量。

习近平总书记指出，读书可以让人保持思想活力，让人得到智慧启发，让人滋养浩然之气。作为国家全民阅读形象代言人，我深刻理解阅读对于个人、对于民族、对于国家的重要意义。对个人而言，一个人的精神发育史就是他的阅读史；对民族而言，一个民族的精神境界取决于这个民族的阅读水平；对国家而言，阅读对于增进文化认同、凝聚国力民心、振奋民族精神、提高公民素质、淳化社会风气、构建核心价值，具有不可取代的重要作用。

一

随着社会的迅速发展，信息与知识的急剧增长，知识更新周期缩短，创新频率加快，对人的素质的要求越来越高，学习成为个人、组织以及社会的迫切需要。

中国共产党作为有着优良学习传统的马克思主义学习型政党，历来高度重视自身的学习以及全社会的学习。党的十六大报告首次把学习型社会作为全面建设小康社会的一个重要目标，作为未来的一种社会形态和社会境界,明确地提到了全党全国人民的面前。之后,党的十七大、十八大、十九大报告中,均有关于学习型社会建设的重要论述和顶层部署。2015年5月,习近平总书记向国际教育信息化大会发去贺信,信中强调,要构建网络化、数字化、个性化、终身化的教育体系,建设"人人皆学、处处能学、时时可学"的学习型社会,培养大批创新人才。

个人学习离不开阅读,学习型社会建设则离不开全民阅读。国际阅读学会在一份研究报告中指出,"阅读能力的高低,直接影响到一个国家和民族的未来"。阅读是提升国民素质最有效、最直接、最廉价、最便捷的路径。因此世界很多国家把阅读作为重要的国家战略,出台法律法规等大力推动全民阅读,通过全民阅读建设学习型社会。如美国的《卓越阅读法》,日本的《关于推进儿童读书活动的法律》,韩国的《读书振兴法》等。曾有人说,教育是最廉价的国防,书籍是比枪炮更有威力的武器。可以说,抓好全民阅读,就抓住了学习型社会建设的"牛鼻子"。

在我国,全民阅读活动的提出,是1997年中央宣传部、新闻出版署、文化部、国家教委等九部委共同发出的《关于在全国组织实施"知识工程"的通知》,其中提出了要实施"倡导全民读书,建设阅读社会"的"知识工程"。2006年4月,中宣部、中央文明办、新闻出版总署等11个部门又联合发出了《关于开展全民阅读活动的倡议书》,倡导开展"爱读书,读好书"的全民阅读活动。这也是为贯彻落实建设学习型社会要求而出台的一项重要举措。

近年来,"全民阅读"的重要意义越来越深入人心,形成共识,被全社会广为关注。自2014年国务院《政府工作报告》提出"倡导全民阅读"开始至2019年,"全民阅读"连续6次被写入《政府工作报告》。其中,2015年提出"倡导全民阅读,建设学习型社会",2019年提出"倡导全民阅读,推进学习型社会建设",把全民阅读与学习型社会建设紧紧联系在一起。

与此同时,《中华人民共和国国民经济和社会发展第十三个五年规划纲要》要求"推动全民阅读",并将全民阅读工程列为"十三五"时期文化重大工程之一,将全民阅读提升到国家文化战略高度。2016

年12月，国家新闻出版广电总局编制发布了《全民阅读"十三五"时期发展规划》，对全民阅读作出部署，引发社会广泛关注。

最近几年，在党和国家领导人的直接推动以及社会各界的倡导下，全民阅读与学习型社会建设问题已经引起广泛的重视。但是与发达国家相比，我们的差距仍然很大，区域之间发展也很不平衡，全民阅读的长效机制还没有真正建立起来。作为世界上最大的图书生产国，我们却又是人均阅读量较少的国家之一，全民阅读的现状仍然不容乐观。

当下，在全面建成小康社会的决胜之年，新冠肺炎疫情深刻影响全球格局的关键时期，重提全民阅读、加强学习型社会建设，有着特殊的重要意义。

二

日前，全国政协部署开展"委员读书活动"，并作出制度性安排，这对于全面促进政协各项工作、进一步加强政协委员队伍建设、进而带动社会形成全民阅读的良好氛围有着非常重要的意义。在我看来，在推进全民阅读、建设学习型社会的伟大事业中，人民政协具有独特的优势和力量。

首先，政协有读书学习的优良传统。早在1954年，毛泽东同志就提出把学习作为政协的五大任务之一。政协章程也明确规定学习是政协委员的一项基本任务。中共中央政治局常委、全国政协主席汪洋非常重视政协委员读书。他提出，政协应当成为一个读书的模范群体。即不仅是读书了，而且是读了好书，更重要的是能够把书读好了。这应当是专门协商机构成员的基本功。他还指出，读书能促进我们思考，提高建言资政的质量；读书能够促进队伍建设，提高政协整体战斗力；读书能够让我们更加全面、更加客观、更加用历史的辩证的眼光看待当前的问题。

其次，政协委员读书有助于提高国家治理能力。国家治理能力的关键是国家重大决策的科学性。人民政协作为专门协商机构，需要对国家的重大方针政策和决策部署提出意见建议，充分凝聚共识，这就对委员的视野和水平提出了很高的要求。虽然政协委员的主体是各界知识分子，是社会的精英群体，本身也是最喜欢读书的群体，最有条件读书的群体，最能够把书读好的群体。但是，面对国际国内复杂的形势、参政议政领域不断拓展、难度不断加大的挑战，政协委员需要学习的内容越来越多。通过读书学习来提高能力、凝聚共识，是新时代做好履职工作的迫切需要，也是提高国家治理能力的题中应有之义。可以说，政协委员通过读书学习进行自我教育，既有历史的必然性，更有现实的必要性。

再次，政协委员读书有助于推动全民阅读、建设学习型社会。政协委员多是各行业的领导和精英，一举一动广受社会关注，我们在读什么书，我们在各种会议上引用什么书，都会产生一定的社会传播和示范效应。委员们热爱读书、推广读书，必能在全社会产生广泛的带动作用，这对于推动全民阅读、建设学习型社会有着重要的作用。

三

在全国政协"委员读书活动"正式启动之前，在汪洋主席的亲自关心与直接推动下，结合新冠肺炎疫情防控热点，我发起建立了"防控疫情读书群"。作为整个全国政协"委员读书活动"的"试水之作"，它肩负着探索方法路径、总结读书经验的任务。

从2月20日在全国政协委员履职平台建立线上交流群开始，防控疫情读书群一直开到4月23日（期间还举办了线下交流会），全程得到了汪洋主席的高度关注、热情支持和具体指导。他共在群内发言20多次，鼓励大家读书，并就交流选书、读书的方法、导读的观点等问题，不断引导委员深入阅读。他还出席了3月23日的线下交流会并发表重要讲话，提出了许多值得关注和思考的问题，指导第二阶段的读书会进一步走向深入。

近两个月的时间里，委员们一起阅读了《逼近的瘟疫》《病毒来袭》《生命的法则》《人类的终极问题》等四本书，并结合书里的内容和当下疫情防控以及由疫情引发的国内外局势的变化，进行了深入的探讨、充分的交流，共有300多位委员做了3000多次发言，发言文字共计60多万字，其中委员所做的导读发言就有20多万字。这些发言，既有委员们读书的心得体会，也有对于疫情防控的建议性思考，充分体现了"读书学习与履职建言相结合"的政协特色。

作为委员读书活动的首位"群主"，我参与了防控疫情读书群的筹备、建立、服务、管理，以及线下交流活动等全方位的工作。在这个过程中，自己对如何组织政协委员读书也有了一些体会。

第一，要增强使命意识。强烈的使命意识是做好群主工作的基本前提。作为读书群发起人，我深知汪洋主席倡导政协委员读书的重大意义，深知委员读书对于凝聚共识、榜样示范和提高履职能力的重要作用，也深知群主的使命和责任。从接受任务开始，就为自己提出了服务好、引导好、管理好读书群的"三好"目标，把它作为一项重要的委员履职工作对待。

第二，要突出政协特色。政协委员读书活动不同于一般的读书群、书友会，要强化政治意识、突出政协特色。为此，群主需做好三方面工作：一是确立主题、选好书目。读书群要有明确的主题，可以结合党和国家的中心任务、重大战略、社会热点难点等问题来选定。按照汪洋主席的要求，我们从防控疫情的主题拉开了读书会的帷幕。确定主题以后，选书也非常关键，所选书籍的质量很大程度地影响着大家读书的兴趣和群内交流、达成共识、形成建议的效果。选书是个技术活，既要契合主题，又要深浅合适、雅俗共赏，所以要广泛征求群内委员和业内专家的意见，慎重选择。二是结果导向、学以致用。根据主题，读书会应明确要研讨的方向、要解决的问题，使讨论交流有的放矢；同时及时梳理发言中的真知灼见，形成针对性的意见建议，从而真正体现委员读书活动的价值。三是注重引导、把握方向。委员们来自各行各业，专业背景、思维方式、关注重点各不相同，这在保证了发言的精彩性、多元性的同时，也可能会导致"跑题"现象。作为群主，既要引导大家积极发言，也要时时注意突出主题性、强调方向性，把大家往正题上引、往主线上牵。

第三，要发挥表率作用。读书群的意义在于促进交流、相互启迪，既怕冷场，不能成为群主的独角戏，也不能成为少数人的"专场"。要维持读书群内正向、活跃的气氛，群主的表率作用非常重要。首先，做发言的表率。作为群主，我尽可能坚持每天在群内发言，注意主动引导话题，鼓励委员发言，增进交流互动，适时回应关切，以保持群内的活跃度。其次，做读书的表率。群主本身应该是个爱读书、勤读书、会读书的典范，可以多分享自己读书的故事、读书的体会、读书的方法，用自身的实际行动引导群内读书。

第四，要注重方法创新。从对读书群的服务、管理的工作层面来说，关键是强化服务意识，努力当好"店小二"。具体的方法有三：一是实施招标导读。针对阅读书目，邀请相关委员进行分章或分领域导读。这样既可以调动委员的积极性，也可以增进阅读的深入性。二是线上线下结合。群主的大量工作在群外，在线下，从到其他群做广告，到动员熟悉的委员进群；从与出版社、作者、译者沟通，到精心选择并联系专家导读，更多的是线下功夫。经过一段时间的独立阅读、线上交流后，适时组织线下交流会，对于提升读书效果、巩固读书成果有非常重要的作用。面对面的交流，更容易碰撞出思想的火花。三是邀请专家参与。邀请业内知名专家入群或参加线下交流会，或撰写专门的解读文章，从专业的角度与大家一起深入探讨，对于提高读书成效具有重要作用。这次防控疫情读书会邀请到5位作者和专家，取得不错的效果。

四

政协委员应该如何读书？

习近平总书记指出，各级领导干部一定要深刻认识现代领导活动与读书学习的密切关系，深刻认识领导干部的读书学习水平在很大程度上决定着工作水平和领导水平，真正把读书学习当成一种生活态度、一种工作责任、一种精神追求，自觉做到爱读书、读好书、善读书，积极推动学习型政党、学习型社会建设。这对于政协委员读书具有重要的指导意义。

第一,目标导向,制订系统读书计划。政协委员大部分都是有着良好阅读习惯的人,但是日常工作千头万绪,很可能读书的时间就被挤掉,或者没有办法静下心来读一些重要的、经典的、关键的书。与自然界的风景一样,人类创造的精神世界的风景同样有一些是不应该错过的。所以,有必要为自己制订一个系统的读书计划。可以审视一下自己已经读过的书籍,分析一下自己的阅读史,研究一下自己阅读的结构是否合理,按照"最重要的经典不错过"和"缺什么补什么"的原则,在此基础上制订一个相对完整的阶梯式个人阅读计划,并且定期检查计划执行的情况。有计划的"清单人生"会让读书更理性、更主动、更有效。

第二,针对问题,结合委员履职读书。政协委员读书,除了前面提到的经典著作以外,根据建言资政和凝聚共识的目标,需要有很强的问题意识,需要就某一领域的问题进行专题阅读、深入研究。只有把相关领域弄懂、吃透,有了比较扎实的基本功,才能在履行职责时建务实之言、谋可行之策。如我们防控疫情读书群这次组织的共读,就是围绕着疫情防控的体制机制建设、公共卫生安全等问题展开的。阅读虽然不可能"立竿见影",但是适当的"急用先学"也是有必要的。我担任全国人大常委期间,人大常委会每次会议都要审议通过一两个专门的法律,我不是法律专业出身,所以每次接到通知以后,我都要用比较多的时间查阅和阅读相应的专业文献,购买专业书籍,熟悉该项法律的背景与重点难点问题,力争能够言之有理,言之有物,切中要害。在准备政协提案和调查研究的过程中,也经常向专家咨询图书资料信息,有针对性地阅读。我最近出版的《春天的约会》中,就有不少我围绕参政议政工作进行阅读的记录。

第三,学思结合,养成不动笔墨不读书的习惯。政协委员的阅读,不是为了简单地增加知识,而是为了解决建言资政的问题。在防控疫情读书群共读《逼近的瘟疫》一书时,汪洋主席就希望委员们在阅读的基础上思考更深层次的社会组织形态、卫生防疫体制、社会制度等与战胜病毒的关系。阅读是站在前人的肩膀上前行,写作是站在自己的肩膀上攀升。真正的思考是从写作开始的,而写作对于巩固阅读的成果非常有益。古人强调不动笔墨不看书,就是认为阅读时进行认真的圈点、批注、记录，对于提高阅读效果具有特别的意义。同时，写作也有益于分享。读书群里数十万言的导读与讨论的文字，就充分说明学思结合、读写辉映具有非常重要的作用。

第四，有详有略，精读与浏览相结合。政协委员大多身兼数职，工作繁忙，读书就需要学会选择，根据不同的内容，采取浏览与精读等不同方法。否则，应该精读书籍只是匆匆浏览，就容易囫囵吞枣，学无所得；应该浏览的书籍却在认真精读，也是在浪费时间。对于不同的书籍，甚至同一本书籍的不同章节，应该采取不同的阅读方法。一般而言，对于同一个专题的书籍，可以重点精读一本，把这一本读透看懂弄通，其余的可以翻阅浏览。对一些特别重要的著作，则可以放到案头，不断温故知新，常读常新。

第五，注重积累，争取成为一个领域的小专家。政协委员大部分是某一领域的专家，利用自己的专业优势参政议政，尽可能在自己的专业领域发声，往往会事半功倍。但是，履职建言面对的领域众多，委员的专业也不容易完全对口。这就需要我们有意识地坚持关注一两个重点领域，在广博的基础上兼顾精专，长期对某一领域进行聚焦性阅读，这样就能够在这个领域成为"小专家"，提高建言谋策的质量。

第六，共同阅读，带动身边人一起读书。政协委员的共读具有重要的意义。共读，就是和读同一本书的人真正生活在一起。共读有助于凝聚共识，形成共同的价值观和共同的文化。政协委员不仅仅要参与全国政协组织的读书活动，更要发挥表率作用，推动身边的人养成阅读的习惯。无论是我们个人从书本中汲取营养，还是在共读中传播交流，都是一个分享思想、丰富思想、完善思想直至践行思想的过程。这个过程体现在政协委员等有影响力的人身上，会更快推动实现从个体到群体的进步，也会更快推动实现从书籍到生活、从精神到现实的改变，还会推动整个社会阅读氛围的形成。

作为全国政协委员，自 2003 年至今，我连续 16 年在全国"两会"上提交相关提案，呼吁建立国家阅读节、推动全民阅读、建设书香中国。这次全国政协部署开展"委员读书活动"，我感到非常振奋，备受鼓舞。相信在汪洋主席和全国政协各位领导的正确领导下，在全国政协委员读书活动指导组的具体指导下，在全体委员的共同努力下,政协委员读书活动一定会取得巨大成功,也必将为推动全民阅读和学习型社会建设贡献"政协力量"!

(发表于 2020 年第 7 期《中国政协》)

重新定义未来大学教育

现代大学制度，是工业革命的产物，也是人类伟大的创造。大学教育从原本只有少数人可以享受的高等教育，逐步走向普及化与大众化，大幅提升了全社会的文化素养。

作为工业革命推动的大学变革，同样因袭了工业革命大规模机器生产方式的基因，将人类几千年创造的知识用高度浓缩、集约化的方式，按照学科及专业分门别类的传授给青年人。虽然极大程度提升了教育效率，但同时也出现了整齐划一的教育模式，忽略了学生个体的迥异性、自然禀赋与兴趣爱好的差异性。在标准格式的框架里，学生的个性不可张扬、想象力与创造力被格式化的教育所抑制，个人的禀赋得不到发挥。

互联网时代，个性化教育及终身教育将得以实现。

互联网的发展，以及人工智能的发展，正在推动现代教育制度及教育生态的变革，为个性化教育提供了基础条件。"慕课"（MOOC）的出现，就是重要标志之一。"慕课"是大规模在线开放课程的英文简称，其中"M"代表大规模（Massive）；第二个字母"O"代表开放（Open），不分国籍和区域，对所有人开放；第三个字母"O"代表在线（Online），即网上学习；第四个字母"C"代表课程，即Courses。

《纽约时报》曾经把2012年称作"慕课元年"。《时代周刊》一篇题为"大学已死，大学永存"的文章认为，"慕课"的出现宣告了传统大学即将消失，未来的新型大学将应运而生，未来有可能出现基于互联网技术的新型混合制大学。

未来，传统的学校不再是唯一的学习场所，未来学校会被学习中心取代。

能者为师，未来的学习中心，是一个开放的体系。

今天的学校，在一定意义上是一个孤岛，而未来的学习中心，将是彼此连接的环岛，是一个开放的体系。它既可以是网络型的，也可以是实体型的，可以是传统学校转型而来的，也可以是各种教育培训机构转型而来的。

未来，学生可以在全世界的大学、不同的学习中心选择课程，每个学习中心的课程，经过认证机构或学习中心的许可，可以互相承认、互换学分，使大学学习不受时间、空间、机构的限制，实现教育资源的开放与公平。

未来的学习中心，将建立起一个以学生和教师为中心的服务体制，在教学核心业务上实现扁平化管理，会出现"多中心"的方式。每一位优秀的教师或者精品课程，将成为一个"中心"，形成教师引导、学生自己组织管理的运行模式。

未来的各种培训机构，或许也将会成为新型的学习中心，或成为政府购买公共服务的学习中心。

（发表于 2020 年 7 月 23 日《长安街读书会澎湃号》）

欧阳修：为人为文为官的好教材

认识敬平很偶然。

2003年，我被《南风窗》杂志评选为"为了公共利益"年度人物。杂志社委托主笔章敬平先生送来获奖证书。

那次见面，我无意中讲到了我们的新教育实验。记者的职业敏锐性让他兴趣盎然，很快就写出了《新希望工程》一文。他在文章中说：原先的希望工程是一项增添书桌的工程，侧重于物质。"新希望工程"是一项有了书桌后塑造一个什么样人的工程，注重于精神。可以断定的是，作为一场对抗教育异化的实验，理想主义者试图从源头上救赎中国教育危机的努力，起码可以视作以"人的教育"为旨要的"新希望工程"的剪彩仪式。

以后，他又撰写过多篇关于新教育和我本人的评论。每一篇，都视野独特、深刻犀利、好评如潮。

以后，我也读过他的一些著作，如《向上的痛：目击2000年以来中国转型之痛》《权变：从官员下海到商人从政》《新闻人的江湖》《皇上走了》《今天，我们怎样评论中国》《拐点》《浙江发生了什么》《南平寓言》《中国的自我探索》《国家与教堂》等。每一本，都精彩纷呈、好看耐读、深受欢迎。

以后，敬平的职场生涯几经变动，从记者转向律师，从律师转向上市公司的CEO，但他一直举重若轻，一直没有停下手中的笔。

那一场偶然的邂逅成就了我们近20年的友谊。我很珍惜我们的交往，正如敬平说的那样："我们每个人，终其一生，能够打败时光的朋友，没有几个。"

前不久，敬平寄来了他的新著《世俗的圣贤——欧阳修传》。我知道，这是一本他最为看重的书。我们多年的交往中，尤其是近年来，"欧阳修"3个字经常从他的嘴里脱口而出。我知道，他在很长的一段时间里，生活在欧阳修的时代，生活在欧阳修的身旁。

现在，他把欧阳修带到了我们这个时代，带到了我们的身旁。他曾经告诉我，要写一本生动、鲜活、真实、有趣，"可以让欧阳修活过来的传记"。现在，他做到了。他给我们带来了一个活脱脱的欧阳修，带来了一本为人为文为官的好教材。

这是一本为人的好教材。我很喜欢这本书的书名"世俗的圣贤"。一般而言，我们很少会把世俗与圣贤两个词联系在一起。在许多人的印象之中，圣贤总是高大上的，总是不食人间烟火的，总是天衣无缝完美无瑕的，因此也是离我们很遥远，无法学习和模仿的。

但是，敬平笔下的欧阳修不是如此。他是圣贤，是曾国藩煞费苦心地挑选出来的与孔子孟子齐名的32位穿越华夏文明三千年的"圣哲"之一。年轻的时候，欧阳修就有着远大的人生理想，就有着"志在圣贤，舍我其谁"的抱负和气概。此后，无论顺境还是逆境，无论是在京城还是在偏乡，他都没有放弃自己的追求。

欧阳修热爱生活。他的人生坎坷不平、灾病交加，3任妻子死了两个，8个儿子夭折了4个，3个女儿全部先他而去。他的职场也是几起几落，大多数时光在贫穷中度过，但始终微笑着面对这个世界，极端地热爱生活，琴棋书画无一不精，爱收藏爱喝酒爱品茶，爱看菊花牡丹花。欧阳修重视友谊，他一生交友广泛，仅仅墓志铭就写过100多篇。敬平在书中用大量篇幅写欧阳修与梅尧臣的"君子之交"，可谓感天地泣鬼神。

世俗的人能不能成为圣贤？敬平告诉我们，只要学习欧阳修，我辈俗人同样也可以走上一条上进的路。为人，关键就是要心怀梦想、立志圣贤，就是要热爱生活、享受友谊。

这是一本为文的好教材。敬平的这本书虽然是一部人物传记，但是在一定意义上也是一本宋代文学的"入门书"。他用相当多的笔墨写了欧阳修与同时代的文学家晏殊、王安石、苏东坡等人的关系：晏殊如何用俯视的眼光打量欧阳修，王安石如何用平视的态度对待欧阳修,苏轼如何用仰视的精神感恩欧阳修,同时讲述他们的那些流传千古的名文是怎样写出来的。

敬平在书中专门用一章的篇幅讲述欧阳修主持"高考改革"的故事。作为不朽名篇《醉翁亭记》的作者,作为唐宋八大家之一的一代文豪,欧阳修"改考风""革文风"的故事很值得一读。当时的"高考作文",流行的是所谓"浮夸靡曼"的骈文,讲究声韵对偶、辞藻典故、形式华美,欧阳修主持"高考"时对这类文字一概给予低分,而对那些言之有物、语言平实、文风朴实的文章给予高分,这样利用"高考改革"带动文坛的风气,是宋代文坛的一个佳话。

其实,敬平自己的这本书就是为文的样本。我是一口气读完这本书的。一般来说,我很少能够像这样畅快淋漓地一口气读完一本书。敬平告诉我,他的文字一定要让中学生就可以真正读懂,一定要让欧阳修真正走进普通大众的日常生活,"希望大家知其文,也知其人、知其事、知其时代,知道他对中国历史文化的影响"。但是,他同时要求自己治学严谨,不能把通俗读物变成庸俗读物。

这是一本为官的好教材。应该说,欧阳修是一位清正廉洁、刚正不阿的好官。他去世的时候,前任宰相韩琦评论他"天资刚劲,见义敢为,襟怀洞然",还说他"无有城府",曾经得罪过很多人,但是从来没有考虑过个人利益。

欧阳修做开封地方官的时候,连个安身的破房子也没有,只能跟贩夫走卒杂居在一起。开封发大水的时候,他家徒四壁。这些都说明他是一个清廉的官员。

欧阳修之所以在历史上有那么高的地位,可能主要不是因为他的文学成就,而是因为他为中国文化创造性地明确了三个原则,面向皇帝的正统理论、面向臣子的忠君思想和面向大众的名节观念。

在他出生前的五代十国时期,是一个君不君、臣不臣、父不父、子不子的时代,"部下杀皇帝就像杀猪一样稀松平常",皇权不断更迭,百姓生灵涂炭。所以欧阳修的这三个原则为维系当时的社会秩序和规范人们的行为提供了基本准绳。从这个意义上看,他可以被视为宋明理学的开山鼻祖。

欧阳修不仅要求别人做到,自己也是严格按照这三个原则处理各种问题与人际关系的。他最早当谏官的时候，就知无不言言无不尽，不断给皇帝写报告，反映问题，发表意见。他鼓动皇帝搞人事改革，选拔优秀干部，支持范仲淹的改革新政。书中记述的欧阳修对于大将狄青和龙图阁学士包拯包青天的故事也很能说明问题。狄青因为军功显赫，皇帝想让他担任最高军事统帅，但欧阳修坚决不同意，他不断谏言皇帝不能这样做。因为他担心狄青这种文化修养比较低的武将，一旦被手下蛊惑，动了谋反之心，就可惜了一世英名。最后皇帝采纳了他的建议，给狄青戴了一顶高帽子，夺了他的兵权。在欧阳修看来，他是在保护狄青。另外一件事就是，当时的"开封市长"包拯弹劾"财政部长"，找出了他"德不配政"的许多证据。皇帝建议包拯取而代之，而这位包青天也乐意为之。但欧阳修坚决不同意。他对包拯说：你弹劾别人，然后取而代之，那你原来弹劾他的动机就存疑。这就是有损名节的大事啊，所以这个"财政部长"，你不能当。其实，欧阳修与他们两位都没有任何私人过节，包拯还是欧阳修竭力推荐过的人才。

敬平的这本与众不同的欧阳修传，用通俗的文字，写活了一个不寻常的人物。也如同他在书中说的那样，欧阳修的一生提醒我们，成才成功是一个穿越漫长时光滴水穿石的过程，只有始终胸怀理想，始终热爱生活，始终与志同道合者为伍，才能做好一个大写的人，书写自己的生命传奇。

（发表于 2020 年 8 月 10 日《人民政协报》）

阅读与人生

编者的话：

书籍是人类进步的阶梯。阅读，对一个人的成长起着重要作用。在不断推进全民阅读的今天，阅读什么、怎样阅读受到人们普遍关注。近期，朱永新常委的新书《造就中国人》出版，书中着重回答了阅读为什么很重要、今天我们应该读什么、我们应该怎么读书等重要问题，并详细介绍了新教育研制的幼儿、小学、初中、高中、大学、教师、父母、公务员、企业家等9个群体的100种基础阅读书目，为全民阅读的继续推进奉献了一份丰厚的阅读盛宴。本期讲坛就邀请朱永新常委以此为切入点进行讲述，这也是他近期在书香中国·全民阅读大讲堂上的演讲内容。

阅读为什么很重要？

从我个人成长的历程来说，阅读造就了我。在这个过程中，有几本书对我很重要，与大家分享一下。

第一本是《产生奇迹的行动哲学》。这是我在苏州大学读书的时候看到的一本书，对我影响深刻。它是由上海人民出版社出版的一套"青年译丛"中的一本，讲的是一个日本医学改革家德田虎雄的故事。它之所以能打动我，是因为主人公德田虎雄的成长背景跟我很相似，都出生在农村。农村医疗条件很差，他的梦想就是要改变农村的医疗状况、造福乡梓。于是他不断为之努力着，可是他的成绩不好，起点很低，在全校500多名学生中排400多名，但因为有人生理想，所以他不断去努力，每天对着镜子暗暗鼓励自己。他知道只有考取日本最著名的医学院,才有可能实现理想。他考了三年,终于考上了日本早稻田大学医学院,后来如愿以偿成为日本的青年医学改革家。

德田虎雄的故事告诉我,一个人有梦想是很重要的。梦想是帮助一个人成长的最大动力,有梦想才能不断去实现自己的人生价值。后来,我发起新教育实验,也是基于一个要改变我们的教育的梦想。所以,我的第一本新教育著作便是以"我的教育理想"来命名。前一段我在网上看到一个湖南的乡村教师推荐了这本书,说它是改变她人生的一本重要书籍。

1997年底,我从苏州大学到苏州市政府工作。因为工作需要,我读了一些管理学的书籍,其中有一本1999年底读到的《管理大师德鲁克》,深刻地影响了我,让我至今难忘。在这本书的最后,作者讲述了德鲁克的一个故事,就是他和他的父亲去看望自己的导师熊彼特。那时,熊彼特的病情已经非常严重,在此情况下,他语重心长地对德鲁克说,现在到了我这个时候了,我要认真地告诉你:仅仅靠理论是不够的,只有改变生活,理论才有价值。一个星期后,熊彼特就去世了。这句话不仅影响了德鲁克的一生,也影响了我。因为它彻底改变了我的学术梦想。在此之前,我跟很多大学教授一样,对学问还停留在思想、观点、写文章、发表著作等层面,但这句话让我意识到,好的理论如果不能改变生活,不能影响我们的教育,那么这样的理论其价值是不大的。所以从1999年开始,我就开始有意识地走进教育生活,改变我的教育的话语方式和行走方式,发起了新教育实验。

因此,可以说,这两本书一个是从理想的召唤上,一个是从行动的改变上,都对我产生了非常深刻的影响。

2000年,我发起新教育实验以后,同样有两本书对我产生了深刻的影响,一本是《如何改变世界》,另一本是《从优秀到卓越》。《如何改变世界》讲的是一批社会企业家的故事。这些社会企业家都不是拥有权力的人物,他们都是普通人中的一员,但是他们通过不断的努力,悄悄改变着世界。读后我很感动。我就给新教育实验的老师们写了一封长信,告诉大家:我们也可以改变世界。

在新教育实验顺利推进的过程中,我读到了《从优秀到卓越》,

它对我有很大的启示。因为当时新教育实验在推进的过程中，很多学校、很多区域都把新教育作为学校的一个重要项目，在很大程度上也改变了很多教师和学校所在区域的教育生态，我觉得我们做得已经很不错了。但是，读了《从优秀到卓越》后，我意识到优秀往往是卓越的最大敌人，对于新教育实验我们还有很长的路要走。

一个人在他的成长过程中，或多或少都可能被一些书籍所改变。我和很多人交谈过，在他们的生命中，总有一些书籍影响着他们的价值观、人生观和世界观，甚至影响他们的一生，帮助他们走得更远。阅读，的确是造就人的一个重要基础。

我经常讲，人一生下来，其实是为了看风景。看的是什么风景呢？看的是世界，一个是物质世界，一个是精神世界。大部分人看到的是物质世界、自然风景，看的是人情百态，这自然很重要。但是，还有一个更精彩的世界，那就是精神世界。人通过阅读，来感受精神世界。书籍，承载了人类几千年来所创造的伟大的思想和智慧。那么，书中的思想和智慧如何被我们所接纳？还需要阅读。如果没有阅读，书便没有价值，也没有意义。而阅读就是一个看风景的过程，一个看精神风景的过程。

讲到阅读，讲到人的成长，就不能不讲人精神的成长。我在《造就中国人》里面讲了一句话："一个人的精神发育史就是他的阅读史，一个民族的精神境界取决于这个民族的阅读水平，一个没有阅读的学校永远也不可能有真正的教育，一个书香充盈的城市才能成为真正的精神家园。"多年来，我一直倡导全民阅读，一直倡导要建立国家阅读节，建立全民阅读基金，推进整个国家的阅读工程。也许会有人问，阅读本来是很个体化的事情，为什么要上升到国家的高度呢？我一直说，阅读虽然是一个个体行为，但每个个体行为汇聚起来就会成为一个国家行为，成为一个民族行为，继而造就一个国家的精神世界。

放眼世界，那些最伟大的民族、最有创造力的民族，往往是最善于阅读的民族。所以，阅读对一个民族起着非常重要的作用。

今年"两会"我的提案之一依然是建立国家阅读节，推进全民阅读。因为我一直认为，一个国家不能只靠巨大的人口屹立于世界民族之林，更重要的是靠人口的素质。在中国由人口大国、人力资源大国向人力资源强国迈进的关键阶段，全民阅读是一种最廉价、便捷、有效的提升公民素质的方式。当然，阅读不仅仅能提升素质，对缩小社会差距、推进社会公平也具有非常重要的作用。

前年，我组织翻译了一本美国学者写的书，叫《知识匮乏：缩小美国儿童令人震惊的教育差距》，里面讲到美国由于阅读差距而导致教育水平与学业水平差距的事实。研究发现：造成美国家庭和家庭之间、学校和学校之间、区域和区域之间的教育差距的原因，是阅读的差距，尤其是儿童早期阅读的差距。所以说，缩小阅读差距，也是缩小教育差距，推进教育公平的一个路径。他的研究是值得我们思考的。所以，我提出我们要加强农村中小学图书馆的建设，农村的孩子不仅仅要有营养午餐，还要有精神正餐，我们应该让中国的学生，尤其是农村的孩子，在人生的早期就能有比较丰厚的精神滋养，能够真正地阅读起来。

阅读的确是一个民族精神世界的重要标志。一个民族的精神境界取决于民族的阅读水平。

今天我们应该读什么？

过去讲"开卷有益"，但是，可以说现在"开卷有益"的时代已经过去了。因为那个时代是一个图书稀缺的时代，是经过时间的洗礼、留下了很多经典的时代，所以只要能找到书读，就会有所收获。而今，每年新出版图书就有40多万种，让人眼花缭乱，看着琳琅满目的书，很多父母、老师都束手无策。因此，我提出了"开卷有益"的时代过去了，提倡把有限的时间用来阅读最好的书。这也是新教育实验一个很重要的理念。

从20世纪90年代开始，我们就开始组织人员研究这一问题。当时我还在苏州大学任职，就召集了一批教授来研究。我们做了一个《新世纪教育文库》，文库中包含小学生阅读书目100种、中学生阅读书目100种、大学生阅读书目100种和教师阅读书目100种，再将这些书目与出版社协商，做成一套文库推荐给全国各地的中小学生。

发起新教育实验以后，尤其是到了北京工作以后，我就组织北京的专家，成立了新阅读研究所。一个很重要的工作就是研究书目，目的是帮助不同的人群来选书。我想，这个问题解决了的话，对很多家庭、很多学校来说应该是一件非常关键的事。所以我们用了近10年的时间，研制了从幼儿开始阅读的一整套书目，包括幼儿阅读书目100种、小学生阅读书目100种、初中生阅读书目100种、高中生阅读书目100种、大学生阅读书目100种，还有教师阅读书目100种、父母阅读书目100种、公务员阅读书目100种、企业家阅读书目100种，目前这900本书目已经全面完成。在我刚刚出版的《造就中国人》中，第一次把这900本书集中呈现出来。研制这900本书目很难，因为它包含了目前人们所看到的最经典、最有代表性的图书，可能有遗珠之憾，但绝没有鱼目混珠。这就给孩子、给父母、给老师提供了一个清单，可以按图索骥，从中挑选适合孩子阅读的，以帮助他们在精神世界中成长。

这900种阅读书目完成以后，我们的专家又开始了一项中小学学科阅读书目的编选。为什么还要做学科阅读书目？我们知道，现在的中小学的阅读，尤其是所谓的课外阅读，基本上是语文老师的事情。其实阅读不仅仅是语文老师的事情，所有的学科都有阅读的空间、阅读的任务。比如学习自然科学，无论是数学、物理、化学、生物，哪一个学科都要阅读大量文献。学科阅读，可以帮助一个学生走进学科，它是一个非常重要的指路明灯。有人可能读了《元素的故事》，就喜欢上化学课；有人可能读了《从一到无穷大》的数学科普，日后就走向数学研究之路。

中国中小学学科阅读书目这个项目我们做了6年，今年将陆续出成果，书目也将正式出版。当我们重新审视这一项目时，发现这太重要了。比如，过去学艺术，没有考虑怎么培养学生的艺术视野、培养学生的艺术鉴赏能力；现在我们让学生去看世界名画，去听世界名曲，让学生去看艺术家的故事，去看各种艺术样式，可阅读的东西非常多。为此，我们也正积极推动学科阅读。

今年开始，我又启动了一件事，中小学项目研究的书目研制。项目研究是在学科阅读的基础上，更深层次地推进阅读。新阅读研究所准备再用几年时间，组织全国的专家来研究中小学生在学科之外的个性化发展，也就是项目学习的阅读书目。

我经常讲，每个家庭应该有一个书架，这个书架至少有100本一生要读的书。如果用一生的时间能把这100种书读下来，那么一个人的精神世界就可以有一个比较好的底色。所以，不管是父母，还是老师，都要学会帮助孩子去选择那些最伟大的书，帮助孩子和它们对话，丰富人的精神世界，这才是最重要的。

读书需要方法。宋代理学家朱熹曾提出读书六法，即循序渐进、熟读精思、虚心涵泳、切己体察、着紧用力、居敬持志。在此基础上，我也总结了阅读的6个重要方法。

一是目标导向，制订一个系统的读书计划。

为自己制订一个系统的读书计划，是读书的第一步。分析自己的阅读史，审视自己读过的书籍，研究自己的阅读结构是否合理。可根据中国人基础阅读书目和自己的知识结构，根据"浪漫—精确—综合"的阅读规律，制订一个针对自身的相对完整的阅读计划，可以利用计划读一些基础经典，弥补一些缺少的知识结构，计划可以具体到月或周，定期检查计划执行的情况，每年总结调整一次。

读书计划是很重要的，比如还在上幼儿园的孩子，父母可选择幼儿阅读100种的书目带着孩子一本本地读，这就是一个计划。如果孩子上小学，同样可以做个读书计划。如果是一位成年人，也可以为自己做一个阅读计划。一个月有一个月的计划，一年有一年的计划。就拿我来说，我每天读一本儿童文学，并写下我的心得体会，发表在我的微博和头条上，主题叫"朱永新童书过眼录"，最近还有出版社想出版我的童书过眼录，要把我的阅读经验分享给大家。近些年来，我还通读了杜威、苏霍姆林斯基、蒙台梭利、陶行知等著名教育家们的著作，一边读一边写读书笔记，正如与这些伟大的思想家在一起对话。同时，每年针对我自己的工作，包括作为政协委员的参政议政，都会选择一些书，有计划地去读，我觉得是非常重要的。

二是针对问题，结合实际需要读书。

阅读虽然不可能"立竿见影"，但是可以结合实际需要适当地"急用先学"。

我在担任第十一届全国人大常委会委员期间，全国人大有一个很重要的任务，就是要讨论通过一些重要的法律法规。一般在接到会议通知后,我都要用较多的时间去阅读相应的专业文献,熟悉该项法律的背景与重点,从而能够言之有理、言之有物,切中要害。

后来我写了一本130万字的书,叫《我在人大这五年》,把我在人大会议上每次的讲话、每次的观察、每一天的会议原生态记录下来,收录进去。我发起的新教育实验,每年要围绕一个教育问题进行深入研究,每年围绕这个教育问题进行相关阅读,也是我的阅读必修课之一。比如今年我们研究道德教育问题,帮助孩子养成良好的道德品性。为此,我们需要阅读大量这方面的书籍,结合实际进行研究,结合实际来阅读。我就系统阅读涂尔干的《道德教育》、平克的《白板》等著作。

三是学思结合,不动笔墨不读书。

读书是需要思考的。《论语》有云:"学而不思则罔,思而不学则殆。"学习和思考是怎么结合起来的?很重要的一个方法,我觉得就是写作。如果说阅读是一种学习,是汲取;那么写作是一种思考,是表达。学习与思考结合,阅读才能够更有成效。

我曾经讲过,阅读是站在前人的肩膀上前行,写作是站在自己的肩膀上攀升。真正的思考是从写作开始的,而写作对于巩固阅读的成果非常有益。

古人强调不动笔墨不看书,就是认为阅读时进行认真的圈点、批注、记录,对于提高阅读效果具有特别的意义。所以,在读书的时候,应该尽可能采取知性阅读的方法,与书中的观点深度对话,把握其要义精髓。可以通过摘抄、思维导图等方法。

四是有详有略,浏览和精读相结合。

的确,人的精力是有限的,不同的书也有不同的读法。我们不可能把所有的书都精读,所以结合工作的需要,结合自身研究的特点,选择不同的书来读,选择不同的方法来读。也就是说,根据不同的内容,要采取浏览与精读的不同方法。比如我有时候一天看完三本书,而且这三本书并不全是粗读的,有些读得是比较深入的,也并不是一本书里所有的篇章都精读,就是根据我的研究、写作需要来进行阅读。

有些有难度的书,一开始选择精读,可能很难进行下去,那就先粗读一遍，过后有了合适的时机再精读，效果就会好很多，也不会妨碍自己的阅读兴趣和习惯。

五是注重积累，成为某个领域的小专家。

这点也很重要。它说的是要慢慢形成自己的阅读领域、阅读特点，这对丰富人的精神生活是非常有好处的。

其实，我一直认为，如果能够有意识地坚持关注一两个重点领域，在广博的基础上兼顾精专，长期对某一领域进行聚焦性阅读，就能够成为"小专家"。我原来的专业是中国心理学史研究，后因工作需要，我一直坚持阅读教育专业的书籍，思考教育领域的重要问题，渐渐在教育领域有了一定的影响力，从而也为自己的本职工作提供了有力的专业支撑。我也要求民进中央参政议政部的年轻人坚持围绕某个领域系统读书，成为某个领域的"小专家"。

六是共同阅读，带动大家一起读书。

新教育实验特别倡导共读一本书。生活在不同的语言里，就是生活在不同的世界上；共读一本书，就是创造并拥有共同的语言与密码。共读，就是和读同一本书的人真正生活在一起。

前面我提到的写《知识匮乏：缩小美国儿童令人震惊的教育差距》的作者，也写过另外一本书叫《造就美国人》。为什么把我的这本书命名为《造就中国人》？就是想告诉大家，其实不同民族、不同国家的人，都有各自的文化基因，有自己共同生活的文化传统，造就中国人，就是要把那些契合中国人价值观、契合中国传统优秀文化、契合中国人气质的那些最伟大的书，让中国人来共同分享，共读一本书，才能有共同的语言和密码。

我记得很清楚，2012年，我们在山东淄博临淄区召开新教育实验大会。会议上有一位父亲跟我讲述了他和女儿共读的故事：他说自己是一名企业家，每天应酬较多，没有时间与女儿一起读书，但是老师要求爸爸要带着孩子读书，他只好抽出时间陪女儿一起读。一个月以后他发现，读书比应酬有意思得多，而且跟女儿有共同语言了，现在他尽可能跟女儿一起读书。有一次，在家庭聚会上，女儿突然说"爸爸，谁是你的夏洛？"其他在座的父亲面面相觑，但他一听很得意，因为他们刚刚读完一本《夏洛的网》，明白女儿说的是什么。这就是女儿和父亲共同的语言密码。这种共同阅读的过程，也往往能够在潜移默化中有效形成共同的价值观和共同的文化，避免成为生活在同一个屋檐下的陌生人的尴尬。

总而言之，阅读是造就每个人最重要的路径，更是造就我们中国人的基本路径。阅读帮助我们更加强大，帮助我们拥有共同的价值、共同的语言，帮助我们拥有凝聚力；阅读能够激发国民的创造性，推进社会公平。因此，全民阅读的确是一条最直接、最有效、最便捷、最廉价的提升国民素质的路径。

（发表于 2020 年 8 月 17 日《人民政协报》）

学习与履职 推动书香社会建设

在中共中央政治局常委、全国政协主席汪洋的亲自谋划、发动、指导下，全国政协从今年开始了轰轰烈烈又扎扎实实的委员读书活动。从2月份发起"防控疫情读书会"开始，我一直认真参与政协委员读书活动。我认为，这项创造性的制度安排在促进委员自身建设、强化委员队伍建设、推动书香社会建设方面发挥了积极作用。

近期，我再次系统学习全国政协选编的《习近平关于读书学习论述摘编》，更加深刻地理解了习近平总书记的读书思想，理解了全国政协开展委员读书活动的意义。

作为国家全民阅读形象代言人，这些年来，我一直关注、学习和践行习近平总书记的"读书之道"。习近平总书记多次强调读书的价值和意义，认为读书是文明传承之途、政党巩固之基、国家兴盛之要、社会进步之力、水平提升之路、人生成长之梯、青年成才之要。

习近平总书记特别重视领导干部的阅读，他多次指出，领导干部的读书学习水平在很大程度上决定着工作水平和领导水平。"只有读书学习，才能增强工作的科学性、预见性、主动性，使决策体现时代性、把握规律性、富于创造性。"领导干部要读书，这是由领导干部是党务、政务的决策者身份和社会岗位职责所决定的。阅读的首要作用，当然是对于自己的生活和工作产生重要的借鉴、启发和指导作用。尤其是在领导岗位上，仅凭实践经验去决策是远远不够的，领导干部必须为了工作中的决策而阅读。

在中央党校2009年春季学期第二批进修班暨专题研讨班开学典礼上，习近平指出，各级领导干部一定要深刻认识现代领导活动与读书学习的密切关系，深刻认识领导干部的读书学习水平在很大程度上决定着工作水平和领导水平，真正把读书学习当成一种生活态度、一种工作责任、一种精神追求，自觉养成读书学习的习惯，真正使读书学习成为工作、生活的重要组成部分，使一切有益的知识和文化入脑入心，沉淀在我们的血液里，融汇在我们的从政行为中，做到修身慎行，怀德自重，敦方正直，清廉自守，永葆共产党员的先进性。

习近平总书记自己就是读书的典范。他在2013年五四青年节同各界青年代表座谈时回忆说："我到农村插队后，给自己定了一个座右铭，先从修身开始。一物不知，深以为耻，便求知若渴。上山放羊，我揣着书，把羊圈在山坡上，就开始看书。锄地到田头，开始休息一会儿时，我就拿出《新华字典》记一个字的多种含义，一点一滴积累。"爱看书、好学，是习近平总书记留给陕北梁家河村乡亲们的印象之一。他们记得，他"带一箱子书下乡"，在煤油灯下看"砖头一样厚的书"，"有时吃饭也拿着书"。次年2月7日，习近平总书记在俄罗斯索契接受俄罗斯电视台专访时坦言"读书已成了我的一种生活方式"，并列举了多项读书的好处，"读书可以让人保持思想活力，让人得到智慧启发，让人滋养浩然之气"。

2014年5月，习近平总书记在上海考察时还要求领导干部，"少一点应酬，多用一些时间静心读书、静心思考"。作为中共中央总书记，习近平的一系列言行充分表明，各级领导干部应该率先读书学习，成为公务员阶层乃至全社会的楷模。

习近平总书记关于读书意义的论述，对于政协委员读书活动具有重要的指导意义。对于政协委员来说，面对世界正在经历的新一轮大发展大变革大调整，面对百年未有之大变局，如何更加全面、更加客观、更加用历史的辩证的眼光看待当前的问题，如何提高建言资政的质量，如何更好地凝聚全社会的共识，读书学习是基础和关键。政协委员通过读书学习进行自我教育，提高自身素质，是紧迫的现实需要。

政协委员应该读什么书？习近平总书记关于领导干部读书的论述对我们也有许多启发。他在中央党校建校80周年庆祝大会暨2013年春季学期开学典礼上的讲话中指出：经济、政治、历史、文化、社会、科技、军事、外交等方面的知识，领导干部要结合工作需要来学习，不断提高自己的知识化、专业化水平。要坚持干什么学什么、缺什么补什么，有针对性地学习掌握做好领导工作、履行岗位职责所必备的各种知识，努力使自己真正成为行家里手、内行领导。各种文史知识，中国优秀传统文化，领导干部也要学习，以学益智，以学修身。

在中央党校2009年春季学期第二批进修班暨专题研讨班开学典礼上，习近平总书记指出，在大量书籍中，领导干部应当围绕提高思想水平、增强工作能力、完善知识结构、提升精神境界，选择那些与所从事的工作关系密切、自己爱好和有兴趣的书来读，力争在有限的时间内取得最佳的读书效果。就一般情况而言，领导干部普遍应当读下列三个方面的书：第一，当代中国马克思主义理论著作；第二，做好领导工作必需的各种知识书籍；第三，古今中外优秀传统文化书籍。

2014年2月7日，他在俄罗斯索契接受俄罗斯电视台专访时第一次向全世界列出了自己的一份阅读书单："我读过很多俄罗斯作家的作品，如克雷洛夫、普希金、果戈理、莱蒙托夫、屠格涅夫、陀思妥耶夫斯基、涅克拉索夫、车尔尼雪夫斯基、托尔斯泰、契诃夫、肖洛霍夫，他们书中许多精彩章节和情节我都记得很清楚。"

2014年3月27日，习近平总书记在巴黎出席中法建交50周年纪念大会并发表重要讲话，他表示："我青年时代就对法国文化抱有浓厚兴趣，法国的历史、哲学、文学、艺术深深吸引着我。读法国近现代史特别是法国大革命史的书籍，让我丰富了对人类社会政治演进规律的思考。读孟德斯鸠、伏尔泰、卢梭、狄德罗、圣西门、傅立叶、萨特等人的著作，让我加深了对思想进步对人类社会进步作用的认识。读蒙田、拉封丹、莫里哀、司汤达、巴尔扎克、雨果、大仲马、乔治·桑、福楼拜、小仲马、莫泊桑、罗曼·罗兰等人的著作，让我增加了对人类生活中悲欢离合的感触。"

在回忆作家贾大山《忆大山》一文中，习近平总书记谈到贾大山的小说《取经》，并说："我曾读过几篇大山的小说，常常被他那诙谐幽默的语言、富有哲理的辨析、真实优美的描述和精巧独特的构思所折服。"

公开报道中，习近平总书记明确提及书名或引用过其中内容的著作还有：《史记》《春秋》《诗经》《礼记》《管子》《孔子家语通解》《论语诠解》《钢铁是怎样炼成的》《苦难辉煌》《百年佛缘》《单向度的人》《取经》等。

习近平总书记特别强调，读书要"取法乎上"，要读马列"握好方向盘"，读经典"不忘老祖宗"，读中国优秀传统文化"守护传家宝"，读文史"注入清醒剂"，读专业"炼就金刚钻"，还要坚持社会实践"读好无字书"。习近平总书记对于"读什么书"问题的回答，也指明了政协委员在面对参政议政领域不断拓宽的挑战时的努力方向。

读书的时间哪里来？习近平总书记认为，工作太忙绝不是放松学习的理由。他在中央党校建校80周年庆祝大会暨2013年春季学期开学典礼上的讲话中说，学习和思考、学习和实践是相辅相成的，正所谓"学而不思则罔，思而不学则殆"。你脑子里装着问题了，想解决问题了，想把问题解决好了，就会去学习，就会自觉去学习。要"博学之，审问之，慎思之，明辨之，笃行之"。学习要善于挤时间。经常听有的同志说自己想学习，但"工作太忙，没有时间学习"。听上去好像有些道理，但这绝不是放松学习的理由。中央强调要转变工作作风，能不能多一点学习、多一点思考，少一点无谓的应酬、少一点形式主义的东西，这也是转变工作作风的重要内容。他认为，只有读书学习，才能增强工作的科学性、预见性、主动性，使决策体现时代性、把握规律性、富于创造性。

我一直认为，重要的事情总是有时间的，说没时间读书，多是因为没把读书看作是重要的事情。习近平总书记特别强调，读书要有一股"挤劲"，说的就是要挤时间读书，把各种零碎时间利用起来。阅读贵在坚持，贵在养成习惯。当阅读成为我们的生活方式，成为生命中不可缺少的部分时，我们就不必刻意为阅读寻找时间，而是时时都有阅读时间。

读书的目的是运用。习近平总书记强调，要"把读书与运用结合起来"，要"把读书学习与治国理政结合起来"，"读天下好书，想中国大事"。对于政协委员来说，就是把读书与履职实践结合起来，结合读书，思考国家战略大问题，积累治国理政大智慧，提出建言资政好建议。譬如，我连续18年在全国"两会"从不同角度建议"设立国家阅读节、推进全民阅读"，今年从"推动教育公平"的角度提出，正是因为去年我读了《知识匮乏：缩小美国儿童令人震惊的教育差距》一书，受到了启发。

委员读书活动是新时代人民政协固本强基的重要制度安排，具有十分重要的意义，我们应该把委员读书活动长久、有效、健康地办下去。梳理委员读书活动的全流程，从各环节加以强化，探索建立健康有序发展的长效机制，保证委员读书活动不断结出新硕果、持续发挥新作用。唯有如此，才是真正践行了习近平总书记的读书之道，才能让委员读书活动落到实处、取得实效。

作为政协委员，我们应该认真学习领会习近平总书记的读书之道，从中汲取读书的经验与智慧，使我们在读书问题上少走弯路，取得事半功倍的效果。

2019年8月21日，习近平总书记考察调研读者出版集团，看望干部职工，把脉行业发展，深情地嘱咐大家："要提倡多读书，建设书香社会，不断提升人民思想境界、增强人民精神力量，中华民族的精神世界就能更加厚重深邃。为人民提供更多优秀精神文化产品，善莫大焉。要牢牢把握正确导向，在坚守主业基础上推动经营多元化，努力实现社会效益和经济效益双丰收。"值此一周年之际，《国际出版周报》隆重推出《提升人民思想境界　增强人民精神力量——深入学习贯彻习近平总书记考察调研读者出版集团重要讲话精神一周年特刊》，邀请行业产业领导专家撰写文章，力求系统反映全行业产业一年来深入学习贯彻习近平总书记重要讲话精神的具体举措，创造的发展变化与辉煌成就，探讨新时代文化高质量发展的新机遇、新思路、新目标。

（发表于2020年8月24日《国际出版周报》）

建好管好用好农村中小学图书馆 推出农村中小学"书香校园"工程

阅读是实现教育公平最有效、最廉价、最直接、最便捷的一种方式。农村中小学开展阅读活动和书香校园建设,具有广泛而重要的教育意义,例如,培养自学习惯和自学能力,塑造校园文化,提升学生科学素养,培育人文精神,减少网络成瘾和手机依赖,等等。近年来,我先后考察过百余所深度贫困地区中小学,发现农村中小学图书馆建设与学生的阅读状况堪忧。

首先,农村中小学图书馆的图书配备品质较低。大部分农村中小学图书馆的图书,或者是由各种渠道的捐赠而来,或者是通过图书招标的补充而来,不符合中小学生阅读要求的图书居多,真正的精品图书、经典著作很少。甚至在部分学校还发现了一些复本量畸高的过时淘汰图书、非法出版物和少儿不宜的书籍。

其次,农村中小学图书馆的利用率极低,管理水平较差。大部分学校都是在每天下午放学以后开放一个小时左右的时间,远远达不到每周开放40小时的规定。一些学校要按照年级轮流借阅,每个学生每周只有一次借阅机会。大部分学校没有专门的图书管理人员,多是老师临时性兼职,无法进行专业的阅读指导。

再次,农村中小学校长和老师对于阅读的重视程度普遍不够。在他们心目中,图书馆可能仅仅是用来应付检查和达标验收的。如有的县城重点学校拥有大量的图书,却没有人编目,成包成包地堆在库房。

最后,欠缺专业的阅读课程,缺少有效教学指导。我们调查发现,大部分学校没有阅读指导的课程,在被问到"给你印象最深的一本书"的问题时，很多学生答不上来。

中小学正值学生精神成长的关键时期，农村学校与城市学校最大的差距，其实不是硬件设施，而是软件配备。苏联教育家苏霍姆林斯基曾经说过，只要有了同样的阅读机会、同等的阅读条件，农村的孩子就会站在与城市孩子同样的起跑线上。而中外许多教育实践也早已证明，好的图书馆、海量的阅读和好的阅读指导，对于提升农村中小学教育品质和质量水平，具有无可替代的显著作用。

为此，我建议在"十四五"期间内，适时推进农村中小学图书馆建设工程——"书香校园"工程，让农村孩子的精神世界得到滋养，让农村教育的基础得到夯实。

第一，探索建立农村中小学图书馆经费保障和质量监控机制。明确教育行政部门是中小学图书馆的责任人，加强教育行政部门领导人的责任意识，并且对图书配置中的问题严格实行行政问责制度。图书馆建设与管理工作纳入学校和校长考核体系。地方各级教育行政部门应当建立健全出版物采购廉政风险防控机制，定期组织开展中小学图书馆藏书质量和管理服务的督导评估，推动提高馆藏文献信息质量和服务效能。

第二，推出农村中小学图书馆标准化建设工程。依据《中小学图书馆规程》，参考已有成熟书目，进一步研制适合农村中小学师生的阅读书目，作为农村中小学图书馆的基本书目，规范图书配备，遏制目前的低价招标过程的腐败现象，同时，组织专项行动，检查剔除劣质图书。

第三，加强农村中小学图书馆的专业化建设，提升其教育服务能力。建议根据不同学校的规模，设置专兼职结合的图书管理员岗位，积极推进相关培训，鼓励师生图书借阅的自组织管理工作，加强对农村中小学师生的阅读指导。

第四，教育管理部门应鼓励社会公益组织和民间团体支持农村中小学的阅读工程和书香校园建设，鼓励家长通过家校合作渠道，积极参与学校图书馆建设和书香校园建设。

（2020年8月25日在十三届十三次政协常委会上的书面发言）

与未来的自己为伍

一位教师说,在他周围有两种类型的团体:一种是以感情、交情为纽带的教师团体,他们经常一起聚会,私人感情和关系比较好;另一种是以专业阅读为纽带的教师团体,他们经常一起读书,交流教育教学中的问题。而他不知道该怎样选择?

我想说的是,作为教师,与第一个团体相处会非常轻松,大家轮流做东,其乐融融。与第二个团体相处会有成长的压力,但是会找到作为教师的尊严,并且享受成长的幸福。

其实,与专业阅读、专业写作一样,专业发展共同体,是教师专业发展的重要途径之一。我认为,打破教师之间的隔膜,形成对话的传统,在专业阅读、专业写作的基础上,借助专业发展共同体提升教师的专业化水平,是教师成长的必由之路。

教师专业发展共同体必须建立在自觉自愿、积极主动的基础之上,这是形成共同体宽松氛围的土壤。如果只依靠行政命令,而不是"尺码相同"的人的聚集,共同体就会流于形式。同时,成员的共同愿景非常重要,在活动中应体现其整体性的目标及阶段性的目标。每个成员都能明白共同体的价值与方向,在团体活动中不断证明自己存在的意义,在活动中体验成就感,这是持续参加共同体活动的动力,也是激活其持续发展的最主要因素。

教师专业发展共同体需要榜样与引领。教师专业发展共同体的引领者可能是校长,也可能是普通教师。当共同体内部缺乏引领者的时候,要么主动寻求外部的引领者,把共同体放在一个更大的共同体之中;要么共同体内部的人尽快成长,用阅读和写作提高自己,主动推进共同体的发展。

当然，任何共同体都是需要约束的。这些约束是共同体成员通过协商制定的，是大家的"契约"。也就是说，作为共同体成员，应该有一些基本的底线，有一些共同遵守的"契约"。如热爱教育，热爱学生；不是为了外在的声名，而是追求内在的成长；不只是为了薪资，更是为了赋予生命以意义与尊严。能够尽可能地参与共同体的讨论，并认真研读讨论材料，做好读书笔记。彼此支持，乐于分享自己的阅读以及教育教学经验，让帮助他人成为一种本能。远离自大、阿谀及攻击，彼此欣赏，真诚批评等。如果我们的身边一下子难以找到"尺码相同"的人，我们可以通过网络寻找优秀的团队，创造一种基于网络的、以知识为精神食粮的生活空间。

有人说："要走得快，就一个人走；要走得远，就要一起走。"一个人之所以走得快，是因为他不需要等待，不需要协调；一群人之所以走得远，是因为大家互相勉励、互相搀扶、不离不弃，最终可以实现目标。记住：与谁为伍，你就会成为谁。

（发表于2020年第9期《北京教育（普教版）》）

推进全面脱贫与乡村振兴有效衔接

今年是决胜全面建成小康社会、决战脱贫攻坚之年。习近平总书记强调,"接续推进全面脱贫与乡村振兴有效衔接。脱贫摘帽不是终点,而是新生活、新奋斗的起点。"贯彻落实这一重要要求,需要针对我们社会主要矛盾的变化,理清工作思路,推动减贫战略和工作体系平稳转型,统筹纳入乡村振兴战略。

今年脱贫攻坚任务完成后,我国将有 1 亿左右贫困人口实现脱贫,提前 10 年实现联合国 2030 年可持续发展议程的减贫目标,世界上没有哪一个国家能在这么短的时间内帮助这么多人脱贫,这充分彰显了中国共产党领导和我国社会主义制度的显著优势。在巩固拓展脱贫成果的基础上,推进脱贫攻坚与乡村振兴有效衔接,离不开全面深入总结脱贫攻坚经验做法,研究分析当前农村发展现状,有针对性地谋划推进乡村振兴。

首先是目标对接。乡村振兴是一个长期的过程,各地发展也不平衡。刚脱贫出列的农村地区仍处在乡村振兴发育发展的初级阶段,这些地区的乡村振兴阶段目标应与巩固脱贫攻坚成果直接对接,引导合理预期,不应贪大求快。同时,脱贫攻坚工作在产业发展、社会管理等方面积累了海量的、可靠的数据,要做好数据对接,整理好、利用好这些资源,服务于乡村振兴各方面的工作。

其次是政策对接和产业对接。"两不愁三保障"的相关政策和机制,不少都可以被吸纳到常态化的城乡社会救助政策和机制中去,各地的具体做法,可以与国家和地方的城乡社会救助制度统一起来,逐步建立完善的社会救助体系。这有助于解决因病因灾返贫,巩固脱贫成果。从产业的角度，产业扶贫是打赢脱贫攻坚战的重要经验，也是促进乡村发展的持续动力。实现乡村振兴，还应继续发展乡村产业，认真研究脱贫攻坚的产业项目，结合乡村振兴目标规划，能完善的完善，可扩大的扩大。同时，根据现实条件进行升级再造，继续激发群众的主动性积极性创造性，让乡村百姓分享产业发展的红利。

在工作层面，也要做好工作机构对接。推进脱贫攻坚与乡村振兴衔接，各级扶贫工作机构不能简单地撤销并转。从构建新发展格局来看，乡村振兴不仅关系到农村农业工作，更直接关系到国内大循环的形成和良性运行。因为三产融合、产业升级的巨大空间在农村，巨大的市场腹地在农村。农村、农业、农民是国内大循环的基础，需要强有力的相关机构来指挥和协调。

此外，还应做好工作队伍的对接。多年的脱贫攻坚工作，发现、锻炼、考验了一大批关心农村、奉献农村、与农村干部群众结下深厚情谊的机关干部。这是宝贵的资源，应该保护好、使用好。要关心培养这些干部，择优重用，建立稳定的保障、激励机制，让他们继续在乡村振兴中发挥重要作用。

无论是脱贫攻坚还是乡村振兴，都需要发挥农民的主体作用。乡村振兴要面对全体农村和农民，要提升农村产业结构、改善农村人居环境、加强农村基层治理、改变乡风村貌，这就不仅要靠外部资源的投入，更要探索在新的历史条件下把农民组织起来的途径，注重发挥好农民的主体作用。因此，最重要的对接，是要持续激发乡村群众的主动性积极性创造性，使乡村振兴获得源源不断的内生动力。

（发表于 2020 年 9 月 22 日《人民日报》）

后疫情时代的教育应注重四方面趋势

早在 20 年前,一位小学生在以"梦想"为主题的作文《我期待的 2020》中写道:"到了 2020 年,学生们都不用去上学了,在家里就能上课。"谁也没想到,在 20 年后的 2020 年,他的这个梦想实现了,只是它是以我们没有想到的方式被迫实现的。

一场突如其来的新冠肺炎疫情,全球很多国家的学校、校园关闭。世界上 15 亿左右的学生不能正常上课,中国 2 亿多的中小学生不得不在家里接受一场大规模的在线教育。毫无疑问,在人类历史上,这是一场史无前例的规模最大的一次互联网教育试验。基于我们国家中小学网络云平台 5 月初的统计数据来看,平均浏览次数就达到了 20 亿,访问人次超过了 17 亿。

从高等学校来看,截止到 5 月初的统计也显示,全国 1454 所高校开展了线上教学,103 万教师在线开授了 107 万门课程,合计一共有 1226 万门次,参加在线学习的大学生有 1775 万人,合计 23 亿人次。

后疫情时代,网课的形式还会持续,教育因为网络的介入出现许多根本性的变化,这都在促使我们对教育的反思。我想从四个方面来做一个分析:

第一,后疫情时代,教师从传授知识到激荡心灵

疫情的"一声令下",所有的教师都投入到在线教育中,给我们

带来很多感人的故事，要想在后疫情时代走得更稳更远，我们需要总结更多的教训：

首先，疫情下的在线教育基本是把课堂从教室搬到网络上，在教育形态上其实并没有太大的变化。

一个老师在教室里教 30 个孩子，在云课堂上仍然还是教那 30 个学生。这样的网络教育并没有对教育形态产生根本性的改变，没有充分地发挥教师彼此之间协作的力量，也不能够充分地反映出学校教育、家庭教育和社会教育通过网络融合而产生的更好的教育效果。

后疫情时代的在线教育，可以通过对教育形态的调整，更充分地发挥教师的力量。

让每一个教师，都成为主播的同时，能够让每一位教师呈现出自己最擅长的一面，为每个教师赢得更多的成长的时间和空间，促使老师在专业能力上进一步提升，让工作变得更加得心应手。

其次，疫情下的在线教育中暴露出很多教师网络基本教学素养和技能有所欠缺。

在疫情期间，在网络教学上的基本素养和技能的匮乏出现了不少事故。从新闻上可以看见，有的老师全情投入讲了整整一节课，但是却没有打开麦克风，自己演出了一场默片，也有的老师不懂基本的软件操作。在网络卡壳退出直播间以后再次进入就不知道如何继续上课。

在后疫情时代，教师如何提高自己的网络素养，用更多的网络技能武装自己是我们迫切要解决的问题。

当然最重要的还不是以上两点，而是教师在互联网教学中，如何和学生进行心灵沟通心灵交流。

当教育发生在教室里，老师无论是给学生一个笑脸，还是走到学生边上拍拍肩膀，这些都能够迅速地、简单地，同时又有效地进行双方的沟通。

但是当教育发生在互联网上，有没有办法来解决这样的心灵沟通和心灵交流的问题呢？

这也是我去年，在《未来学校》一书中提出的一个很重要的问题：人工智能和人类的智能如何更好地互补？怎么样才能利用人工智能来促进人类智能,从而共同推进教育的发展。

好网课的标准需要教师有突出的表现,同时需要学生有突出的表现。我想这意味着传统的教师他需要成长,需要蜕变,需要成长为新型的教师。

后疫情时代的新型教师,应该和传统的教师有所区别。新型的教师应该成为学生成长的助手,为学生心灵搭建桥梁,从而帮助学生更好地成长。

从某种意义上说,我们可以把新型教师的使命称为"助学"。也就是说,他要更深刻地关注学生的心灵进行有深度的对话。通过这种对话在学生和知识之间、学生和社会之间、学生和学生之间、学生和家庭之间等不同的关系中搭建沟通的桥梁。

说到教师,我们还不能忘记一个群体,那就是社会教育机构,尤其是互联网社会教育机构。在这次疫情期间,互联网社会教育机构迅猛发展,他们积极主动地参与到教育中来。

这个群体的从业者,也就是一群新型教师。这些教师过去在教育中的定位更多的是补习,是对教育知识的补充学习。

在这次疫情中,他们也在不同程度上,成为教育的主体,成为教育的主角,积极地拓展着教育的渠道,实现着自我的价值。我们也希望这样一个教师的群体在后疫情时代不要回到补习的道路上去,而是能够积极探索在教育教学上继续地、努力地往前行,让这群老师成为整体教师队伍中的生力军,促成教师队伍的多元化,

教育资源的丰富化,从而进一步推进在线教育的健康化发展。

第二,后疫情时代,学生将从被动应对到自主规划

对学生而言,疫情下的在线教育最重要的恐怕是证明了一点,那就是学生通过互联网是可以学习的。

一直到今天,虽然学生早已经是拥抱互联网的主力军,但是信息时代的"网络原住民"同时却是教师、父母特别防备的群体。甚至于在很多老师和父母心目中,网络对于学生来说就是洪水猛兽。全社

会习惯于把"网络"形容成罪魁祸首,导致了我们一方面在生活中依赖网络,一方面在教育中逃避网络。这是一个很荒谬的现象,但是它却成为我们教育中实实在在的现状。

这一次疫情逼迫我们开展在线教育,全社会才开始正视在线教育的利和弊。

我们可以从中发现很多成功的学习案例。比如说我发起的新教育实验,在江苏的海门实验区,他们也围绕着这次疫情中的网络教育做了一次调查,发现已经在相当部分达到了"停课不停学"的目标。他们一方面根据具体情况积极地研发课程资源,精选具有点播、互动后台管理和错题库收集等功能全面的线上平台,通过各种途径告知家庭从而积极地进行家校互动。各教学主体,认真地组织教师、教研员适时进行线上辅导、作业批改、及时地反馈评价、进行答疑助学。如此多管齐下,所以在2020年暑期的中考、高考的各项指标中,他们全面地超越了当地的历史最高水平。海门实验区也发现影响学生"停课不停学"的学习效果的因素很多,懂得自律、学习认真、尊重他人的学生,学习效率最高,在互联网上的学习收获最大。

所以,只要我们懂得运用教育的规律,那么在家里以互联网为载体的学习同样可以取得很好的教学效果。当然在这一次疫情导致的在线教育中,也不只有学生的优异表现,同样出现了很多让人哭笑不得的情况。比如说有的学生在电脑屏幕前,竖起一张自己的照片以此来蒙骗老师,还有的学生把摄像头关掉,假装自己的电脑出了问题以此逃避在线学习。最为典型的莫过于,作为学习软件的"钉钉"在短时间内因为承担了网课教学的很多工作被无数的中小学生在网上打了低分,分数低到一度成为全社会的笑谈。

这样一些现象,也促使我们在思考,后疫情时代,在未来的网络学习中,学生的学习特别需要注意哪些方面,才能够让互联网学习取得优异的成果?

我想以下几种能力可能是后疫情时代的在线教育中学生需要进一步提高,也是我们需要对学生特别重视加以培养的几种能力。

首先，学生需要提高自我控制的能力。

学生只有真正理解学习对自己的意义，他才会在这个基础上发展出向上的动力，这种从内心生发的动力是源源不绝的。

在这种动力的驱使下，学生才会面对着诱惑仍然能够一次又一次地尝试控制自己并且在不断控制自己的过程中提升自我控制的能力，最终形成真正的自律。

其次，学生需要提升自主学习的能力。

在自主学习上，我要特别强调阅读能力的培养和提高。阅读能力是自主学习能力中最重要的一种。尤其是后疫情时代，当我们把更多的学习放到了云课堂里，一个孩子所面对的学习资料的理解、分析、研究的相关能力都是阅读能力的重要组成部分，而一旦学生相关能力比较强就决定了他自身的知识背景比较丰富，也就决定了他从同一个老师同样的讲述之中能够立刻汲取的信息比较多，当他能够听懂并且深刻地理解教师讲授的内容，就意味着他接下去有进一步的思考乃至创造，就有了"有源之水，有根之木"。

最后，学生需要提升自我规划的能力。

自我规划能力，我们可以把它定义为拥抱变化、制订学习计划的能力。

在我们的规划之中，并不是每一步都会完全按照我们的想象进行。但是有了正确的规划，我们就可以保证学习的方向不会错误，学习的路径不会偏离。

第三，后疫情时代，国家如何从因地制宜到公平个性

几千年前，孔老夫子就曾经提出过"有教无类，因材施教"的教育理想。这样一个美好的教育理念就像一轮明月，几千年来一直指引着我们在教育的路途上探索，一直到我们进入了互联网时代。

可以说，孔子所提出的这个理想如今不仅仅是一个梦想，而是可以触摸，甚至可以抵达的一个明确的目标。

无论是从国家、社会、学校等层面，我们都可以明确地看到，在

线教育能够同时推动教育公平和教育个性的共同发展，也就是能够同时推动有教无类和因材施教的真正落地。

从疫情下的在线教育来看，一方面我们可以很欣慰地说，在网络基建上，中国已经走到了世界的前列。尽管我们仍然从各种渠道发现，哪怕是在网络上仍然存在着偏僻地区、乡村地区等等网络教育还有很多不足，但从整体工作而言，我们的网络教育工作，尤其是在我们网络基建方面，已经走在了前列。

但是从另外一个方面来看，从人们的实际需求来看，政府提供的教育资源依然是不够的。尽管我们有着中小学教育网络，包括中小学教育云平台，但是很多学校想要找到合适的资源仍然还很困难。所以政府需要从资源上，从新基建的角度，从制度上继续加强对于薄弱群体的辅助，包括对网络费用的补助等等，只有对互联网在线教育进行整体的谋划、立体的开展，才可以在短时间内得到迅速有力的提高。

多年以来，我一直强调阅读是推进教育公平的最简单最有效的工具。如果说阅读是促进一个人由内而外，通过养成一个人的学习能力而推进教育公平，那么在线教育其实是建设一个由外而内的环境，通过帮助人们获得更多的资源来推进教育公平。

这样的话，网络和阅读，一内一外，两者相辅相成、相互促进，就可以在最短的时间内最大限度地去推进教育公平。

第四，后疫情时代，父母从简单的配合到"王者归来"

应该说这次疫情之下的在线教育，让人最意外的是家庭教育。疫情让我们迎来了有史以来的最长的一个寒假。疫情也一度让父母们在家里和孩子们朝夕相伴。父母和孩子在一起厮守了长长的时间。

从教育规律看，亲子陪伴的时间增加应该会改善亲子关系，而亲子关系又是家庭教育的基石，由此会导致家庭教育效果的加强。但是经过调查研究我们发现，事实并非如此，甚至恰恰相反。

疫情下的家庭，正是由于父母和子女之间相互陪伴的时间增加，反而导致了很多家庭关系紧张。数据调查表明，疫情学生居家期间，学生无论是溺水身亡还是跳楼自杀的比例都比疫情之前要高得多。

这个让人悲哀的事实凸现出来一个我们不得不正视的问题：是不是这些家庭的家庭教育情况堪忧呢？在为人父母的人群中，有为数不少的父母还并不懂得怎样和孩子正确地沟通和表达，也不懂得如何和孩子建立良好的亲子关系，更不懂得如何进行有效的家庭教育。

为什么在疫情之下，亲子关系并没有因为面临生死的威胁让一家人更亲密，反而产生了如此尖锐的对立和冲突呢？其中一个很大的原因就是因为时至今日，我们的父母仍然把分数把考试放到了第一位，甚至于放在唯一重要的位置。父母们把上课看成是唯一的学习，把在生活之中进行各种技能、素养、习惯、人格等等提升全部视而不见，全然不顾孩子学习过程中的成就感和幸福感，而是把学习结果、得到高分作为唯一的目标。

要解决这个问题，无论是从教育的科学性来说，还是从父母自身的教育需求来说，都要从学生成长的规律来入手，父母首先需要基本的家庭教育理念的更新和改良。牢牢地记住一句话：幸福比成功更重要，成人比成才更重要。

家庭教育不是复制学校教育，父母帮助孩子检查作业，辅导孩子写作文、写数学题，这些都不是真正的家庭教育，而是捡了芝麻丢了西瓜。

家庭教育的目标，在于培养孩子良好的习惯，激发孩子更多的兴趣，协助孩子去树立理想、挖掘潜力。

所以作为父母，我们当然要培养孩子竞争的意识和能力，但是更重要的是要告诉孩子，世界上没有人上人，真正的成功不是战胜别人，而是战胜自我，拥有更强的能力去帮助他人。

父母要想适应互联网下的教育，说起来很难，但做起来其实很简单，就是要有更多的时间陪伴孩子，鼓励孩子去探索和孩子共同成长，亲子共读、分享成长中的幸福。家庭生活本身就是家庭教育。高品质的家庭生活，就是家庭成员在共同过一种幸福完整的教育生活。

在后疫情时代，我们仍然需要不断努力，无论是从学校教育、家庭教育、社会教育等不同角度，还是以学生、教师、父母等不同角色都能够在教育的过程中感受到幸福完整，都能够在奋力进取中创造生命的奇迹，这才是我们所期待的、创造的未来。

（发表于 2020 年 9 月 23 日《中国教育在线》）

聚焦卓越教师的成长之道

今天上午，在大家的共同努力下，庆祝第 36 个教师节暨 2020 中国教师发展论坛圆满完成了各项议程，与会专家以高度的使命感和责任心，围绕高质量教师队伍建设的体制机制改革主题，就教师培养体制改革、推进师范院校教师教育能力建设、教师队伍的管理体制改革以及西部教师的专业发展四个议题发表了精彩的高见，开展了广泛而深入的研讨交流，分享了经验，增进了共识，促进了思考，取得了丰硕的成果，为我国的教师队伍建设贡献了智慧和良策。

初步归纳本次论坛的特点，我觉得有这么几个方面。

第一，视野开阔，主题特殊。这次论坛围绕高质量教师队伍建设的体制机制改革这一主题，展开了多维度全方位的讨论，既有对体制政策发展演化的回顾，又有对教育信息技术革命的观照，还有对当前国际形势变化和国内发展特点的考量；既有对教师队伍建设的地方性探索和区域性特点的深刻观察，又有宏观性、系统性的改革建议和深入分析，还有微观的机制创新的实践，展现了专家学者的开阔视野。

第二，导向明确，共识度高。新时代、新任务、新形势，中国需要一支高质量的教师队伍，纵观本次论坛的讲话发言，应该说这个目标任务非常明确，各方面的专家学者对此有着高度共识。论坛讨论了高素质教师队伍建设的方方面面，注重教师培养体制和培养模式、教师队伍管理等等，从而保证了本次论坛研讨的针对性和有效性。

第三，线上线下结合，传播效果好。有 5 位专家通过远程发言，有 5 家全国性的网络直播平台全程转播，取得了非常好的效果。

第四，坚持和创新。中国教师发展论坛连续举办了多年，也在不断创新。这次论坛安排了专题报告发布环节，做了论坛的宣传片，线上线下结合，安排网络直播，这些都具有创新性。

明年的论坛我们讨论什么主题？这是我这段时间以来一直在思考的问题，我觉得可以围绕卓越教师成长之道来进行研讨。一个优秀的教师到底是怎样成长起来的？必不可少的首先便是读书，专业阅读。大学生不读书是一个很严重的问题，师范类的大学生不读书更严重，所以一定要带着教师去读教育经典，读那些优秀教师的传记，每个月至少读1—2本，一个师范生不读100本关于教育方面、关于人类文化思想方面最经典的著作是成为不了好教师的。

第二就是写作。师范生每天都要写点东西，因为真正的思考一定是从写作开始的。优秀的教师往往特别善于写教育日记、写教育叙事、写教育的案例分析、写课堂实录，这些对他的成长起着非常关键的作用。帮助师范生养成写作的习惯，对他们今后走向岗位非常有用。

第三是专业交往。要让师范生有好的成长氛围、成长环境、成长共同体，就要有名师的引领。可以设置以中国最优秀的教师为主体的名家讲堂，通过视频共享，把优秀教师的成长案例大量收集起来，让他们成为师范生的人生榜样。我觉得对师范生来说，专业不是最重要的，专业远远没有情怀重要，要有情怀、有动力机制，师范生才会不断修炼，才会有更好的专业发展。

这就是卓越教师的成长之道。

期待有更多的教育研究者、实践者、管理者明年能够参加我们的论坛，期待明年九月再与各位专家相聚东北师范大学时，能够看到卓越教师成长的美丽风景。

（发表于2020年10月16日《人民政协报》）

"十四五"教育发展战略的思考

面对百年未有的大变局,"十四五"期间,是我国教育改革与发展的机遇期、窗口期和关键期。我认为,在制定教育"十四五"规划时,应该优先考虑以下几个根本性的战略问题。

建设学习中心,架构全民终身学习的现代教育体系

现代学校制度是应大工业的要求而诞生的。最早的西方义务教育制度,就是伴随着工业革命规模化生产的要求而出现的,它强调的是效率,强调的是规模,要用最少的投入去实现教育效率的最大化,自然对个性重视不够。

现代学校教育体系和课外教育系统是并列的、互不搭界的两个世界。为什么不能够把学校教育与培训机构的补习教育打通呢?为什么不能够通过购买公共服务的方式,把培训机构的教育资源引进学校呢?

在我看来,未来的学校、未来的培训机构和社会的各种教育机构,都将成为一个个学习中心。每个学校(学习中心)都可以办出特色,提供某一个方面的优秀课程资源。一名学生可以在若干学习中心同时学习,不同的学习中心构成了学习的共同体。

现在的学校在未来将不再是唯一的课程资源提供方,还会有更多更好的教育资源进入学校体系,会有更多的社会精英进入教育,衍生出各种各样的新型学习中心。各个学习中心通过提供好的课程,引

领学生向真、善、美方向发展。

未来的学习是从摇篮到坟墓的全过程，人生的任何一个阶段都可以随时开始，学习与职业之间没有严格的界限，边工作边学习，将成为未来教育的常态。

基于这样的考虑，"十四五"期间，需要从教育的结构上重新研究适合未来学习方式的终身教育体系，使教育更加多样化、人性化。

夯实教育新基建，建立国家教育资源与评价平台

要架构未来的全民终身学习的现代教育体系，需要积极利用现代科技技术，发挥网络教育和人工智能的优势，夯实教育新基建，推进在线教育深度发展，建设人人皆学、处处能学、时时可学的学习型社会。

2020年疫情防控期间，传统课堂教学暂时停滞，在线教育得到了长足发展。在线教育不再仅仅作为课堂教学的补充，在科技驱动下，它发挥了使教育便利化、多样化、丰富性的特点，在一段时间内起到了替代性的作用，保障了特殊时期学生们在家的学习生活和身心健康，形成了巨大的用户规模。但是，在线教育基础设施建设相对比较滞后，在线教育机构水平良莠不齐，课程教育资源多头开发，教师网络素养明显滞后等问题仍然比较突出。

有鉴于此，建议在"十四五"期间尽快启动以国家教育资源平台和国家学分银行为重点的教育新基建，推进在线教育深度发展。

一是加快建设国家级教育资源的云平台建设。建议教育部在顶层设计上，进一步规划好在"课堂与在线融合"的教学场景下，国家－省级－区域不同层级的教育资源云平台的基础设施建设，引入具备实力的科技企业，购买经过专家评估和市场检验的国际国内优秀课程资源，着力打造国家教育资源平台，全天候为包括边远地区在内的全国学习中心和家庭提供免费的高质量的教育资源。

二是加快基于学习权益与学习通券理念的学分银行建设。我国数字化普及程度已领先全球，在数字消费、电子支付与游戏娱乐领域

更是超级大国。2019年我国居民平均每天在数字娱乐方面花掉3.54个小时（社交、游戏与视频），超过传统学习与娱乐的2.44小时（读书、看报、电视与电台）。一旦国家推出终身学习奖励体系，即可引导公民从数字消费与娱乐向全民学习、全民进步的方向发展。

学习权益是每个公民都享有的数量相等且无须偿还的个人权利和利益。使用这些权益，可在国家级学习资源平台乃至商业教育机构中，公平地学习各类知识、技能。学习权益是国家赋予公民的福利，限本人使用，不可转让出售，是一个公平、透明、可支配的权利，人人都可在经过认证的机构、单位或导师处参加学习。

学习通券是学习行为完成并获取结业学分或证书时，自动生成的一种加密数字资产。通券由国家法律规定上限数量，并在指定范围内使用，支付其他服务，从而达到奖励的作用。通券同时也是一种可以生产、拥有与交易的数字资产，一旦产生后可以按比例分别支付给学习方、授教方及资源提供方（场地、网络服务商等）。通券可在国家指定范围内流通、兑换及转让。

全民终身学习的过程中产生的内容、数据、创新与技术等都是巨大的数字化资产与社会财富，均可及时存入学分银行，并且利用通券将其溯源、确权及安全可靠地使用。区块链上的记账与通券的应用，将从根本上保证学习数据、内容、知识产权及相关利益的唯一性、合法性及分配性问题，为多样、灵活的学习与教学形式，为公民个性化的发展提供无限可能。结合通券的区块链交易系统还可以更有效地实施激励措施来塑造市场参与者的行为。通券可以成为行为管理和激励工具的系统方法，可以实现不同价值系统间的"价值转换"与"价值转移"，从而达到建立学习型社会与市场的目的。

终身学习将提高公民的素质与幸福指数，从而为国家长期健康发展提供不竭动力。由国家顶层设计与监管的学习权益与通券，不但可以避免数字货币所带来的监管漏洞与安全隐患，也可以事半功倍地推进学习型社会建设。

改革课程结构,推进教育内容的综合化、个性化

课程的丰富性决定了生命的丰富性。课程的卓越性决定了生命的卓越性。教育内容,历来是教育改革的关键问题。但是,从历次课程改革的情况来看,不断做加法,不断增难度,已经成为困扰教育的一大怪圈。

目前,我们的课程标准定得太高,学生的学习太深太难,广度不够而深度有余,生活常识不够而学术知识有余。造成了学校中大部分学生都是失败者,在学习生活中没有成就感,让大部分人成为"陪读生",成为教育的"失败者"。

同时,现在教育有太多的"强制性",从上什么学校,到学什么内容;从何时上学,到何时放假休学,学生和教师基本上没有话语权。这一点在课程方面表现得更为明显,规定的课程填满了学生的时间与空间,学习活动没有选择性,不尊重学生的个性。所以,"十四五"期间,课程改革仍然是一个绕不过去的大问题。

降低学习难度,推进课程的综合化,让课程更加贴近师生生命与现实生活,让大部分学生学习对他们将来发展真正有用的课程,帮助他们养成良好的行为习惯,形成良好的人格,让我们的教育更有人性的光辉,应该是"十四五"期间课程改革的方向。

未来的教育,应该更多地让人们自由选择学习的时间、学习的地点、学习的内容、学习的方法以及向谁学习。真正理想的教育不仅不应该限制选择,而且应该鼓励选择,让所有人都能选择最适合自己的教育,最适合自己的课程。未来的学习中心也是各具特色的课程中心,学生可以根据自己的需要,自己的兴趣,选择不同的学习中心。

教育的个性化是幸福完整的教育生活的重要路径,让每个人成为自己,把每个人的潜能充分挖掘出来,把每个人的个性充分张扬出来,让每个人真正能够享受日常的教育生活,真正喜欢日常的学习内容与学习过程,应该是"十四五"期间教育改革的重要目标。

推进教育公平，关注弱势人群的教育权益

社会公平的基础是教育公平，当社会能够为所有的受教育者提供相对公平的教育资源时，不同区域、不同群体的学生才有可能真正站在同一个起跑线上。所以，教育公平历来是教育改革与发展重点关注的问题。"十四五"期间，仍然应该继续加大推进教育公平的力度。

长期以来，党和政府在缩小教育差距、促进教育公平方面做了大量工作，硬件的差距已经逐步填平。脱贫攻坚的成果，也让千家万户的教育硬件，得到进一步的改善。这一切，无疑为社会公平提供了坚实的基础。

但是，毋庸置疑，我国的东部与西部、城市与乡村、重点校与薄弱校之间，不同的家庭之间，教育上仍然存在着较大的差距。这些差距，尤其是教师质量方面和家庭背景方面的差距，在短时间内，很难得到根本性的改变。要想进一步提升教育公平，从而更快地推动社会公平的进程，我们需要更多的路径，更好的方法。

其实，我们在推进教育公平的时候，往往忽视了一个非常重要的领域：阅读公平。研究表明，阅读一直是社会变革和社会进步的重要力量，也是改变社会分层、促进社会公平的重要工具。苏联著名教育家苏霍姆林斯基曾经说过，当偏僻乡村学校的孩子们有了与中心城市的孩子一样多的优质图书时，他们精神发展的起点就站在了同样的起跑线上。美国学者赫希在《知识匮乏：缩小美国儿童令人震惊的教育差距》一书中也提出，阅读的差距，恰恰是社会不公平的重要原因所在，"我们只有在妥善处理好阅读问题后，才能在知识经济时代的竞争中处于最佳地位，才能实现保证每位学生人生起点公平的目标。与经济繁荣和社会公平相比，解决阅读问题才是当下最为紧要的事情。"所以，他发起的核心知识运动，就是努力让所有的学生能够和那些最伟大的经典对话，用阅读填平社会的沟壑。

所以，我建议，"十四五"期间要大力推进全民阅读，建立国家全民阅读基金，建立国家公共图书馆和大中小学图书馆标准，加强西部地区、民族地区、薄弱学校的图书馆建设，帮助他们办好身边的精

神食堂，为乡村的孩子、弱势人群的孩子、边远地区的孩子提供更多更好的优质图书，为贫困家庭和弱势人群发放免费购书券，为新生儿赠送阅读包。推进书香校园与书香家庭工程，鼓励更多的阅读推广人、志愿者为弱势人群的子女提供阅读指导，让他们享受阅读、热爱阅读、学会阅读。

需要提出的是，在移动互联网时代，人们的学习场景和学习方式发生了极大的变化，线上阅读和在线课程发展迅速。中国新闻出版研究院的调查结果显示，2018年我国数字化阅读方式的接触率为76.2%，数字化阅读人群持续增加；"慕课"学习呈现快速增长之势，截至2019年8月，上线"慕课"数量增加到1.5万门，学习人数达2.7亿人次，在校生获得"慕课"学分人数发展到8000万人次。在新冠肺炎疫情"停课不停学"期间，全国两亿多学生居家通过钉钉、QQ、企业微信等软件进行线上学习。

但是，对于贫困地区、生活困难家庭来说，虽然课程资源由国家免费供给，但在线学习需要流量费用。在数字宽带未能覆盖的贫困偏远地区，学生只能借助于手机等智能终端和移动通信网络来学习，流量就成为学习的拦路虎。建议在"十四五"期间，以政府购买服务的方式，全面实行公益性学习资源和中小学生在线学习免流服务。

"十四五"期间，中国能否真正成为世界教育强国，能否成为学习型社会，取决于我们在以上四个方面能否有清醒的认识与扎实的行动。为此，需要我们的共同努力。

（发表于2020年10月28日《人民政协报》）

在未来，学校会不会真正地"消亡"？

全世界几乎没有一个国家的人对自己国家的教育是完全满意的。几十年来，世界上许多国家发布了无数报告，呼唤变革教育；许多政府出台了大量政策，希望改变教育。

在互联网改变一切的时代，人们更是期盼互联网能够成为变革教育的神器，正像互联网颠覆了商业模式，颠覆了金融体系一样。

的确，互联网已经在改变世界。而教育和互联网的结合，远远早于商业。20世纪60年代，计算机开始出现的时候，人们就提出机器教学，提出"学校消亡论"。互联网出现以后，利用网络改变教育的努力与投入也远远大于商业。但是，一直到今天，教育的变化也非常小。

据说，苹果公司创始人乔布斯生前曾经提出了一个著名的"乔布斯之问"："为什么计算机改变了几乎所有领域，却唯独对学校教育的影响小得令人吃惊？"2011年9月，美国联邦教育部长邓肯给出了一种答案：原因在于技术没有使教育发生结构性的改变。

一般认为，信息技术在教育领域的应用可分为三个阶段：工具与技术的改变、教学模式的改变和学校形态的改变。电化教育、PPT课件等都是工具与技术层面的变革，"慕课""翻转课堂"等是教学模式的变革，如果学校形态不发生深刻的变革，教育结构不发生相应的变化，教育的彻底变革是非常困难的。

100年前，杜威曾经说过，坐在影院观看影片中播放的内容与坐在课堂里听老师讲课，两者其实并没有什么本质的不同，因为真正的学习是一个需要积极主动的社会性参与的互动过程，而不是被动观察。将无聊的教育内容从一种媒介转移到另一种媒介，并不会让它变得生动有趣，也不会对学习有任何改善。除非技术能够整合已有的学习方法，能够使老师们以更好的方式传授学习之道，否则，就教育改革而言，技术即使拥有再大的潜力，也注定逃脱不了失败的下场。

教育变革的困难，还有另外一个重要原因，那就是教育的科学基础发育不成熟。教育有两个重要的学科基础：心理学与社会学。人是世界上最复杂的动物。人类认识世界的历程是由远及近的，天文学是科学家族的老大哥，从人类早期的摩崖石刻上我们就看到了祖先对于天文星象的观察记录。伽利略的天文学之后，是牛顿的物理学，人类开始探索物理现象与规律。现在，我们刚刚进入生物学的世纪，开始关注生命现象。

但是，总的来说，人脑对我们来说还是一个黑匣子，人类要真正认识自己，还有很长的路要走。所以，教育远远不像商品买卖那样容易。教育作为一种国家行为，还有政治、文化和意识形态方面的问题，变革受到的制约就更加多一些。这就是教育变革步履艰难的原因所在。

总之，教育要想解决人的问题，还有漫长的一段路要走。不要指望我们通过信息技术的革命就能把教育问题解决了。这是不可能的、不切实际的。

那么，如何才能变革教育的结构呢？这就需要对学校进行重构。其实，学校并不是人类一开始就有的。任何一个事物总是有它产生、发展、兴盛、衰落和消亡的周期，我相信学校也不例外。我们知道，现代学校制度是伴随着大工业时代产生的，它的毛病随着社会的发展和科学技术的进步已经日益彰显，从20世纪60年代开始，就有人"唱衰"学校，认为学校该"死"了。其中一个代表人物叫伊利奇。他说："多少代以来，我们企图通过提供越来越多的教育，使这个世界变得更美好，可是迄今为止，这种努力失败了。"他呼吁，应该使教育者享有选择教育的权利，成为积极的消费者，应该为每一个人创造将生活的时间转变成学习、分享和养育的机会。

严格来说，学校永远不会真正地"消亡"，但是学校的转型以及学校作为教育资源提供者的唯一地位将受到挑战，这是必然的。现在，众多的课外补习机构——从"新东方"到"好未来"，众多的网络教育机构——从沪江网到"跟谁学"，都在快速崛起。未来，这些机构可能就是现代学校的"掘墓人"。

当然，严格地说，或者我们用更为理性的目光来审视，它们是与现代学校交织在一起，正在创造一套新的教育生态系统，创造一种面向未来的教育模式。

"未来不是我们要去的地方，而是我们正在创造的地方"。其实，那么多学校体制之外教育机构的出现，那么多"网红"教师的出现，那么多小规模创新学校的出现，已经在向我们预示教育变革的流向。未来并不遥远，关键是要有创新思维。许多过去不敢想象的事情，在互联网时代都做到了。在世界各国，在中国的许多地方，已经有很多人在悄悄进行这样或那样的变革与创造。

极有可能，在某一天早晨，我们推开教育的窗户，就会突然发现——新的教育世界图景已然展现在我们面前。

（发表于2020年11月18日《北京日报》）

教育回到常识，从看见儿童开始

一、教育回到常识，从看见儿童开始

我们知道，长期以来儿童是不受关注的。在人类历史的记载中，我们是"看不见"儿童的。

最早的一部儿童宪章是1923年起草的《儿童权利宪章》。1959年的联合国大会才通过了《儿童权利宣言》。也就是说，20世纪中叶我们才承认了儿童，才承认儿童是一个独立的人，才承认了儿童所拥有的权利。

而真正从法律意义上承认儿童的权利，是20世纪80年代的事。1989年11月20日，联合国第44次大会，以25号决议的形式正式通过了《儿童权利公约》。这个公约已经有将近200个国家加入了，我国在1991年12月经全国人大正式批准，成为儿童权利公约的缔约国。

重视儿童，是一个社会一个国家文明进步的标志。儿童是一个国家的未来，是世界的未来。

1996年，联合国儿童基金会和联合国人居署共同制定了一份《国际儿童友好城市方案》。他们关于儿童友好的内容，主要包括三个方面：一是保护儿童权利，二是满足儿童需求，三是确保儿童参与。

为什么要关注儿童，为什么要儿童优先，为什么要对儿童友好？我认为至少有以下三个原因：

第一，对于成年人居多的社会而言，儿童是弱势人群。这个社会的所有规则都是成年人制定的,所有的标准都是成年人决定的。儿童在大多数情况下没有发言权,没有表决权,没有决策权。儿童的主张经常是没有人代言的,儿童也很难发出自己的声音,儿童只有在18岁以后才能够作为公民拥有自己的相应权利。

第二,童年生活是否幸福影响到一个人的一生。今天的幼儿将成为什么样的人,起决定性作用的是他们如何度过自己的童年。意大利儿童教育家蒙台梭利说,"所有人都关注儿童的未来,但是恰恰没有人关心儿童的现在"。"成年人的幸福是与他在儿童时期所过的生活紧密相连的。"奥地利心理学家阿德勒则说,"幸运的人一生都被童年治愈,不幸的人一生都在治愈童年"。苏霍姆林斯基也有一段非常精彩的话,"童年是人生最重要的时期,它不是对未来生活的准备时期。童年是真正的灿烂的、独特的、不可或失的、不可重现的一种生活"。几乎所有有真知灼见的伟大学者都洞见到,成年人的幸福和他童年时期是不是幸福有着非常密切的关系。

但是,我们经常打着为了儿童未来幸福的旗号牺牲儿童当下的幸福。其实,我们知道,过去、现在和未来是一条长河,对儿童当下的关注,就是对儿童一生的关注。现在心理科学已经发现,一个成年人身上所有的问题,差不多都可以从他的童年生活中找到答案,可以从他的童年生活经历中寻找源头。所以,童年对一个人的影响来说,的确是非常非常重要的。

第三,童年的长度反映了一个国家的高度。一个国家对儿童关注的程度,在很大程度上体现了这个国家文明的程度。儿童是一个未经雕琢未受污染的个体,虽然不够成熟,但是弥足珍贵。儿童身上保存着人类最珍贵的品质。

第一个品质,好奇好问。当儿童来到这个世界的时候,一切都是他所未知的,他对世界的一切都充满着好奇,他想探索,他想了解。好奇心和提问题,是打开世界之门的钥匙。

第二个品质,纯洁天真。儿童是纯洁的,天真的,没有我们成年人世界的尔虞我诈、钩心斗角,没有各种虚假、狡诈、丑恶。在生活中,我们如果说一个人很天真、很纯真、很纯洁,往往就是表示他有童心。这自然也是弥足珍贵的。

第三个品质,无忧无虑。儿童本质上对这个世界是不设防的。他没有什么忧虑,不用担心明天,也不用考虑油盐酱醋,不用担心任何的事情,所以儿童是快乐的。一个孩子一天到晚愁眉苦脸担惊受怕,那他不是儿童了,他有着成年人世界的痛苦。儿童一般来说是没有痛苦的,或者是儿童的痛苦都是瞬间的,在他的躯体和其他需要得不到满足的情况下,他会表现出短暂的痛苦。

第四个品质,活泼好动。这个和好奇好问是紧密联系的,他要不断地去探索这个世界,就需要活动,通过他的手,通过他的腿,通过他的肢体等各种各样的方式。他要释放他的能量,你让一个儿童坐在那不动,双手背起来听老师讲课,那你已经不是在把他当作儿童来对待。因为儿童是活泼好动的,好动是儿童的天性,所以你要跟他游戏、跟他玩,你要跟他奔跑,你要让他走进自然。

第五个品质,不惧权威。成年人世界是有角色之分、是有上级和下级的,有领导和被领导的关系,是有权威的。儿童世界里没有权威,没有大小,完全平等。所以当儿童和你争辩,儿童和你讨论,儿童和你坚持,你不要觉得是他太倔强了,而是因为他根本没有把你当权威。当他发现权威、承认权威的时候,他已经不完全是儿童了。

这五个品质基本上可以勾画出一个儿童基本的模样。我们看这五点儿童的基本特征,恰恰是人类最宝贵的五点品质。成年人是不是能够勇于探索,是不是能够真诚待人,是不是能够乐观开朗,是不是能够乐于行动,是不是能够勇敢坚毅,与他们在儿童时期这些品质是不是得到呵护有很大的关系。随着人的成长,随着现实世界给我们的标准,我们的童心会不断地泯灭、不断地削减,慢慢地就不再是一个儿童了。所以一个人如果能始终让大家觉得有童年的纯真,有童年的纯洁,有童年的好奇,是非常了不起的。儿童本身具备的品质,值得我们用心呵护。我们要珍惜儿童身上这些宝贵的品质,让儿童有真正的童年,让成人有真正的童心。让儿童童年的长度能够不断地去延长,让现在的成人更多的拥有童心,才能体现这个国家的高度。

以上的观点,是去年我在中国儿童发展论坛上的讲演,这里重申,是想表明,教育应该回到常识,首先必须从看见儿童开始,让儿童站在舞台的中央。

看见儿童，让儿童站在舞台的中央，不仅是一种教育理念，更是实实在在的行动。有这么一个真实的教育片段——

"花儿为什么会开？"有一天，幼儿园的老师这样问她面前的小朋友。

第一位小朋友说："她睡醒了，她想看看太阳。"

第二位小朋友说："她一伸懒腰，就把花骨朵顶开了！"

第三位小朋友说："她想和小朋友比一比，看谁穿得最漂亮。"

第四位小朋友说："她想看看，小朋友会不会把它摘走。"

第五位小朋友说："她也长耳朵，她想听小朋友唱歌。"

突然，第六位小朋友问了老师一句："老师，您说呢？"

老师想了想说："花特别懂事，她知道小朋友们都喜欢她，就仰起她的小脸，笑了！"

听到这儿，孩子们全看着老师笑了，那笑脸比花更好看。

只有老师知道，她原来的答案是："花开了，是因为春天来了。"

这个真实的教学片段给人的启迪是深远的。孩子们那些极富想象力、创造力且带感情色彩的句子，与老师原先准备的那个沉闷单调、一成不变的答案，形成了多么鲜明的对照！课堂教学，就是要保护这种积极的求异性，让学生多方面、多角度、多起点、多层次、多原则、多结果地思考问题；就是要培养这种洞察的敏锐性，让学生不断地将观察到的事物与已有知识或假设关系，事物之间的相似性、特殊性、重复现象联系起来，进行比较，获得发现；就是要珍惜这种想象的丰富性，让学生带着主观臆测，哪怕是虚假和错误的，但将感性认识暴露出来；就是要激发这种灵感的活跃性，让学生学习兴奋的选择性得到泛化，神经联系的突发性得到加强。一言以蔽之，就是要激发学生的创新意识。而所有的一切，都需要教师有这样一个观念：让儿童站在舞台的中央。

当然，让儿童站在舞台的中央，也不仅在课堂里，在家庭里，在学校中，在社会上，在儿童的成长的一切生命场域中，都要能做到。

二、儿童幸福成长，从生命教育开始

"什么教育最能发展儿童，什么教育能让儿童幸福成长？"这次疫情或许已经给了我们答案。

疫情发生后，我曾在第一时间呼吁："停课不停学"固然重要，但守住教育的底线、关注教育的本质更重要。作为一名教育工作者，这个时候更重要的是坚守教育的根本，反思教育的目的。面对灾难，我们到底要用什么来教育儿童？我们能不能把疫情灾难作为教材，把危机变成机遇，真正重构我们的教育？面对这样一场疫情，我们除了教会儿童如何做好个人防护、养成良好的个人卫生习惯，还应该传递哪些理念和认知？

一线医务人员的执着坚守，各条战线上工作人员的无私奉献，一方有难、八方支援的团结精神，这在疫情防控中都得到了集中的体现。感人的场景也可以化作课堂的养分，让孩子们乃至于全社会共同思考：在生命面前，个人、集体、政府乃至于全社会的"所为"与"应为"到底是什么？今天的儿童就是未来的专家、医务人员、公务员、企业员工等社会成员，不同的社会角色究竟要如何对待生命，如何理解责任，这些都涉及生命教育。

应该说，生命和教育本来就是一体的，教育本来就是为生命而准备，教育的使命就是帮助一个人的生命从自然人变成社会人，同时拓展一个人的生命的长度、宽度和高度，帮助每个生命成为更好的自己。

教育应该以生命为原点，重归生命的本体，向内审视生命的本质、让生命回归自身价值；向外建构教育的场域、筑造生命的精神家园。

有时候，我们的教育对生命本身缺乏必要的关注。当今社会已是一个科技理性主宰的世界。当下教育往往注重的是学生认知能力的培养，向学生传授"何以为生"的知识和本领的训练，学生往往成为接受知识的容器，从而只见知识而不见生命。这次疫情也暴露出生命教育的缺失问题。我们孩子的生命，学校师生的身心健康，正在遭遇危机。这些问题固然有文化的因素，有社会的原因，但教育对于生命的关注不够，无疑也是重要原因之一。

所以我们新教育在研究未来课程的时候，专门研发了一门"新生命教育"课程，并以"拓展生命的长宽高"为核心理念。

我们提出，生命教育首先要关注自然的生命，因为这是生命的长度，人的肉身是生命的物质基础。我们认为，安全与健康构成了生命的自然属性，是生命发展的基石。无论是缺乏保全，还是健康，都不可能有生命持续的发展。

因此，我们主张，学校教育应该把关于安全的知识与技能教给我们的孩子，让他们了解居家安全、校园安全、社会安全、游戏安全、运动安全、交通安全、野外安全等常识，防止和应对校园暴力、疾病传染及其他意外。让师生知道，学会保全生命永远是第一位的选择。这也是世界生命教育的普遍做法。因为一个最简单的事实逻辑是：只有在生命得到保全的情况下，生命的其他意义才有延展的可能。

我们还主张，应该重视师生的身体健康、心理健康和两性健康，让学生了解关于营养、运动、治疗等基本知识与技能，掌握情绪管理、环境适应、压力纾解等方法。每个人的生命都是非常有限的，都只是人类生命链条中极其微小的一环。但人类生命正是由这样无数微小的一环又一环组成。每一环的长短，都影响着整体。教育应该通过对个体自然生命在安全与健康两方面的努力，延长每一个人的生命长度，从而无论是从社会持续发展的角度看，还是从整个人类生命的代际角度看，用这一环又一环的点滴累积，增加人类生命链条的长度。

这次疫情也提醒我们，教育要更多关注学生的安全与健康：学会勤洗手，懂得何时需要戴口罩，懂得敬畏自然、敬畏生命，学会紧急避险和自我保护，养成科学膳食、锻炼身体、合理作息等良好习惯。把这些做好了，生命的物质基础就打牢了。那碰到灾难、碰到疫情，我们到底应该怎么办？该如何自我保护并帮助他人？这也是教育中必须要加强的。

最近央视网有一则报道：11月19日，在日本一艘载有52名小学生的海上渡轮在撞击岩石后沉船，令人吃惊的是，在这起沉船事件当中没有出现任何伤亡人员，所有的孩子都顺利获救上岸！这些孩子们之所以在突如其来的灾难面前能如此镇定、勇敢，没有乱作一团，背后和他们从小接受的教育是分不开的。学校教会了孩子们最重要的一课：那就是在面对不同的灾难时该怎样自保！

同时，生命教育要关注社会的生命，这是生命的宽度。除了安全和健康之外，我们的教育还要立足生命的社会属性，我们每个人都生活在社会，都要和别人打交道，都要学会理解、宽容、尊重别人，成为一个受人欢迎的人。所以，我们也该引导学生热爱生活，让学生熟悉开放的国际视野下与他人相处的法则；认识到个体命的共在性以及他人存在对于自己生命的意义和价值；学会人与人之间和谐相处，相互关心、共同合作、彼此尊重、善于沟通；同情弱小，积极面对人际冲突，树立宽容意识；尊重人与人之间的差异，发展健康的人际关系。拥有个性化的积极力量，包括乐观、胜任感、自尊感、人际支持等。

在疫情期间，我们看到了许多一方有难八方支援、一家有难众人相助的温暖的故事，看到了许多医生护士无私仁爱之心，这都是我们应该学习的榜样。我们怎么样帮助孩子们懂得感恩、懂得仁爱、懂得尊重，有着良好的社会情感，这是我们在生命教育的宽度拓展方面应该做的。

当然，生命教育还要关注人的精神生命，这是生命的高度。我们的教育要立足生命的精神属性，引导学生能够不断进行生命的自我体验和省思，欣赏和热爱自己与他人的生命，珍惜生命的存在，期盼生命的美好，体悟生命的意义，并且能够把这种生命的关怀和热爱惠及他人、自然，具有人文关怀。

人是一个符号性的动物，人是要有价值观和信仰的，是要过精神生活的。人类最伟大的智慧、最伟大的思想就在那些最伟大的著作之中。怎么样通过阅读来提升我们的精神的高度？在疫情面前、在灾难面前，我们能不能为了公共利益挺身而出、仗义执言，能不能为了普通老百姓去挑战权贵、敢于担当？疫情中的以钟南山院士为代表的人们，他们体现了这样一种精神和信仰。

所以我说，儿童幸福成长，首先要从生命教育开始。我曾经提出"生命教育,让教育回家",其实就是要"让生命回归教育的主场",把生命教育作为我们教育最根本的出发点,作为我们教育的最大共识。

三、面向未来,让我们和儿童建立命运共同体

生命是大自然最为神奇的创造,每一个生命都是一个奇迹般的存在。生命因独特而弥足珍贵。世界上没有两片完全相同的树叶,更没有两个完全相同的生命。每个生命的理想归宿便是成长为最好的自己,每一个生命都是不可替代的存在。生命因自主而积极发展。人的生命具有强烈的自主性,体现出特有的自觉、自为和创造的特点。每个人都是自己生命的主人,是自己生命的创造者和塑造者。生命因超越而幸福完整。人只有实现生命的价值,活出生命的精彩,才能感受到幸福。人只有发挥生命的潜能,张扬生命的个性,才能谈得上完整。在自我超越中生命不断走向幸福和完整。让生命回归教育的主场,让儿童站在舞台的中央,在我看来,这正是"生命教育与儿童成长"的迫切之需。

围绕本次论坛"生命教育与儿童成长"的主题,站在未来的人类自身来审视,我认为,推动和实现人类命运共同体,要从和儿童建立命运共同体开始。

儿童是未来世界的主人,是人类命运的主宰,可以说有什么样的儿童,就有什么样的世界和未来。蒙台梭利说过,"我们的错误会落到儿童身上,给他们留下一个不可磨灭的痕迹,我们会死去,但是我们的儿童将承受因我们的错误而酿成的后果,对儿童的任何影响,都会影响人类,因为一个人的教育就是在心灵敏感和秘密的时期完成的。"关注儿童成长,就是关注人类的命运;对儿童友好,才会让人类美好,让明天美好。

我们曾经也都是儿童,儿童也都终将是我们。只有当我们意识到,每个生命,每个儿童都和我们的命运休戚与共时,都和我们的未来息息相关时,我们才能真正走向人类命运共同体。让我们拉起每一

个儿童的手,不让任何一个孩子掉队,和儿童建立命运共同体,共同过一种幸福完整的教育生活。

谢谢!

(2020年12月5日第十六届中华青少年生命教育论坛的主旨报告)

读经典本身不是目的，书院教育重在立德树人

过去讲到书院，强调更多的是，书院是做学问的地方，倡导读书治学，倡导开门办学，其实立德树人恰恰是书院的核心价值。我国的书院教育最本质的是人格教育，学术研究、知识传授其实只是次要的。通过教学明理，让人能够修身养性是书院教育最根本的追求。所以在书院的教育过程中非常注重立德树人的问题，这是书院最大的特色，它体现在方方面面。比如我们常常提到的"风声雨声读书声，家事国事天下事"，在很多地方的牌匾上都能看到这样的题字，其实都是在强调德行修养。现在我们在讲书院的时候，过多地强调了书院的学术研究，强调的是书院独特的治学方法，我觉得我们还是要注重去挖掘恢复弘扬书院立德树人的好传统。

读经典本身不是目的，虽然最初书院也有求试、应考的功利性追求，但读经典更根本的是要"成人"，书院非常注重人格养成。现在全国各地包括各个大学也在尝试恢复书院的传统，我希望在现代书院的复兴过程中我们能够高度重视这一点。

（根据现场发言摘编，发表于 2020 年 12 月 23 日《人民政协报》）

议政网事

我是比较早利用网络参政议政的。

记得2003年第一次担任全国政协委员，我就在教育在线网站发帖征集教师们关注的问题和建议，结果当年就带来了一线教师的好几个提案。"两会"期间，我应邀做客人民网和新浪网等网站，与网友在线上交流，此后17年，从未间断。

春江水暖鸭先知。网络的确是民意的晴雨表。委员学会利用网络听取民间的声音，阐述自己的观点，弘扬正能量，也是委员履职的重要路径。

2020年疫情期间，网络参政成为一个重要的形式。85%以上的委员在履职平台上参加了读书会，网络在政协工作方面发挥着越来越大的作用，利用网络参政议政，也正在成为政协委员的基本功。

新浪财经：中国教育在当前大变革时期最有希望

编者按："我想，通往未来的教育趋势，不会像社会革命一样，一夜之间风云突变。相反，它润物无声，如同一天天长长的指甲，几年间变白的头发，你如果天天盯着看，什么也看不见，但是，它在变。"

在《未来学校——重新定义教育》的序言中，作者朱永新写下了他眼中教育趋势变革的特性。教育一点点在变，每一点变化都悄然塑造着未来的模样。

在新东方创始人俞敏洪看来，朱永新是个"奇人"，他的身上贴着太多耀眼的标签：中国民主促进会中央委员会副主席，第十三届全国政协副秘书长、常务委员会委员，叶圣陶研究会副会长，中国教育政策研究院副院长，苏州大学教授、博士生导师……而最让俞敏洪敬佩的是，朱永新是个"实实在在的教育家"，"我从来没有发现我身边有一个人，对教育是如此地痴迷，如此地想要为中国的教育探索出一条新的道路。"

同为政协委员，朱永新和俞敏洪从不同维度进行着教育的探索与实践。对教育本质和未来的关注与思考，则让他们殊途而同归。

在当下，疫情已成为教育变革的加速器，教育正以看得见的变化在走向未来。4月12日晚，俞敏洪与朱永新通过直播平台展开了一场关于"未来教育"的对话，他们剖析教育现状，也畅想了教育未来。

"现在我们教育最大的问题就是大一统的体系，统一的教学，统一的进度，统一的答案，统一的评价，这样把大部分学生主动学习的积极性就压抑了。此外，我们的教育体系强调知识技能，往往忽略了情感、态度、价值观，这样造成了很多问题。"朱永新认为，现代教育体系都是依照工业化思维形成的。而随着科技的发展，未来学校将会被一个个学习中心所取代，学习将真正实现个性化、泛在化和终身化。

俞敏洪则推测未来中国社会发展会产生两种倾向，一种是一些现在不起眼的工作极有可能变成高收入的工作，另一种是未来社会人们会更加专注于去做自己喜欢的事情。

朱永新和俞敏洪都认为，未来的教育与科技密不可分，新技术的发展正在改变整个教育生态，技术在教育过程中发挥的作用会越来越大。正如他们所说，"未来，随着与科技和世界的接轨，中国教育将会走得更好。""中国教育应该说在这样一个大变革时期是最有希望的，只要我们一起努力。"

以下为经整理的对话全文：

新教育：过一种幸福完整的教育生活

俞敏洪：朱老师是个奇人，在我非常喜欢的苏州大学当教授。同时朱老师又当过苏州市副市长，也是中国民主促进会中央委员会副主席，现在是全国政协常委、副秘书长。今天朱老师做了这么多的事情，包括参政议政、参与教育方面的探讨。但是我觉得朱老师从本质上来说是个实实在在的教育家，我从来没有发现我身边有一个人，对教育是如此地痴迷，如此地想要为中国的教育探索出一条新的道路。

差不多在十多年前，我对你的中国新教育实验就很感兴趣，我也是参与者之一，我相信大家对于新教育实验这件事情，很想知道现在是什么样的状况，你为什么要做新教育实验？

朱永新：我在苏州做副市长的时候分管教育。大家都知道，人们对教育总不是很满意，作为分管副市长我就在考虑怎样能办一个人民满意的教育，考虑教育到底应该怎么改革，所以新教育实验其实就是源起于想探索一条改革的道路。当时在2000年的时候我写了一本书叫《我的教育理想》。《我的教育理想》就把我心中美好的教育图景描绘出来了。其实现在的《未来学校》是20年以后我的教育理想，是当时的一个升级版。当时提出的我的教育理想，很多人都觉得这个理想是梦想，不可能实现。但是我们就从一个学校开始做，现在全国已经有5200多个学校。

俞敏洪：具体是做什么？跟现在公立学校的教育制度是如何结合的呢？

朱永新：最重要的就是核心理念的变化，就是过一种幸福完整的教育生活，我觉得这个颠覆了我们现在很多人的教育理念。我认为教育本来应该是一件很幸福的事情，每天阅读、学习、讨论、探索，满足好奇心，孔子讲"学而时习之，不亦说乎"，我觉得应该把幸福还给我们的学生。现在我们拼命地去追求考个好学校，找个好工作，最后呢？很多人失去对生活和工作的兴趣。所以我们新教育就提出，应该从学生的学习开始，包括他整个人生要有一种幸福感。

俞敏洪：怎么样能够让孩子在学习的过程中有幸福感呢？我也深刻地体会到了，现在的孩子学习和幸福似乎是背道而驰的。现在的孩子从幼儿园开始就面临各种压力，为了几门课的成绩拼死拼活，孩子从小学开始心情就压抑了，童年的幸福、少年的幸福，好像跟孩子们很无缘。你的新教育理念，幸福是如何做到的？让学生到底怎么学他才会幸福呢？

朱永新：我们讲的幸福完整的教育生活是一个整体，不可缺一的，完整是幸福的一个补充。什么叫完整？就是让人成为他最好的自己。每个人是不一样的，现在我们的教育最大的一个前提，就是很多时候我们假设每个人都是一样的，所以你要学一样的课程，要达到一样的目标，然后用一个标准来评价你。这样的教育思想是错误的，因为人本来是不一样的。

俞敏洪：天赋、性格都是不一样的。

朱永新：对，就因为用一个标准、一个模式去要求所有的学生，所以每个学生没有自我的发展空间。所以我们在设计新教育课程的时候，我们就考虑，要大幅度降低学校学习的难度，因为其实不是所有人都需要那么多的知识，那么深的知识，那么难的知识。很多时候，我们是按清华、北大的标准要求所有人，因此所有人都觉得自己不合格，都觉得自己离这个标准相差很远。所以教育在不断挫伤每个人的自信心，破坏了每个人他内在的这种成长力量。

阅读对学生和教师都非常重要

俞敏洪： 你在新教育实验的学校里面主要是做哪几件事情？讲讲其中比较重要的几项。

朱永新： 比如说营造书香校园。

俞敏洪： 让孩子们多读书。现在他自己功课都来不及做，怎么阅读呢？

朱永新： 要阅读，第一要加强学科阅读，就比如说，语文本来就应该读书，数学、物理、化学，每一个学科其实都有学科阅读这样一个工作。阅读跟学科教学不是简单的加法，它是应该融入其中的，这是第一。第二，大量重复性的机械的练习是没有必要的。

俞敏洪： 不练习学生记不住，记不住考试就过不去。

朱永新： 但是过量的练习会导致学生对学习的厌倦，所以我觉得要能够适度地练习，精确地练习。

俞敏洪： 技术发展以后，人工智能就可以部分地帮助解决你说的问题。

朱永新： 其实一个人的学习力一定程度上体现在阅读力上，阅读的问题解决了，他学习的能力基本上就形成了。因为过去我们学校教育基本上把阅读作为课外阅读，其实阅读本身就是学校里面最重要的一件事情。

俞敏洪： 我甚至认为孩子读更多的书，并且就读到的书，能重复它里面重要的思想，或者说提出疑问，或者说跟老师探讨，比学习功课本身还要重要，我个人觉得阅读能够使孩子们有更加完整的思维能力。

朱永新： 实际也证明，阅读对提高学习成绩帮助非常大，我们很多学生通过阅读帮助成绩大幅提高。

俞敏洪：成绩的提高就在阅读本身，而不是说把成绩和阅读两个分割开来。现在咱们有些老师有这样一个倾向，觉得孩子阅读了，就会影响到功课，所以不让孩子阅读，甚至出现过极端倾向，这种情况很违反教育规律。我也同意你的说法，我觉得阅读量的多少决定了孩子的思维能力和思维速度的快慢，实际上阅读多的人，孩子的成绩，至少是语文、文科类的成绩，会进一步的提高，当然也不排除理科类的成绩，因为思维是完整的。

我想问一个问题，两个礼拜前，我在做直播的时候，就说中国现在不少的中小学老师读书不够，一年连三五本书都读不了。很多网友说我没做过调研，我是真做过调研的。我全年要给全国各地的两三万名中小学老师上课，总有一个问题我要问到的，请在座的除了教科书和参考书之外，读过三五本你觉得有点价值的书的老师举手，大概每次只有10%左右的老师举手，当然可能有的老师不好意思举手。但是整体来说，我觉得中国老师的阅读量太少了。你觉得中小学老师应该读书吗？应该读什么书？他们的教学任务也很重。

朱永新：你这个问题太重要了。第一，俞敏洪也好，我们也好，大家都看到了中国的教师整体上是一个比较优秀的整体，在全世界的教师中，中国教师的收入并不是高的，但是我们的质量，尤其是基础教育的质量还是相当不错的。如果没有这样一群坚守岗位、默默奉献的教师，我们中国的教育不会有今天。第二，我们也不可否认，还是有相当多的教师，他的专业能力是不够的，而专业能力不够和他的阅读量少有非常密切的关系。

阅读为什么很重要？新教育有个很重要的理论，就是教师成长理论。我们认为教师的成长是职业认同加专业发展。职业认同就是认为教师成长有一个动力机制，就是你像谁那样做老师，你像谁那样活着，你怎么理解教师这个职业。另外，专业发展方面我们提出了专业阅读、专业写作和专业交往。专业阅读是站在大师的肩膀上前行，专业写作是站在自己的肩膀上攀升，专业交往是站在团队的肩膀上飞翔。这三者是一个好教师专业成长的最重要的基础。

而其中专业阅读是基础的基础。为什么？因为人类几千年的教育，积累了的教育经验和教育智慧，远远不是一个人在短短的几年、几十年中能够探索出来的，如果有比较好的阅读了，就免去了很多试错的过程。比如说他知道孔子的教育理论，他知道皮亚杰的教育理论，他就知道在课堂里面怎么去解决问题。其实，在一个老师课堂里碰到的所有问题，在过去的课堂里几乎都发生过。所以作为一个好的老师，必须有大量的阅读。我认识的好教师没有一个不读书的，而且没有一个不是下了功夫好好读书的。所以你倡导教师阅读我觉得一点没错，而且我们新教育团队还专门为教师的成长做了一个中国教师的专业成长地图。我们专门研究教师到底应该读哪一些书。

俞敏洪：还有怎么读。

朱永新：对，时间现在都很宝贵，去读那些无用的书、没有太大价值的书就是浪费时间，所以选书也很重要。

俞敏洪：你刚才说的选书非常重要，我觉得第一，确实要读跟教学专业相关的书，这个很重要。比如说你是教语文的，跟语文课文中间所有知识相关的书籍，触类旁通都应该读。其次，我个人认为应该读一些跟教育相关的书。因为教育它从大面上来说，就像你刚刚说的，它有一定的理念。你应该怎么教，学生的心理应该怎么把握，课堂怎么掌控，还有怎么样在孩子不同的阶段，根据孩子的心理特征来提供不同的教学方法，我觉得这些东西就是教育学和教育范围之内的书。第三个层次，我觉得老师应该读其他学科类的书，这样的话，可以扩大自己的眼界，提高自己的思辨能力，这样倒过来对学生也很有好处。

中国教育需更重视情感、态度、价值观

俞敏洪：朱老师，中国基础教育这几十年确实取得了不少成就，而且中国的教育在不断进行变革，你对中国基础教育这几十年如何评价，它的成绩在哪里？它的问题在哪里？我看你的《未来学校》这本书，也提到了中国基础教育改革的问题。

朱永新：中国基础教育总体上来说，在全世界有非常卓越的成就。1949年的时候，中国文盲差不多占全国人口80%，文盲是绝大

多数。70年来，我们的基础教育让所有人都能够有接受教育的机会，解决了办大教育的问题。另外，总体上来说我们义务教育的质量，品质还是比较有保障的，这点相当不容易。另外，前面也讲了我们有一支比较爱岗敬业的、默默贡献的、无怨无悔的教师队伍。但是，我们的教育也有不少问题，这也是我们需要推进教育改革的原因。

俞敏洪：你觉得从面向教育未来这件事情来看，中国基础教育，尤其是老师的教育方法，以及我们教育的内容，现在到底应该做什么样的变革能够使我们的孩子在未来，有取得更大成功的可能性？

朱永新：现在最大的问题就是我们大一统的体系，就是一个标准，一个方法，统一的评价，统一的教学，统一的进度。这把大部分学生主动学习的积极性压抑了。

俞敏洪：国际上有一些地方已经做了个性化学习的实验。但是，像美国的教育制度、英国的教育制度，某种意义上到现在也还是带有大一统色彩，因为变革还没有真正开始。

中国基础教育挺扎实的。但是中国的教育往往有一个问题，它的后劲不足，比如我个人感觉到，学生小学、中学成绩特别好，到了大学开始散漫，有的时候不怎么学习，到最后真正产生科学成就的，或者说技术成就、工程成就这样的人好像并不多。这给我带来了思考。

我觉得中国孩子都聪明，犹太人这么一个几千万人的群体，光诺贝尔奖获得者大概百多人了，每个领域都有。我们中国这么大一个国家，14亿人，每年都是两三亿的小学生，几千万的大学生，但是好像到最后大家后劲都没了，你觉得这个原因在什么地方？

朱永新：以色列本土大概七百万人，全世界加起来三千多万人，但是诺贝尔奖获得者每五个人里面有一个是犹太人，所以犹太人获奖比例很高，而且犹太人在美国社会各界优秀人才的比例也是非常高，甚至能够影响美国的政治生态与重要决策。我们大家都熟悉的一些最伟大的人物，如我经常举三个最伟大的人物，一个马克思，一个爱因斯坦，一个弗洛伊德，他们三个人是改变了人类的三个世界。

出现这种现象一个很重要的原因之一，就是犹太人是全世界阅读量最大的，平均每个人每年超过60本书，我们还不到6本书，这个差距很大。犹太人大约每4000个人拥有一座图书馆，我们每40万人还不到一个图书馆。

俞敏洪：我到以色列去一个最大的感受，在特拉维夫、海法那些地方，耶路撒冷我倒没有看见，在马路边上就有公共书柜。这个书柜它是防雨的，有的是开放的，有一个雨棚罩着。老百姓可以从里面随便拿书，他可以拿书坐在椅子上看，也可以把书拿回去，老百姓读过的书可以自愿地放到那个书柜里去。每隔二三百米我就看到一个书柜，当时我感到很惊叹，犹太人不出名是不可能的，因为它的书无处不在。

朱永新：这还不是最重要的原因，可以说是一个很重要的基础。我觉得最重要的，我们强调标准答案，我们所有的东西都要有一个标准答案。另外一个我觉得很重要的原因，我们的整个教育体系强调的是知识技能，忽略的是情感、态度、价值观，其实情感、态度、价值观比知识技能更重要。

俞敏洪：你觉得我们怎么样能让我们的老师跟学生产生情感、态度和价值观的共鸣呢？

朱永新：今年新年的时候，我写了一封新年信，在我的新浪微博置顶，就是《让教育沐浴人性的光辉》。我觉得教育要多一点人文关怀。这样一种人性的温暖从哪里来，其实我一直说，首先还是要从阅读中来。因为你看人类最伟大的经典，无论是教育的经典，还是我们历史的经典，还是我们文学的经典，都有一个共性，就是关照人，直抵人心、人性的光芒、人性的温暖。所以这样大量阅读以后，自然而然会把人性植入，这是一个。第二，我觉得我们还是应该在教育的过程中要关注到每一个个体，因为人不是一个虚无的概念、一个混沌的概念，它是一个具体到每一个孩子的概念。你关注到每一个人，你自然就会发现他的光芒，发现他的优点，发现他的潜能，然后就会给他更多的关注。

未来学习中心将取代学校

俞敏洪：我读你的《未来学校》这本书，你提出未来教育要以学习中心为核心,不再以学校为核心了,不再把学生塞进现在统一的教育体系。而是让学生自己去选择喜欢学的课程。你来给大家描述一下,你心目中未来的学习中心到底是怎样的?

朱永新: 最核心的东西就是学校(school)不知不觉中消亡了。因为它是一个大工业时代的产物,它整个的设计是一个标准化生产,和大工业的这种生产方式是完全一样的。

我提出的学习中心就不一样,我们刚刚讲到的各种各样的教育问题,都可以通过学习中心来化解。比如说择校,你不需要择校,因为你不是在一个学校学习,你可以在不同的学校学习,比如说未来可能更多的是课程为王,你在哪个学校不重要,重要的是你学的什么课程。我很期待以后新东方带头,在招聘人才的时候,我不看你大学,你哪个大学毕业无所谓,关键你学的什么,你有什么本事。

俞敏洪: 这个就是你在书中提到的学分银行这个概念,就是你学的东西我在第三方的评价公正的学分银行中间能够寻找到痕迹,能够判断出你的能力和特长。

朱永新: 现在的学校什么都是规定好的,几岁上学,差一天也不行,几点上课,规定好的,差一分也不行,什么时候放假,规定好的,什么时候毕业规定好的,学什么课规定好的。这些规定基本上把人的时间、空间全填满了。

俞敏洪: 所以是不是未来学习中心是学生根据自己的特长来选课?

朱永新: 基本的读、写、算的能力要有的。

俞敏洪: 但是对于他感兴趣的那门课,他可以找非常高级的那个课程体系去学习,这样他的特长能够进一步彰显出来。

朱永新: 我一直说,我们的课程体系还是两百年前斯宾塞提出的这套课程体系。现在这套体系学什么,其实也是需要认真思考和研究的。所以在未来学校里面,对于未来学什么,我们也做一个重新的考虑。我觉得学习中心不是简单的一个从学校(school)变成学习中心(learning center),它完全是结构性的变化。意味着随着信息化时代的到来,工业化的教育方式必须要送到垃圾箱去。很多人接受不了,但是我经常讲,十年前买东西,你还是到商店去,现在你已经完全习惯了通过网络去买东西。

俞敏洪：但是现在还有人到商店。

朱永新：商店很大程度上它成了生活方式，它不是一个消费模式。

俞敏洪：是的，我自己个人觉得校园对于学生还是很重要的，为什么呢？有这样一个校园，校园的环境，人与人之间可以进行无障碍的交流，其实校园不仅仅是学习，还包括体育、娱乐、社交、社会能力培养，还有同学之间的友情。我们很难想象，如果我没有四年的大学校园生活，我怎么会有那么好的大学同学，成为一辈子的好友。或者我们三年的高中生活，我们的高中同学变成了一辈子的好友。如果说变成了学习中心，校园没了的话，怎么样解决学生交往、交流、社交、社会能力培养的问题？还有体育的培养，在什么地方呢？

朱永新：现代学校只有几百年的历史，而人类的教育已经有几千年的历史，孔子的同学在哪里，荀子的同学在哪里？那个时代有稷下学宫，那个时候有各种各样的学习群体，学习共同体，这个根本不用担心。我在书里面举到过美国的例子，斯坦福在线高中（Stanford online high school），最近因为疫情，它又开了初中。

俞敏洪：我听说过那个学校。

朱永新：这个学校就没有校园。

俞敏洪：没有校园，同学之间的友情关系怎么解决？

朱永新：第一，成立了俱乐部（club），他们组成以兴趣为中心的俱乐部。我也有个朋友的孩子就在中国，不到学校去。我一直跟他交流孩子不到学校没问题吗？他说没关系，有游泳俱乐部，有拳击俱乐部，有高尔夫俱乐部。

俞敏洪：这些俱乐部是不是也有点学习中心的感觉，只不过学习的是体育。

朱永新：未来的学校就会变成一个个学习中心，变成学习中心以后，它会进一步形成它的特色化资源，学生在那里学习交往。这种交往有很多新的特点，人员不是现在老师给你指定好的，你就在一班，他就在二班，而是一个共同体。就是学生自己组合起来的，他们有共同的兴趣，共同的爱好，共同的学习目标，就像我们现在很多学校里面做的小组学习，美国的高科技高中（High tech high school）也不上传统课程了，他其实就是学习中心。

学习与工作在未来或融合进行

俞敏洪：孩子们从这个学习中心跑到那个学习中心，他中间要有很多切换的，家长是不是就会变得很累，尤其他本身一天到晚要工作，这个问题要怎么解决呢？

朱永新：这是很重要也很有意思的问题。前两天我在"樊登读书会"跟樊登做了对话，在6000多条评论中形成了鲜明的两派，一派就是坚决力挺，认为未来学校的理想太好了，一派就是认为根本做不到，要把家长搞疯了。其实，你看这次疫情，父母和孩子待在家里，但是它说明了一个问题，也就是未来的工作跟现在比可能是另外一种工作方式，就是分散工作、居家工作的情况，弹性工作会越来越多，这还不是最重要的。

最重要的是未来的学习、工作的体系会发生变化，现在的教育最大的问题，是认为学习是为工作做准备的，我把所有东西全部学好了，甚至连学什么专业，今后做什么工种都规划好了，这是工业化的思维方式。按照我的理想，未来工作和学习是交错进行时，我期待的理想模式不是三十岁书读完了才工作，其实二十岁开始，人就应该工作，一边工作一边学习。

俞敏洪：这个年纪就可以开始做工作的实习活动。

朱永新：对，人的创造力在二十来岁可能是最好的时候。你看比尔·盖茨也好，乔布斯也好，美国最著名的创业家都是二十来岁，大学退学下来创业的，说明人的创造性，人的激情，人的创业的这样一种能力，可能等到三十岁已经消磨得差不多了。而二三十岁毕业以后，或者二十五六岁毕业以后，研究生毕业也在二十六七岁，这个时候是一个生活、家庭、工作交杂在一起的时光。所以我是主张未来的学习时间要弹性化，你不一定七岁上学，孩子其实在进入学校前已经开始学习了，在自然中、游戏中学习。然后学得差不多的时候就可以工作了。

俞敏洪：说到刚才的校园，其实我脑海中闪现了一个解决方案。这些学校其实还在，但是这个学校本身它转化成了一个多角度的学习中心，不是一个学习中心，比如说这个学校有五六个学习中心，学生在这五六个学习中心去选择自己学习的内容，孩子在校园里面转，这样解决了家长关照孩子的问题，我指的是小学和初中，也解决了孩子对自己兴趣学习到处寻找的问题。

另外，我刚才还闪现了一个念头，我觉得现在的大学校园有点像"象牙塔"，我在大学里纯粹地学习，纯粹地过学生生活。

所以我觉得大学是不是可以有这样的概念，就是大学校园已经不再像现在象牙塔一样的校园，而是说既是学生学习的地方，又是学生工作的地方。

朱永新：的确是如此，其实不仅是大学。在美国已经出现了一批这样的中学，像我讲的高科技高中，它就是如此，因为它是叫项目式学习。项目式学习就是在做一个一个的项目，很多项目就是自己解决问题，自己出产品，自己出研究报告的。也就是说，它是一个"做中学"的过程。

人在创造性的工作中学习是最有效率的，结合课题来进行阅读，结合课题来进行创造是最有成效的。中学都可以这样，大学更不用说了，所以我认为未来大学的确可以从传承性学习变成研究性学习和创造性学习，它和工作紧密结合在一起。这个我补充你刚刚说的，我是完全赞成的。

前面我讲了父母的问题。父母的焦虑怎么去解决？其实这可能是很多网友特别关心的问题。我引用了一个人类学家的观点，就是我们过去是把学习、游戏塞进了人的童年，把工作塞进了人的青年和中年，把遗憾塞进了人的老年，人生变成三个截然分开的阶段。其实这三个阶段是完全可以打通的，未来很可能像是这次疫情一样，很多父母在人生关键时期，在抚养孩子最关键的时期，他可能陪伴孩子一起学习成长。

俞敏洪：中国的父母也有反映，说他们现在陪伴孩子很吃力，因为孩子学的内容到小学三年级以后父母就不懂了。

朱永新：其实不是不懂的问题，而是我们的教育方式要变化。一个是学习内容本身,还有我们父母本身也是需要教育的。所以我的梦想未来还是要办父母大学,能够帮助父母成长,这是第一。

第二,他有一段时间陪伴孩子成长,现在像我们的年轻人,二十七八岁、三十来岁全部在高强度的工作,未来这肯定不是主导方向。首先,二十岁左右就开始工作了,他从二十岁到三十岁这样一个阶段,他可以选择生孩子、成家、抚育孩子。然后到三十岁的时候,孩子可能已经不小了,他可以再出来工作,就是交替性的工作、在家工作、弹性工作,时间错开工作,这样父母比较好来重新构建自己的职业生涯。

俞敏洪:对未来父母真的要求很高,为什么呢?父母本身学习的东西已经开始过时,紧接着孩子学习的东西要追上,父母要工作,来养家糊口。

朱永新:父母完全没有必要去学孩子学的东西,除非父母本身对它有兴趣,比如说钢琴,父母本身正好也想学钢琴,可以跟孩子一起去学。不是说孩子你学三年级的数学,我也跟你学,完全没有必要。未来的学习难度不会像现在这么大。在我设计的未来学校里面,会大大地降低难度。

俞敏洪:中国的教育,包括它的考评,我觉得有一个比较大的问题,就是学习的难度越来越大。

我个人一直认为,并不是每个孩子都要学那么难的东西,我觉得中国高考内容的难度其实现在是偏高的,又因为这个高考的难度把很多有特长的,或者说是有天赋的孩子发展特长的时间又给占据了,导致中国孩子的天赋能力,或者说特长能力又开始变得没有了。面向未来的教育,这个问题你觉得应该怎么解决?

朱永新:其实我这本《未来学校》里面是这么构建的。国家还要有一个基本的教育标准,因为作为一个公民,你要完成一个能够胜任的工作,具有基本的价值观。这需要有一个最基本的要求,但是这个要求不是现在这样。现在是用最高的标准,北大清华的标准来要求所有人。

俞敏洪:如果说北大清华是将来最好的出路的话,他以北大清华的标准要求自己不算是过分的,因为每个父母希望自己的孩子成龙成凤。在西方国家，比如美国、加拿大，大多数家长对于孩子是不是进牛津、剑桥、哈佛、耶鲁，并不是那么上心，为什么呢？他们觉得我的孩子出来当个工人，每年的收入好像跟大学教授也差不了太多，一个普通人能找到的工作和精英阶层能找到的工作差别也不是那么大，当然了，顶级精英，比如进入了华尔街，或者说变成了大企业家，像马克·扎克伯格这样的，毕竟也是凤毛麟角了。

朱永新：从未来的角度来说，学校的品牌不会像今天那样受追捧，这是肯定的，为什么呢？因为学校品牌其实是在一个社会还没有更好的办法去评价人的时候贴的一个标签。比如说你是北大毕业的，马云是杭州师范学院毕业的，不意味着杭州师范学院的学生就比北大的学生差。但是总体上来说，可能北大的学生，因为经过层层筛选以后，总体的素质会更好。但是从每个个体来说完全不是这样，所以未来呢，学校不重要，重要的是你自己的能力，应该有一套办法衡量能力。学力代替学历，这个是未来很重要的变化。

俞敏洪：我觉得未来中国的社会发展这两个倾向一定会产生，第一个倾向就是现在不起眼的工作，或者低收入的工作，极有可能未来就会变成高收入的工作，因为人们越来越需要这样的工作，当然能够被人工智能、机器人所取代的工作例外。第二，我觉得未来社会的发展取向是人们会更加专注于去做自己喜欢的事情。

朱永新：这个一定是未来的方向。

俞敏洪：而且未来的工作，真正服从老板的工作会逐渐消失，个人自主的工作会越来越多。未来名牌大学的重要性会下降，但是个人能力的重要性会上升。面对这样的一种状态，现在的教育体系应该为它做什么准备呢？

朱永新：现在已经有很多无形的、新的教育力量在形成，现在像无论是樊登读书会也好，无论是罗辑思维也好，新东方、好未来也好，就是各种各样的教育机构，特别是社会教育机构、网络教育机构，未来它都可能发展为学习中心。

俞敏洪：每一个中心都培养人某方面的能力，如果工作中间需要这个能力，他就在那个地方进行培养。培养到最后拿到了公共评价的合格证以后，他就可以去参加这个工作。

这让我想起来了我到法国去看到一件事情，法国有一个著名的厨师学院，叫蓝带学院。那个学院其实就是一栋楼，但是很多法国人宁可不上大学，也去那个学院学习，经过那个学院培养以后的毕业生就能够到米其林餐厅，或者五星级酒店去工作，拿到的钱比大学生还要多，而且还很受人尊敬。

朱永新：我在《未来学校》这本书里面专门有一章讲，未来会进入一个叫"能者为师"的时代，什么叫能者为师？也就是社会最优秀的精英群体来做教师，就像蓝带学院一样，它在这个领域是最顶尖的。未来最顶尖的艺术家他会成立艺术课程公司，来教人家学艺术。最顶尖的运动员他会开体育课程。政府会购买服务，然后把更多的就学券给那些穷孩子，边远地区的人，让他想学什么都有机会，所以在这样一个教育的构架中，可以极大程度消除教育的不公平，因为现在你指定你只能在这个学校，他在乡村没办法选择最好的课程。

未来的学习中心体系中，国家会建立一个大的教育资源平台，把最好的课程无偿地、通过购买服务的方式提供给所有的人进行学习。

新技术的发展会改变整个教育生态

俞敏洪：朱老师，再问你一个问题，高科技对于教育已经产生了深刻的影响，面对未来的教育，你觉得这些影响会体现在哪些方面？互联网、5G、人工智能、大数据、区块链等等，会对教育的变革带来什么样的影响？

朱永新：这种影响太大了，因为未来学校基本的构架，其实就基于互联网、大数据、人工智能这样一个新的背景，过去你很难做得到。所以，未来比如说评价，现在我们是通过一次性考试，如高考、中考来评价一个人，未来不需要有这样的考试，未来所有的学习过程可以原生态地通过大数据来呈现。

俞敏洪：就把你的学习过程记录下来，而不是说靠一次两个小时的考试来决定。

朱永新：对，比如说弹一段钢琴，作弊也做不了，自己影像资料在里面，如果再有证书，再有第三方认证，它比现在一次性的考试要更可靠。未来教育，我提出来认知外包的概念，所谓认知外包就是很多记忆性的知识不需要了。凡是互联网上能够搜到的东西，没有必要成为你的教学内容。

俞敏洪：不要死记硬背。

朱永新：对，所以它更多不是培养记忆能力。另外，学习的过程它会自动分析。比如说你在做数学题的时候，它会告诉你哪一个方面有问题，你在做语文的时候，它会告诉你需要提高词句方面的能力，还是理解方面的能力，它会帮你分析你最需要什么，所以整个新的技术的发展会改变整个教育生态。另外，传统课堂为什么可以取消？虚拟课堂可以有同样的效果，包括实验，它完全可以仿真，它可以完全进入一个模拟的真实场景，所以整个的高新技术在教育过程中发挥的作用会越来越大，极大程度地提高整个教育的效率。

俞敏洪：这个让我想起了我参观的两个地方，一次是在法国，参观了一个它的虚拟现实实验室。那个学校是教学生修汽车发动机的，我发现学生完全可以虚拟地拆散发动机，组装发动机，并且完全可以每一个零件都在虚拟中间完成。他们说孩子在虚拟的现实中间完成以后，再到现实中汽车修理厂的时候，他完全知道哪个零件在什么地方。如果说这个学校只有真实的发动机才能完成教学的话，成本会提高很多，因为那个公司学生学的发动机都是非常高级的发动机。

还有一次是新东方的隔壁微软，他们让我去看了他们研发的虚拟现实。对人的身体解剖，已经完全达到了戴着虚拟眼镜，就可以对人的身体每一个地方进行解剖的状态，我觉得这个也会在医学领域中引起革命。

朱永新：过去是你在一个校园里，一个班级里才是同学，未来在整个网络上也可以做同学。《大学的终结》不知道你有没有看过？他们在麻省理工学院学的这门生理课，全世界都有同学，他们之间有非常紧密的联系。

俞敏洪：兴趣爱好是一样的。

朱永新：最小的16岁，最大的82岁，所以它完全是超越区域、超越年龄、超越性别的。

学习的泛在化和终身化将是重要方向

俞敏洪： 还有一个问题，朱老师，随着知识的不断革新，其实世界已经进入了终身学习的时代，我认为大学毕业只是学习的开始，而不是学习的结束。

举个简单例子，我在大学读了五六百本书，我从大学毕业到今天应该读了两三千本书。也就是说我大学毕业以后读的书比大学里面读的书还要多得多，我在大学毕业以后花在英语上，还有其他方面学习的时间可能比大学也要多。即使这样，我到今天也觉得我的知识面、眼光都有点跟不上这个时代的发展。比如说到现在为止我真心地想要去学一学数学，因为我在企业管理中间，碰到了太多其实需要数学知识才能够进行思考和解决的难题了。

对于这样的一个时代：大家焦虑、追求知识，渴望知识，没有时间去学习知识，面对时代的发展，又不希望自己被时代抛弃，你觉得这些成年人应该用什么样的行动，应对这个时代呢？

朱永新： 这样的感叹在庄子的时代就已经有了，"吾生也有涯，而知也无涯。以有涯随无涯，殆已！"因为我们现在这一套学习制度，完全是为工作做准备的。未来学习不是简单为工作做准备，第一，你刚刚讲的，我觉得学习的泛在化和学习终身化是未来非常重要的方向。也就是说，不是说你上学才叫学习，现在我们把幼儿园叫作学前时期，认为学前它是不学习的，其实这个理解是错的。我们在小学有母校，中学有母校，幼儿园没有母园。其实幼儿园是人生学习的开端，我认为是人生最重要的时期。有一次好像是在法国，召集诺贝尔奖获得者开会，就问那些大科学家，说你人生最重要的学习在哪个时期？那些伟大的科学家几乎都说是幼儿园。

俞敏洪： 中国有句古话，叫作"三岁看大，七岁看老"。

朱永新： 对，其实你用现在人的脑图来看是有道理的。我看过人在一个月、两个月、两岁、三岁到七岁之间大脑发育的过程，到三岁的时候儿童的大脑发育跟成年人已经相差无几了，所以那个时候是人的学习能力最强的时期。所以未来人的学习，为什么不打破现在这种固定的阶段呢？其实人的创造性，人的主动性被激活以后，他自然而然会不断地学习。

俞敏洪：真正的学习者跟学位是没有关系的。

朱永新：没关系的，其实你可能更重要的是你在北大期间，甚至于北大之前，你对世界的好奇心，你学习的这样一种动力、机制推动了你的发展。现在整个教育的中心不是教，而是学了。我们要把学的方法、把学的能力教给学生。

俞敏洪：这点真的是让我很有感慨，因为我觉得我在北大，坦率地说，真正在课堂里学到的东西也不是那么多，而且我大三得了肺结核以后，大三、大四那两年我都没怎么学习。但是我觉得北大教会了我两个东西，第一个是对于知识的渴望，尤其是对于非课堂知识的渴望。我觉得第二个在北大给我带来比较好的东西，是独立思考能力。去自己独立思考什么东西对我有用，什么东西对我没用，自己去寻求对自己有用的东西来学习。这两点到现在还在陪伴着我，一个是对于知识的渴望，第二是独立思考判断的能力，恰恰如你说的。如果说北大教会了我东西的话，不仅仅是具体知识，更多的是我对于学习的态度。

对于终身学习来说，我们是不是可以做这样一个结论。一个拥有终身学习能力的人，不是读了多少书的人，不是拿了多少学位的人，而是他知道什么书应该去读，知道这样读的书跟自己的人生怎么结合，怎么用到自己的人生中间去，让自己产生更大的能力和更大的生产力，最后为把自己带到下一阶段，做更好的准备。

朱永新：其实仔细想一想我们每一个人，现在所运用的知识体系，有多少是在学校里学的？绝大部分都不是，绝大部分是自己构建起来的，是在成长的过程中不断自我学习去构建起来的，所以我在书里面举了世界教育创新峰会的一个调查，他们问世界的教育家，学校里学的这些东西有用的有多少，平均数只有17%。

俞敏洪：真的，关键是世界发展速度太快了，以至于在你上大学的时候学的东西本身是有用的，等到你大学毕业就没有用了。比如说技术，按照摩尔定理，每一年半技术更新一倍，你在大学学的东西，等到你毕业的时候翻了快三倍了，是这样的状态。

尊重孩子天性，享受教育很重要

俞敏洪：谢谢朱老师，最后的时候，我想请朱老师给我们的网友们一点教育的鼓励和支持。

朱永新：谢谢敏洪，也谢谢各位网友这么长时间聆听我们的交流。其实我觉得教育真的是非常关键的、重要的一项事业，无论是对个人，对家庭，对社会，对国家，对民族，乃至于对世界，对人类，我觉得都是奠基性的大事情。虽然教育这件事情看起来似乎很简单，每个人都能说，但其实我们对于教育有很多误解，包括我们在制定教育政策，包括家庭里面在实践教育方法的时候，很多教育的理念，我觉得是需要更新的。我觉得很多教育的常识，比如说成长比分数更重要，成人比成才更重要，幸福比成功更重要等等，这些教育的常识没有成为社会的共识。或者，我们虽然认识到了，但是，落实到自己孩子身上的时候，往往我们就忽略。

俞敏洪：往往想的是一套，做的是另外一套。

朱永新：但是如果说真正这么去想，也真正这么去努力，就不会去纠结了。如果你认识到每个孩子都是不一样的，认识到每个孩子把他的潜能发挥出来了，你把他的人性真正地温暖了，让他有向上的力量了，其实这样的孩子无论他上什么学校都不重要，他一定会走得很好。

而且今后的社会，它是一个更加开放、更加多元、更加重视人的真才实学的社会，我觉得这一定是发展的方向。我觉得我们的父母，第一不要太为自己的孩子纠结，要尊重孩子的天性，要尊重他自己的选择，让他沿着他最好的方向发展。不要用邻居家孩子的标准来要求自己的孩子。

第二，我觉得享受教育很重要。无论你是一个老师，还是父母亲，还是一个孩子，要享受教育的过程，不要把它作为一个负担，我觉得这点很重要。这两个月以来，我就注意到，有一些父母很焦虑，他觉得这个压力太大了，负担太大了。有一些父母很开心，他觉得难得人生有这么一个跟孩子在一起的时光，他跟孩子一起讲故事，一起做游戏，他享受了很多过去没有享受过的温暖。其实大家都是一样在家里，你用不同的态度，你就有不同的体验，有不同的人生，所以人生我觉得态度是很重要的。

俞敏洪：我们的家长最重要的能力是要让孩子爱上学习，而不要爱上分数，因为分数只是表象，学习能力才是重要的东西。

非常感谢今天各位网友对于教育夜话的参与。我觉得中国教育的话题是一个特别重要的话题，所以未来估计我们会就教育各方面的话题，比如家庭教育、幼儿教育、中小学教育、职业教育、大学教育等等话题，再不断地来倾听朱老师的高见。

中国教育一路走过来，走过了这么多年不平凡的岁月，也相信中国教育在未来的岁月，随着跟科技的结合和世界的接轨，将会走得更好，谢谢各位网友。

朱永新：应该说，在这样一个大变革的时期，中国教育是最有希望的，只要我们一起努力。谢谢大家！

俞敏洪：我们一起为中国教育的未来而努力。谢谢各位网友，今天我们的直播到此为止，谢谢大家！

（发表于 2020 年 4 月 14 日《新浪财经》，本文有删改）

人民政协网："让乡村的孩子得到优质的书籍"
——全国政协常委朱永新谈"读书与扶贫"

编者按：4月23日是第25个世界读书日，全国政协委员读书活动于当日正式启动。在此背景下，本刊和人民政协网联合邀请了全国政协常委、民进中央副主席朱永新谈读书，并截取部分刊发，以飨读者。

记者：今年是脱贫攻坚的决胜年，您怎么看教育脱贫的问题？我注意到在很多次的教育调研中，您都要走进学校的图书馆去看看，为什么？

朱永新：真正解决贫困问题，维护社会长期稳定，教育是很重要的一环。目前，我们解决了让孩子有学上、上学之后能就业，是了不起的壮举。但是，如何保证每个人的学习能力，还有很长的路要走。

近几年，我跟随全国政协前往许多乡村学校调研发现，乡村学校和城市学校在硬件上，无论是学校的房屋建筑，还是营养午餐等，差距不算大，但仍有两大问题没有解决：一是师资队伍，二是师资水平。在短时间内实现城乡真正的一体化，相对较难。但是，这不妨碍我们探索另一条实现路径，那就是阅读。伟大的苏联教育家苏霍姆林斯基曾说过，当一个乡村的孩子能够与城里的孩子读同样多的书时，他们精神发展的起点就站在了同一起跑线上。我想，如果我们乡村的孩子能够读到和城里孩子一样优质的书籍，并能够得到一样好的读书指导，那么城乡孩子的发展，就会大大缩小差距。

国外有很多案例研究证明了这点。前几年，我组织翻译了《知识匮乏：缩小美国儿童令人震惊的教育差距》，其中讲到美国由于阅读差距而导致教育水平与学业水平差距的事实。研究发现：造成美国家庭和家庭之间、学校和学校之间、区域和区域之间教育差距的原因，是阅读的差距。所以说，缩小阅读差距，也是缩小教育差距、推进教育公平的一个路径。

记者：如何让乡村孩子获取更多、更优质的阅读资源？

朱永新：首先，建立中小学图书馆配书标准。目前，农村中小学图书馆配书缺乏统一标准，建议国家出台相关规定，详细明确图书馆应配什么样的书，以及图书馆该如何开放等。近年来我调研发现，很多农村学校的图书馆，有的不开放或每周只开放一两次，有的图书馆配书不适合该年龄段的学生阅读。为此，要建立标准，配好图书。

其次，给贫困孩子发放"书包"。在英国，有"阅读起跑线"计划，孩子生下来会给他一个书包，书包里有书目，也有要读的书。我们可以给贫困地区的学生发放书包，甚至书架，这是投入最少、效率最高的一个教育扶贫办法。同时，希望能有更多的老师、志愿者走进乡村，帮助那里的孩子培养阅读兴趣和阅读能力。

记者：互联网技术的发展对阅读有什么影响？

朱永新：每一次技术革命，大家都有或多或少的担心，从电视到电脑、手机，大家都担心这些新兴科技产物不断地将人们从书桌前拉走。从某种意义上来看，电视、电脑、手机这三块屏幕确实把人们从传统的阅读中带走了。但他们也为阅读提供了很多可能性，像"喜马拉雅"这样的听书平台让阅读从"看"变为"听"，短视频平台上很多账号分享书中精彩的篇章，吸引大家阅读全书。随着阅读形式越来越多样化，虽然纸质阅读出现一点下降，但我国整体的阅读量呈上升态势。尤其是在网络技术的快速发展下，无论是通过手机还是专门的阅读器，阅读的体验与纸质阅读越来越相近，我们可以在上面做批注、画线、撰写读书笔记等。另外对眼睛的保护也越来越重视，所以新兴阅读形式与传统阅读之间的鸿沟越来越小。

阅读是随人类发展不断变化的过程。字，最初刻在石头上，后来刻在竹简上、羊皮上，再后来才有纸。随着现代科学技术的发展，阅读的形式、载体会发生变化，但是阅读本身不会变，阅读只有人类才有，人类是借助文字符号来进行思考的物种。同时，人类通过这样的方式把前人的智慧传承下来，不断地在传承的基础上创新。人类的进化，在很大程度上讲，是靠智慧与阅读。

记者： 年轻人在毕业步入社会时，往往有很多困惑，此时，应该读些什么样的书？

朱永新： 刚刚步入社会的年轻人可以读些文学类的书，当你还没有社会阅历时，在文学书里可以见识到各种各样的人，他们如何做事，如何与人相处等，经典的文学作品能帮助我们更好地洞察人性和人际关系。还可以读些心理学的书，像卡耐基的书，可以帮助训练表达能力、人际沟通能力。另外，年轻人初到社会，难免会碰到各种各样的困难、矛盾、挑战，可以读些类似《意志力》这样的书，学习如何去克服它、化解它。

记者： 如何更好地培养孩子的阅读习惯？

朱永新： 美国有个教育理念，让孩子爬进图书馆，即在孩子还没有学会走路时便把他带到图书馆去感受阅读的氛围。所谓亲子共读，就是跟孩子一起读书、一起讲故事，帮助孩子走进阅读的世界。根据脑科学研究显示，人脑成长的关键时期在14岁之前，如果此时养成了良好的阅读习惯，培养起阅读兴趣，会终身受益。

（发表于2020年5月6日人民政协网，本文有删减）

人民日报海外网：海客"两会"对话朱永新

编者按：2020年5月20日，全国政协常委兼副秘书长、民进中央副主席朱永新委员做客海客"两会"对话，畅谈教育话题。

对于疫情防控期间，中国在线教育的表现怎么样？在线教育未来将走向何方？朱永新委员有哪些评价和判断？对于脱贫攻坚中如何强化教育扶贫力度，促进扶贫与扶志相融合，朱永新委员又有哪些建议？朱永新委员对中国教育的发展又有何期待和展望呢？敬请收看本期对话。

记：各位网友大家好，欢迎收看人民日报海外版海外网大型融媒体系列视频访谈节目——海客"两会"对话。又是一年"两会"时，今天我们非常荣幸地邀请到全国政协常委兼副秘书长、民进中央副主席朱永新委员来做客，跟我们聊聊"两会"热点话题。

朱：各位网友好，各位海外同胞，大家好。

记：教育事关千家万户，攸关国家人才的培养和选拔。每年"两会"期间，教育方面的话题都会成为讨论热点。首先我们围绕疫情防控期间的在线教育发展话题进行讨论。新冠肺炎疫情突如其来，我们说"停课不停教""停课不停学"，疫情防控期间，面向全国大中小学生的大规模在线教育，既是对教育系统的一次重大考验，也对推进教学方式改革颇具启发。

5月14日，教育部召开新闻发布会，介绍疫情防控期间的在线教育情况。截至5月8日，全国有1454所高校开展了在线教学，参加在线学习的大学生共计1775万人。截至5月11日，国家中小学网络云平台的浏览人次数达到了 20.73 亿。那么，疫情防控期间，您认为中国在线教育的表现怎么样？在线教育在战疫中积累了哪些经验呢？

朱：疫情防控期间，我们进行了一次中国历史上最大规模的"互联网+"教育实验，这也是多年来我们在线教育成果的一次大检阅大检验，应该说积累了不少经验，也有不少教训。

我觉得最重要的有三个方面：第一，我们的整个互联网教育硬件设施建设，到底应该怎么样去做？第二，我们互联网教育的资源建设到底应该怎么样去做？第三，我们互联网教育的成果评价到底应该怎么样去做？在这三个方面，既有经验也有教训。

记：对于广大中小学生来说，这是一场史无前例的大规模在线教育实验，也取得了积极成效。对于高校来说，本次在线教育的规模之大、范围之广、程度之深同样是前所未有的创举。那么如何才能保证在线学习与线下课堂教学同等质量呢？

朱：我觉得这个问题的本质不是等效，不是同等质量，而是它怎么样真正的融合。线上学习和线下学习是不可相互替代的。这一次疫情防控期间，问题出在我们很多地方是把线下课堂简单地搬到了线上。这样一来，它是很难做到等效的，因为线下学习与线下学习的特点，两者之间是一个相辅相成的关系。所以从问题本身来说，我觉得教育质量应该是1+1>2。如果说我们原来的结果是1的话，那么现在加上在线教育以后，它应该是1+1>2，这样才能产生互联网教育最根本的成效。

记：您谈到了关于在线教育的融合问题，1+1>2的问题。您能不能谈谈在线教育未来发展将会有一些什么样的趋势？这是不是意味着互联网教育的春天到来了？未来，在线教育如何从新鲜感向新常态转变呢？

朱：我觉得这个问题提得非常好。很多人也在担心，随着复工复学的开展，回到学校以后，会不会又把在线教育丢到一边去？怎么样从在线教育的新鲜感向新常态转变，怎么样从单声道向双声道转变，怎么样从教师中心向学生中心转变？我觉得这是未来教育中一个非常关键的问题。也就是说，在线教育经过疫情考验以后，我们发现了不少存在的问题,比如说硬件建设还不够,经常发生卡顿,收看不是很便捷,流量费也很高等等,这些问题都需要进一步改进。

同时教育资源也不够。现在国家教育平台还没有完全建立起来,整个教育资源,国内的国外的,城市的乡村的,还没有整理成一个能够让大家选择性更强的教育资源。另外,从评价体系来说,在线学习情况怎么样?我们还没有像线下教育评价那样有经验。所以迫切需要对在线教育今后的发展进行研究。

去年我出版了一本书叫《未来学校》,这本书对未来的线上线下结合做了一个比较全面的探讨。第一,我们要建立一个国家教育资源平台,能够帮助不同类型的学生,不同区域的学生,去找到最适合的学习资源。这个资源是分层的、多元的、可选择的。第二,未来一定要从教师中心向学生中心转变。所谓向学生中心转变,就是说一切是围绕学生来展开的,根据学生的需要来定制,根据学生的学习能力、个性发展来选择学习内容、学习方法。第三,未来一定是一个以项目型学习、团队型学习、合作学习为主题的新的学习方式。所以我觉得,这一次疫情提供了一次大演习,也帮我们找到了未来教育更好发展的一个新方向。

记:朱委员对在线教育未来的发展做了一个很深刻的展望。我们下一个讨论话题仍然是与教育相关的,讨论一下关于教育扶贫的话题。2020年是脱贫攻坚的决战决胜之年,教育扶贫是一种内生动力的培育,能否请您谈谈如何强化教育扶贫的力度,促进扶贫与扶志相融合呢?

我们听说朱委员这几年来每年都会走进将近100所不同区域、不同类型的学校进行实地调研,您能不能谈谈在具体的调研实践中,您认为应该如何保障贫困家庭子女获得教育机会、教育资源和教育资助,有没有一些相关的案例和故事可以跟我们分享的?

朱:这几年来,我们民主党派受中共中央的委托,对脱贫攻坚进行了民主监督。我们民进中央对口湖南省,在几年的民主监督过程中,我们和湖南省一起走进了很多学校,走进了很多区域,发现教育扶贫其实是最根本的扶贫,是内生动力,是解决可持续发展的一个最根本问题。如果一个家庭有一个孩子接受了良好的教育,无论是职业教育还是普通教育，基本上全家都可以脱贫，特别是经过教育以后能够找到一个比较理想的工作，就有了可持续发展的动力。

我们在调研的过程中发现有几种情况特别值得关注。第一，普通话和脱贫。因为国家通用语言文字学习，对于很多少数民族地区、贫困地区的脱贫致富起到非常重要的作用。加大国家通用语言文字的推广普及力度，是教育扶贫的一个非常重要的基础。

第二，怎样更好地开展弱势人群尤其是残疾儿童的教育。我们注意到残疾儿童的教育还是一个短板，特别是一些重度残疾儿童很难到学校去上学，我们就采取送教上门的办法。但是在送教上门的过程中存在两个问题，一是，缺乏统一的标准。各个地方送教上门的次数不一样，教学的内容不一样，教育质量很难保证。二是，缺乏优质的图书。如果农村的孩子跟城里的孩子都能够得到最好的书，都能够和那些最伟大的经典去对话，那么他们在精神发展的起点上，就有了站在同一个起跑线上的可能性。所以，他们虽然不一定都能够得到好教师，但是他们都能够得到好书，这样能够让他们更好地去发展。

记：朱委员刚刚对教育扶贫方面提出了几个很关键的问题。我记得您说过一句话令我们印象很深刻：社会公平的基础是教育公平，当社会能够为所有的受教育者提供相对公平的教育资源时，不同区域不同群体的学生才有可能站在同一个起跑线上。这令我们印象非常深刻。您能不能够再分享一个您在调研中具体看到的案例？

朱：我提出农村中小学图书馆建设要规范化标准化，像营养午餐一样。采购什么书，要有国家标准，把最好的书放到书目里去，而不是送来什么书就读什么书。对于开放时间要有规定，很多地方都不开放，不开放就等于形同虚设，等于一堆废纸放在仓库里。对于图书管理人员的素质要有规定，很多地方基本上没有管理人员，也没有工作量。所以，农村中小学图书馆建设，是一个很大的问题。

记：我们下一个问题是关于民进，我们知道这是一个以教育文化出版为主界别的参政党，所以能否请您介绍一下今年"两会"民进中央提案的情况，来自民进的代表委员，他们最关心教育领域的哪些问题？谢谢。

朱：民进的确是一个"教育党"，我们60%的会员来自于教育界,尤其是基础教育界。从界别上来说,我们是一个以教育、文化、出版、传媒为主要界别的参政党,所以今年我们准备了18件教育文化新闻出版传媒的党派提案,其中教育类就有13件,这些提案是我们从200多份提案素材中筛选出来的。这些提案来自于民进中央的专门委员会、省级组织、民进中央的合作平台和特邀专家,以及民进中央召开的一些重要论坛会议。今年,在教育领域,我们重点关注的是落实中小学办学自主权,加快推进教育财政投入体制机制的改革,加快建立"互联网+基础教育"的公共服务体系,重视农村地区义务教育质量的问题。在文化领域,重点关注进一步完善政府向社会力量采购公共文化服务体系的问题,等等。

在教育上,我想首先是关于落实中小学办学自主权的提案,这是个老问题。因为中共十八大以来教育领域的体制改革不断地深化,简政放权得到了发展,学校、社会、政府之间的关系也在优化。但是总体上来说,我们觉得教育发展的活力还没有得到充分的释放。教育领域的人财物资源配置,存在着交叉管理、边界不清、效率不高的问题。对学校的检查评估太多,太频繁,很多校长一天到晚忙着开会,忙着应付检查。很多专项经费的管理不到位,下拨不及时,很多时候学校干完了,钱还没到,使用效率也比较低,对学校的内涵发展的指导也还不够。另外中小学内部有效管理和正面强化的机制还不够完善。现在虽然有学校章程,但是章程大部分是流于形式,职称评定也有很大的问题,很多教师反映中小学教师的职称评定没有发挥很好的激励和引导的作用。社会力量,特别是家校合作方面,也没有比较有效的推进。

第二是关于教育财政投入体制改革的提案。教育投入是一个很大的问题,特别是这一次疫情以后,国家财政可能会比较困难。中央和地方的教育事权和支出责任划分还有待于进一步的明晰。现在共同事权和财政事权过多,分割不是很清晰,财政经费中教育经费的结构也不是很合理。另外就是政府财政投入为主,多渠道筹措教育经费的机制还不够健全。特别是关于民办教育的问题,现在大家认识还比较模糊。所以我们提出了要认真研究后4%时代的财政教育经费投入能够进一步稳定增长这样一个长效机制。同时按照人员、公用和基建三大类的教育经费的目标,能够分不同的教育阶段来明确,明确财政事权和支出的责任,哪些钱由中央政府出,哪些钱由地方政府出,我们现在对这个方面还不是很清晰。

第三是关于加快建立互联网加基础教育公共服务体系的提案。这个提案也是我跟参政议政部反复商量,我说我们要就这个问题好好发力,明确提出一个建设教育的新基建。我们知道新基建是国家在下一轮经济社会发展中要加大力量去投入的问题。其实教育的新基建也同样面临这个问题。现在我们整个教育的数字鸿沟,其实在一定程度上是拉大了。教育信息化平台建设运营成本比较高,浪费也比较大,很多地方还是在走以校为本的教育信息化的老路,这些都不符合未来互联网发展的新方向。教育信息化的公共服务体系还不够接地气,怎么样建立一个从国家、省、市、县、校整体化的一个教育信息化的公共服务体系,各自怎么定位,各自有什么责任权利义务,需要认真研究。所以我们提出要加大国家对教育基础设施的投入,特别是尽快发展5G教育,农村的村村通基本实现,但是户户通还差得很远,而没有户户通,孩子们在家学习,通过网络学习几乎不可能。另外就是教育资源的建设,应该鼓励以国家研发为主,收购社会一些优秀的互联网企业研发的优秀课程,这样水准更高、起点更高。

最后是关于农村地区的义务教育质量怎么样进一步提升的提案。我们在调研中去发现,农村的义务教育质量整体还是相对比较落后,这个和我前面讲的第二个问题有很大的关系,就是我们结合脱贫攻坚,怎么样去提升农村教师的队伍素质,怎么样去加强农村图书馆建设,怎么样去推动整个城乡教育的一体化,这些都是我们这一次关注的主题。

记:我们知道你有一个提案是关注全民阅读、建设书香中国,您能否给我们介绍一下提案的相关内容?

朱:建设书香中国,这是我们民进作为一个教育党发出的一个非常重要的声音,也是我们多年来长期关注教育,关注阅读的一个很重要成果。我们觉得一个国家怎么样才能有力量,一个国家怎么才能有凝聚力,一个国家的公民怎么才能有共同的语言、共同的密码、共同的价值,这个就需要我们大家一起来读书,一起来和我们优秀的传统文化去对话，最伟大的经典能够帮助我们提升精气神，帮助我们拥有更多的正能量，建设真正意义上的书香中国。所以这一次民进中央是有备而来，希望在"两会"中能够发出我们参政党的声音。

记：刚刚您提到的这几个问题，确实都是教育领域特别受关注的一些问题。教育是民生之基，事关千家万户的幸福，能不能在节目的最后，请您用一句话来简单地表述一下您对教育事业发展的最大期待。

朱：教育强，国家强，未来强，教育也是人成长的最重要的力量。所以我们重视教育，未来才有希望。

（本文为2020年5月20日人民日报海外网海客"两会"对话访谈实录，文字有删减）

人民网·中国共产党新闻网：朱永新：创新机制搭建平台　认真履行基本职能

主持人：各位网友大家好！欢迎收看人民网2020年全国"两会"特别访谈节目"高谈客论"，今天我们邀请到的嘉宾是全国政协常委、副秘书长，民进中央副主席朱永新。朱主席您好。

朱永新：您好，各位网友大家好。

主持人：请您介绍一下今年全国"两会"民进中央提案和大会发言的有关情况。

朱永新：在提案工作方面，民进中央今年共收到提案素材稿695份，主要来自民进中央9个专门委员会、29个省级组织、参政议政特邀研究员，以及参政议政合作平台、民意信息转化等方面。经过参政议政部门初评修改、专家研讨论证、民进中央主要领导和分管领导审核把关等程序，初步形成了拟提交全国政协十三届三次会议的党派提案46件，其中重点推荐提案14件，涉及教育、文化、出版、经济、科技医卫、资源环境、社会法治等领域。

从提案内容来看，体现教育文化出版主界别特色的提案18件。其中教育类13件，主要涉及落实中小学办学自主权、加快推进教育财政投入体制机制改革、加快建立"互联网＋基础教育"公共服务体系、高度重视农村地区义务教育质量等问题；文化类2件，涉及进一步完善政府向社会力量购买公共文化服务体系和推进我国博物馆法律制度建设等问题；出版类3件，涉及加强新闻媒体群众工作、加强少儿出版物质量监控和加强我国著作权集体管理等问题。

在围绕党和国家中心工作、反映百姓关注的热点问题方面，拟提交经济建设类提案 10 件，主要涉及以产业结构稳步升级促进经济高质量发展和加强扶贫项目后续资产管理等内容；科技医疗卫生类 6 件，涉及促进健康管理服务发展、完善我国疾控体系要注重关口前移和打通科技成果转化"最后一公里"等内容；生态建设类 7 件，涉及推进粤港澳大湾区低碳转型和高质量发展协同、加快推进黄河流域上中游地区水环境综合治理和进一步完善长三角区域污染防治协作机制等内容；社会法治类 5 件，涉及进一步健全完善最高人民法院巡回法庭职能定位、加强审判活动监督指导、打响清理野味库存专项行动等内容。

在发言工作方面，我们今年提交政协大会的发言为"推动全民阅读·建设书香中国"。之所以选择这个题目，是因为阅读是提升国民素质、缩小教育差距、推进教育公平最直接、最有效、最廉价、最便捷的路径。从个体来看，阅读可以获得知识、启迪智慧、滋养心灵；从民族来看，阅读可以帮助形成正确的价值观，增强文化自信，提升民族荣誉感与自豪感。可以说阅读能力的高低，直接影响到一个国家和民族的未来。民进中央长期关注，并在多个场合倡导全民阅读。2019 年 8 月，习近平总书记在兰州考察读者出版集团时说，要提倡多读书，建设书香社会，不断提升人民思想境界、增强人民精神力量，中华民族的精神世界就能更加厚重深邃。近期，汪洋同志也指出，包括各级政协委员在内的知识分子群体，应自觉做好"领读人"的角色，承担阅读倡导、价值引领的责任，带头读好书。推进全民阅读、建设书香中国正在逐渐成为全社会的共识。为此，我们今年提交政协大会的发言为"推动全民阅读·建设书香中国"，旨在推动立法进程，为深入推进全民阅读提供法治保障；积极主动引领，提高全民阅读水平；凝聚社会力量，丰富全民阅读形式。

主持人：请您介绍一下 2019 年民进中央在参政议政工作方面的特点和亮点。

朱永新：2019 年是新中国成立 70 周年，也是全面建成小康社会、实现第一个百年奋斗目标的关键之年。民进中央聚焦党和国家中心任务，创新工作机制，搭建活动平台，加强上下联动，认真履行基本职能，以议政建言的丰硕成果助力实现参政党履职尽责新面貌，参政议政工作呈现出明显特点和亮点：

一是参政议政工作成果丰硕。在政党协商方面，认真做好参加中共中央、国务院召开或委托有关部门召开的党外人士座谈会、情况通报会有关工作，民进中央领导分别就坚持和完善中国特色社会主义制度、推进国家治理体系和治理能力现代化，经济形势和经济工作、政府工作、优化营商环境（大调研）等重大议题，认真发表协商意见和建议，完成向中共中央报送的 7 份建议书。在年度重点考察调研方面，按照中共中央关于优化营商环境的政党协商选题，以"深化'放管服'改革激发微观主体活力"为主题开展年度重点考察调研，以教育、文化服务业为重点领域，赴陕西、湖北进行实地调研，组织各专门委员会和 16 个省级组织开展同步调研，共形成 25 份调研报告。在政协大会和协商座谈会方面，向全国政协十三届二次会议提交党派提案 46 件，民进组提案 11 件，9 件提案被列为重点提案，作题为《用优秀文化产品提升文化自信》的口头发言。分别在 3 次常委会上就"加强制造业知识产权保护""发展互联网＋教育""推进教育治理体系和治理能力现代化"作口头发言；承办"加强农村基本公共文化服务建设"专题协商座谈会；6 位民进政协委员在"加强幼教师资培养"双周协商座谈会上积极建言。8 件提案入选全国政协成立以来最有影响力的百件提案。2018 年的 5 件提案入选全国政协首次评选的年度好提案。在社情民意信息工作方面，向全国政协、中共中央统战部报送社情民意信息 624 期，60 篇被全国政协采用，在各民主党派中央和全国工商联中位于前列。《射钉枪管控盲点亟须填补》《民营医疗机构假借"慈善医疗"骗取医保基金行为危害大》《建议加强对废弃渔网的管理》等专报党和国家领导同志，《办好农家书屋　推进全民阅读》《中美汇率争端前瞻与对策》《关于加速长三角区域教育一体化发展的建议》等被报送有关部委，得到推动落实。

二是民主监督工作扎实有效。在脱贫攻坚民主监督方面，聚焦"两不愁三保障"目标任务的精准实现，重点围绕义务教育有保障、基本医疗有保障等问题，组织开展多种形式的脱贫攻坚民主监督调研。先后两次在长沙召开民进中央湖南省脱贫攻坚民主监督工作座谈会，就年度监督计划沟通情况、取得共识；就年度监督发现的问题交换意见、提出建议。形成《民进中央2019年对口湖南开展脱贫攻坚民主监督工作情况报告》，报送相关建议。连续第三年举办脱贫攻坚民主监督工作培训班、工作座谈会。推动帮扶与监督相结合，组织民进中央科技医卫委员会专家在湖南怀化开展医疗帮扶。

此外，在最高人民检察院主要领导来访的座谈会上，就民进和检察系统保持长期合作交往，共同努力为完善多党合作制度和推进法治建设作贡献提出了意见。在最高人民法院主要领导主持召开的座谈会上，围绕深入推进司法体制改革，提出完善管理监督体系、强化案件质量管理、内部挖潜解决案多人少矛盾和研究最高法院的职权定位等建议。

三是工作机制创新效果明显。注重加强上下联动，形成工作合力，印发民进中央2019年重要履职活动及重点议题（调研选题），发挥专委会在重要履职活动中的积极作用。创办开明文化研讨会、开明出版传媒论坛，扩大社会影响，形成建言成果；以"教师教育振兴与师范院校的使命"为主题，举办中国教师发展论坛；以"落实中小学办学自主权""激发办学活力"为主题，举办两次基础教育改革座谈会；召开长江流域系统保护与绿色发展专题研讨会。加强与政府部门的工作联系，民进中央主要领导带队，先后走访水利部、教育部、国家体育总局、文化和旅游部等国家部委，就加强相关领域参政议政工作进行了交流；接待来访的国家林业和草原局、教育部教材局等部门，就相关领域的合作进行了沟通；在财政部领导年初带队走访座谈时，与会领导和专家提出的关于支持乡村教育优先发展等16项意见建议，得到财政部的高度重视和书面答复。继续加强与参政议政平台的合作，召开民进中央—上海社科院经济形势分析专题座谈会，研讨经济形势，聚焦重点议题，提出意见建议。召开民进中央司法体制改革务虚会，加强社会法治领域参政议政工作的研究。召开民进中央2019年参政议政年会，表彰了182件年度参政议政成果。加强参政议政网上平台专家库的移动端建设，开通民进参政议政资源库微信公众号。试行民进社情民意信息选题制，积极探索为重要履职活动提供支持的有效做法。

主持人：今年是全面建成小康社会和"十三五"规划收官之年，

打赢脱贫攻坚战尤为重要。脱贫攻坚也是今年全国"两会"的重要议题，请您介绍下民进中央助力脱贫攻坚的有关情况。

朱永新：一是在产业帮扶方面。围绕巩固脱贫成果防止返贫目标要求，加大对新脱贫人口和贫困边缘群体的调查摸排，有针对性地强化产业扶贫、就业扶贫，把这些群体人员吸收到生猪养殖、花卉栽培、食用菌生产等扶贫产业项目中，加大技能培训，积极推动就业。继续做好家庭农场发展、村集体经济壮大和农户稳产增收，着力帮助受疫情影响的困难群众恢复生产、外出务工。

积极支持安龙县重大项目建设和招商引资引智工作。继续支持安龙县美女山水库等大型生产生活基础设施建设。着力推动温氏集团生猪养殖项目三期建设，计划投资2.2亿元，今年8月完成全部建设。温氏畜牧产业已经成为安龙县带动农民脱贫致富的主导产业之一。积极协助县域旅游产业发展，增强地方发展后劲。支持黔西南州国际山地旅游暨户外运动大会、"中国美丽乡村·万峰林峰会"等重要活动举办。协调会员企业重庆市锦天投资控股集团计划在安龙县投资5亿元，打造占地70亩的低密度、高品质五星级酒店。

深入开展消费扶贫行动。以促进扶贫产品稳定销售为重点，助推安龙县食用菌、铁皮石斛等农产品产销对接，鼓励和引导会员企业等市场主体充分发挥自身优势，积极参与支持。充分利用"互联网+"，搭建安龙县农特产品销售平台。一是继续开展"我为扶贫下一单"活动，发挥好"开明商城""进扶阁"和"大汉福利"三个会员电商企业，以及机关单位、各级民进组织、会员等各方作用，有力助推农特产品销售增长，今年计划直接购买贫困地区农产品15万元以上，帮助销售1亿元以上。二是协助北方16省市茶叶合作联席会议办公室，利用公众标准茶交易平台，宣传推介安龙县优质茶，助推安龙县茶产业发展。三是积极组织"黔货在京"消费扶贫产品走进民进中央网络直播活动。由民进中央派驻安龙县挂职干部杨振敏同志通过网络直播方式，向民进中央脱贫攻坚领导小组成员单位，以及民进29个省级组织，推介安龙县扶贫产品和优质农副产品，切实使扶贫产品变商品，商品变财富，发挥好带贫作用。

二是在人才教育培训方面。针对城乡教育发展不均衡、教师队伍弱等问题，发动各省级组织，开展全覆盖安龙县 11 个乡镇街道和初中校的"彩虹结对"行动，结合运用信息化手段，面对面教授等形式，积极帮助对口乡镇和学校做好教育教学工作，帮助改进管理、教学等"软件"，引进优质教育资源，全年计划培训骨干教师 1500 人次以上；针对贫困家庭学生初中毕业后辍学严重的现实，深入开展"彩虹励志"行动，支持防辍保学工作，保证贫困家庭孩子有一技之长。动员和组织民进会员企业与安龙县开展劳务合作，聘用贫困家庭劳动力、新成长劳动力，广泛开展岗前培训、企业新型学徒制培训、岗位技能提升培训等。针对留守儿童、贫困家庭子女、残疾儿童等特殊群体，着力解决就学和生活困难等问题，开展"彩虹关爱"行动。动员广大会员"一对一""一对多"结对帮扶，多渠道、多策略保障其学业的顺利完成及基本的生活需求。开明慈善基金会、北京明伦公益基金会和北京青爱基金会今年共计划捐助贫困学生 625 人，捐赠金额 165 万元。

帮助构建有质量的师训体系，着眼于培养一支留得下的教师队伍。继续强化北京师范大学教师教育学部、学大教育、追光教育等会内单位及教育培训机构，与安龙县全面对接和培训项目的实施。全力推进西南民族地区教师教育研究中心、合作办学项目、研学基地建设见成效。

加大安龙县基层干部和农技人员培训力度，增强"火车头"带动作用，协调民进组织和有关高校科研单位，开展送技下乡，基层干部、致富带头人培训工作。今年计划培训基层干部、农技人员 200 人次。

针对新冠肺炎疫情带来的不利影响，民进中央及各级组织积极帮助对口地区和学校做好疫情防控工作，尽力而为协助解决必要的防疫物资，保护师生和贫困群众生命安全和身体健康，及时开展各项支援活动，保障"停课不停学"和顺利复学。

三是在坚持务实有效、健全机制保障方面。切实发挥民进中央脱贫攻坚工作领导小组协调指导作用，加强脱贫攻坚工作领导小组办公室督导推动，及时落实中共中央、国务院脱贫攻坚决策部署和领导小组工作要求，梳理总结工作中遇到的问题，督促整改方案落实，确保定点扶贫工作更务实有效开展。

持续完善工作机制，更好发挥民进各级组织、企业家联谊会等工作机构、贵州民进和挂职干部、所联系的社会组织的积极性，加强与安龙县对接联系，围绕问题整改和地方所需，以责任书项目为重点，协同发力，确保如期完成各项目标任务。

加强《中国民主促进会社会服务工作条例》（以下简称《条例》）宣讲贯彻，切实把定点帮扶和对口支援工作作为履职尽责重点，抓好执行落实，不断积累服务乡村振兴新经验。

主持人：自新冠肺炎疫情发生以来，各民主党派也第一时间行动起来，投身疫情防控，贡献智慧和力量。请您介绍下疫情防控阻击战中，民进做了哪些工作。

朱永新：全国打响新冠肺炎疫情防控阻击战以来，民进中央及时成立了由蔡达峰主席担任组长的疫情防控工作领导小组，统筹开展工作。民进全会自觉把参与疫情防控工作作为深入开展"不忘合作初心，继续携手前进"主题教育活动的有效实践和成果检验，作为加强中国特色社会主义参政党建设的大考，用实际行动展现了民进与中国共产党同心同德、休戚与共的优良传统。

一是提高政治站位，及时学习宣传。民进中央主要领导多次就民进贯彻落实习近平总书记重要讲话、批示指示精神和中共中央决策部署等明确提出要求，民进中央及时发出《这个佳节，我们致敬在同灾疫"拼命"的人》《坚决响应号召，助力打赢疫情防控阻击战》《致奋战在疫情防控一线会员医卫工作者的慰问信》等倡议、号召和慰问，密切联系、积极支持奋斗在湖北第一线的民进组织和会员，要求全会坚决听从指挥，积极响应号召，贯彻落实当地党委政府的决策部署，主动担当，积极贡献，共同参与抗疫战役。

二是民进各级组织和广大会员积极响应号召，许多医卫界会员积极投身疫情防控工作的第一线，各级组织、各界别会员发扬大爱情怀，积极捐款捐物，以不同方式参与疫情防控，力所能及服务社会，为战胜疫情做出自己应有的贡献。

三是加大宣传力度，做好教育引导。民进坚持正面发声，自有媒体以空前的密度宣传全会疫情防控先进事迹，在宣传政策、鼓舞斗志、沟通信息等方面发挥了很大作用,形成了全会联络和宣传工作的网络和合力。

四是发挥特色优势,参与防控工作。广大会员以各种方式投入疫情防控工作,不怕艰苦,倾力奉献,涌现出众多感人事迹。截至 4 月底,民进全会参与一线抗击疫情的医卫界会员人数共 5500 多人,其中 5400 多人战斗在本省一线,参与支援武汉 76 人,湖北省内有 100 多名医卫界会员直接在一线奋战。初步统计,截至 5 月初,全会各级组织和广大会员累计捐款 1.44 亿元,捐物预估价值 5.15 亿元。书画界会员创作作品 3900 多幅,广泛开展名师微课、网上课堂(诊室)、心理(法律)援助等公益活动。

五是积极参政议政,踊跃建言献策。在疫情防控中,民进中央积极发挥参政议政作用,引导广大会员积极建言献策。会中央领导高度重视就疫情防控工作建言献策,以直通车形式报送疫情防控相关建议 11 份,报中央统战部建议 7 篇,报教育部、科技部及其他部门建议 6 件。

与此同时,积极做好社情民意信息工作。民进中央参政议政部注重加强与地方组织、会内外专家和机关部门的相互配合,针对社情民意信息中体现的社会反映强烈的舆情热点问题,及时响应,引导话题,宣传民进会员在抗疫一线奋战的先进事迹和各地民进组织众志成城、踊跃奉献的爱心举措,做好疏解民情、化解矛盾、凝聚人心、振奋精神的工作。截至目前,共收到民进中央各专门委员会、特邀研究员、特邀信息员、各省级组织和民进之友提供的信息稿件 2000 余篇,以此为基础,积极联系全国政协、中央统战部,报送《民进信息》239 期。

主持人:为深入学习贯彻习近平新时代中国特色社会主义思想和中共十九大精神,加强中国特色社会主义参政党建设,各民主党派相继开展了"不忘合作初心,继续携手前进"主题教育活动,请您介绍下民进中央活动开展的情况。

朱永新:"不忘合作初心,继续携手前进"主题教育活动是新时代民主党派深入学习贯彻习近平新时代中国特色社会主义思想、加强自身建设的一次重要的主题教育活动,是与中国共产党"不忘初心、牢记使命"主题教育相呼应，推进多党合作事业健康发展的重要举措和生动实践。

民进全会以高度的政治责任感，把开展主题教育活动作为重要的政治任务，精心组织、扎实推进，切实在学习教育、履职尽责、查找不足、整改提高上下功夫，圆满完成了主题教育活动预定计划，达到了预期目标，巩固了多党合作初心，夯实了思想政治共识，增强了履职尽责能力，提升了自身建设水平，取得了显著成效，展现了民进新面貌，体现了新时代多党合作的新气象。

一是高度重视，组织领导有力。民进中央结合自身实际，及时制定了工作方案，成立了主题教育活动领导小组和办公室，统一领导全会开展主题教育活动。民进中央全体会议、中央常委会议、主席会议和主席办公会议都把主题教育活动作为重要议程，听取汇报、讨论研究。建立了全会活动情况通报和研究机制，全面了解全会的活动进度和情况，开展指导、交流和督促等工作，有针对性地提出工作要求，扎实推进活动开展，确保活动质量。

民进中央领导班子认真完成了11个主题教育活动联系点工作，赴各省级组织、深入基层调研50次。各级领导班子成员、代表人士以身作则，坚持走在前、作表率，积极宣传中央和地方重大决策部署，帮助会员深化对习近平新时代中国特色社会主义思想的学思践悟，民进全会形成了以上率下、以点带面，共同深入开展主题教育活动的生动局面。

二是紧扣主题，学习教育深入。民进全会把深入学习贯彻习近平新时代中国特色社会主义思想作为主题教育活动的首要任务和核心内容，以思想政治建设为引领，开展了内容丰富、形式多样的学习活动。把政治学习作为各项会议活动的首要议程，及时开展集体学习，坚持和完善理论学习中心组学习制度、机关学习制度、学习培训制度等，及时学习习近平总书记在"不忘初心、牢记使命"主题教育工作会议上的重要讲话精神、国庆系列重要讲话精神、在中央政协工作会议暨庆祝中国人民政治协商会议成立70周年大会上的重要讲话精神和中共十九届四中全会精神等，深化统一战线和多党合作历史、民进会史和优良传统、廉政警示教育等学习。创新学习教育活动方式，线上线下学习有机结合,形成了浓厚的学习氛围,促进了民进全会进一步增强"四个意识"、坚定"四个自信"、做到"两个维护",增进对中国共产党和中国特色社会主义的政治认同、思想认同、理论认同、情感认同,加深了对中国特色社会主义参政党性质地位的认识,增强了按照习近平总书记提出的"四新""三好"要求、加快提升自身建设水平、更好发挥履职作用的自觉性和责任感。

三是注重结合,活动成效突出。民进全会充分发挥主题教育活动牵引作用,坚持学习与实践、内容与形式相统一,把主题教育活动同庆祝新中国成立70周年和纪念多党合作制度确立70周年、人民政协成立70周年等重大活动紧密结合,加强节点引导教育,凝聚奋斗力量。同贯彻落实《中共中央关于加强中国特色社会主义参政党建设的意见》等有关文件精神紧密结合,同加强自身建设和"基层组织建设"主题年度工作紧密结合,同各项履职工作紧密结合,同机关建设紧密结合,把主题教育活动的正能量,转化为自身建设、履行职能、做好工作的自觉行动和实际成果,取得了实实在在的成效。

民进中央举行了庆祝中华人民共和国成立70周年等座谈会、举办开明书画巡展,整理和总结了民进70年来的发展历程和作用,在中央级媒体以15个专版和专刊,集中宣传了多党合作制度的成就。"多党合作70年经验研究""民进组织横向发展史"等课题取得一批研究成果,推进会史教育基地建设,召开教育、文化、出版、传媒等界别的会员座谈会,深入开展会员思想动态调查研究,联合创建大数据平台,加强分类指导。民进各级组织多措并举,通过文艺演出、演讲比赛、书画摄影展、诗歌朗诵会、集体快闪、微视频等各种形式的活动,推动主题教育活动贴近时代、贴近会员、贴近实际,"开明讲堂"共举办各类宣讲1000余场,打造了宣传教育的品牌。

民进全会着力增强理解大局、服务大局的能力,努力做到学以致用、用有所成、学用相促。紧扣中共中央决策部署,发挥特色优势,围绕坚持和完善中国特色社会主义制度、推进国家治理体系和治理能力现代化,经济形势和经济工作,政府工作等重大议题,积极建言献策,反映社情民意信息。深入开展调研,着力完善调研方式,大力推动集智聚力,发挥全会合力和整体作用,加强与各界沟通联系。深入开展对口湖南的脱贫攻坚民主监督工作，深入开展参加毕节试验区建设、对口帮扶等社会服务和海外联谊等活动，广泛宣传中国特色社会主义制度和新型政党制度优越性，发挥了增进共识、凝聚人心、团结各方的作用。

四是针对问题，查改措施到位。民进全会紧扣主题教育活动要求，坚持边学边查边改，把查找不足和整改提高做细、做深、做实。民进中央主动征求统战部门的意见，广泛听取班子成员、监督委员会、代表人士、机关干部和会员们的意见，认真对标对表，自觉查找不足、找准工作短板，深刻检视剖析，形成问题清单，提出整改措施。认真学习借鉴中共经验和做法，制定领导班子专题民主生活会办法和方案，对照问题清单，认真开展批评与自我批评，促进相互帮助、共同提高，明确了整改工作方案。加强会章学习和贯彻，制定规章制度建设规划和年度计划、建立健全规章制度，强化制度执行，开展纪律教育和警示教育。

主持人：感谢朱主席的分享。今天的访谈到这里就全部结束了。各位网友，再见。

（发表于2020年5月22日人民网·中国共产党新闻网，本文有删减）

央广会客厅：专访全国政协常委、副秘书长，民进中央副主席朱永新

主持人：各位听众，这里是中央广播电视总台中国之声2020"两会"特别节目"央广会客厅"，我是主持人张蕾。今天我们的嘉宾是全国政协常委、副秘书长，民进中央副主席朱永新。欢迎您，朱委员。

朱永新：中国之声的听众朋友们大家好。

主持人：朱委员，您这次上会带了"一揽子"的提案，能不能给我们介绍一下您的提案大致包含了哪些方面呢？

朱永新：我这次带来了10个提案，以前是9个，最近又增加了1个学生的提案。

第一个板块是关于阅读的。我今年会继续提出关于建立国家阅读节，用全民阅读来推进社会的公平。还有一个提案是关于规范图书的价格体系、促进书业的健康发展。这两个提案是关于全民阅读的，我觉得这两个问题都很重要。"国家阅读节"的提案我已经连续提了18年，因为我觉得全民阅读是提升公民素质、加强国家凝聚力、推进教育公平和社会公平最有效的利器，我说它是最直接、最廉价、最便捷、最有效的路径。而且它对于凝聚全社会的正能量具有非常重要的意义。对于规范图书价格，因为大家都感觉到，现在我们的书价很贵，其中一个很重要的原因就是价格体系比较乱，尤其是网络的打折导致书价的虚高，所以我提出要保证它的健康发展。

第二个板块主要是围绕着在线教育来提出的。其中第一个是关于未成年人网络素养教育的提案，因为这次疫情中我们也注意到，很

多家庭、很多青少年由于没有很好的网络素养，父母素养也不够，导致了很多问题的发生，我们觉得应该加强这一块的工作。第二个是关于建立基于学习权益和学习通券的学分银行体系，说得简单一点就是评价机制。现在教育评价不太科学，一致性的考试、以分数为导向的考试，导致了很多学习上的畸形行为。我提出要建立一个从摇篮到坟墓的学分银行体系，而且学习过程会被原生态地记录下来，鼓励全社会建立起一个终身学习的体系。第三个是关于加强大数据时代学习者隐私保护的提案。因为这次大规模的网上教育实验，对学生、教师隐私的保护是很不够的。在前两年，美国很多教育互联网企业倒闭，一个重要的原因是学生的数据收集要征得学生同意，而且这些数据是不能够用于商业的用途，等等，这样整个互联网教育就会受到一定的影响。所以我觉得我们也要提前开始考虑学习者隐私保护的问题。第四个是关于公益性学习资源的免流量问题。这一次在疫情中发现，我们很多孩子在学习的过程中，由于家庭条件的困难、家庭网络的困难，比如家里上网上不了或者家里上网太贵，到村委会去蹭网，我们也看到"案板下女孩的故事"等等。这就说明公益性的学习资源、在线学习是不是有可能国家给予支持、免流量，给予那些公益性的学习资源提供商免税、减税的办法，促进学习型社会的建立。

  第三个板块跟教育也有关系，但是它和政治关系很密切。比如说关于推广中学生"模拟政协"的活动，培养青少年的公共品格的提案。中学生"模拟政协"在全国受到了广泛的重视，怎么样更好地发挥它的作用，值得重视。中国共产党领导的多党合作和政治协商制度，是具有中国特色的一个基本的制度，但我们全社会、我们的学生，对于政协的常识和知识是非常不够的，对于协商的能力是不够的，所以我们觉得重视中学生这种"模拟政协"的活动，对于培养他们的公共品格，具有一定的意义。和它相关的，我还带来一个学生的提案，是在中学生"模拟政协"的活动中提出来的提案，我把它带到会议上来了，关于游戏分级的问题，网络游戏怎么来进行更好地分级。另外还有一个是关于在港澳台地区和民族地区去更好地加强国家通用语言文字的推广与普及的提案。我们知道文字是文化的根，我们各个民族地区，还有港澳台地区，如果能够更好地普及通用语言文字、普及普通话，这个我觉得对于加强民族凝聚力具有非常重要的意义，同时对民族地区脱贫也有非常重要的意义。再一个关于脱贫攻坚民主监督工作总结的问题。因为今年是脱贫攻坚的决胜之年、收官之年，在这个过程中，我们各民主党派对口一个省进行的脱贫攻坚的民主监督，今年就要完成了，完成以后我们怎么办？我觉得要好好地总结我们这个事，民主党派在国家重大战略中的民主监督作用，在下一轮的国家的发展中怎么更好地发挥民主监督也提出了一些建议。

主持人： 我知道"两会"期间对您来讲意义非常特殊，您的新书《春天的约会：全国政协常委朱永新两会手记》最近正式出版了，为什么会取名"春天的约会"呢？这本书是您对参政议政的记录和思考，为什么会想起来用日记体的方式来记录"两会"呢？

朱永新： 因为每年"两会"都是在3月初举行，也就是说在开春的季节，全国的代表委员都聚集在北京，这是一年一会，所以我把它称之为"春天的约会"。春天是播种的季节，所以"春天的约会"它有个特别重要的象征性的意义，也就是说我们春天播种，整个一年的开始，秋天我们会有非常好的收获。一般"两会"也是部署全国的政治、经济、文化建设的非常重要的这样一个时刻。同时约会呢，我们也不能空着手来，所以我提出我们要带着自己的提案、带着自己的思考、带着自己的建议来赴约，把我们的智慧、情感都能够带到会场来，这是我取书名一个很重要的原因。日记体的方式，我觉得这是一个非常有意义的一种记录"两会"的形式。现在了解"两会"更多的是通过媒体，通过报纸、杂志、电视来了解"两会"，大家看到的是一个小小的侧面。现在虽然有自媒体，但是也很少有人能够原生态、全景式、全过程地记录"两会"的情况。而这些年来，特别是我在20年前发起新教育实验的时候，我曾经要求老师们学会用日记体的方式进行生命叙事，记录自己的生活。

我曾经开过一个叫"朱永新成功保险公司"，2002年我跟老师们说，你能够坚持写日记、坚持记录你的课堂、记录你的生活、记录你跟孩子们的故事，连续记十年，你以后一定会成为优秀的教师，如果你们干不好，我赔偿。2003年我自己成为全国政协委员，我想我要求老师们记录，我自己也必须学会记录，而且我觉得记录的好处有两个大的方面,第一,记录会让你思考,因为真正的写作是思考的开始,只有写起来,你才能真正地思考,思考的有深度,思考的有体系。第二,你写得精彩才能干得精彩,或者你干得精彩才能写得精彩,这是相辅相成的。你为了写得精彩,你必须活得精彩,做得精彩。所以要想写好"两会",首先必须聚精会神地开好"两会"。从2003年开始,我每年坚持记录"两会",应该说自己比较尽职。据我了解,目前在人大代表和政协委员中,这么坚持全方位地记日记的我还是第一个,也有人说《春天的约会》可能是第一本日记体记录"两会"的书。对于普通的读者来说,可以全面地了解政协委员怎么履职、怎么开会、怎么写提案,"两会"是用什么样的方式来开,每个细节、每一个时段都可以看得很清楚。我是从早晨5点多钟起床,一直写到晚上睡觉,几乎所有的活动,这上面都可以原生态地展现出来。通过这个大家可以看得见我们委员不是拍拍手、举举手,不是说了也白说、白说还要说的。我觉得这是最好的"现身说法"。

主持人:谢谢您给普通人提供了一个观察"两会"、了解"两会"的角度。您长期身处教育领域,也长期关注教育领域,最近受新冠疫情的影响,各地的开学都延迟了,老师、同学们目前准备陆续返校上课了。"停课不停学"期间,在家上网课成了很多学生学习的一种方法,据您的观察,您觉得网课的效果怎么样?

朱永新:我觉得不尽如人意吧,如果要打分的话,打个60分。第一,基本上实现了"停课不停学"的目标。虽然不到学校去了,但学习没有停下来,能够实现这个就很不容易,所以可以打一个及格的分数。第二,为什么不打很高的分数?因为的确问题还很多,有硬件的问题、有软件的问题、有资源的问题、有师资的问题,我觉得这些都是在下一轮发展的过程中需要去面对、需要去改进、需要去提升的。

主持人:针对这样一些具体的问题,您觉得从形式和内容上我们如何来改进呢?

朱永新:首先,从硬件上来说,需要加大5G建设的力度。这次的网课大家都可以看到,无论是城市和乡村,上网还都面临很多问题。我们虽然有了"村村通",但是还没有实现"户户通",所以出现要到村里面去蹭网、三个孩子来分享一个手机等问题，说明我们互联网还没有真正的到户。所以我觉得要从"村村通"到"户户通"，让互联网能够联系到每个家庭、让速度更快。其次，我们的资源建设要加强。因为这一次我们看到资源还是非常短缺，很多学校不知道到哪里去找网课，很多学校让老师特别是乡村老师自己开发网课，这其实是不符合现实的。我提出要建立一个国家平台的教育资源库，可能也是迫在眉睫。再次，我们评价不够。到底他有没有学，学得怎么样，还缺乏比较系统的评价体系。我这次为什么提出一个"学分银行体系"？为了更好地适应互联网时代，每个学生的学习能够被原生态地记录下来，更科学地去评价他。最后，我们教师的网络素养怎么样进一步地提升，让他们能够比较好地学会利用互联网、学会更好地利用网络课堂。现在我们大部分还是把教室里的课搬到了网上，其实没有很好地发挥互联网的优势。这些都还有待于进一步提升。

主持人：其实从您的提案上就能看出来您对互联网教育是有很多关注的，比如说公益性的学习免流量，比如说大数据时代教育的隐私保护。您觉得未来这种网络教育和线下课程，它的关系应该是怎么样的呢？

朱永新：它应该是一个互补的、相辅相成的、线上线下结合的关系。现在互联网教育的一个很大的问题，没有非常好地发挥互联网自身的优势，如果简单地把学校的课堂从线下搬到线上是不能够发挥互联网本身的优势和特点的，像个性化比较强的一对一的课程才比较好地发挥网络教育的一些独特的优势。另外，用知识点分布教学等等，这些是我们线下课堂教学文化的一些优势，这个优势怎么更好地发挥，我觉得未来有很大的发展空间。

我很担心的是，这次"互联网+教育"的实验，随着疫情基本得到控制，随着复工复学，回到学校以后，大家可能好了伤疤忘了痛，辛辛苦苦几个月，一下子回到疫情前。所以我觉得还是应该把互联网教育一些优势的东西能够更好地发扬，在后疫情时代能够真正地做到线上线下很好地结合起来，把这种网络教育和线下教育两者的优势能够更好地互补。

主持人：作为一名教育学家背景的委员，您多年来一直在研究教育改革，我知道您去年出版了一本关于未来教育趋势的著作《未来学校：重新定义教育》，里面说"我们已经来到了教育大变革的前夜，推开这扇门，就是一个新的世界……我们可以主动介入通往未来的教育趋势"。您能不能跟我们说一说这样一个趋势它到底是什么？还有刚才我们提到的"互联网＋教育"的这样一种模式，它是一个趋势吗？

朱永新：非常感谢你注意到这本书，因为《未来学校：重新定义教育》这本书出版到现在正好是一年，已经重印了将近 10 次，应该说还是受到大家很好的关注。

我注意到有两种截然不同的看法，一种看法认为是好得不得了，教育就是应该这样，这是我们期盼已久的，朱老师你的未来学校能不能早点来？还有一种认为朱老师你完全是胡说八道、天方夜谭，不可能实现，我们根本不可能像你这样来教育孩子。

其实我觉得有这样的争论是非常好的事情，也说明大家关注自己的孩子、关注未来的教育。未来教育根本性的趋势，就是整个的教育从教师中心、教室中心、教材中心转向学生中心，从标准化转向个性化。什么意思呢？过去的整个的教育设计，学校的构造是以教师为中心的、教材为中心的，未来是以学生的学习过程为中心。以教师为中心就是不管你学生了，我按照统一的进度、统一的教学大纲、统一的评价体系，去评价你，所以它是一个标准化的过程，这样一来他永远是一个英雄，那就是考试的英雄、分数的英雄，谁是第一名谁就是英雄。未来是什么样？未来以学生为中心，未来的教育是扬长，因为每个学生不一样，应该发挥他的潜能、发挥他的优势，帮助他成为最好的自己，所以学习是定制化、个性化的，从标准化走向个性化，让学生自己来决定我要学什么，让学生自己来决定我在什么时间学，让学生自己决定我到哪里学，这样学习会更有效，也更能够让每个人成为时间的主人，让每个人的个性得到最大的张扬，让每个人都觉得学习是一件非常痛快的事情，是一个幸福的事情。

所以未来的教育一个很重要的趋势就是从教到学，从标准化到个性化。当然你说的互联网技术，技术本身并不是目的，技术只是我们教育的工具和手段。所以未来随着互联网技术的发展，人工智能、大数据、区块链，会更多地用在教育上，让教育更加便捷、更加有效。

主持人：谢谢您给我们描绘这样一个特别令人憧憬的前景，不再以教师、教材和学校为中心，以学生为中心；不再以标准化为原则，以个性化为原则。但是这还是一个比较宏观的景象，我们知道这背后一定有一个非常复杂和非常庞大的系统才能去支撑这样一个个性化的以学生为中心的系统。您能不能具体跟我们来说一说怎么来实现学生为中心的教育？

朱永新：《未来学校》这本书，我觉得是中国教育改革的一个建议书。最关键的是学习中心这个概念，也就是说传统的学校未来没有了，会变成一个学习中心。什么意思呢？一个学生不再是固定在一个学校来进行学习，他会在不同的学习中心学习，因此从学习的内容来说会发生很大的变化。还有针对学生的个性，国家仍然会有统一的国家教育标准，但是这个标准不像现在那么难、那么深，它会更加符合学生的发展水平、符合学生的兴趣、符合学生学习的习惯和学习能力，让学生学得既轻松又有窍门又充满挑战，让学生能够自己去建构具有个人特点的知识体系。

所以未来学习中心会从一个个过去的孤岛，转变为环岛。一个学生，比如说数学是在这个学习中心学，外语在那个学校里面学，因为它最适合我。政府会通过购买公共服务的方式给所有的人所有的机构建起桥梁。未来网络学习资源的提供方，都成为学习中心，都是网络学习中心。这样构建成一个全社会大的学习共同体。在这个过程中，学生和老师也会发生很大的变化，未来社会的精英分子可能都会成为老师，都会成为教育资源的提供者，未来的艺术家会直接开设艺术课程，文学家开设文学课程，通过这样的方式来培养自己的学生。过去的师徒模式，未来会叫新师徒模式，这样水准会更高，更优秀的人会进入教育，我觉得这叫能者为师的新时代。

主持人：也就是说在教育这样一个环节当中，不光是学生的角色发生了变化，每一个领域当中的每一个人物的角色都发生了变化，教师的身份也发生了变化。

朱永新：对，是的。

主持人：谢谢您为我们提出这样的畅想和规划。

主持人： 朱委员，我知道在您之前和俞敏洪的一次对话当中，您提到关于未来的学校，最基础的构架是人工智能技术。其实疫情期间，我们让数以亿计的学生在网络课堂学习，基础就是互联网。作为"新基建"重要的应用场景，5G、人工智能、云计算这些新兴技术在教育领域广泛使用之后，能解决教育领域的哪一些"痛点"？教育主动地去接纳和融入这些新技术，我们具体又该怎么做呢？

朱永新： 我觉得从教育上来说，有两个大的问题，一个就是学什么，一个是怎么学。所以我觉得5G、互联网、人工智能、大数据、区块链技术，对学什么会有更好的发展空间。过去我们学的基本是教科书，在学校里以教科书为中心的学习方式，未来我们整个社会都有我们的课堂，整个的教育资源会更加地泛在化，我们不仅仅在教室里学教科书，还可以去学电子媒介提供的教育资源、影像资料等等。所以整个教育资源会以泛在化的形式存在，我们随时随地都可以得到教育信息和知识。过去为什么会有学校，因为社会的教育资源、学习资源非常有限，我们要把它整合到一个称之为学校的地方，未来我们不一定叫学校，因为所有的教育资源已经泛在化了，所以未来不一定到学校去了。前段时间我碰到上海教委的副主任，他说上海教委正在研究，是不是允许学生进行选择，同一门课程到底是在网上学，还是在教室里学，在网上学习跟教室里学是不是具有同样的效应。他们倾向应该承认，因为互联网已经提供了在家学习的各种各样条件和可能性。

过去我们基本上是单通道，教师讲课学生听，通过简单的记忆把它呈现出来，进行考试评价。未来不需要这样，未来学习方式可能更多的是项目式学习，为什么？因为大部分知识性的学习已经不需要我们去简单记忆，我们通过检索性工具就可以获得，这些知识性的东西就没有记忆价值，因此我们就要发挥学生的主动性、创造性，发挥学生研究问题、思考问题的能力。我觉得教育一个最重要的特点，应该把人的好奇心、探究心激发出来，让他充满着对这个世界的好奇去研究问题，而不是去记忆问题。所以未来是研究性学习、项目式学习，不是以记忆知识为目的，而是以创造新知为目的，像科学家当初发现科学新知那样进行新的学习。所以，互联网、人工智能新的技术，为我们进行创造性学习提供了一种新的可能性。

主持人：也就是说互联网教育到底是授人以鱼，还是授人以渔？其实互联网学习不光对孩子有很大的作用，我相信现在很多成年人也都是在通过互联网来实现终身学习。但是我们还是回到目前一个更紧迫的问题，很多家里有小孩的家长都在很迫切地希望学校开学，因为发现孩子通过网络在线教育学习效率还不是很高。您觉得应该怎么引导孩子利用好网络资源，提高他们的网络素养？目前这样一种在线教育方式，我们的家长、学校、社会该做什么？怎么来引导孩子？

朱永新：这是一个很好的问题，这也是我这次带到"两会"上一个很重要的提案，就是加强青少年的网络素养教育。需要家庭、学校、社会、企业共同努力。现在学生的网络素养非常不够，65%以上的学生都没有学习过网络素养的课程，都是自己摸索着上网，所以网络上的一些不良信息带来的不良影响就不可避免地发生，这对学生来说是非常不利的。所以我提出"加强互联网网络素养教育"，让孩子们能够真正知道网络到底是用来干什么，是来玩游戏、聊天的，还是用来学习的、用来生活的、用来科学研究的？我们怎么样更好地利用互联网，哪些东西利用互联网更合适。比如说阅读，现在很多人在质疑网络阅读不好，其实网络阅读也有它的一些优势。网络阅读碎片化，但是碎片化的优势就是可以把时间充分地利用起来。像我现在跑步的时候，没法看书，我就可以听书，碎片化的时间得到了比较好地利用。再比如说搜索工具，现在大不列颠百科全书已经不印纸质版了，因为纸质版又占地方，而且又慢，我现在用网络查询就很方便。另外新闻，我能够及时了解国内外新闻，网络学习就有网络学习的便利，但是你不能沉迷于网，你宁静的读书还得做得到，这就是网络素养。长时间的上网对眼睛、对睡眠、对学习都会有很大的不利，这些都是应该我们在网络教育过程中教给学生的。父母和家庭的网络素养同样很重要，我一直说父母是什么样孩子就是什么样，很多孩子迷恋于网络和父母亲本身迷恋于网络有很大关系，父母亲自己一天到晚拿着手机在聊天，你怎么可能让孩子不一天到晚拿着手机？我们的社会和企业，尤其是互联网企业一定要有强烈的社会责任感。我们注意到，现在对这些互联网企业没有强制性的约束手段，有一些不良的企业甚至有引诱孩子上网的办法，层层设置陷阱让孩子陷进去。但是也有一些有责任的企业，比如说它做了青少年的模式，到时间会停止，防止学生长期的陷入。有的时候在购买的时候要反复提醒，不是说诱惑他购买，而是提醒他要慎重下单等等。所以我特别倡导互联网行业应该有行业协会来进行行业自律、制定行业标准，现在完全靠政府的管理是不够的，因为政府的管理总是具有相应的滞后性，而企业的自我管理、行业的自律，我觉得对孩子的网络素养非常好。

主持人： 我们的记者告诉我，您这次上"两会"还带了一份特殊的提案，这份提案来自于陕西的中学生，内容也和网络有关。您能不能给我们介绍一下？

朱永新： 这一次，因为我提交了一个关于推广"模拟政协"的活动，提高青少年协商品格的提案，所以我也特别关心全国的中学生在"模拟政协"中所做的探索和工作。不仅仅陕西，其他地方的一些老师和学生也送给我有关的提案。这次我带了西安铁一中的孩子们做的一个"关于加强未成年人保护，建立网络游戏分级制度"的提案，这个提案具有一定的意义。首先他们进行了比较深入的调查研究，发现未成年人互联网普及率已经达到了93.7%，上网玩游戏的学生比例达到了64.2%，在这个过程中出现了很多问题，有些学生身体素质下降、心理问题增多，有的学生因无知的好奇和模仿走上了犯罪的道路等等。他们对问题原因也做了分析，未成年人自控力差、缺乏有效的监管手段，行业监管不细、缺乏强制力，立法不健全、效果不是很明显。他们在全国范围内做了大量的问卷调查，仅在陕西就有好几千个样本。他们提出了三条建议，一是建立网络游戏的分级制度，二是有效的监管和评价，三是修改网络游戏相关的法律法规。他们还跟陕西省政协进行了沟通，通过陕西省政协来提供给我的，他们把游戏产品分成6级，早教类、智益类、家长监管类、管控类、限制类、禁止类，分成6级。这6级针对不同的人群、年龄，也都提出了具体的办法，包括怎么充值、怎么管理、怎么处罚，做得非常细。他们把它作为一个科学研究的项目、题目在做，我觉得这样一种精神很值得倡导。引导中学生关注社会的热点问题，引导他们学会做社会调查，引导他们走进政协，了解人民政协的运作机制，引导他们学会协商、讨论、交流、分享。我觉得这是一件非常好的事情。

主持人： 我们聊了关于教育的各个热点话题，学区房不能不提一下，早在2015年，教育部就要求北京、上海等24个重点大城市对热点小学、初中的招生普遍要推行"多校划片"制度。5月19日的发布会上，教育部还专门回应了这个问题，说就近入学政策一直在强力推进。从您的调研和工作的实践来看，这两年教育均衡化有多大程度得到了改善？"多校划片""六年一学位"之外，我们还能做些什么呢？

朱永新： 从科学发展观提出以后，我们一直在努力推进教育的均衡化。这几年来教育的公平有很大的进展。城乡之间、东部和西部之间、重点名校和普通校之间，差距在逐步缩小。我觉得从未来的发展来看，学区房的问题、择校的问题会逐步弱化，而不是强化。弱化，其实一个最重要的方法就是应该允许选择，现在之所以限制选择，因为我们没有更好的教育资源，没有让大家更满意的教育资源提供给大家。未来为什么有可能选择，因为如果我们把学校格局给打破了，把学校变成学习中心，而且鼓励社会更多的人来开放教育资源。在今天早晨，在深圳的一个老师告诉我他辞职了，辞职做什么呢？他去做自由教师，在网络上开课程。未来像这样的自由教师，从现在的体制外去提供教育资源的教师会更多。如果这样的老师很多了，他一个人就是一个课程公司，所以我觉得未来还是应该鼓励选择，只有选择才能促进进步。教育应该根据学生的需要，允许学生进行充分的选择。未来选择是必然的，只有选择才能进步。所以我们应该创造更多更好的教育资源来满足人民群众对于好教育越来越强烈的需求，这个方向最有助于教育品质的提升。未来也不需要去择校，因为每个学校都有自己的特点，每个学校都有不同的课程，可能这个学校的数学特别好，我就在这个学校学数学。在我们教育资源还没有充分满足的情况下，适当地做一些限制性的选择是对的，但是我们教育行政部门一定要很清楚，限制选择是为了今后更好地放开选择，有选择才能进步。

同时，我还要强调的一点，最好的学区房其实是你家里的书房，最好的老师是父母自己。不要把所有的宝都压在学校上、压在学校的老师身上。其实你真正做好了，你在家里把你孩子的行为习惯养成了，你家里的书房才是最好的学区房，你花几千万、你花几百万去选个学区房，还不如好好地经营你家里的书房，让学生、让孩子从小学会阅读，养成良好求知的习惯、好奇心，这个比什么都重要。

主持人：谢谢您对孩子家长的提醒。刚才提到了更多的是选择，说到学校的选择，最近清华大学新闻与传播学院宣布他们取消本科招生，扩大研究生的招生数量，"停本扩研"对某些高校来说、某些专业来说，您觉得这是趋势吗？您怎么看待他们的这种选择？

朱永新：我觉得这个很正常。传统意义上大学是一个研究学问的地方，不是一个只发文凭的地方。现在我们把大学变成一个文凭工厂，我觉得这个方向本身是错的。我们发一个大学文凭，定下一个标签，其实我们知道同一个标签、同一个文凭对不同的学生来说是完全不一样，而且我们现在的教育某种程度上是和职业分开的，也就是我必须接受完整的教育以后才工作。所以一般来说，真正要读完研究生，读完博士差不多快30岁，人生最黄金的时代都在学校里度过了，我觉得不应该是这样一个方向。所以未来的教育一定是学习、工作交错进行的，它们之间没有一道鸿沟，不是说我学习完了再工作，而是工作、学习，学习、工作，交替式进行，这样才是一个正常的现象。

未来的大学，像清华大学这样做，其实是为了加强它的研究性。新闻传播也好，包括法学院，在国外有很多大学，有一些专业不招本科生，因为它强调过去学习的基础，新闻传播学院取消本科生我觉得是一个非常好的趋势，它的特点就是以后为了保证我们从事新闻领域的人有更强的专业性。

我们知道国外很多知名的记者不是学新闻的，他有很好的医学背景，他今后去做医学记者，他有很好的科学技术，他去做科学记者。原来他是学科学的，学生物的，他再做媒体，他的专业性就很强。所以我觉得新闻传播和法学，我主张要有比较好的其他专业的背景，是比较符合这个专业的特征的。而且未来大学是一个真正的研究性人才的培养机构，是一个创造知识的机构。

主持人：今年是全面打赢脱贫攻坚战的收官之年，中国民主促进会以从事教育、文化、出版工作的知识分子为主，一直以来都非常关注教育脱贫的问题。教育脱贫的着力点或者说关键点，您觉得是什么?另外我知道您去过很多深度贫困地区做调研,当地的教育状况是不是得到了很大的改善?

朱永新: 我觉得教育脱贫的最关键点,首先是普及九年制义务教育问题,提升九年制义务教育的水准,这是帮助一个人能够拥有最基本教育训练的一个基石。在很多地方这一点做得还不够。比如普通话,一些贫困地区,很多中青年人还不会讲普通话,不会讲普通话就意味着他根本没法走出大山,没办法到城市里面生活。另外一些最基本读写的能力,全国教育质量综合测评,在有些地方虽然通过了,但是学生的素养还没有达到真正的初中毕业水平。特别是对于贫困地区和弱势人群,残疾儿童因为各种原因进不了学校,很多地方就送教上门,但送教上门一个月送1次,一年12次,怎么去保证质量,没有一个统一的标准。我们到村小去,基本上设施是健全的,但教师跟不上,真正优秀的教师在村小非常少。前天我和安徽的一个乡村教师对话,这个乡村教师说他没有学过音乐、没学过美术,但是在学校里还在教音乐、教美术,这些学科的老师沉不下去,优秀的老师留不住,这些情况也还是比较普遍。好老师稍微有点成就,就从乡村流入到城镇,怎么样去留得住教师等等,我觉得这是很重要的问题。

主持人: 您一直都非常关注乡村教育,很多次去基层调研,我知道您都会去他们的图书馆去看一看。您说过要像抓营养午餐那样加大农村中小学图书馆的建设,把好书送到所有的农村学校,您觉得为什么会那么重要?我们应该怎么做呢?

朱永新: 我去年"两会"提交了一个提案,不仅要重视学生的营养午餐,更要重视学生的精神正餐。营养午餐为什么做得好?因为从政府到民间的社会机构都很重视,下了很大的功夫,标准化、流程化管理,而且监督体系也很到位,每天吃什么、采购了什么菜、花了多少钱很清楚。但相对来说,我们精神正餐没人管。我这几年走了很多学校,发现农村中小学图书馆很差,没有好的标准,好书下不去,也没有人好好管理。为什么好书很重要?我这么多年研究发现,教师要沉下去很难,你让好教师到乡村、到边远地区,而且要留得住很难,但是你要把好书送到学校相对来说就比较容易,而且成本会很低。而且好书如果真正到了学生的面前,真正好好地用起来,它的作用一点不亚于好教师。一本好书就是一个好老师，很多乡村的孩子就是读了一本好书，疯狂地爱上阅读，成为一个非常优秀的学生。所以我们不能低估一本书对学生发展的意义和价值。

主持人：教育是基础，也事关长远，我们知道脱贫攻坚的目标实现之后，农村教育还需要持续的改善，您怎么来看待这样一项任务？

朱永新：城乡一体化或者说城市化的进程，是我们国家整个经济社会发展的一个非常重要的目标。脱贫攻坚任务完成以后，我们虽然达到了小康，但从小康走向现代化还有漫长的道路。在城市化的进程中，我们特别要关注农村教育，包括像我们对于未来学校的构想，包括像5G的建设，从"村村通"到"户户通"，以及农村中小学图书馆的建设、配置，我觉得这些都是发展农村教育有效的路径，都需要我们很快、很努力去进行推进。

主持人：好的，谢谢您。

主持人：朱委员，我们知道您是个非常爱读书的人，也一直在大力的推广阅读，现在很流行直播带货，如果让您给听众朋友推荐两本书，您会推荐哪两本？

朱永新：直播带货一般都是带自己的货，但是我想我就带两个货。一个是我最近在读的一本，我觉得很不错的一本书，浙江教育出版社出版的《要领》，这本书强调了领导力一个非常重要的内涵，我们现在理解领导力更多的是你要从领导开始，其实不是，这本书重点对谦逊、本色和信任、服务精神、同理心、勇气、合作、与团队的配合、创新、求知欲和终身学习以及讲好故事做了阐述，我觉得讲得非常好。比如讲到谦虚，谦虚是一个人自信的核心，越自信的人越是谦虚，傲慢会蒙蔽我们的双眼，谦逊才能让我们对自己的能力和特色有真实的认知，作者认为只有谦虚才能不断成长。无论是中小学老师、中小学校长、大学校长，还是企业家，看了以后都会有所启发。

再一本就是我自己刚刚出版的一本书《造就中国人》，怎么样去造就我们现在中国人，我觉得就是共同共享、共同生活。在这本书里面，我第一次把我们10年来研制的系统的书目，从幼儿、小学、初中、高中、大学、教师、企业家、公务员、父母，不同群体的要读什么书，做了第一次全面的展示。同时讲到在互联网的时代我们应该怎么去阅读，教给大家一些方法，可以说是我关于阅读问题最新的一本著作，现在也非常受欢迎。

主持人：谢谢您的推荐。现在如果让您来给大家讲一堂网课，您准备讲些什么？

朱永新：我今年在疫情期间，上了有十三四次的网课。其中我觉得最重要的网课是我给深圳一个中学讲的，后来给全国的中学生又讲过一次，叫"拓展生命的长宽高"。首先是生命的长度，活得长是硬道理，所以安全健康的知识就很重要。其次是生命的宽度，你生活在社会中怎么成为受人欢迎的人，怎么受人尊重，怎么有良好的社会交往。最后是生命的高度，因为你是拥有精神生活的人，你要有价值观和信仰。这门课程现在在网上有免费的公益版，大家可以去搜索去听。我觉得还是讲得挺有意思，讲了一个多小时，我们的中学生听了以后对认识生命、珍惜生命、热爱生活、成就人生，会具有一定的意义。

主持人：我们还想补充提一个问题，刚才我们提到了教育均衡化的问题，为了更好地实现教育均衡，很多好的学校在推广集团化办学，我知道民进中央也提出了相关的提案，如何规范集团化办学，您对这个问题是怎么看？您觉得如何能规范？

朱永新：集团化办学我不敢说始于我，但是至少是在全国最早进行探索的。20多年前我在苏州做分管教育的副市长，我是在全国最早开始尝试的，当时我在苏州把相对比较差的学校交给比较好的教育集团去办，在很大程度上提升了这些相对差的学校的教育品质。我觉得这样一种探索，对于探索教育均衡化是有好处的。目前我们在做的过程中，要防止两个倾向，第一是不能铺摊子，摊子铺得很大，一个集团几十所学校，实际上管理的幅度就有问题了。从管理学的角度来说，一般 7±2 是一个比较好的管理幅度，不能太多、太大、太滥。第二要真正实质性的集团化，也就是说不是一个挂名的、卖牌子的集团化，如果仅仅是挂个名，形式主义的均衡我觉得没有意义。

主持人：最后一个问题，"一封'家'书"。朱委员，这里的"家"并不限于家人，你有什么样的话想对家人说，或者说和你一起奋战在教育领域的人说？

朱永新： 我想对于做教育的同人们，尤其是父母讲这么几句话。第一句话，教育从家庭开始，父母是孩子最重要的老师，家里的书房是最好的学区房。第二句话，与孩子一起成长是教育的最好的风景，很多父母都以为成长是孩子的事情，其实你跟孩子一起成长才是教育最好的风景。第三句话，幸福比成功更重要，成人比成才更重要，品格比分数更重要，意识到这一点，你在教育过程中就能够站在一个比较理性、比较具有高度的点上，更好地理解教育。

（发表于 2020 年 5 月 27 日央广网，本文有删减）

中国网：提升教师、学生网络素养 拥抱"未来教育"

编者按:"两会"期间，全国政协委员、民进中央副主席、全国政协副秘书长朱永新带来了10件提案，从全面提供公益性学习资源和中小学生在线学习免流服务，到建立国家阅读节，再到加强未成人保护，建立网络游戏分级制度，受到了媒体和社会公众的关注。疫情将给教育领域带来哪些深刻的变革？民办教育将走向何处？……近日，朱永新老师接受了中国网教育频道的电话连线专访。

记者：新冠肺炎疫情"停课不停学"期间，全国两亿多学生通过互联网居家学习，在这段时间之中，媒体报道贫困学生上学受限的情况也是引发了大量的关注。您在"两会"期间提出建议，全面实行公益性学习资源和中小学生在线学习免流服务，这一点也是大家尤为关注的。

那么您对于疫情期间的教育行业发生的一些重大变化有什么感想？您对于在线教育的态度和观点，以及未来在线教育的发展态度是怎样的？可以和我们分享一下吗？

朱永新：我很高兴和大家来分享我对这个问题的一些思考和看法。应该说整个疫情期间，教育行业发生了很大的变化，我把它称为有史以来世界上规模最大的一次互联网教育实验。

不仅仅是在中国，乃至于在全世界，都是如此。它的一个重要的变化，是通过网上教育、移动终端，把教育场景从教室移到了屏幕上。当然我们知道网络教育和学校教育本来就是各具特点的，不可以相互替代，但是这一次在某种程度上是一个替代性实验。应该说通过这次实验，证明了网络教育有它自己独特的一些优势，在很大程度上使学生可享受的教育资源更加丰富，可选择性更加强，学习的弹性自由度也更加大。所以它对于未来整个教育的发展会起一定意义的推进作用。

后疫情时代的教育，我想我们可能就会利用这一次疫情间的教育成果，尤其是在网络教育方面的一些探索，使线上、线下教育进行更好的结合，网上网下更好地互补，尤其是对接下来怎么样更有效地提高教师和学生的网络素养，怎么样去发展我们国家教育资源平台，进行深入的思考。

记者：疫情期间教育方面的改变是我们不可忽视的，现在来看，疫情过后是不太可能完全回归之前的教育方式。根据疫情期间教育方式及教育行业的一些变化，您认为在线教育对传统教学模式产生什么样的影响？后疫情时代教育方式是否会产生重大变革？这种变革会发生在哪些方面呢？

朱永新：后续时代的教育形式变革，不仅仅是简单的线上教育，或者说网络教育成为教育的一道新风景，也不仅仅是线上线下结合起来。我觉得，在一定程度上可能会对整个的教育，产生一个结构性的变化。那就是我在《未来学校》这本书里面提出的怎样把现在的学校变成一个学习中心，我们的各种教育资源、各种教育机构，怎么样具有平等的法律地位，怎么样成为学生都可以选择的、教育行政部门可以购买公共服务的好的教育资源。这对传统的学校制度提出了一个很大的挑战，学生学习可能会更加灵活，不一定按时按点、按部就班，到我们称之为教室的地方、称之为学校的地方去进行学习。

记者："中国好教育"到目前为止已经成功举办8届了，我们也经常能在盛典现场看到您的身影，对此我们表示十分荣幸与欢喜。您觉得"中国好教育"盛典有着哪些重要意义？

朱永新："中国好教育"的盛典关键在于它的坚持，一个品牌的形成非常不容易。"中国好教育"这么多年来，挖掘了一批好校长、好教师、好项目，我觉得就是要加大榜样言说的力量。历届评出来的这些好校长、好教师、好项目，不是把它评出来就完了，我们通过中国网去宣传、去推广，组织每年的当选者在全国巡回讲演，让更多人了解他们的故事，在了解他们故事的过程中，也就对中国好教育有了更深刻的印象。同时我们再加大评选的广泛性。知道的人越多，推荐的优秀的典型就越多，评选过程更加严格，每年能够真正地把扎根在中国教育的土壤里，把整个心血都献给教育事业、献给孩子们，真正有理想情怀又有专业精神的这样一些校长、教师和学校能够选拔出来，让大家心服口服。

总而言之，我觉得 8 年坚守非常不容易，我们也期待能够继续办下去，越办越好，我会一如既往地来支持我们的"中国好教育"盛典的评选。

（发表于 2020 年 5 月 27 日中国网，作者：曾瑞鑫，本文有删减）

湛庐文化：今天教育的模样，是明天中国的模样

编者按：5月31日，斯坦福大学第10任校长约翰·汉尼斯，民进中央副主席、新教育实验发起人朱永新教授，清华大学经济管理学院领导力研究中心主任杨斌教授以及湛庐创始人韩焱女士，以跨洋连线的方式进行了一场主题为"什么才是未来教育的要领"的高峰对话。以下内容来自朱永新教授的发言。

我在今年的手记中写道，"今天教育的模样，是明天中国的模样"。我想从三个角度来阐述这句话。

教育是最廉价的国防

大家前一段时间听到任正非讲这句话的时候，都觉得很有道理。其实这句话并不是任正非的原创，但是他讲了一个非常深刻的道理：教育是投入最少，但产出最高、最有效益，同时也最值得投入的投资。

为什么这么说？

第一，教育有广度国家才有力量。

教育的广度实际上就是教育的普及程度。从近代的历史来看，几乎所有发展最快的国家，在成长最快的时候都是教育普及最好的时候，日本的明治维新就是一个非常重要的代表。所以一个国家教育的普及程度越高，人均创造力就越强，紧接着基本的读写算能力以及基

本的从事生产劳动的能力也会越强。

第二，教育有高度国家才有境界。

教育仅仅有广度还是不够的，因为那仅仅是把知识进行了传输。

就像汉尼斯教授讲的，教育必须从"T"型结构来塑造，我觉得他所说的"T"上面的一横，其实与人的情怀、人的理想和人的合作精神更加有关，我把它理解为教育的高度，也就是说我们不能仅仅是培养书呆子或是拥有专业知识的人。

爱因斯坦曾经讲过：仅拥有专业知识是不够的，只有同时具有情怀、道德感和良好的合作精神，才能成为一个真正意义上的人。这样国家才能有境界。一个国家，需要有一批有良知、有境界、有价值感、有信仰的人。

第三，教育有活力国家才有创新。

这是说仅仅有广度、有高度还不够，还得有活力。活力在很大程度上体现出教育怎么把每个人的内在能量激活、把每个人的潜能充分挖掘和张扬。我们教育最大的问题就是缺乏活力，用统一的标准去评价所有人，只有最高分的状元才能去清华读书，但这样招到的不一定是最好的学生。

那么标准到底是什么？我认为其实就是"独特性"，"独特性"是评价教育非常重要的标准。我们的教育强调补短，就是用清华、北大、斯坦福的标准去要求所有的人。用这个标准来衡量，90%以上的人是达不到要求的，而达不到要求就会被认定为是失败。我将这一类学生称为"陪读生"，陪着那些能上清华的人在读书，最终因考不上清华，就觉得自己很失败。但好的教育不应该是这样，好的教育应该是每个人的能量都能被激发出来、调动起来，应是扬长而不是补短。

扬长的教育和补短的教育是两种教育的方法论，或者说是两种教育的价值观，我觉得有活力的教育就在于要把每个人的创造性结合起来，让每个人成为更好的自己，做到充分尊重每个人的内在能力，这是一个好的教育最重要的标志。

我们一直认为人是天生有好奇心的，人是天生有学习能力和学习意愿的，没有谁生下来就讨厌学习。人生最初的时期，是发现这个世界最快的时期、是大脑的突触形成最快的时期。人类和其他动物相比，大部分东西都是后天学习的。所以教育只要能满足人追求探索、好奇的天性，并不断地激发，那么人就能够不断的成长，终有一日成为最好的自己。

现在学校的教育体系是大工业时代的产物，是生产批量人才，用一个标准要求所有的人。在我去年写《未来学校》时，我设计了一套我认为比较有活力的教育体系，旨在打破现有的学校教育体系，强调"个性"——教育或者未来的教育强调的是"个性"。

一个国家怎么样才能有真正的创新，我觉得是需要教育更有活力，因此我的首要观点就是"教育是最廉价的国防"。如果我们在教育上既重视了广度、高度，同时也重视活力，那么这样的国家一定有更美好的未来。

阅读是教育的基石

我最近获得了国际儿童读物联盟首届"IBBY-iRead 爱阅人物奖"，也算是为我们中国人在阅读领域争得了一个荣誉。这么多年来，我呼吁、关注和研究最多的问题就是，我认为阅读是整个教育的基石。

《要领》这本书有很大的篇幅在讲阅读，汉尼斯教授还开了他自己的书单，他说他特别喜欢历史和传记，这点跟我很像。特别是传记，我一直认为在成长的历程中，每个人的生命都是一个故事，有的人能够把自己的故事变成一部传奇，有的人的故事就是一个普通的故事，这很大程度上取决于你选择什么样的生命原型，也就是说你像谁那样活着？看人物传记会帮助你不断地给自己寻找生命原型。那么你像谁那样活着？这样一个寻找生命原型、不断汲取生命能量的过程，往往是通过阅读来获得的。所以我理解汉尼斯为什么有这么大成就，为什么他喜欢读传记，就是因为他不断地从那些伟大人物的身上汲取成功的能量。

阅读为什么是教育的基石呢？可以从三个维度来看。

第一，阅读的过程是精神发育的历程。

我曾经写过一本书《我的阅读观》，在书中提出了我对阅读的观点：一个人的精神发育史是他的阅读史；一个民族的精神境界取决于这个民族的阅读水平，特别是个人精神成长的历程。

精神成长的力量来源很多，但人类那些最伟大的思想、最伟大的智慧，乃至于那些最伟大的价值藏在哪里？我说就在那些最伟大的书里，所以湛庐很了不起，把人类那些最好的书不断地引进中国，向社会大众推荐。

但这些书如果只是躺在你家书架上或学校图书馆里，其实跟你没什么关系，只有当你阅读的时候才会真正成为你的一部分，那时你才真正地拥有书中所蕴含的思想和精神。

阅读的过程就是精神发育的过程。因为没有任何一个人可以去经历历史上所有的事件和现实中发生的所有事件，90%以上的知识是来源于人所生存的时间、空间之外的东西，那就要靠阅读来获取，所以说阅读是整个精神成长最重要的力量。

第二，阅读能力是教育水平的标志。

人的教育水平很大程度上体现在他的阅读能力上。纵观世界上所有的考试评价，会发现阅读能力始终是评价个人教育水平和学习能力的最基本要素。

我在20年前发起了新教育实验，其中一个很重要的行动就是营造书香校园。我们是最早在中国校园里全面推广阅读的，最初运作时，很多父母和老师不太理解，认为我们把教科书念好、把作业做完就行，为什么还要花时间去读课外书？甚至很多父母看到我们让孩子去读书，就把书撕了，或者藏起来，让孩子去做作业。

其实我是很反对课外书这个概念的，书应该不分课外或课内。这20年我们所做的努力，让大家真正意识到阅读太重要了。阅读对提升学习成绩有着全面的推进作用。我们新教育实验有5000多所实验学校，其中有40%在乡村。有大量的案例是很多乡村的学校通过让孩子们大量地阅读，结果其水平超过了城里的学校。

第三，阅读公平是教育公平的基础。

这次我专门带了一个提案，我提出要通过阅读的公平来促进社会的公平。全民阅读能够推进提升国民素质，是加强民族凝聚力的最有效、最廉价、最直接、最便捷的方式。

就算书、书架再贵，它和其他的投资相比还是很便宜的，现在这个硬件在乡村已经逐渐基本到位了。另一个难点是教师，想让所有教师长期留在乡村是很难做到的一件事，所以最好的解决办法就是让孩子读书，把好书送给最偏远的地区、最薄弱的学校、最弱势的人群，让那些孩子在人生最初的时期就能够得到读书的好处。这个时候他精神发展就站上了起跑线。

去年我们翻译了美国一位学者的书《知识匮乏》，这本书有个很重要的观点是他认为美国社会不公平。不同家庭在儿童早期成长的过程中得到的阅读资源不一样，所以他提出了美国应该有一个新民主主义运动，而新民主主义运动就是从阅读开始，让那些最弱势的人群能够在他们人生成长最敏感的时期得到最好的书。

我今年在的提案里面也提出政府应该有这样的工程，配给乡村偏远地区的学校最好的书，并跟进阅读指导，同时给弱势家庭的孩子送书。我专门研制了中国的幼儿、小学生、中学生书目。中学生书目已经正式发布。把这些书送给孩子们，这样在他们成长的最初阶段，就能读到跟城里的孩子一样的东西，那么他们就是在同一个起跑线上，所以我觉得阅读是教育的基石。

未来来自今天的创造

我讲过三句话：未来总要来，不请它自来；未来已经来，现在有未来；美好的未来，今天干起来。这是我对未来的三观。

我们在讲未来的时候会觉得未来好像离我们还很遥远，包括我在出《未来学校》的时候，有8000多人在这本书的读书视频下留言，分两派在吵架，一派说朱老师这个是教育乌托邦，不知道哪天才能实现，但我想说其实书里面讲的故事和案例在现实生活中都有原型。所以未来总要来，不请它自来，挡也挡不住。

未来是一条川流不息的河流，现在是过去也是未来，你所处的现在其中就蕴含着未来，但未来怎么才能更美好，要靠现在真正地做起来。

好的教育靠谁来创造？最重要的人是校长！

为了塑造一个更美好的未来教育，我们就应该去研究什么才是好的教育，那么好的教育靠谁来创造呢？最重要的人物是校长。斯坦福前校长约翰·汉尼斯在《要领》一书中，用自己做校长的案例来告诉我们其中的缘由。我认为这本书不仅仅是为大学校长而写，也是写给中小学校长的，我非常愿意把它推荐给中国的中小学校长和老师们。

为什么这么说呢？

第一，校长是老师的老师，更需要谦逊的品质。

汉尼斯在书中第一个谈到的就是谦逊。谦逊，看起来很容易，其实做到是很不容易的。为什么？因为你是校长，你是领导者，你很难把自己放在跟老师和学生同等的位置上，你觉得自己比他们高明，"我说你听"，所以就很难跟别人去沟通。但其实校长是老师的老师，他更需要谦逊。教育是一个共同体，它不是靠校长一个人去包打天下的。

同时校长身上的很多品质都是从谦逊开始引出的，比如合作，只有谦逊才能合作；比如自信，也和谦逊有着非常密切的关系。所以，我觉得这本书对我们的校长还是很有启发的，因为我碰到的很多校长，往往个人英雄主义的比较多一些，而谦逊的品质，就少了一些。

第二，校长终身学习的能力，就是学生终身学习能力的榜样。

汉尼斯在书的最后谈到了终身学习，其实这也是未来教育的一个非常重要的特征。因为我一直认为未来的教育方式不是像现在这样学习和工作是截然分开的：比如像现在，我们一般在清华读完硕士、博士，然后才开始工作，人生最黄金的时间都在学校度过了，差不多读完博士要将近 30 岁了。我是不主张这么读书的，我主张二十多岁就应该出去闯天下，就应该创造，就应该一边工作一边读书，我觉得在职学习，就是学习-工作-学习阶段式交替式的，它会是一个未来教育的新方向。

这样的好处就是，它更会激发一个人内在学习的愿望，因为结合你的工作，你需要补课，你需要学习，你会"有我"，而且针对性会更强。现在很多进了学校的人，他不知道自己人生的方向，也不知道到底自己要做什么，而且他学的很多东西自己是不感兴趣的，他的专业都是爸爸妈妈给他选定的，那么在这个时候他很难有比较好的方向感，所以教育其实就在于能够不断地去帮助一个人形成终身学习的能力。

　　作为一个校长来说，只有他具有终身学习的能力，才能调动教师终身学习的能力，而教师终身学习的能力，才能调动学生终身学习的能力。其实，教育在很大程度上，就是学习一个一个榜样的历程。校长给老师做榜样，老师给孩子做榜样，那么你的榜样做起来了，教育就形成了。所以，教育不是一个简单的在教室里"我说你听"的过程，其实是大家在一起——一起做、一起学、一起研究、一起做项目的过程。

（发表于2020年6月2日《湛庐文化》，本文有删减）

媒体关注

每年"两会",我都是媒体关注的重点人物。

一个重要的原因,可能是我对于媒体的认知比较积极,对记者比较尊重。我一直说,政协委员的声音,是需要媒体传播的。媒体,能够让智者的声音远播,让弱者的声音放大。媒体关注才会引起公众的关注、政府部门的关注,有助于问题的解决。从这个意义上,我是对于媒体心存感激的。

这个部分,是整理书稿时最费功夫的。考虑到篇幅的原因,这个部分删除了一半以上的文字。在数百篇媒体报道中,找到那些具有原创性的文字,删除重复的文字,的确很不容易。最不忍心删除的,是《人民政协报》和《新京报》的"两会"手记,因为"两会"期间我每天最重要的工作就是为他们写稿,不能够让自己的栏目第二天开"天窗"。

中国青年网：朱永新：解决赴鄂疫情防控一线医疗队员后顾之忧，让英雄不流泪

新冠肺炎疫情出现以来，牵动全国人民的心，一批批医务人员从全国各地驰援湖北。近日，青海省教育厅出台八项措施关心关爱青海赴湖北疫情防控一线医疗队员。对此，全国政协副秘书长、民进中央副主席、新教育实验发起人朱永新表示，对于解除赴鄂疫情防控一线医疗队员的后顾之忧、鼓舞士气有积极的意义。

八项措施中，有七项措施涉及医疗队员的子女教育问题，涵盖了从幼儿园到高考整个教育和考试体系。朱永新认为，民办教育机构可以积极参与其中。这些措施虽然主要面向公办学校，但民办学校可以参照相关要求，制定自己的政策。比如，在线教育方面，目前全国都在做，民办教育机构可以利用这样的方式，积极参与。

朱永新指出，青海省的医务人员数量虽然相对并不是特别多，但是青海省教育厅出台的这八项措施对于推动当地医疗教育也有积极意义。他认为，全社会都应该努力推进、鼓励职业教育免费入学，鼓励加大医学教育的投入。在政策的鼓励和支持下，会有一个引导作用，让全社会更加尊重医务人员，引导更多的人报考医学，从事医疗工作，为社会做贡献。

据统计，四川省教育厅、河南省教育厅等也出台了相关政策来关爱疫情防控一线医务工作者。朱永新表示，应该有这些政策出台，让英雄不流泪，鼓励更多的人为社会做贡献，接下来可能会有更多的地方出台类似的政策。

此次疫情中，学校层面的疫情防护知识和教育也是朱永新关注

的内容之一。他认为，教育行政部门应该从顶层设计来考虑新的教育变革，今后如若再次面临疫情和灾难，全社会没有办法正常入学情况下，要保障孩子们的学习能够有效进行。他提出要建设国家教育资源平台，建设国家学分银行。现在是很多学校和教育机构在做互联网教育，国家没有统筹，这样它的可靠性、选择性、优质性都会受到影响。朱永新建议国家应该做这个事情，从全国层面做最好的教育平台和教育资源。

朱永新还表示，我们不仅要重视疫情防控教育，更要重视整个生命价值体系教育。他指出，人类面对的灾难很多，疫情只是一种。我们要面对各种灾难，需要一个完整的生命价值体系教育。对此，新教育研究院专门研发了生命教育课程并编写了教材。"教育首先是为生命而存在的，重视生命教育才能有意义和价值，希望大家认真考虑这一点"，朱永新说。

（发表于2020年2月11日中国青年网，记者：王龙龙）

中国妇女报：朱永新：最好的家庭教育是帮助孩子成为他自己

编者按：孩子的教育是家庭的要事、家长的操心事，是关系国家民族未来的大事，家庭教育的重要性不言而喻，而近期疫情带来的超长假期也让教育的主场从学校移到家庭，特殊时期如何做好家庭教育更成为父母关心的问题。家庭教育的起点是什么，如何进行家庭教育，此次疫情给家庭教育带来哪些启示？日前，中国妇女报·中国妇女网记者专访了全国政协常务委员兼副秘书长、新教育实验发起人、中国教育学会副会长朱永新，听听专家为我们解读家庭教育的重要性。

记者：家庭教育的起点是什么？

朱永新：奥地利心理学家阿尔弗雷德·阿德勒说过，"幸运的人一生都被童年治愈，不幸的人一生都在治愈童年"。现在心理科学已经发现，一个成年人身上所有的问题，差不多都可以从他的童年生活中找到答案。所以，童年对一个人的影响来说，非常重要。

而儿童的很多神奇之处、伟大之处我们还没有认识到。儿童是怎么认识这个世界的，儿童的个性又是怎么形成的？我们必须承认这些问题没有认识到。所以在一定程度上，由于对我们教育对象的不认识，造成了很多教育上的失误，很多教育方式是没有根据的，只是一代一代传下来的。很多教育没有建立在对孩子真正的、科学的认知基础上，当然，有时是因为科学本身还不成熟。

我认为对儿童的基本认识，或者正确的儿童观，是我们教育的一个起点，也是我们整个家庭教育的起点。具体来说，怎么教育儿童就是儿童观，体现在不同的父母不同的家庭不同的养育方式以及对基本问题的看法等。如，不打不成才，一打分数来，棍棒底下出孝子等等。这样的观念是有问题的，不值得提倡。父母应该把儿童看作平等的人，有独立个性的人，我们要自觉地意识到：尊重童年。有了一种对孩子当下生活的尊重，对孩子本身作为人的尊重，我们很多教育方式自然就会变化。

记者：您认为在家庭教育中，孩子应该学什么？家长应该怎么教？

朱永新：家庭是儿童生命的摇篮，是人出生后接受教育的第一个场所，父母是孩子的第一任老师，父母带给孩子什么，往往就决定孩子会成为什么样的人。人的认知风格、行为习惯、性格特征，都是在童年奠基形成的。家庭是学校的预备校，应在家庭教育中倡导生活教育，重视孩子品格、人格、道德、习惯的培养。

此外，作为父母亲来说，应该帮助孩子树立自信，帮助孩子找到他自己，这是最关键的。父母要能够了解孩子，发现孩子，悦纳孩子。现在很多父母关心的不是自己家的孩子而是别人家的孩子，把别人家的孩子作为标杆，喜欢用自己孩子的短处去比较别人孩子的长处。这样就很痛苦。父母应学会准确了解孩子，顺着孩子自己的天性走，协助孩子成长。

记者：家庭教育中孩子有哪些有效的学习途径？

朱永新：阅读是帮助孩子成长最便捷最有效的路径和方法。读什么就决定了你成为什么，阅读的高度决定了你精神的高度。有些父母不知道读书的重要，有些父母是知道读书重要，却不知道给孩子读什么书，其实有些书是不值得读的，有些书还会有负面影响，应该把最好的时间用来读最有价值的书。另外还有探索，让孩子更多地参与、主动介入，团队合作的学习更有效。在家庭中的体现就是父母陪伴孩子，一起探索学习，亲子共读就是主动介入的学习方式。包括孩子和其他孩子的交往，现在有不少家庭的孩子选择一起去旅行，探索自然，这样有助于合作精神、交往能力、探索兴趣的养成。

记者：什么样的家庭关系最有利于孩子成长？

朱永新： 父母的养育方式非常重要。无论在哪里，我们都离不开父母的影响和父母教育的影响。父母不教育孩子，孩子会变坏；父母用错误的方式去教育孩子，孩子会变得更坏。所以在优秀的孩子成为优秀的人才的背后，我们总能找到和谐温馨家庭的影子。同样，一个不健全的人格，我们可以在家庭中找到矛盾和冲突的因素。父母对孩子的影响是巨大的。此外，家庭教育中还经常存在父亲缺位的现象，在家庭教育中父母都是不可替代的。我认为父亲是男人最重要的工作。父亲不像母亲那样和孩子有那么强的依恋关系，父亲更粗犷、简单，和父亲的相处能让孩子学会面对困难的勇气，孩子更具有冒险精神，因此，陪伴也是父亲很重要的职责。

记者： 哪些因素决定了家庭教育的好坏？

朱永新： 孩子的成长是多种因素决定的，家庭经济条件是其中之一，但不等于父母学历越高，经济条件越好，孩子发展就越好，关键是恰到好处。决定家庭教育好坏的关键是是否尊重家庭教育最根本的原理，最基本的常识。有些东西是无法改变的，出生在哪个家庭，都市还是乡村是无法选择的，与其临渊羡鱼，不如退而结网。重要的是要寻找最适合自己的家庭、最适合自己孩子的教育方式，培养孩子自信、阳光、开放的性格，传递给孩子自由的心灵、积极的人生态度，这些和钱无关，和学历无关。

记者： 怎样理解个性化很强的家庭教育中的共性？

朱永新： 如今，我们的父母亲往往就用一个标准——上清华北大哈佛的标准来培养孩子。用一个标准一个模式去培养孩子，最后大部分人是失败者。这是当前社会焦虑的表现，是我们的社会评价体系出了问题。很多人把上名校当作家庭、父母、孩子成功的典范，而我认为最好的教育是帮助孩子成为他自己。让孩子做自己想做的事，学自己想学的东西，让每个人找到自己，成为更好的自己才能幸福。当然这些不那么容易评价而是一种主观体验。那些真正有幸福感的人的人生不是千篇一律的，他们都有不一样的人生，因此，我认为最好的教育就是帮助人不断成长，不断超越自己，帮助人更幸福地活着，只要做到了这一点，家庭教育就是成功的，这也是家庭教育的目的。

记者： 家庭教育最大的痛点在于不可逆，怎么解决父母这个最大的困惑？

朱永新： 在中国的家庭，父母的素养还有待提高。大部分父母都没有接受过科学的训练、科学的育儿知识的培训，所以中国的父母亲是经常容易犯错误的。那么一旦犯了错误怎么办呢？我们说家庭教育是不可逆的，但是可以改变，最关键的是从今天开始，从当下开始，用更好的方法、更大的热情、更积极的努力、更诚实的态度去改变。父母要改变孩子首先要改变自己，你对人生、对世界的新认识影响你自己的行为，也将传递到孩子身上，我认为任何改变都不会迟，当然如果过了关键期人是很难改变的，这需要付出更大的努力。因此也告诫父母需要在孩子小的时候尽己所能走近教育理解教育。

记者： 疫情面前，父母应该如何做好家庭教育？

朱永新： 通过这次疫情，我们能深刻体会到，教育不仅仅发生在校园，生活本身就是最好的教育。无论是通过网络进行远程教育，还是更加重视家庭教育，每一个环节都能成为课堂。用好这些课堂，不仅能让孩子学到更多东西，对老师和父母来说同样也是一种进步和成长。

这段时间是很难得的亲子 24 小时在一起的时光，我认为知识性的学习不是很急的事情，现在应该以亲子共同活动为主体，比如亲子共同游戏，共同去读一本书，然后交流分享，共同去看一部电影，然后讨论交流，还有父母和子女促膝长谈等，这些可能对孩子的成长更有益。我们特别鼓励父母和孩子一起，选取这次疫情中的一些现象为主题，比如，关于病毒、关于感恩、关于药物等，完成一次共同的作业，共同查资料、共同讨论，在疫情过去之后形成一份小小的研究报告。这不仅将是一次有效的思维训练，也将成为父母和孩子共同的珍贵记忆。

（发表于 2020 年 4 月 1 日《中国妇女报》，作者：张明若）

人民政协报：每位委员都应成为一个真正的读者
——访全国政协副秘书长、民进中央副主席朱永新

编者按：日前，全国政协部署开展"委员读书活动"，并做出制度性安排，这对于全面促进政协各项工作、进一步加强政协委员队伍建设、进而带动社会形成全民阅读的良好氛围有着非常重要的意义。而作为整个全国政协委员读书活动的"试水之作"，2月20日在委员移动履职平台上线的防控疫情读书群肩负着探索方法路径、总结经验教训、指导后续工作的任务。上线至今，共有300多位委员做了3000多次发言，发言文字共计近60万字。这些发言，既有读书的心得体会，也有对于疫情防控的建议性思考，精彩纷呈，引人深思。

在"世界读书日"即将来临之际，本报记者专访了部分参与线上委员读书活动的全国政协委员，请他们畅谈感受与体会，今天起陆续推出，敬请关注。

"不经历这场疫情，真的不知道原来我们对病毒、瘟疫的传播，对疫情的防范与控制知道得太少太少。宅居在家的这些日子，我遍寻出版物，浏览许多图书后，找到了两本与疫情有关的书——《逼近的瘟疫》和《病毒来袭》，读来获益匪浅。了解病毒，才能更好地战'疫'，才能更好地通过建言资政、凝聚共识发挥委员作用。因此，我想把它们推荐给各位委员共读，希望这两本书能够为委员朋友带去更多知识，激发更多智慧。"

2月20日晚8时，全国政协副秘书长、民进中央副主席朱永新在委员履职平台主题议政群写下了这样一段文字。在委员们"疯狂"

报名参加的同时，防控疫情读书会正式成立，朱永新也成了该读书会名副其实的"群主"。

接下来的40天里，防控疫情读书会采取委员"线下读书、线上交流"的方式，突出"读书学习与履职建言相结合"的特点，集中阅读了两本书，并于3月23日举办了线下交流会；应委员们的强烈要求，原定3月31日晚上8点闭群的"防控疫情读书群"又延长至4月23日，这一周期选择共读的是《生命的法则》和《人类的终极问题》两书。

"读书群的活动全程得到了汪洋主席的高度关注、热情支持和具体指导。他鼓励大家读书，并就交流选书、读书的方法、导读的观点等问题，不断引导委员深入阅读。他还出席了我们的线下交流会并发表重要讲话，提出了许多值得关注和思考的问题。"朱永新说，汪洋主席的参与极大地激发了委员们的积极性，委员们在读书群内热烈讨论、深入交流，共有300多位委员做了3000多次发言，发言文字共计近60万字，其中各位导读委员精心准备的导读发言就有近20万字。这些发言，既有读书的心得体会，也有对于疫情防控的建议性思考，精彩纷呈，引人深思。

"日前，全国政协部署开展'委员读书活动'，并做出制度性安排，这对于全面促进政协各项工作、进一步加强政协委员队伍建设、进而带动社会形成全民阅读的良好氛围有着非常重要的意义。而作为整个全国政协委员读书活动的'试水之作'，防控疫情读书群肩负着探索方法路径、总结经验教训、指导后续工作的任务。目前看来，任务完成得还是不错的。""群主"朱永新笑言。

作为国家全民阅读形象代言人，朱永新深刻理解阅读对于个人、对于民族、对于国家的重要意义。而在他看来，在推进全民阅读、建设学习型社会的伟大事业中，人民政协具有独特的优势和力量。

"政协有读书学习的优良传统。早在1954年，毛泽东同志就提出把学习作为政协的五大任务之一，政协章程也明确规定学习是政协委员的一项基本任务。政协委员多是各行业的领导和精英，一举一动广受社会关注，委员们热爱读书、推广读书，必能在全社会产生广泛的带动作用，这对于推动全民阅读、建设学习型社会有着重要的作用。"朱永新表示。

从另一个角度来说，人民政协作为专门的协商机构，需要对国家的重大方针政策和决策部署提出意见建议，这就对委员的视野和水平提出了很高的要求。虽然政协委员本身也是喜欢读书的群体，有条件读书的群体，能够把书读好的群体。但是，面对国际国内复杂的形势、参政议政领域不断拓展、难度不断加大的挑战，政协委员需要学习的内容越来越多。

"通过读书学习来提高能力、凝聚共识，是做好新形势下履职工作的迫切需要，也是提高国家治理能力的题中应有之义。可以说，政协委员通过读书学习进行自我教育，既有历史的必然性，更有现实的必要性。"朱永新说。

作为委员读书活动的首位"群主"，在参与了防控疫情读书群的筹备、建立、服务、管理，以及线下交流活动等全方位的工作后，朱永新对如何组织政协委员读书有了深刻的认识——

"强烈的使命意识是做好群主工作的基本前提，要把它作为一项最重要的委员履职工作去对待。"

"政协委员读书活动不同于一般的读书群、书友会，要强化政治意识、突出政协特色。为此，群主需做好三方面工作：确立主题、选好书目；结果导向、学以致用；注重引导、把握方向。"

"读书群的意义在于促进交流、相互启迪。要维持读书群内正向、活跃的气氛，群主的表率作用非常重要。要做发言的表率，也要做读书的表率。"

"从对读书群服务、管理的工作层面来说，群主要强化服务意识，努力当好'店小二'，而这其中方法创新很重要。我的具体做法是：实施招标导读、线上线下结合、邀请专家参与。"

……

对于政协委员应该如何读书，朱永新也有话要说。"第一，目标导向，制订系统读书计划；第二，针对问题，结合委员履职读书；第三，学思结合，养成不动笔墨不读书的习惯；第四，有详有略，精读与浏览相结合；第五，注重积累，争取成为一个领域的小专家；第六，共同阅读，带动身边人一起读书。"

"人是流动的，书也是流动的，但总会有一个时刻，人与书会暂时停止脚步，彼此凝视，由此诞生的一切，是阅读行为产生的所有魅力所在。希望每位政协委员，都能成为一个真正的读者。"朱永新说。

（发表于 2020 年 4 月 21 日《人民政协报》，作者：吕巍）

中国网：朱永新荣获世界阅读推广大奖"IBBY – iRead 爱阅人物奖"

5月4日，国际儿童读物联盟（IBBY）揭晓了儿童阅读推广人世界级奖项——"IBBY – iRead 爱阅人物奖"。在竞争激烈的评选中，来自中国的"全民阅读形象代言人"朱永新，荣获这一殊荣。

国际儿童读物联盟（IBBY），成立于1953年，总部在瑞士巴塞尔，是和联合国儿童基金会及联合国教科文组织有正式咨商关系的国际非营利的非政府组织，在五大洲共有80个国家分会。其下设三大国际奖项——国际安徒生奖、IBBY朝日阅读促进奖、IBBY – iRead爱阅人物奖，推进"危机中的儿童""跨越大洋的握手"等公益项目，从不同角度倾力支持与推动儿童阅读。

作为全国政协常委、副秘书长、民进中央副主席的朱永新，早在1993年担任苏州大学教务处长开始，就推出了苏州大学学生必读书计划，于1995年组织全国专家学者研制中国第一个中小学生和教师阅读书目，由此开始了专业的阅读研究和推广生涯。

近30年中，朱永新致力于从多层面推动儿童阅读。他著有《我的阅读观》《造就中国人》等大量阅读推广和儿童教育方面的著作。著作被翻译为24种语言，如英文、阿尔巴尼亚文、阿拉伯文、波兰文、波斯文、德文、俄文、法文、哈萨克文、韩文、柬埔寨文、罗马尼亚文、马来文、蒙古文、尼泊尔文、日文、泰文、土耳其文等等，输出版权至世界各国。

从2003年开始，朱永新担任全国政协委员，在全国"两会"上提出建立"国家阅读节"的提案，连续十七年，他每年都在"两会"

直接提出关于阅读的提案建议共计数十个。他还和一群热爱阅读的委员代表一起，联名建议、共同呼吁推进把全民阅读作为国家战略、建立国家阅读基金等。

1999年，朱永新发起的新教育实验，一所两排平房的乡村学校——江苏常州武进湖塘桥中心小学萌芽，就因他推动这所小学的教师阅读和儿童阅读而起。如今，最初的这所湖塘桥乡村学校，先后走出了54名校长和副校长，新教育实验也得到长足发展：以"过一种幸福完整的教育生活"为宗旨，作为中国规模最大的民间教育改革；以"营造书香校园"为第一行动，以帮助教师和学生；现已有5200多所学校加入，其中一大半都是乡村学校。朱永新向新教育实验捐赠个人稿费、讲课酬劳，亲自领衔其中的学术研究工作。

为了更好地推进阅读教育，朱永新亲自创办了专业的阅读研究推广公益机构——新阅读研究所。作为荣誉所长，朱永新以教育家的高瞻远瞩和行动者的勤勉务实，带领团队全面探索和解决从"为什么读"，到"读什么"，到"怎么读"的问题。

为解决"为什么读"，在阅读理念上，朱永新归纳提出的"一个人的精神发育史就是他的阅读史，一个民族的精神境界取决于这个民族的阅读水平，一个没有阅读的学校永远也不可能有真正的教育，一个书香充盈的城市才能成为真正的精神家园"，体现出阅读中个体与群体的关系，成为中国脍炙人口的阅读名言之一。

在这一理念上，朱永新完成了"共读共写共同生活"的阅读理论建构，形成了以自主阅读和共同阅读互相促进的阅读范式。这一范式，尤其对儿童的阅读生活，产生了极其重要的推进作用，促使儿童在自主阅读中独立思考、发挥个性，在共同阅读中互相理解、求同存异，把儿童阅读的功效推到了新的高度。

为解决"读什么"，朱永新亲自带领团队，完成多种类别的儿童阅读书目的研制和修订——历时6年，完成包括0—18岁的儿童基础阅读书目的《中国人阅读基础书目》研制和发布；2016年开始，主持研究中国历史上第一个《中国中小学学科阅读书目》，研制中小学所有学科的教师、学生的基础阅读书目；2019年开始，主持并启动中国历史上第一个《中国人学科（项目学习）研究基础书目》，对100

多个一级学科，如天文、哲学等进行书目的筛选。

这三大系列书目不仅为儿童阅读奠定了非常重要的基础，而且形成了由浅入深的阅读梯次，为儿童阅读的后续发展，提供了有效的支持。

为了解决"怎么读"的问题，朱永新带领新阅读研究所，以专业力量不断进取，长期致力于探索创造更多阅读方法。如围绕经典共读开展的戏剧课程"生命叙事剧"，如鼓励乡村多元文化的"乡村特色阅读课程"，如激发兴趣、深化效果的"童书电影课"，如以图画书为美育素材的"听读绘说"课程，如以校园、家庭不同特点分别研发的"阅读整体方案"等等。这些阅读方法整合课程的本质，采用课堂教学、课外活动等多种形式，在家庭、学校、社会上都可以使用。

由于中国自身发展的多样性，这些阅读课程在探索上的成功，也将为世界各国，特别是广大发展中国家和地区推动儿童阅读的问题，乃至跨越贫富差距、解决教育不公的难题，提供了一个可资借鉴、可以复制的优良模式。

朱永新在阅读推广上的成就，得到了各方认可。2012年，他被中国新闻出版总署聘请为国家全民阅读形象代言人，由柳斌杰署长亲自颁发聘书。同年，《中国新闻出版报》评选了四个推动阅读的年度机构和年度人物，朱永新和他创办并担任荣誉所长的新阅读研究所，双双荣获年度大奖。《中国教育报》从2004年开始评选的"中国推动阅读十大教育人物"，每一年都有新教育人获奖，在总数160人中，有新教育教师46人，占35%。

在"IBBY — iRead爱阅人物奖"在评选中，同时支持一个获奖人指定的非营利性儿童阅读推广项目。朱永新推荐的"新教育萤火虫亲子共读公益项目"，自2011年11月23日启动，秉承"点亮自己，照亮他人"的萤火精神，以深度亲子阅读为抓手，培育阅读教师，影响学生父母，推进家校共育，组建500余人的义工团队，在中国80个城乡建有萤火虫亲子共读工作站，直接汇聚10万多位父母，在全国各地开展各类专业亲子阅读公益活动7000余场，参与者共计800万人次以上。其中，朱永新亲自主持撰写该项目的"新父母晨诵"栏目，网络阅读量达到数亿人次。

国际儿童读物联盟（IBBY）主席张明舟先生曾经评价说："放眼当代全球，能够在阅读推广领域拥有如此之高的教育理论水平和理论研究成果的，没有第二位。放眼当代全球，能够在教育领域，以阅读为切入口，深度参与并深刻影响教育发展的教育家也绝无仅有。"

（发表于2020年5月6日中国网，责编：曾瑞鑫）

人民日报：朱永新：让书香伴随孩子成长

5月4日晚，国际儿童读物联盟（IBBY）2020年奖项发布会以线上直播的形式与全球观众见面。儿童文学与阅读界三大备受瞩目的国际奖项——国际安徒生奖、IBBY—朝日阅读促进奖、IBBY—iRead爱阅人物奖揭晓。其中，来自中国的朱永新与来自荷兰的玛丽特·托恩奎斯特成为IBBY—iRead爱阅人物奖首届获奖者。

朱永新，苏州大学教授、新阅读研究所创办者，推动儿童阅读近30年。

总结信息时代下的儿童阅读方法

与最好的书对话，如与最好的人为伍。在朱永新看来，人是由他读的书造就的，读什么样的书，就会成为什么样的人。早在1993年担任苏州大学教务处处长时，朱永新便推出苏州大学学生必读书计划，从1995年开始，组织专家学者研制中小学生和教师阅读书目，由此开始了专业的阅读研究与推广生涯。

作为专业阅读研究推广公益机构——新阅读研究所的创办人，朱永新始终致力于探索和解决"为什么读""读什么"及"怎么读"的问题。

有关"为什么读"，朱永新提出，"一个人的精神发育史就是他的阅读史，一个民族的精神境界取决于这个民族的阅读水平，一个没有阅读的学校永远也不可能有真正的教育，一个书香充盈的城市才能成为真正的精神家园",聚焦阅读中个体与群体的关系。基于此,他还完成"共读共写共同生活"的阅读理论建构,提倡儿童在自主阅读中独立思考、发挥个性,在共同阅读中互相理解、求同存异。

有关"读什么",朱永新带领团队,完成多种类别儿童阅读书目的研制和修订,包括儿童基础阅读书目《中国人阅读基础书目》的研制与发布。从2016年开始,他主持研究《中国中小学学科阅读书目》,研制中小学所有学科教师、学生的基础阅读书目。从2019年开始,主持并启动《中国人学科(项目学习)研究基础书目》,对100多个一级学科进行书目筛选。

有专家评价:"该系列书目不仅为儿童阅读奠定了非常重要的基础,且形成了由浅入深的阅读梯次,为儿童阅读的后续发展提供了有效支持。"

有关"怎么读",朱永新带领新阅读研究所,长期致力于探索创造更多阅读方法。如鼓励乡村多元文化的"乡村特色阅读课程",如激发兴趣、深化效果的"童书电影课",如以校园、家庭不同特点分别研发的"阅读整体方案"等。

"朱永新以科学的研究,为信息时代下的儿童阅读方法总结出了一系列可供复制的成果。"有学者说。

推动以阅读为抓手的教育探索

1999年,在一所两排平房的乡村学校——江苏常州武进湖塘桥中心小学,朱永新发起了新教育实验,这项以推动教师阅读和儿童阅读为抓手的教育探索,从一开始便刻上了"书香"的印记。

现已退休的小学原校长奚亚英至今仍记得,朱永新每隔一段时间就来学校开展讲座,推动以阅读为抓手的教育改革。

2000年,苏州昆山玉峰实验学校正式推行书香校园建设。朱永新要求参加这项教育改革的学校,所有的小学生、中学生、老师,在6年内必须阅读完100本书,不读完,不毕业。

渐渐地,阅读从任务到习惯、从被动到主动,越来越多的师生逐渐认识到，读书能使人有底蕴、有品位。

如今，这项教育改革已覆盖多所学校，这些学校有一个共同的特点，就是对儿童阅读的高度重视。

2003年的全国"两会"上，朱永新作为全国政协委员，正式提出建立国家阅读节的提案。此后连续17年，朱永新共提出几十个关于阅读的提案和建议，其中大部分都在直接推动儿童阅读。

由于中国自身发展的多样性，这些阅读课程在探索上的成功，也将为世界各国特别是广大发展中国家和地区推动儿童阅读的问题，乃至跨越贫富差距、解决教育不公的难题，提供可资借鉴、可以复制的优良模式。

新教育实验的探索，也在2018年获得了基础教育国家级教学成果一等奖。

带动越来越多读书人和推广人

朱永新个人的成长经历与阅读密不可分。

他的童年时期处于图书极度匮乏的阶段，只能通过担任小学教师的父亲及往来客人的"讲书"，完成儿童时期的阅读。直到大学阶段，他才在大学图书馆里补上了阅读这一课。

发起新教育实验后，朱永新更是身体力行，坚持每年阅读100多部教育著作、200多部童书，将推动阅读放在工作首位……不少熟悉他的老师和校长都说，朱永新的阅读经历和人生经历，鼓舞着更多老师热爱阅读、推动阅读、帮助儿童学会阅读，成长为优秀的阅读推广人。

为阅读鼓与呼，朱永新渐渐从一个人到一行人。

通过创办新阅读研究所，朱永新的阅读主张凝聚了一大批阅读推广人：他领衔创建的中国"领读者大会"吸引了400余家各类阅读推广机构参加；新阅读研究所建立的网络读书会汇聚近10万读者；成立的亲子阅读工作站，遍及50多个城市和乡村；新阅读研究所举办的数十场"领读者"培训，培养了大量优秀的阅读推广人……

朱永新所带领的教育团队，出现了一大批优秀的阅读推广人。他们中的许多人，都是来自偏远地区和经济欠发达地区的中小学教师。这些中小学教师通过推动阅读，让自己受益、助力儿童成长，还建构起良好的儿童阅读生态。

近 30 年来，朱永新推动与阅读有关的工作很多，但有一项很有代表性。这项工作主要面向初为人父、人母的年轻人，为他们举办公益讲座、推广亲子共读，这项以"萤火虫"命名的工作计划，希望帮助万千父母，点亮孩子阅读的光。

尽管已获得国际奖项，但朱永新推动儿童阅读的步伐不会停止。他表示将把所有奖金捐赠给儿童阅读的研究与推广工作。因为在他看来，阅读是提高国民素质、缩小教育差距、推进教育公平的有效路径。用阅读照亮更多孩子的成长之路，他们将因此拥有更美好的生活、更美好的未来，也将为人类智慧和文明的发展拓展出更大空间。

（发表于 2020 年 5 月 8 日《人民日报》，记者：赵婀娜）

人民政协报：在春天播撒希望不辍耕耘——全国政协常委、副秘书长，民进中央副主席朱永新谈新书《春天的约会》

"两会"即将召开，这是盛大的舞台，奏响着和谐的共鸣。为什么说全国"两会"是中国人的"政治春节"？"两会"讨论哪些事儿？政协委员如何议论国事、建言资政？政协委员的提案、建议以及会上的讨论如何产生作用？这些问题，在日前出版的《春天的约会：全国政协常委朱永新"两会"手记》一书中，可以找到生动的描述。全书约39万字，以年代为主线，以日记的形式呈现了2013—2017年"两会"期间，作者参与"两会"的情况和感悟。作者以民主党派成员的视角，从实践层面反映民主党派成员在"两会"中参政议政的实践历程。人民政协报记者专访全国政协常委、副秘书长，民进中央副主席朱永新，讲述10余年来记录"春天的约会"的故事和思考。

从一滴小小的水珠中认识"两会"

文化周刊：《春天的约会》是您在十二届全国政协期间每年记录的"两会"手记，此前，您已经出版了《我在政协这五年》《我在人大这五年》《共识凝聚力量》等著作，与其相比，《春天的约会》有什么特点？出版的背景是怎样的？

朱永新：我从2003年开始履职全国政协委员，2008年担任全国人大代表，2013年又回到政协，一直到现在。在这10多年的历程中，我记录下了参政议政的感受、体会和经验。2008年出版的《我在政协这五年》，以及2013年的《我在人大这五年》，有每年会议的提案、议案、发言、视察、调研的情况和思考，还有与媒体和网友交流的实录摘要等。

在此基础上，我逐渐觉得，有必要把"两会"的记录单独整理出来并系统性出版。在《春天的约会》里，我记录了2013—2017年五年中国人民政治协商会议历次全会的一个侧面。每年从大会前夕到闭幕，每天一篇手记，政协委员的培训、小组讨论、大会发言、提案提交等内容都在其中。每年3月的"两会"，都是一场盛大的"春天的约会"，也是中国人的"政治春节"，万众瞩目。对"两会"的记录是多种多样的，比如媒体的报道等。政协委员日记也是其中一种方式，它从民间个人的立场来看"两会"，是对史料的有益补充。而从文本的代表性以及出版样式来说，此前都还没有类似的作品。

春天是播种的季节，"两会"既是播撒种子，也是进行第一次耕耘。用朴素真实的文字记录春天、记录过程、记录行动。如同一滴小小的水珠可以折射太阳的光辉，通过这本小书，大家也可以了解中国人是怎样开"两会"的，中国民主党派是如何参与中国政治生活的，中国共产党领导的多党合作和政治协商制度是如何运行的，仿佛是跟着我看"两会"。同时，5年的持续记录相对具有完整性和持续性，可以为读者提供全景式、多角度的视野。

文化周刊：您的"两会"手记每篇篇幅很长，内容丰富，既有大事小情的记录，也有个人的深入思考。您从何时开始写"两会"手记的？它们是如何"出炉"的？

朱永新：记日记是我多年的习惯，当然，"两会"手记跟平时的日记相比很不一样，内容丰富得多。从2003年履职全国政协委员，我就开始写"两会"手记，把"两会"前后和参加"两会"的所闻所感记录下来，天长日久，也是一笔颇为可观的财富。不过那个时候还没有像书中的手记这么细致和深入。2008年，在5年履职结束后，我在整理和总结时，意识到日记很重要，它具有传播的功能，并且作为文献今后也有史料价值。而按这个要求回过头来看，之前的"两会"手记还有不足。这之后，我便有意识地、更为自觉地写"两会"手记了。具体过程首先是在"两会"日程中随手记,比如小组讨论,我自己会记录一些要点,结束后再把小组讨论的记录要来看,更为全面;其次,每天中午休息时把当天上午的内容简单总结一下;撰写手记最主要是在晚上,选好角度,一般来说写四五千字,有时第二天一大早再继续整理修改一下。这些手记以"春天的约会"为主题,每天在我的博客上与朋友们分享。我之所以坚持记录,不仅是因为我保持了多年的记日记习惯,也是为了留住这些难忘的日子。因为,我知道,这不只是一个人的"两会",更是一个时代的"两会"。沉淀下的,不仅是个人的政治生活记录,也是这个时代的政治生态的永恒的记录。从出版的意义来说,它们能够让读者更好地去读懂"两会"。我也很希望这本书能够被翻译成外文出版,让国际社会了解中国特色社会主义民主政治的亮丽风景。

锻炼见微知著的慧眼,了解人民所需、民生所系

文化周刊: 手记是否也是您作为政协委员履职的一种方式?

朱永新: 我一直认为认真写才能认真做,要想写得精彩必须做得精彩。政协委员是荣誉、信任,更是使命、责任。2013年"两会"期间,我在《人民日报》发表过一篇文章《你不称职,意味着67万人缺席》,当时引起了强烈反响。"两会"不仅是代表、委员的"两会",事实上更是全国人民的"两会"。积极参与会议,认真建言献策,反映社情民意,是政协委员的责任。为此,我们需要有强烈的"角色意识",胜任自己的角色。

《春天的约会》出版后,我的一个朋友读后特意发来信息,"既是春天的约会,也是春天的礼物,更是春天的收获!让神秘的'两会'不再神秘,让'两会'走进民众,让民众走进'两会'!"这让我很受鼓舞。很长一段时间,政协多少蒙有一层神秘的面纱,而政协委员中各行各业专家较多,忙于专业就难免疏于和外界接触,"平时看不见,'两会'露露面"。甚至还有一些段子形容政协是"'拍拍手'的'联谊机构'而已",很多人觉得政协离自己很远。政协作为

发扬社会主义民主的重要形式，是一个广泛联系群众、团结各界人士的重要平台，而政协委员履职则要以天下为己任，为民生而呐喊，让人民清晰地感觉到，"两会"、政协、政协委员，其实很近，就在你我身边。

"两会"是人民之会、民生之会。生活永远大于理论，更不用说这信息时代，瞬息万变的信息不停地影响改变人们的生活，同时，丰富而繁杂的信息，让人无从把握。要想真正了解人民所需、民生所系，需要锻炼出见微知著的慧眼。所以，这样记录"两会"中的感受，记录自己的观察与思考，就是一种锻炼。与其说是记录，不如说是学习；向他人学习，向生活学习，以行动铭记。

文化周刊：如您所说，书中5年持续的记录可以全景式认识"两会"，那么从中能否看到"两会"，乃至国家的变化发展？您的感受是怎样的？

朱永新：年年岁岁来相会，岁岁年年会不同。每年参加"两会"，能够清晰地感受到发生的变化，点点滴滴都化作文字汇聚在这本书中。比如会风，委员们参政议政热情越来越高，小组讨论座无虚席，经常"抢话筒"发言，讨论也越来越激烈和深入。比如提案，开始的时候觉得撰写一件好提案很容易，只需要真诚、用心就行，没想到时间越长，越觉得撰写一件好提案并不容易，收集、整合、提炼信息已经不那么容易了，还需要专业知识和开阔的视野，需要提出问题，更需要解决问题的方法……每年"两会"结束以后，就开始为下一年的提案做准备。

从我的感受来说，政协委员在"两会"提案、建言，实实在在对国家发展发挥着作用。比如全民阅读，这些年，我与其他很多政协委员一道，持续为阅读鼓与呼，把全民阅读作为国家战略、设立国家阅读节、制订全民阅读规划……在这样一个信息碎片化的时代，我们国家整体阅读状况没有下滑，保持稳定上升的趋势，跟政协委员们的呼吁有很大关系。通过"两会"的平台发出声音，有力促进全社会形成对阅读的共识。

阅读与写作是生活的常态

文化周刊：在日记中可以看到，您每天 5 点左右就起床，进行阅读写作，晚上也是如此到 11 点才休息。如何持之以恒地坚持阅读和写作？

朱永新：对我来说，每年的"两会时间"差不多是以"分"来计量的。虽然委员的工作都很忙，"两会"期间各种采访、活动也很多，但是，重要的事情总是能挤出时间。我的体会是尽可能用 80% 的时间做 20% 最重要的事情。阅读与写作是我生活的常态，就像吃饭一样有精神的饥饿感。我曾在文章中写道：与文字打交道的人有两种人，一种是读书的人，一种是写作的人。读书的人是幸福的，因为他可以欣赏世界上最美丽的文字，最美丽的精神风景。写作的人自然更是幸福的，因为他不仅可以欣赏美，还可以创造美。2002 年我给老师们开过一个"朱永新成功保险公司"。我对他们说，想成为优秀的教师，就来投保，保约是每天用心记录生活，记录与孩子们的故事，10 年后带着 3650 篇日记来找我，不成功我赔偿。就像前面讲到要想写得精彩必须做得精彩，对于政协委员来说，更需要以身作则。

文化周刊：4 月 23 日"世界读书日"这一天，"全国政协委员读书活动"启动。全国政协主席汪洋指出，开展委员读书活动，是贯彻落实习近平总书记关于加强和改进人民政协工作的重要思想的实际行动，是政协委员增强履职本领、提高建言质量的内在要求，是加强思想政治引领、更好凝聚共识的有效途径。对于阅读和写作，请您分享一下自己的认识和经验。

朱永新：如果说阅读是站在大师的肩膀上前行，写作便是在自己的肩膀上攀升，这是自我反思与成长的过程。学习更多是通过阅读来进行的，而思考更多是通过写作来进行的，深入思考通常更是从写作开始。政协委员应该当读书的模范，勤于学习和思考。通过读书学习来提高能力、凝聚共识，是做好新形势下履职工作的迫切需要，也是提高国家治理能力的题中之义。

（发表于 2020 年 5 月 11 日《人民政协报》，记者：谢颖）

澎湃新闻：朱永新《致教师》，成就40万教师读者的阅读生活（摘要）

在成长教育的过程中，需要学习的不仅是学生和家长，教育之路也是教师不断攀登的成长之路。新教育实验发起人朱永新围绕教师提出的教师关心的重要问题和教师成长的关键问题，集成于这本《致教师》，直击教师职业面临的最真实的问题，并在书中为教师读者剖析答案。

不论是作者，还是内容，这本书都当之无愧是教师成长路上的"硬核"必备图书。

获IBBY—iRead爱阅人物奖，朱永新为首届获奖者

5月4日晚，国际儿童读物联盟（IBBY）2020年奖项发布会以线上直播的形式与全球观众见面。儿童文学与阅读界三大备受瞩目的国际奖项——国际安徒生奖，IBBY—朝日阅读促进奖，IBBY—iRead爱阅人物奖揭晓。其中，来自中国的朱永新与来自荷兰的玛丽特·托恩奎斯特成为IBBY—iRead爱阅人物奖首届获奖者。

朱永新的《致教师》最新版，由长江文艺出版社出版，目前销量已突破40万册

《致教师》这本书中，朱永新围绕教师提出的教师关心的重要问题和教师成长的关键问题，"成为教师的理由""怎样具备好教师的慧眼""如何书写教师的生命传奇""怎样过一种幸福而完整的教育生活"四大方面，一一为教师"解惑"。

教师，既是一份职业，也是一个志业；那既是一份职责，更是一种使命。让教师能过上幸福完整的教育生活，给教师带来职业的尊严与幸福感，点燃教师的激情，成为教育的追梦人，是朱永新先生这本书的初衷。

《致教师》语录节选

1. 教育的本质就是培养学生一种积极的态度。
2. 人是不会被别人打倒的，而是被自己打倒的。
3. 没有教师的成长，学生的成长是不可能的。
4. 很多人在生活中所犯的错误往往被看作德行问题，实际上却是心理问题。
5. 一个人要取得成功有两个重要的前提，一个是追求成功，一个是相信自己能够成功。
6. 教育没有情感，没有爱，就如同池塘没有水一样，没有水，就不能称其为池塘，没有情感没有爱，也就没有教育。
7. 年轻不是坏事，只要你每一天不要去重复，每一天都是在拥抱新的太阳。伟大并不遥远，只要做个有心人，要进行细致的积累，多花点精力在教学上，花在对自己事业的追求上。
8. 一个教师不在于他教了多少年书，而在于他用心教了多少年书。
9. 从总体上说，学生学习知识的主要目的已经不是学以致用，而在于学习知识的过程本身,在于通过学习而成为一个聪明的人、文明的人、有高尚精神生活的人。

10.知识关注点是现成的答案、现成的公式、现成的历史事件的归纳,而智慧关注的是未知的世界,是求知的过程。

(发表于2020年5月11日《长江文艺出版社澎湃号》,文字编辑:符琳)

晶报：朱永新的"阅读三问"与国民教育

作为一个从阅读中受惠良多的人，因推己及人，极愿更多的人从阅读中得到滋养。朱永新在其《造就中国人：阅读与国民教育》（海天出版社2019年11月版）的一篇文章中，热忱地分享了自己被阅读照亮的经历，这也为我们理解他何以如此富含理想与热情于阅读推广事业中，提供了一把认识的钥匙。

《造就中国人》一书，是朱永新这些年来有关阅读推广工作之理论思想与实际成果的一次集大成的总结与呈现。就理论思想而言，朱永新长期系统地思考着"阅读三问"：阅读为什么很重要？中国人应该读什么？今天我们应该怎么读书？这本书即是按照这一结构将其长期的思考文章进行汇辑而成。就实际成果而言，由朱永新领衔并切实指导与推动的国家基础书目基本编制完成，这批书目分别面向幼儿、小学、中学、大学、教师、父母、公务员、企业家9个群体，共900个图书推荐条目，在该书中第一次整齐亮相。此书生动系统地展示出朱永新关于阅读推广的思想与精髓。

一、对阅读的呼吁，既是出于对个人的关怀，更是从国家战略的高度来思考

对阅读的重视，我们多从小视角出发，探讨阅读与个体的关系：阅读关乎个人的精神成长，通过阅读更易收获幸福完整人生。朱永新的思考表现出宏大的格局，既指出"一个人的精神发育史就是他的阅

读史",进而还指出"一个民族的精神境界取决于这个民族的阅读水平",深刻地意识到阅读对于国民素质的提升和国家竞争力、凝聚力的加强具有不可替代的重要作用。也正是基于这样高远的认识：只有共同阅读，掌握共同的核心知识，才能拥有共同的语言和密码、共同的价值和愿景，形成共同的问题，才能造就出有着共同精神基础的中国人，朱永新因此发愿并切实推动落实了国家基础书目的编制。而这系列的基础书目又为一个个不同的个体提供了切实的阅读指南与门径，也因此在朱永新这里，个体的关怀与国家宏观发展的思考得到了高度统一。

二、提倡阅读、宣导阅读价值的同时，更着力于其落地问题

正如朱永新自己所说："光讲阅读的重要性是不够的。很多人也知道阅读的重要。还有一个重要的问题，读什么？"在知识大爆炸的时代，为普通读者提供一个基本的阅读"地图"也就显得尤为重要。朱永新及其团队为之付出大量严谨而艰苦的工作，为不同的人群编制不同的基础书目。

首先，针对不同的人群进行不同的书目编制。朱永新团队抓住了几个关键的，同时需求也更形急切的群体：学生（幼儿、小学、中学、大学）、老师、家长、公务员和企业家，率先为他们量身编制书目。其次，力求编制的严谨性、科学性与有效性。在编制前，对这些群体阅读的现状与问题有切实的摸底，确定旗帜鲜明的阅读主张，如关于幼儿阅读，编制组十分强调真善美中心、儿童中心、故事中心、绘本中心、共读中心等。具体的编制工作中，有清晰的书目研制原则，既重视专家的意见，组织专家座谈会，聘请众多专家学者担任咨询专家和学术顾问；又充分借用网络的力量，展开网络海选调查投票，获得大量有效调查数据；同时展开一线的试读调查，收到几千份试读学生、老师和家长的试读调查反馈……在此基础上不断调整完善，不少的书目经过十几稿的讨论与修改。因此，这9类共900条书

目的背后，无不是由朱永新团队的理想、智慧、心血与汗水铸就。也因此，曹文轩评价这些基础书目说："虽有遗珠之憾，但绝无鱼目混珠之嫌"。

编制书目不易，朱永新心里很清楚："阅读本身作为一件很私人化的事情，充满了仁者见仁、智者见智的不确定性。因此，书目研制往往是一项吃力不讨好、很难不被批评的工作。也的确有许多好心的专家劝我们不要做这件难度大、见效慢、讨人骂的'傻事'。"而事实上，书目的重要性不言而喻，即便是在重视阅读、热爱阅读的圈子里，都依然需要书目的有效指引，尤其在遇到新领域，如孩子的阅读指引上，严谨实用的书目则如雪中送炭。朱永新团队迎难而上，"只要孩子们需要，父母们需要，只要教育需要，未来需要，就值得我们去努力。有些事情，总是需要有人去做的，去探索的，甚至去挨骂的。"朱永新团队表现出可贵的勇者无惧与理想担当。目前编制出来的9类书目，大体上辐射到了主要的阅读人群，值得作更广泛地推广，如由各图书馆、大中小学校等向读者和学生广泛普发书目，以使更多人抓住阅读的基本依据和线索，由此驶向更广阔的阅读海洋。同时，这9类书目第一次完整亮相的《造就中国人》，也因此实在值得成为家庭必备书目，时时可备用，时时供参考。

三、呈现出成熟而系统的阅读推广理论与行动方略

该书围绕"阅读三问"，已具有了成熟而系统的阅读推广理论与行动方略。朱永新提倡以主要人群为抓手，尤其重视儿童和青少年的阅读。确然，格雷厄姆·格林说："只有童年读过的书，才会对人生产生深刻的影响。孩提时，所有的书都是预言书。"而青少年时期是求知欲极为旺盛，同时也是形成人生观世界观的关键时期——这两个人生阶段养成了阅读的习惯，往往会伴随其终生。也因此，书香家庭和书香校园是建立书香社会的两个最重要的基础，由此延展：将班级、学校、家庭、社区、城市、国家凝聚起来，共创阅读。在方式上，倡导共读、共写、共生活，为此编制国家基础书目，提供共读的

知识资源。概而言之即为：由"书香家庭"和"书香校园"奠定社会的基础，由图书馆系统作为"书香社会"的枢纽，由媒体积极推广优良读物，发挥好领导干部、教师、家长的关键性作用，共同在儿童和青少年阅读上下功夫。

阅读需要慢工出细活，推动也需要旷日持久的努力。朱永新为之坚持不懈的努力，持之以恒地进行呼吁与宣导。《造就中国人》的文章中，一些表述、观点前后反复出现，这何尝不是其坚韧不拔以长期宣导、点滴推进的真实写照？陶行知先生说，人生为一大事来。对朱永新而言，推动全民阅读，营造书香社会，或为其引之为"人生大事"者。虽艰苦卓绝，却甘之如饴。正如其在书中一篇文章中所说："领读者，就是阅读推广人，就是愿意带领大家一起阅读的人。如果说，读书是一件幸福的事情，那么领读则是在创造着幸福；如果说，读者是一个美好的身份，那么领读者则是传播美好的人；如果说，读者是一个美丽的称呼，那么领读者则拥有双份的美丽。"因眼中有幸福、美好、美丽，虽苦尤甘，奋勇向前，不信书香唤不回。

（发表于 2020 年 5 月 12 日《晶报·深港书评》，作者：林英）

检察日报：步履不停——一位全国政协常委的"两会"手记

"两会"，是每年一场的盛大的"春天的约会"，约会地在人民大会堂，人大代表和政协委员是约会的嘉宾，发出邀约的，是我们的共和国。在这里，通过议案、提案、建议，将弱者的声音放大，把智者的声音远播——

春天，迎面走来。而对朱永新来说，每年与春天同步的还有一场特殊约会——作为十三届全国政协常委兼副秘书长、民进中央副主席，在全国"两会"中通过提案参与国家政治和社会事务。这种宝贵经历还让他同时成为一名记录者、传播者。近日《春天的约会——全国政协常委朱永新"两会"手记》一书出版，该书以 75 篇日记呈现了朱永新委员 2013 年至 2017 年"两会"期间的与会原貌，以平和、接地气的表达讲述"两会上的那些事"，从一个侧面反映了中国民主政治的进程。

东风好作阳和使，逢草逢花报发生。不同于媒体的长枪短炮，读者借助朱永新的笔端开启更加直观地了解"两会"脉络的通道。"了解才能理解，这道春天里的民主政治风景，才能在秋天里结出丰硕的民生果实。"5 月 12 日，夏日斜照，在民进中央机关三楼会议室，朱永新接受本报记者专访。

大会堂里的日与夜

《春天的约会》书中，几乎每天，朱永新的日记开头和结尾部分保持着基本固定的内容模式：清晨4点50分起床，发微博、阅读、整理相关资料，整理提案，写"两会"手记；采访结束后回到房间，浏览完今天的报纸，写手记。晚上10点30分跑步。11点30分休息。

这种鲜活，是很多媒体无法做到的，也是百姓期待看到的——人大代表政协委员如何履职？"两会"怎么开？小组讨论什么内容？怎么讨论？提案怎么写？具体流程怎样？中国的民主党派跟共产党怎么合作？该书站在全景角度给出答案。

2014年2月28日　星期五　晴

按照惯例，每年"两会"前夕，人大和政协都要举行常委会，通过"两会"的议程、日程、常委会工作报告、大会秘书处名单等，把"两会"的准备工作进行最后的落实。常委会结束，"两会"的帷幕就正式拉开，常委们也就直接奔赴驻地了。

这样的呈现，让读者零距离触摸会议每个议程的脉搏，看到大会堂中明亮的灯光和鲜活的面孔。

2014年3月8日　星期六　晴

7点出发去北京会议中心。15分钟左右到达。7点43分乘坐会议用车统一去人民大会堂参加第三次全体会议。

9点会议准时开始。林文漪副主席主持会议。全体与会人员向全体女委员女同志表示了热烈的节日祝贺。上午一共有郭承真、程津培等15位委员发言。全国妇联副主席孟晓驷在发言中提出现在许多用人单位"宁要武大郎，不要穆桂英"，引起了会场的一片笑声。其实，武大郎有武大郎的优点，穆桂英有穆桂英的长处。但许多用人单位的性别歧视以及年龄歧视等各种职业歧视，的确存在。我今年也提出了从规范招聘广告的细节着手来遏制职业歧视的提案。

在朱永新看来，写作是一件非常有价值的行为。像日本知名作家村上春树一样，朱永新也坚持做了两件事：写作和跑步。"写作能够让人更系统更理性地去思考问题。"他说。

朱永新的"两会"日记开启于2003年当选全国政协委员。到2008年届满，就有了《我在政协这五年》一书，"除了日记，还有我写的提案、调研手记，以及媒体报道，但内容有点单薄"，他说，"2008年当选全国人大代表后，我开始系统记录，5年后完成了130万字的《我在人大这五年》，相关领导读后坦言，如此原生态记录一位人大代表的履职过程，之前未曾有过，今后若要研究人民代表大会制度、代表履职，这本书是绕不过去的。"于是，从2013年至2017年，他每年写一本。今年春，他再次将五年中的"两会"手记单独汇编，于是读者便看到一张原生态的委员履职脉络图。"我首先在记录一段历史，另外一定程度上也是让自己能够做得更好。因为要想写得精彩，必须活得精彩。"朱永新笑道。

"有的人觉得人大、政协没什么用，人大代表就是'拍拍手'、政协委员'举举手'，其实政协委员在推进整个民主政治的进程中发挥了很大的作用。"通过种方式，朱永新开启一面厚重的时空之窗，"知所从来，思所将往。我的记录见证着中国民主政治发展的讲程，同时让大家看到各民主党派主动融入国家发展建设大局，与中国共产党肝胆相照、团结合作、风雨同舟的过程。"

文变染乎世情，兴废系乎时序。在他看来，写作也是履职，"委员越来越不好当！"梳理16年来的"两会"手记，朱永新感受深刻，"最初参会时，有的委员到会才领表、现场写提案，但现在都经过大量跋山涉水式的调研，带着提案上会。大家感到，我们政府的决策日益深入、具体、科学化，要想发现并提出让人眼睛一亮的提案非常不易。此刻，要求各位委员必须进行更多、更深入的研究。"

提案中的鼓与呼

　　提案是政协委员和参加政协的各党派、各人民团体以及政协各专门委员会，向政协全体会议或者常务委员会提出的、经提案审查委员会或提案委员会审查立案后，交承办单位办理的书面意见和建议。"提案，是给共和国的礼物，也是给人民的答卷。"朱永新认为，"每个提案的背后，都有很多故事。开始的信息，只是一个引子，最终决定能否成为提案，还需要后期更多的讨论、研究、写作，与反复打磨。所有这些都成为去年一年留下的脚印。"

　　记者发现，朱永新每年"两会"的提案基本围绕教育展开，这与他多年从事教学实践相关。一项关于"阅读节"的提案，他从2003年一直提到2019年。俞敏洪曾说朱永新是个"奇人"，是个"实实在在的教育家"，这本书里可以看到他对教育、阅读的执着。

　　"全民阅读形象代言人"、"中国十大教育英才"、改革开放30年"中国教育风云人物"，也是朱永新的身份标签。在他看来，人类的历史有很多的精神丰碑，要达到或超越那些精神高峰，阅读和思考是重要途径。"我不仅仅在一线的教育实践中推动阅读，也在履职中不断呼吁国家重视阅读。很多国家都有具有自己国家特点的阅读节，但我们没有。今年'两会'我有9个提案，其中一个就是从推进社会公平的角度继续倡立阅读节，目的为了做好中华优秀传统文化传承发展，功能一箭多雕。"朱永新笑了，"今年应该是第18个年头，之前一直没批。我也觉得有点委屈或者说遗憾。不过，在信息时代，阅读越来越重要，所以哪怕提案仅仅是一个提醒，也是应该持续呼吁的。"

　　"如果今年这份提案的结果还是让人遗憾，以后您还会继续吗？"记者问。

　　"能批准当然最好，利用这个节日全民动员，通过更强的仪式感、更具体有力的行动推进阅读；如果不批，那么明年继续呼吁，后年继续呼吁，当一天委员就会呼吁一天。"朱永新的笑容一如窗外的阳光。

　　5月4日，朱永新刚刚获得国际儿童阅读联盟（IBBY）颁发的

2020年"IBBY-iRead爱阅人物奖",这让他目标更加坚定。"阅读是推进社会公平的最有效、最廉价、最直接、最便捷的路径,打破社会固化,让所有人都有平等的成长发展的机会。现在影响这个机会的最大的制约因素就是教育。"谈起这个话题,朱永新滔滔不绝,"教育资源里最关键的是教师,这样最好的教育资源,是贫困落后地区必要的,也是贫困落后地区很难得到的。现实生活中,我们无法立竿见影地解决中国教育的均衡化发展问题,全国最好的教师依然集中在最好的城市,基本被北上广'割'去了。让最好的教师到农村去,到边远地区去,到少数民族地区去,很难真正做到,但是图书可以做得到——让最好的书到最薄弱的地区、最薄弱的学校、最困难的家庭,让孩子们学会阅读、提高阅读能力,我们能够做得到。"

朱永新在今年提案中建议,"政府应该努力地去帮助贫困家庭'阅读买单'。若政府采购优秀图书送给这些孩子,那么贫困地区的学校也能有最好的书;建立基本图书馆配置,这样农村孩子有可能读到和城里孩子一样多、一样好的书。"

记者发现,朱永新在书中记录的委员们的很多建言,如环境治理、教育改革、完善立法等,在几年后已成为我们生活中的日常。日子在点滴流逝中变得美好,而朱永新等委员们在"两会"上的挚语诤言,一句句依然金声掷地,让来日可期。

一个民主党派委员眼中的中国民主政治进程

在洞察力和解析能力的背后,朱永新是一个充满锐气与悟性的独立思想者。

当前,公共舆论有种常见倾向,总困在"民主""自由"之类的大名词面前浮游表层,难以寸进。对于这些宏观的概念,很多人的认知悬于半空,而在《春天的约会》书中,朱永新用通俗的语言和生动的例子,解读高深的政治理念和国家制度,亲切而立体。这是一项非常考验功底的事,把政治问题变成老少咸宜的生活帖,让民主等词汇有了血肉和细节,让更多人看得见、听得懂,为能达成理解与共识奠定基础。

日前，朱永新已向大会提交了今年的"两会"发言，一个关于倡导说真话，另一个关于民主监督职能。

民主监督是政协的三大职能之一，朱永新表示，"从2016年起，中央明确为脱贫攻坚注入民主监督之力。这是各民主党派中央首次对国家重大战略决策进行专项监督，八个民主党派对口监督贵州、河南、广西、湖南等8个中西部省区，了解、关注他们在扶贫攻坚过程中的问题，各党派发挥人才、智力和资源优势，扎实推进并已取得很好的成绩。"目前，朱永新所在的民进正筹划将其中的问题与解决路径结集出书。

2020年是脱贫攻坚收官之年，后面工作怎么做？"我提出，要全面总结各民主党派在脱贫攻坚民主监督过程中的经验和教训、成绩与问题，在以后做得更好，同时更好地发挥民主党派的界别优势。"朱永新解释："这项工作是各民主党派选择一个省区进行监督，很大程度上未能充分发挥各党派的优势。比如民进以从事教育、文化、出版工作的高、中级知识分子为主，农工党以医药卫生、人口资源和生态环境领域高、中级知识分子为主，应该更多发挥我们党派的专业优势。不是对口省，而是对口一个领域一个行业，如此会更深入更有成效。目前的结果是，很多党派去帮助扶贫去了，这其实不是党派最应该做的事。做好监督，怎样更好地发挥党派的专业优势界别优势，可以进一步研究细化。"

有庙堂奇策，也有花絮趣闻。书中有很多在媒体新闻中读不到的逸闻：比如董建华（全国政协副主席、香港特别行政区第一任行政长官）的普通话：

（2013年3月7日）下午3点，在人民大会堂参加第二次全体会议，听取大会发言。每年的大会发言都是委员们期待的重头戏，大会堂里，总是响起会心的笑声和喝彩的掌声。今天的大会发言由董建华主持，他的普通话似乎比以前流畅了许多。

还有一群有趣的小朋友：

（2017年3月3日）值得一提的是见到了一群"两会"的小记者，他们是《河北青年报》的一群可爱的孩子。他们的话题是如何减轻课业负担。可是当我反问他们的课业负担重不重时，他们回答还不算重。我问，究竟是学校老师给的负担重，还是父母加的压力大？他们的回答是父母加的压力更大。看来，减负还是一个系统工程。家校合作共育，才是解决教育问题的关键所在。

夏日已来，万物繁茂，共和国发出今年的邀约。站在历史新起点上的"两会"，将在推进国家治理体系和治理能力现代化的历史进程中发挥怎样的作用？朱永新还将在自己的日记中娓娓道来。

静水深流中，《春天的约会》见证着以朱永新为缩影的政协委员群体履职的务实不倦的脚步，更展现着中国不断迈向民主的铿锵进程。

（发表于2020年5月15日《检察日报》，作者：刘梅）

南方都市报：疫情下孩子沉迷网络，应加强家校企联动的网络素养教育

"好教师可遇不可求，但好书是可遇又可求。"今年全国"两会"，十三届全国政协常委兼副秘书长、民进中央副主席朱永新将第18次带着有关建立国家阅读节、倡导全民阅读的提案参会。

这一次他从社会公平出发，建议建立国家公共图书馆和大中小学图书馆标准，为贫困家庭和弱势人群发放免费购书券，为新生儿赠送阅读包。他认为"一个人的精神发育史是他的阅读史，阅读是缩小城乡差距，推进教育公平的最有效手段"。

作为长期致力于教育改革的学者，朱永新此次准备的10份提案中有9份与教育相关，还将一份中学生的模拟提案带上"两会"。

朱永新告诉南都，今年多数提案都直接来自于疫情，比如疫情期间学生沉迷网络现象不止，朱永新希望尽快建立政府牵头，加强"家、校、企"三方联动的网络素养教育，为提升未成年人的网络素养奠定坚实的基础。他还关注到，教育信息化发展过程中，学生隐私信息被泄露，建议加强教育大数据隐私保护立法，在教育部门设立专门的教育数据隐私保护机构等。

围绕这些问题，南都记者日前对朱永新进行了专访。

阅读是缩小城乡差距、推进教育公平最有效的手段

南都：你已经连续很多年在"两会"中提出关于阅读的提案和

建议，今年是否会继续带来相关的提案与建议？

朱永新： 阅读是我 20 多年来一直很关注的重要问题和领域。每年"两会"我都会带来关于阅读的提案和建议，今年也不例外。《关于建立国家阅读节，用全民阅读传扬优秀传统文化，深入推进社会公平》是我今年一个很重要的提案。

另一个与阅读相关的提案就是规范图书销售体系。现在的书价普遍虚高，图书市场无序的竞争，各种打折促销等价格战频发，很多书已经打半折，甚至更低，这就导致不少出版机构在定价时就往上抬，最终受害的就是普通读者。所以我们提出对于新书是否可以有一个保护价，如何更合理定价，为读者提供更好的服务和便利。

南都： 连续 18 次呼吁设立"阅读节"，这次再提议有什么考虑？

朱永新： 每年提建立阅读节我都会找一个新的角度来切入，去年是从书香中国，今年是从教育公平的角度切入。

为这么这样提？通过这两年的调研，我觉得提升农村学校教育质量有两个重要抓手，首先是教师，乡村的好教师留不住是个大问题。现在虽然有了特岗计划、轮岗制度等，但这个问题还很难解决。

不过，农村留住好教师比较困难，但有好图书不难。好教师可遇不可求，但是好书是可遇又可求的，而且成本很低，也是最有效帮助孩子成长的一个路径。如果真正把好书送到农村学校和孩子的手里，他们精神发展的起点就和城市孩子在同一起跑线上了。阅读是缩小城乡差距、推进教育公平的最有效手段，如果在人生的初始阶段，我们让乡村孩子、贫困孩子也得到最好的童书，他们的成长就会不一样。所以这次我在建立国家阅读节的提案中，专门讲了它对于推进教育公平和社会公平的意义与价值。

南都： 但我们也了解到，缺乏优质丰富的图书资源是现在乡村孩子普遍面临的一个困境。如何让孩子们有好书可读？

朱永新： 我在提案中也有提及，如何把好书送到孩子们手里是一个系统工程。现在一些乡村学校图书馆都是别人捐赠的书，但其实有很多不太适合他们。现在好书越来越多，我们的作家创作了大量优秀的儿童文学作品，也引进了大量世界各国优秀的童书。作品越来越多，但良莠不齐，如何选书就成为一个大课题，现在很多公益机构都在选书上做文章。

选好书后下一步就是怎么把这些经典书籍送到学校，仅靠一些教育基金会、机构送到有限的学校是不够的，这需要政府行为，所以我提出国家要建立中小学图书馆的标准，详细明确图书馆所要配备的书目，或者采取图书券、图书包的方式为贫困地区孩子送书，把最好的图书送给最需要阅读的孩子和最美丽的童年，我觉得这是应该努力去做的。当然有了好的书还有怎么读的问题，可以组织专业的社会机构指导他们更好地读书。

南都：有了优质图书资源，怎样让老师、家长行动起来，引领、鼓励孩子们去阅读？

朱永新：这一方面要改进认知。很多老师、父母以为阅读课外书会影响学生学习成绩，所以有些人甚至不让孩子读书。研究证明大量的阅读其实有助于孩子提升学习成绩，我们也正在研发中国的中小学学科阅读书目，语文、数学、外语、物理、化学等所有的学科其实都能进行阅读。学科阅读对于学生学习这门学科，热爱这门学科，甚至未来成为学科领域的专家，都提供了最坚实的基础。

另一方面还要对教师进行培训。我们正在考虑如何让教师培训制度化，现在我们虽然要求学校要拿出一定比例的公用经费用于教师培训，但有些地方的教师，即使有机会、有经费也根本没时间出来，因为他一个人要教很多科目。我们在配备教师编制时，没有考虑到教师培养的可能性，所以我觉得从制度设计上要为教师培训进修提供更好的帮助和便利。另外，教育行政部门、社会公益机构，还要思考怎样为教师提供更多的学习资源。

建议加强未成年人网络素养

南都：疫情期间在线教育火了，你是否有关注这方面的情况？

朱永新：这次疫情中，有很多青年学生沉迷网络，一天到晚玩游戏机、聊天，控制不住自己，很多家庭甚至开展了手机"战争"。我觉得限制使用时间当然是需要的，但更重要的还是网络素养的教育。

共青团中央刚做了一个调查，65%以上的学生上网没有经过网络教育，如何正确认识网络的意义和价值，如何有效利用网络来学习，这些都需要我们认真思考和研究。这次我带来的一个提案就是加强未成年人网络素养教育。

南都：具体应该怎么做？如何提升孩子的网络素养，让他们健康使用网络？

朱永新：这需要家庭、学校、社会、企业共同发力来解决。我认为首先要建立行业自律和企业自律，网络平台和互联网企业为未成年人提供网络空间和内容，应承担相应的社会责任，鼓励企业探索通过产品或技术来实施对未成年人的网络保护，上线青少年版，建立防沉迷机制等。

在家庭层面，父母本身也要提升网络素养。现在家长有两种管理方式，一种是看到孩子玩就没收手机，另一种就是放纵，完全不管。这两者都不太可取，现在的孩子是"互联网原住民"，互联网是他们学习和生活的方式。我比较提倡父母通过与孩子协商订立公约，每天约定能用多长时间手机，指标用完后就没了，帮助他们养成自我控制、自我管理的能力，或者父母带着孩子一起进行网络学习，让孩子处于比较好的状态。

另外，有条件的学校也可以开设网络素养教育课程，不一定要专门开一门新课，但可以结合有关课程，比如中学的信息科学课，在这门课程中设几个课时来普及，让孩子从小就知道网络的利弊。

南都：疫情期间的网课实践也暴露出我国教育信息化发展中存在的一些问题，比如有偏远农村的孩子上不了网课，如何推动解决？

朱永新：首先我们的互联网硬件建设还有待进一步加强，网络建设是基础信息的高速公路。另外就是资源整合，现在我们的网络教育资源很多，但非常分散，国家、省级、市级、学校、机构都有，这些资源都是"孤岛"，还没有一个把这些"孤岛"联系起来的体系化的教育资源结构。所以我在前两年政协会上就提出来要建立国家教育资源平台，这应该由国家搭建或者由国家来购买服务，支持相关企业去做。平台搭建好之后，国家可以建立课程委员会，通过评估把全世界最好的教育资源全部整合到这个平台上，建立起一个全面的网络教育资源体系,让所有人都可以通过网络找到所需要的学习资源。

南都: 你觉得疫情过后在线教育应该要如何发展?

朱永新: 我一直认为这是中国一场迫不得已的大规模的互联网教育实验。在这个实验过程中,既收获了成绩,也发现了问题。后疫情时代,我们的教育有两种可能性,一种是回到从前,沿用原来的套路、课程,老师拿着一张教育的旧船票,不断重复昨天的故事,这可能是最容易的。

但还有一种更大的可能,就是把疫情中探索出来的线上线下学习方法有机地融合起来,我觉得这应该是未来的一个方向。我了解到上海市教委已经在进行相关研究,疫情后他们可能会出台一个新的政策,允许学生通过网络学习免修学校的课程,这就说明上海已经在主动思考线上线下教学融合问题,我们也希望更多的教育行政部门、更多的学校来思考研究。

南都: 在这种数字化教学中如何保护学生的隐私?

朱永新: 我有个提案就是关于在大数据背景下如何去保护学生隐私的问题。现在无论在校园、课堂都有各种各样的人工智能设备来监控、收集学生的信息,包括在家校沟通的过程中,很多家庭的信息可能也会泄露。实际上一些国家已经开始立法进行限制,我们也应该提前思考这个问题,比如借鉴国外立法经验对现有法律进行完善和细化,加强教育大数据隐私保护立法或者在教育部门设立专门的教育数据隐私保护机构等。

倡导学生熟悉中国政治生活,让他们真正关心国家大事

南都: 你这次还替一位中学生捎了一份调查报告上"两会"?

朱永新: 西安铁一中学学生做了一份《关于加强未成年人保护——建立网络游戏分级制度的调查报告》,通过陕西省政协副主席转交给我,希望我能够带上"两会"。这个报告有4份,他们的调查做得比很多政协委员都深入细致。这份提案到时是以我个人的身份提交,他们提供的是提案的初稿,我还要进行一些加工思考。

我觉得中学生"模拟政协"活动，在中国的政治生活中是特别应该倡导的一件事情。我们的中学生普遍对中国的政治生活比较陌生，不要说中学生，就算问公务员：中国有哪8个民主党派？政协和人大是怎么运作的？估计很多人不一定能讲全。现在全国很多地方都有让中学生模拟政协委员参政议政的活动，我觉得需要倡导支持，让他们真正关心国家大事，所以虽然提案不是很成熟，但我还是想经过我的努力，把它加工后提交上去。

云调研代替不了现场调研，但多了一条参政议政路径

南都： 我们关注到近日你出版了39万字的新书——《春天的约会》，用日记形式呈现2013-2017年"两会"期间参会的情况和感悟，你在书中把全国"两会"比作"春天的约会"，今年的"约会"迟到了一些，这对你的履职有什么影响？

朱永新： 我们在每一年的"两会"结束以后就开始为第二年做准备，所以在疫情发生之前大量的工作都已经完成，从委员履职来说基本没有受到太大的影响。

这次疫情反而给我们出了一张新考卷，在疫情中发现了很多新的问题，这次我的提案有很多是直接来自疫情，比如我提出要给公益性学习资源与在线学习免流。因为这次疫情中就发现很多家庭的孩子上不了网、上不起网，有孩子在案板下学习，也有的到村委会去蹭网，还有家庭三个孩子共同争一个手机来学习。所以我就提出，凡是提供公益性学习型资源的企业，国家就可以给它免税或者减税，让它们能够为更多的人提供学习机会，鼓励更多的人提供学习资源。此外，我还提出建立基于学习权益和学习通券的学分银行体系，鼓励全民终身学习。

南都： 从你的个人体验来说，学习、阅读带来怎样的收获？

朱永新： 倡导委员读书是政协提升委员履职能力的一项重要工作。我印象深刻的是，这次疫情期间全国政协主席汪洋亲自参与了防控疫情的读书会，他提出政协委员应该要多读书、读好书、善读书。

政协委员读书对提高委员的履职能力，凝聚共识，具有非常重要的意义。我是读书会的发起人和首任群主，从2月份开始，我就带着大家一起读书，读了整整两个月，全国政协现在建立了11个读书群，应该说政协的委员读书已经成为一道风景线。

南都：我们也关注到不少代表委员还尝试通过直播间来征求民意，你对这种形式怎么看？

朱永新：这当然是一个很好的形式，昨天我也在"云调研"，很多乡村小学老师通过网络平台跟我进行交流，也向我反映了很多困惑和问题，这些问题我也可以带到"两会"上。当然云调研是代替不了现场调研的，因为有些东西必须亲自听、亲自问，但网络云调研相当于多了一条走进民间的路径，多了一条参政议政的路径。

声　音

1. 如果真正把好书送到农村学校和孩子的手里，他们精神发展的起点就和城市孩子在同一起跑线上了。阅读是缩小城乡差距，推进教育公平的最有效手段。

2. 国家要建立中小学图书馆的标准，详细明确图书馆所要配备的书目，或者采取图书券、图书包的方式为贫困地区孩子送书，把最好的图书送给最需要阅读的孩子和最美丽的童年。

3. 有很多青年学生沉迷网络，我觉得限制使用时间当然是需要的，但更重要的还是网络素养的教育。

4. 建立国家教育资源平台，把全世界最好的教育资源全部整合到这个平台上，让所有人都可以通过网络找到所需要的学习资源。

5. 我们的中学生普遍对中国的政治生活比较陌生，现在全国很多地方都有让中学生模拟政协委员参政议政的活动，我觉得需要倡导支持，让他们真正关心国家大事。

（发表于2020年5月20日《南方都市报》，作者：吴单）

人民网：网课"三大难"咋破解？学区房择校真值得？朱永新委员回应

"三个类型、九份提案，都和教育相关"，全国政协常委兼副秘书长、民进中央副主席朱永新将带着"一揽子"教育提案上全国"两会"。

受疫情影响，走出去、沉下去，深入基层，实地调研受到一定限制。为进一步扩大代表委员调研渠道，更好地反映社会各界的呼声，人民网强国论坛推出"两会"特别策划——"代表委员云调研"。互联网教育的"春天"到来了？学区房值不值得买？农村教育公平咋保障？日前，朱永新委员做客强国论坛，以云调研的方式和网友在线交流。

解决网上教学"三大难"

疫情期间，教育部及时做出延期开学的决定，"停课不停学"，力求把疫情对学生学业的影响降到最低。朱永新委员认为，全国各地的学校都在"互联网+教育"上做了探索。但经验中有教训，成绩中也有问题。其中，"三大难"比较突出：硬件和网络不行，大老远跑去"蹭网"的问题频出；教育资源参差不齐，教育软件自己研发，且多是课堂教学的翻版、互动乏力；你讲你的，我玩我的，摄像头下的师生素养有待提升。

对此，朱永新委员建议，加快5G通信建设，让互联互通更便利；

以政府购买的方式建立国家教育资源平台，让学校和学生找到最优质的免费的教育资源；青少年的网络素养要提升才能提高学习效率。

朱永新委员认为，后疫情时代，我们的教育不能再沿用老一套传统的"教室教育"，而要把线上线下更好地结合起来。

孩子的书房是最好的学区房

针对热炒的学区房话题，朱永新委员则强调，把更多的选择权交给学生、交给家长、交给学校。

朱永新委员表示，不要盲目择校，最好的学区房是家门口的学校。还要建设好家里的书房，把最好的图书"请"到家里来，让孩子从小就和那些最伟大的经典著作去对话学习，激发学习的内在动力。

他说，教师的水平决定了教育的品质和孩子的发展，一本好书就是一个好的老师。让贫困地区孩子读到好书尤其重要。好老师很难在乡下扎根，但是好书可以扎根。其实教育公平的最重要的基础是阅读公平，如果弱势人群、贫困地区的孩子能够和城里的孩子读到一样好的书，他们精神发展就能站在同一个起跑线上。

应重视农村音体美教育

强国论坛网友"小月和小宁"是一位学前教育专业的高校教师。她提出民办幼儿教师流动性很大、幼儿心理健康课题被质疑两个问题。

朱永新委员认为，民办幼儿园在我国幼儿教育体系中占了半壁江山，但疫情期间生源减少，难以维持，建议国家给予补贴和支持。幼儿阶段是一个人学习最迅速的时期，其学习能力难以想象，必须找到科学的养育方式。幼儿童年的心理健康的研究还是个"黑匣子"，我们需要研究它、打开它。

在安徽农村工作了30多年的乡村教师、强国论坛网友"兰影"

提出农村地区的图书资源短缺、音体美教师欠缺。

对此,朱永新委员回复,不仅要解决学生们的营养午餐,还要解决精神正餐,相关部门要帮助农村孩子,让他们有更好的书读。国家要进一步重视农村的音体美教育,可以建立网络艺术学习中心,通过专业老师轮教、艺术家驻校等方式,让音体美教师能够真正"沉下去"。

(发表于2020年5月18日人民网,记者:王先进、曲源)

团结报：从《春天的约会》品读全国政协委员朱永新履职

年年岁岁来相会，岁岁年年会不同。今年的"两会"虽然来得晚了一些，特殊时期的"两会"更有特别的意义。

如何让普通人读懂"两会"，了解政协委员如何议论国事、建言资政？政协委员的提案怎样产生作用？老百姓又怎么参与？团结出版社隆重推出全国政协常委、副秘书长，民进中央副主席朱永新新作《春天的约会》，为我们答疑解惑。全书约39万字，以年代为主线，以日记的形式呈现了2013—2017年"两会"期间，作者参与"两会"的情况和感悟。作者以民主党派成员的视角，从实践层面反映民主党派成员在"两会"中参政议政的实践历程。

团结出版社有限公司执行董事兼社长梁光玉推荐：

这是第一部全景式、多角度、专门记录中国"两会"的政协委员日记。它打开了一扇窗，让广大读者得以从个人的、民间的视角观察和了解"两会"堂奥，多侧面呈现中国民主政治建设的历史进程。中国共产党领导的多党合作和政治协商制度是我国的一项基本政治制度，是中国特色社会主义制度和国家治理体系的重要组成部分，在推进国家治理体系和治理能力现代化中具有重要作用。如何更好地理解这一有中国特色的政治制度，可以说《春天的约会》这本书给广大读者提供了一个有血有肉、接地气的感性读本。

团结报社社长邵丹峰推荐：

以勤勉之行赴春天之约的全景记录，以委员之职尽担当之责的生动展现。

用时间长度、思想深度、视野广度去品读,《春天的约会》是一本大家的书;用专业精神、执着信念、真挚情怀去感受,书作者是一个大爱的人;用始终不渝、尽心尽力、敬业专业去评价,朱永新副主席是一位大写的政协委员。文如其人、人如其文、人文互映,一切尽在其中,一切尽在诗外。

朱永新自荐:

这是国内第一本全景式、多角度记录中国"两会"的政协委员日记,通过自己手中的笔,记录一道特别的中国政治风景。

古有闻鸡起舞,今有开机漫笔。

每天清晨5点醒来,打开电脑写作,这是朱永新的日常。

记日记是朱永新多年的习惯,从2003年履职全国政协委员,他就开始写"两会"手记,把"两会"前后和参加"两会"的所闻所感记录下来,天长日久,成为一笔颇为可观的财富。最近,他又有新作问世。

"我用笔记录了2013—2017年五年中国人民政治协商会议的一个侧面,如同小小一滴水珠。通过这本小书,大家可以了解,中国人是怎样开'两会'的,中国民主党派是如何参与中国政治生活的,中国共产党领导的多党合作与政治协商制度是如何运行的。"朱永新在《春天的约会》一书的序言里这样向读者做了一个交代。

"两会"记录持与执

这并不是朱永新第一本关于"两会"的书,此前已经出版了《我在政协这五年》《我在人大这五年》《见证十年——一个民主党派成员见证的中国民主政治进程》《共识凝聚力量》等著作,为什么这本取名《春天的约会》呢?

"我从2003年开始履职全国政协委员,2008年担任全国人大代表,2013年又回到政协,一直到现在。在这10多年的历程中,我记录下了参政议政的感受、体会和经验。2008年出版的《我在政协这五年》,以及2013年的《我在人大这五年》,有每年会议的提案、议案、发言、视察、调研的情况和思考，还有与媒体和网友交流的实录摘要等。"朱永新说，那些书基本上都是记录我一个时段，比如说一届政协或者一届人大，或者说某一年参政议政的一个情况，那些书除了"两会"的情况以外，还包括我的提案以及提案的答复，包括我的调研和调研手记，以及我在各种场合的议政谏言的一些言论。而在《春天的约会》里，完整记录了 2013—2017 年五年中国人民政治协商会议历次全会的一个侧面。每年从大会前夕到闭幕，每天一篇手记，政协委员的培训、小组讨论、大会发言、提案提交等内容都在其中。5 年的持续记录相对具有完整性和持续性，可以为读者提供全景式、多角度的视野。

每年 3 月的"两会"，都是一场盛大的"春天的约会"，也是中国人的"政治春节"，万众瞩目。对"两会"的记录是多种多样的，比如媒体的报道等。政协委员日记也是其中一种方式，它从民间个人的立场来看"两会"，是对史料的有益补充。而从文本的代表性以及出版样式来说，此前都还没有类似的作品，可以说是这是国内第一本全景式、多角度记录中国"两会"的政协委员日记。

履职路上行与思

2013 年，朱永新五年的人大生活已经画上了句号，告别人大再次来到政协。全国政协开幕的当天，朱永新发表了一篇文章《你不称职意味着 67 万人缺席》。在文中他这样写道，一个代表或委员，作用可能很小，也可能很大；可能碌碌无为，也可能大展宏图；可能积极履职，也可能敷衍了事；可能用心准备议案、提案，也可能不费脑筋交白卷；可能畅所欲言、建言献策，也可能沉默寡言、高高挂起。而这个不同，就看有没有强烈的"角色意识"。所谓角色意识，就是全身心参会。认真听取报告，认真审议讨论，认真阅读文件。就是认真写提案提建议，认真调查研究。你的不称职就意味着 67 万人的缺席，你的失语就意味着 67 万人沉默。他说这篇文章，其实也是他重新作为一名政协委员的履职宣言。朱永新还给自己定了新的目标：有思有行当委员，鞠躬尽瘁不畏难；集智聚力提建议，建言谋策敢为先。

苏州大学教授、全民阅读推广人、民进中央副主席，这是朱永新在书中常常会提到的三个身份。作为一名政协委员，他努力在发挥好这三个角色的作用：作为一名民进会员，要与中国共产党思想上同心同德，目标上同心同向，行动上同心同行。要肝胆相照，敢说真话，反映实情，利用各种机会和平台提建议、出主意、讲真言；作为一名教育学者，一名有一定学术背景的知识分子型政协委员，利用学术优势，关注教育问题；作为一名阅读推广者，作为国家全民阅读形象代言人，继续为阅读呐喊，为建成"书香中国"尽一分力量。这三个角色都与教育相关，为教育鼓与呼，就成为朱永新参政议政最鲜明的标签。

疫情期间，朱永新居家办公的日子里，通过云直播做了十余场公益讲座，继续履职。"不经历这场疫情，真的不知道原来我们对病毒、瘟疫的传播，对疫情的防范与控制知道得太少太少。宅居在家的这些日子，我遍寻出版物，浏览许多图书后，找到了两本与疫情有关的书——《逼近的瘟疫》和《病毒来袭》，读来获益匪浅。了解病毒，才能更好地战'疫'，才能更好地通过建言资政、凝聚共识发挥委员作用。因此，我想把它们推荐给各位委员共读……"2月20日晚8时，朱永新在委员履职平台主题议政群写下了这样一段文字。在委员们"疯狂"报名参加的同时，防控疫情读书会正式成立，朱永新也成了该读书会名副其实的"群主"。

今年，朱永新带来了关于建立国家阅读节的提案，更好地推进社会的公平和教育的公平；关于加强青少年的网络素养教育；关于进一步完善民主监督的体系；关于推广"模拟政协"的活动，培养青少年的协商品格；关于进一步完善图书的定价体系；关于加强港澳地区和少数民族地区的通用语言文字教育等10个提案。这些提案都是他在去年一年中调查研究和思考的一些成果。

朱永新把政协委员视为一副担子，尽力挑好。一路行，一路思。

倡导阅读鼓与呼

提案是人民政协委员履行职能的重要方式，是反映社情民意的重要渠道。在《春天的约会》一书中，可以看到朱永新每年"两会"提交的提案目录，提案内容也是在反复斟酌修改之中。有些提案是他长期关注，坚持不懈呼吁的。如关于建立国家阅读节提案，从2003年起，他就在全国"两会"呼吁，至今坚持了18年。他说，这不是哗众取宠，也不是小题大做，因为作为一个教育学者，他清晰地意识到阅读对于我们这个民族的特殊意义。一个人的精神发育史就是他的阅读史。每个人的阅读水平，构成了一个民族的精神高度。一个民族、一个国家的竞争力不是取决于它的物质力量，而是取决于它的精神力量，取决于阅读的力量。

作为国家全民阅读形象代言人，朱永新多年来致力于国家全民阅读工程建设及中国教育改革和发展，是新教育、新阅读的积极推动者，他关于阅读的意义和价值的基本观点被社会广泛传播和认同。

朱永新坦言，设立一个阅读节，不是为放假过节，而是一种唤醒、一种仪式，要给国人提个醒，要重视阅读，形成全民阅读的风气。他认为，阅读是提升国民素质，增强国家竞争能力最有效、最直接、最廉价、最便捷的一种方式。虽然有了世界读书日，但其实4月23日世界读书日全称"世界图书与版权日"，反映是世界图书和版权保护日。世界读书日是莎士比亚诞辰日、塞万提斯去世纪念日，意义虽大，但毕竟距离中国人的生活太远，很难有一种认同和亲近感。将9月28日孔子诞辰日设立为国家阅读节，既有纪念意义，又有操作可能，对于推进全民阅读具有重要意义。正如他在书中所说：书香醉人，不忍释卷，阅读推广，余香满怀。我乐为阅读鼓与呼。朱永新在阅读方面的呐喊与探索，赢得了人们的广泛认同与赞赏。今年5月4日，国际儿童阅读联盟授予他和另一位荷兰作家首届"IBBY爱阅"阅读人物奖。

读书、写作，已经成为朱永新每天早晨的习惯。"我习惯于用手记的方式，记录'两会'中的感受，记录自己的观察与思考。与其说是记录，不如说是学习。"朱永新在人大五年最深的体会是"人大是一所大学"。他认为，政协也同样是一所大学。"争取做一个好学生，好好学习，天天向上，不问收获，只管耕耘，向政协、向'两会'、向人民交出我的答卷。"朱永新是这样说，也是这样做的。

（发表于2020年5月18日《团结报》，作者：陈晓燕）

光明网：以农村学校图书馆建设，促进教育公平（摘要）

"后疫情时期，教育'新基建'怎么做？"全国政协常委、副秘书长、民进中央副主席朱永新日前表示，今年全国"两会"他将提出一个提案，与农村中小学图书馆建设相关。朱永新认为，"十四五"期间应该出台国家的农村中小学图书馆建设工程政策，像过去抓营养午餐那样，对农村中小学的图书馆进行一次标准化的改造，出台农村中小学图书馆建设标准。

这几年，国家对乡村文化建设越来越重视，比如《乡村振兴战略规划（2018—2022年）》明确提出，推动县级图书馆、文化馆总分馆制，实现乡村两级公共文化服务全覆盖。由教育部、文化部、国家新闻出版广电总局共同制定的《关于加强新时期中小学图书馆建设与应用工作的意见》也指出，到2020年，绝大部分中小学要按照国家规定标准建设图书馆。

应该说，近年来越来越多的农村中小学建起了图书馆，实现了突破。但对于农村中小学图书馆，不仅要关注有没有，还要关注好不好。笔者曾随公益机构到基层考察，一些农村学校的确设置了图书馆，且不说空间狭窄，仅就图书馆所陈列的书籍都让人叹息，一是数量少，二是好书更少。这样的图书馆更多只是一种形式，给孩子提供不了多么有益的精神食粮。

有关报道也称，尽管国家先后实施一系列基础教育重大建设工程，全面提高了中小学图书馆保障水平，但认识不足、摆位不当，区域、城乡、学校之间建设水平不均衡，管理服务水平不高，与教育教学融合不够、信息化基础薄弱、专业化队伍匮乏等问题仍然存在。由此联系到朱永新的观点——像抓营养午餐那样，加大农村中小学图书馆建设，很有洞见，也很中肯。

像抓营养午餐那样，加大农村中小学图书馆建设，怎么抓？划拨专款，专款专用，全面监督，全民监督，让每个农村孩子都能从图书馆中获益。

其实，针对农村学校图书配备品质较低、图书馆利用率低、对阅读重视不够、缺乏阅读课程和活动等问题，朱永新此前曾建议，在经费方面，由各责任部门按原有渠道筹集，使用时应充分发挥基层自主权；在图书配备方面，研制符合乡村实际、适合乡村学生阅读的基本书目；规范配备程序，确保适需的好书能够进入乡村。

高标准建成图书馆并非难事，关键在于图书馆建成了，怎样进一步促进农村图书教育的发展。目前看来，还面临两方面难题。

首先，拿什么书籍充实图书馆？适合乡村学生阅读的好书，如何配置？如果图书馆建成了，却没有高品质的书籍，这样的图书馆就有其名而无其实。另一方面，如何帮助学生利用图书馆？柏拉图曾说过，真正的教育不是传授知识，而是唤醒，把大家带到洞穴之外。同样的逻辑，农村孩子需要唤醒，需要引导，当他们学会了合理使用图书馆，图书馆就有存在的意义，就能真正发挥出应有的作用。这两方面问题，需要引起足够的重视，只有真正把这些问题放在心上并着力解决，农村的图书教育才有可能达到理想的状态。

从本质上说，农村学校建设图书馆关乎教育公平。由于种种原因，农村地区尤其是教育资源薄弱地区的孩子，无法享受到和城市孩子同等丰厚的教育资源，但兴建图书馆并非难事。如果说阅读是实现教育公平最有效、最直接、最便捷的方式，那么，农村孩子、边远地区孩子的阅读抓上去了，教育公平才会有更坚实的保障。

创造条件让农村孩子获得充足的图书教育，是职能部门的责任，也是学校、老师的责任。期待多一些善于为学生引路的好老师，不仅传授孩子课本知识，还传授孩子好读书、读好书的本领。当乡村孩子爱上阅读也有条件实现阅读需要时，教育公平才会更广泛地实现。

（发表于2020年5月18日光明网，作者：王石川）

新京报：全国政协常委朱永新：阅读资源公平是社会公平的重要基础

全国"两会"召开在即，十三届全国政协常委兼副秘书长、民进中央副主席朱永新提交了《关于加强未成年人网络素养教育的提案》《关于加强民族地区、港澳地区国家通用语言文字推广普及的提案》等10份提案。记者就此对他进行了专访。

作为一位长期关注教育的学者，朱永新1999年在江苏常州一所乡村小学发起了新教育实验。2003年成为全国政协常委，2008年至2013年成为全国人大常委会委员、教科文卫委员会委员，此后历年全国"两会"上，他提交的提案绝大多数都与教育改革有关。

阅读的高度决定精神的高度

新京报：今年"两会"，你有一个推进阅读公平的提案。为什么会提及阅读公平？

朱永新：我国儿童所得到的阅读资源差别很大。而阅读资源的公平是教育公平的重要基础，也是社会公平的重要基础。所以这次全国"两会"我专门有一个提案，推进阅读公平。

这些年差不多每年我都要走访上百所学校，我发现在边远地区，特别是贫困地区，孩子们没什么书看，学校老师也不怎么重视阅读。有的地方甚至没有学校图书馆，有图书馆的也没有好好利用，图书馆里多是些不适合学生阅读的书。

我经常跟学校老师说,一本好书可能比一个老师还管用。因为一个学生遇上一本好书,对他产生了心灵共鸣,使他产生了阅读的兴趣和愿望,这样通过不断的阅读,书能带着他往前走,阅读就成为一个学生不断追求上进的内生动力。所以,对农村孩子来说,最重要的是怎么把好书送到他们手里,让他们能够读得到好书,如果这个问题解决了,我觉得中国教育的问题就好解决,社会公平的问题也就好解决多了。

新京报:你在推进阅读这 30 年中,有没有探索到一条比较好的路径?

朱永新:好的路径肯定有。我们搞过营造书香校园活动。比如说"晨诵、午读、暮省";我们还专门编写了一套从幼儿一直到高中的《新教育晨诵》。在网络上向所有学校免费赠送晨诵的课件,每天早晨以一首诗歌开启新的一天,已经在全国几千所学校推广,效果还不错。

我们还有一个项目叫"新教育童书馆"。这个童书馆就是专门帮助边远地区农村学校建设适合儿童的图书馆。基金会送书有两种办法,一种是募集资金我们自己采购,另一种是社会捐赠图书。但社会捐赠的图书我们也不是照单全收,而是尽可能选我们规定、推荐的书。

我一直认为,阅读的高度决定精神的高度,所以读"好书"是非常重要的。一个人从小读好书会帮他形成好的"胃口",他会分辨一本书是好还是不好,审美情趣也会逐渐得到提高。

现代通信工具关键要用好

新京报:近年来,随着信息技术和手机的普及,未成年人上网现象很普遍。你今年专门提交了《关于加强未成年人网络素养教育的提案》,你认为该如何正确认识未成年人上网?

朱永新:要让孩子完全远离手机、电脑是不现实的,而且未来信息的终端化是一个非常普遍的现象。我小孙子从 5 岁就已经开始利用手机来学习了。他不会写字，但是他通过说话，可以去查找资料。所以用手机不是坏事，用得好，它是一个很重要的学习工具。

跟纸质阅读相比，手机阅读确实有碎片化的缺点，另外它受干扰因素比较多，会不断跳出很多东西打乱思绪。一个人的注意力、专注力，对一个人的健康成长至关重要。另外，手机端的很多游戏、不良信息，也会对孩子产生负面影响。因此，帮助孩子形成自我控制能力，是我今年"两会"关于网络素养教育里要提到的一个问题。

从信息、通信技术的发展角度而言，确实要确立一些好的保护青少年的规则，让孩子懂得如何使用好手机，使用好电子产品，同时又防止电子产品使用过程中产生的不良影响。《未成年人保护法》也可以进一步明确相关规定。比如，相关政府部门如果监管不到位，也是违法行为，也会被追究法律责任——既然法律赋予了权利，你没有履行好，就要进行责任追究。

新京报：教育部发布的2018年教育统计数据显示，小学和初中农村留守儿童合计1474.41万人。一个未成年人尤其是少儿的成长离不开父母的教育影响，但面对这么多留守儿童，他们的学习和阅读问题如何保障？

朱永新：我在前几年"两会"时专门写过关于留守儿童的提案，这也是中国社会特有的一个现象。我们现在的城市、经济发展还无法做到让所有出来打工的人把孩子带在身边。当然，"在一起"的概念也不完全是从空间上说"在一起"，父母的心跟孩子"在一起"才是关键。现在手机很普及，做父母的每天给孩子一次视频通话，也可以在一定程度上弥补这种空间上"不在一起"的缺憾。

在全国20%未普及普通话的地区推广普通话

新京报：你今年还有一份《关于加强民族地区、港澳地区国家通用语言文字推广普及的提案》，提及要在全国20%未普及普通话的地区推广普通话。

朱永新：语言是文化的根。如果语言沟通都是障碍，文化上就难以真正认同。所以，教育体系必须把普通话作为一个基本教学语言，要把普通话教学作为对这个国家的文化认同、情感认同最重要的纽带来看，而不能把普通话当作一门外语来教学。普通话就是我们的通用语，作为这个国家的公民，我们就有义务学好，掌握住。

新京报：近年来，一些方言也面临消失的危险，会说的人就很少。你认为推广普通话该如何更好地与方言保护融合？

朱永新：语言是文化的活化石。因为很多文化是通过语言来承载的，语言消失了，文化也就会慢慢消失。我原来在苏州市人民政府工作时，分管过文化和教育，当时提出让苏州电视台专门开了一个方言节目。因为如果再不重视苏州方言的保护，苏州方言也会慢慢消失。所以学习普通话并不意味着反对保护好方言，两者是不矛盾的，而且多语言的刺激，本身也有助于一个人语言能力的发展。

新京报：那怎么做到既推广了普通话又能够保护好一个地方的方言呢？

朱永新：先从政府开始，高校开始，中小学开始，要先使用普通话教学，在政府公文中使用普通话，在少数民族地区开展双语学校，用普通话、当地方言两种语言交替教学，但要保证学生的普通话水平：会说、会看、会用。

（发表于 2020 年 5 月 19 日《新京报》，记者：肖隆平　实习生：刘思圆）

中国青年网：朱永新：建设好教育"信息高速路"为推动教育公平发力（摘要）

受到新冠肺炎疫情影响，2020年春季学期延期返校，全国各地各类学校实行在线授课模式，在线教育得到长足发展。近日，全国政协常委、副秘书长、民进中央副主席朱永新告诉记者，今年"两会"期间，将向大会提交《关于夯实数字教育新基建 推进在线教育深度发展的提案》。朱永新认为，目前不同区域的在线教育水平差别还很大，需要抓好硬件建设、资源建设、评价体系建设三个重要抓手，社会各界发挥自身作用，教育部门做好顶层设计，资源相对丰富的学校可以提供免费教学资源，社会力量可以参考全国对口扶贫的办法，对贫困地区进行点对点支持和帮助，对于贫困家庭孩子可以采取免流量费、减流量费、政府购买服务等方式，进行资助。"从根本上来说，在线教育是一个国家大工程，需要建设好这条教育层面的'信息高速路'，为推动教育资源均衡和教育公平发一把力。"

（发表于 2020 年 5 月 19 日中国青年网，记者：王龙龙）

中国教育新闻网：民进中央：将学校教育信息化成本纳入生均公用经费（摘要）

日前，民进中央召开新闻通气会，全国政协常委、副秘书长，民进中央副主席朱永新就民进中央提交的"关于加快建设'互联网+基础教育'公共服务体系"的提案进行了解读。

教育信息化既是推动教育变革、实现教育现代化的重要技术力量，也是促进教育公平的重要政策工具。进入新世纪以来，国家在推进教育信息化方面采取了一系列重大战略举措，推进教育信息化从1.0向2.0转型升级，取得了重要成绩。但我国在推进教育信息化方面还存在多方面挑战。

"一个是'数字教育'鸿沟的日益扩大。"朱永新解释，目前教育互联网应用正在深刻地改变学校教育形态，但在部分农村、边远贫困地区，学校教育却仍然靠一本书、一块黑板来运行。与此同时，还存在着教育信息化平台建设和运营成本高等问题，不少县（市、区）由于缺乏顶层制度设计，县域教育信息化公共服务能力无法满足学校教育信息化应用的需要，导致一些学校仍然在走以校为本的信息化老路，导致重复建设、重复开发，既造成了大量的教育投入浪费，又因运营、维护、升级等需要给学校增加了经济负担。

对此，民进中央提案建议尽快确立"互联网+基础教育"的公共服务属性，将基础教育阶段的教育信息化明确纳入教育公共服务范畴，加快建设"互联网+基础教育"公共服务体系。

"要建设'互联网+基础教育'财政支持体系。"朱永新说，国家应列专项经费确保乡村学校、薄弱学校"宽带网络校校通，优质资源班班通，网络学习空间人人通"，同时将学校教育信息设备更新和日常应用成本纳入财政预算。此外，还要提高教育公用经费标准，将学校教育信息化成本纳入生均公用经费。

针对教育信息化公共服务体系建设"不接地气"的问题，朱永新认为，要建设"互联网+基础教育"公共服务平台，明确市县教育公共服务平台在国家教育公共服务体系中的地位，创新公共教育平台建设模式，以县域为单位走集约化与集成化建设道路，并尽快出台市县教育公共服务平台建设标准，在数据标准上实现与国家、省教育公共服务平台的互联互通。

（发表于 2020 年 5 月 21 日中国教育新闻网，作者：董鲁皖龙）

人民政协报：朱永新常委：坚定不移走"中国式民主"之路（摘要）

事实证明，世界上没有什么最完美的民主制度，只有最适合的民主制度。中国式民主制度扎根于中国大地，是在中国本土传统文化的基础上形成的，是在中国革命和建设的实践之中创造的，是历史的选择、时代的选择，也是人民的选择。制度好不好，现实是标尺，人民最有发言权。新中国成立70年来尤其是改革开放40年以来，我国经济社会发展取得了举世瞩目的辉煌成就，这充分证明，我们的政治制度经得起历史的考验、经得起现实的考验、经得起人民的考验，我们走出了一条独特的、充满活力的中国式民主政治道路。

（发表于2020年5月23日《人民政协报》，吕巍整理）

未来网：全国政协委员批评教师带学生应援追星：是对学生身心发展不负责任的行为（摘要）

教师组织中小学生为明星"应援"，把"饭圈"文化带入课堂合不合适？会给价值观形成期的少年儿童带来哪些危害？

全国政协常委、副秘书长、民进中央副主席朱永新接受未来网记者采访时表示，希望教师把更多的时间用于阅读、写作和自我提升。"教师提升了内在素养，增强了基本功，就有了辨别真假和善恶美丑的能力，不会再去做追星等有违职业要求的事。"

记者注意到，很多地方教育部门也发布了负面清单，作为约束教师的行为规范。

朱永新则表示："教育工作要有底线。最好的办法是教师自我管理。通过研究什么应该做，什么不能做，调动他们更大的主动性、积极性和自我约束性。这样的效果要好于政府教育行政部门出台的硬性规定。"

"当然，所有行业都需要监管，一方面，教育行业协会可以出台自我约束规范；另一方面，通过法律途径保障底线，比如在《教育法》《教师法》中明确原则，违反者接受法律惩处。"朱永新补充道。

（发表于 2020 年 5 月 23 日未来网，作者：李盈盈）

中国新闻网：朱永新委员的一天：代表委员的"生命重量"在于建言资政

"当我们默哀的时候，缅怀同胞、致敬英雄，我们是如何定义生命的？"全国政协常委兼副秘书长、民进中央专职副主席朱永新在5月22日的"两会"手记《生命的重量》中如是自问。

朱永新撰写的"两会"手记连日来在互联网上连载，从提案的背后故事到参会经历，每天将"两会"细节搬进人们眼前的手机屏幕。

"生命至上。"这是朱永新22日上午列席全国人大会议听取政府工作报告后，印象最深的一处，他亦在手记中写下感受。

今年政府工作报告指出，一季度经济出现负增长，生产生活秩序受到冲击，但生命至上，这是必须承受也是值得付出的代价。报告指出，坚持生命至上，改革疾病预防控制体制，完善传染病直报和预警系统，坚持及时公开透明发布疫情信息。

朱永新接受中新社记者采访时说，李克强总理两次提及"生命至上"，语气平实自然，如此天经地义，其分量更加沉甸甸，深深感动和撞击着会场上所有人的心灵。审视疫情防控中暴露的短板问题，非常具体和清晰，反映中国政府急人民之所急、想人民之所想，体现的是人文关怀。

他同时关注到，报告特别考虑到疫情后的教育问题，强调有序组织中小学教育教学和中高考工作以及帮助民办幼儿园纾困的问题。疫情过后，许多幼儿园面临风险，政府工作报告及时明确提出"帮助民办幼儿园纾困"的问题，可谓雪中送炭。

"让孩子有更光明的未来，国家才有光明的未来。"多年关注阅读、关心中国人的教育，朱永新今年向大会提交 10 件提案，其中 5 件是教育信息化和"互联网＋教育"相关的问题。

提交提案是政协委员履职的主要方式，每一份提案都凝聚着委员实地调研、专家座谈等工作成果。近几年来，朱永新调研了数百所农村学校，发现多项农村中小学的学校图书馆建设问题，进而建言出台国家农村中小学图书馆建设工程。

朱永新说，这一次新冠肺炎的疫情，全世界进行了一场前所未有的大规模互联网教育实验，线上教育也经历了一次真正的"大考"。无论是硬件建设、资源整合、质量评价、队伍素养，教育都明显落后于已有技术和时代要求。

他认为，每一场新技术革命都会给教育带来一次革命性影响，网课这一全新教学手段带来全新的教学结构。未来的学校里不再是传统课堂，线上与线下结合得更加有弹性、灵活性、多样性的教育体系，将实现人的整体素质提升。

与此同时，朱永新也看到，当代青少年都是互联网时代的"原住民"，如若没有养成良好的网络素养，很可能被互联网裹挟，进而缺乏学习能力和创造性。

在相关提案中，朱永新指出，应鼓励有条件的学校开设相关课程、家庭担起未成年人网络素养教育的责任，也要通过阅读、影视欣赏等多种手段，培养孩子自主提升网络素养的能力，并通过探索新的数字技术，为未成年人打造一个健康友好的网络环境。

谈及提案和热点话题，朱永新观察到，今年的政协大会，委员更加关注抓好"六稳""六保"，如何防止社会经济出现"断崖式"下降、做好 870 多万大学应届毕业生就业工作、帮助外向型企业减少冲击影响等讨论频现会场内外。

22 日的上午听报告、下午主持小组发言、晚间接受 3 场媒体采访，朱永新的手记显示，当天他的"两会"时间依然忙碌。朱永新说，今次大会在特殊背景下召开，会期也相应做出压缩，但是政协委员的工作不缩水，委员们认为，"精简版"的大会也要成为"精华版"的大会。

在朱永新的手记中，他回答了问题："对于代表委员来说，生命的重量在于深入一线的走访调研，分析思考，也在于责无旁贷的建言资政，普及各自专业领域的相关知识。可以说，调研思考是本职所在，呐喊献计是职责所系。"

（发表于 2020 年 5 月 23 日中国新闻网，作者：王捷先）

人民政协网：朱永新常委：望更多学校开展"模拟政协"（摘要）

"您好朱常委，欢迎来到全国政协十三届三次会议新闻中心网络视频采访间，请您回答问题时面对着镜头，我们的采访即将开始。"全国"两会"期间，在新闻联络员的指引下，北京友谊宾馆驻地采访间迎来"开张"的首位委员。

"这就开始回答了吗？""各机位准备，开始！"……根据大会要求，今年媒体主要通过网络、视频、书面等方式进行采访。为此各驻地专门设立采访区，搭建了网络视频采访间，为委员接受采访提供便利。全国"两会"期间通过这一创新采访形式，对全国政协常委朱永新而言还是首次。

"面对面"改成了"云对面"，尽管采访形式不同，但"形式万变，核心不变"。"疫情防控期间，我格外关注青少年群体，今年的提案也与青少年网络素养和青少年网络素养教育有关。"朱永新介绍，网络空间已成为青少年成长中密不可分的一部分，如何运用网络推出青少年网络素养的探索性课程、引导青少年养成终身学习习惯、将全世界教育资源优化组合、大数据透明背景下保护青少年隐私权等都是新时代的"必答题"。

加强青少年的网络素养教育、更好推进社会公平和教育公平、进一步完善民主监督的体系、推广"模拟政协"、建立国家阅读节、加强港澳地区和少数民族地区的通用语言文字教育……结合去年一年中调查研究和思考的成果，朱永新今年的提案"涉及面更广，指向更精准"。

"近年,全国各地在中学生中开展的'模拟政协'活动是值得有益探索的事情。"朱永新表示,中国共产党领导的多党合作和政治协商制度是我国的一项基本政治制度,这一制度既有利于坚持和完善中国共产党的领导,又能充分吸纳各方面的意见,集中全国人民的意志和力量,实现广泛民主和集中领导的统一,充满活力和富有效率的统一。"通过组织'模拟政协',能进一步够锻炼青少年的协商品格。"他建议教育行政部门将"模拟政协"作为一门探索性和研究性的课程进行推荐,并引入社会公益组织进行支持。希望这一活动能在更多学校普及。

(发表于2020年5月25日人民政协网,记者:付振强)

中国青年报：网游分级，能管住"熊孩子"吗

今天，全国政协委员、民进中央副主席朱永新呼吁建立网络游戏分级制度的新闻登上热搜，获得超过 1 亿的微博话题关注。他建议，通过人脸识别等技术实行未成年人登入网游时段、时长监督分级，从网络游戏类别、认证、时长、充值方面建立强制分级制度，并由相关政府部门审核监管。

这条呼吁之所以能够引发热议，实在是因为社会和家长苦此问题久矣。南京一小学生玩游戏 14 分钟花掉 4 万元；12 岁的孙子买游戏装备、打赏花完低保老人 10 万元积蓄；男孩在家玩游戏花费 20 多万元……近期发生的这些新闻，总会让我们产生似曾相识的感觉。未成年人沉迷网络，巨额打赏、充值等问题，也成为近年来"两会"代表、委员持续关注的热点议题。

而要真正解决这一问题，不妨从具体案例所暴露的问题入手，拎出精准施策的线索和逻辑。细数"熊孩子"乱充值、乱打赏的案例，会发现实名制落实难问题最为典型，而其背后则是各方责任尚待明晰的问题。

虽然不少游戏平台都称建立了防沉迷系统，但其中不乏敷衍松散、名不副实的状况。有网友就举了一个让人哭笑不得的例子：在登录某游戏时，弹出的对话框是"您是否已满 18 周岁？"如此柔性的分级，几乎是在与未成年人玩一个大家"心照不宣"的文字游戏，所谓的防沉迷系统也就难以服众了。

而在更多的曝光事件中，未成年人多是钻了人证不必合一的空子，利用父母的身份证、银行卡信息开通账号、充值买装备。对此，

可以考虑人脸识别和身份证信息双重认证的方式加以解决，在互联网高度发达的当下，这样的技术手段不难实现。可是值得注意的是，尽管类似建议被广泛提及，游戏平台并未积极地广泛应用。

这是因为，限制用户使用年龄、充值额度、使用时长等，某种程度上是与平台增强用户黏性、实现盈利最大化的诉求相抵牾的。因此，在防止未成年人游戏沉迷的问题上，不能仅靠行业自律，而要通过法律制度落实游戏平台、家长和监管部门的责任，刚性要求游戏平台提供技术保障。

前几天，最高法出台的《关于依法妥善审理涉新冠肺炎疫情民事案件若干问题的指导意见（二）》，就为进一步落实责任提供了正向引导。《意见》明确，限制民事行为能力人（8周岁以上的未成年人）未经其监护人同意，参与网络付费游戏或者网络直播平台"打赏"等方式支出与其年龄、智力不相适应的款项，监护人请求网络服务提供者返还该款项的，人民法院应予支持。

这一规定，避免了游戏平台诱导未成年人充值、打赏的冲动，也可以倒逼平台承担社会责任，完善技术手段以实现精准识别。

5月24日，澎湃新闻报道了某8岁儿童在游戏平台和视频平台花费几万元的新闻。值得注意的是，平台称最近确实出现了不少成年人以小孩之名退款的情况。这是因为，目前多是采取家长举证、平台核查的事后追查机制，从而导致证据提供难、平台验证成本高等问题。

对此，有人表示游戏平台有些"冤"，没有管好孩子更多是家长的问题。其实，在防未成年人网络沉迷的问题上，各方有各方的责任，没必要人为割裂。家长有责任尽可能陪伴孩子，引导他们形成健康的上网习惯，管好自己的账户密码，更多地培养其自觉意识，让他们不想沉迷。

而明确平台责任，设置分级、人脸识别等功能，则更多是诉诸"不能沉迷"的实现。对于平台来说，"成年人以小孩之名退款"等问题更是一种督促，它证明此前的事后追查机制存在较多漏洞。而真正落实实名制要求，在用户每次登录、充值时都进行人脸识别，则成为责任明晰后的理性选择。

相信在各方明确责任、共同努力的基础上，未成年人沉迷网络游戏将不再是久治不愈的大难题，动辄充值上万元的新闻也将不再如此频繁地见诸报端。

（发表于 2020 年 5 月 25 日《中国青年报》，撰文：任冠青）

新华网：连续 18 年！朱永新提议设节日唤醒全民阅读意识

本期嘉宾是全国政协常委、副秘书长，民进中央副主席朱永新。

重视儿童阅读　开辟多元化阅读方式

"儿童阅读已经成为全社会的一道风景线。很多过去以成人文学创作为主的作家比如张炜、赵丽宏、梁晓声等现在也开始写童书，这正是作家们意识到儿童阅读的重要性，意识到应该把为孩子们提供更好的精神产品来作为他们创作的一个重要方向的体现。"朱永新说。

二十多年前，不少家庭还没有将儿童阅读重视起来，一些家长甚至会没收孩子的课外书，认为看课外书是不务正业、影响学习。朱永新曾成立民间教育研究机构，推广全民阅读。"当时推广的图画书还被大家误解为过去的小人书。现在不一样了，图画书已经'飞入寻常百姓家'，这些年，图画书的普及是非常明显的。"朱永新说。

近三十年来，中国本土原创的儿童文学作品越来越多了，好作品也越来越多。早年间，朱永新在研究儿童阅读书目的时候，他认为国内的童书比例不能低于 50%，这是对当时中国本土原创的保护，但同时也产生了困境：有时候实在很难在本土原创中选出优秀的作品来。

如今，这一情况已经有所改变。由新阅读研究所主办的 2019 年度"中国童书榜"揭晓，原创绘本童书《一条大河》成为榜首，而且榜单里 76% 的童书都是本土原创。

好作品产生的同时也衍生出了不少问题。在朱永新看来，我们对儿童阅读的引导和研究还不够，虽然现在大家都开始重视儿童阅读，本土的原创儿童文学也越来越丰富，但是面对大量的童书，孩子们到底应该读什么书又成为亟待解决的新问题。

另一方面，目前的阅读方式还不够多元化，对亲子共读、师生共读、班级共读、整本书共读、中小学读书会等阅读方式的研究推广，无论是在理论上还是实践上都有所欠缺，有待于进一步加强。

除了关注儿童阅读，今年全国"两会"，朱永新也格外关注教育问题。

今年，疫情导致学校延后开学，互联网教育得到了极大发展，但同时也暴露出互联网教育实践中潜藏着的一些问题。比如网上热议的因家境贫困而到各处蹭网的学生，说明当下互联网学习的费用对于贫困家庭来说还是一笔不小的负担。

对此，朱永新在提案中建议，可以对符合一定条件的贫困学生进行网络课程学习流量的补贴，并逐步扩大到所有中小学生。同时通过政府购买服务的方式，推进对所有公益性学习资源提供免流服务，让所有学习者在浏览、使用这些公益性学习资源时实行定向免流。

目前，许多网课依旧是简单地将课堂内容转换到线上，并没有充分发挥线上教育的优势和特征。对此，朱永新建议，可以通过政府购买的方式，集中全国最优质的互联网教育资源，建立国家级的学习资源平台，这对全民终身学习也有着重要意义。

唤醒全民阅读意识　凝聚国家精神力量

在节奏日益加快、碎片化程度日益渐深的互联网社会，阅读是一件需要特别唤醒的事情。

"人们花费大量时间在游戏、聊天或其他事情上，读书的时间却越来越少。但我认为读书是人类作为唯一的符号性动物的精神需求，是人类发展的需要，也是人自身本质特征的体现。"朱永新说。

在刚刚过去的第 25 个"世界读书日",十三届全国政协开展了"全国政协委员读书活动",倡导政协委员做读书模范,为全民阅读做出表率。

"不经历这场疫情,真的不知道原来我们对病毒、瘟疫的传播,对疫情的防范与控制知道得太少太少。"宅居在家的这些日子,朱永新找到了两本与疫情有关的书——《逼近的瘟疫》和《病毒来袭》,读完后获益匪浅。

"了解病毒,才能更好地战'疫',才能更好地通过建言资政、凝聚共识发挥委员作用。"在他看来,一个社会如果从政府官员、人大代表、政协委员到每一个人,大家都在努力读书、不断学习、认真思考,那么整个社会的风气就会变得不一样,将会迸发更强劲的创造力。

朱永新曾连续十八年坚持在"两会"提出建立全民阅读节,期望通过这个节日唤醒整个社会的阅读意识,形成全社会重视阅读的共识,来推动国家精神力量的凝聚和发展。

"一个人的精神发育史就是他的阅读史,一个民族的精神境界取决于这个民族的阅读水平。"朱永新希望通过节日的仪式感,动员和鼓舞大家阅读。

除了国家阅读节的建立,他今年的提案还针对近年来图书价格混乱等问题提出建议,朱永新提出,现行的图书赊销模式应该得到改变,为了更好地发展繁荣图书市场,必要的时候,政府需要对市场竞争进行适当干预。

(发表于 2020 年 5 月 27 日新华网)

团结报：朱永新：让阅读点亮儿童未来

5月4日，国际儿童读物联盟（IBBY）2020年奖项发布会以线上直播的形式与全球观众见面。IBBY今年揭晓了首届"IBBY-iRead爱阅人物奖"。我国教育专家、全国政协常委、民进中央副主席朱永新与荷兰的玛丽特·托恩奎斯特（Marit Tornqvist）成为"IBBY-iRead爱阅人物奖"首届获奖者。

"IBBY-iRead爱阅人物奖"颁奖词中这样评述朱永新对儿童阅读所做的贡献："他致力于从多个方面推动儿童阅读，从儿童到家长再到教师、从乡村到城市再到国家政策，每个方面都取得了丰硕的成果。他一直是本国儿童阅读的推动者。"在儿童节到来之际，关于"儿童阅读"，本报记者对朱永新进行了专访。

儿童阅读决定民族未来

朱永新是中国儿童阅读发展的推动者和引领者，近30年来，他的很多阅读理念已成为学校老师家长们的共识。关于儿童阅读，他曾说："早期阅读对人们的影响无疑是刻骨铭心的，是塑造精神趣味与人格倾向的，自然，也是多少能够预测未来的。"

朱永新认为，童年的长度决定了国家的高度。同理，儿童阅读的深度决定了民族精神的高度，在这个意义上说，儿童阅读决定着民族未来。"所以，我们要用儿童阅读去塑造儿童美好的人格，更要用儿童阅读去创造一个民族美丽的未来。"

为把书香传递给更多儿童，朱永新发起了民间教育改革行动新教育实验。多年的实践终有不俗收获，截至目前，已有5200多所学校加入，其中大半是乡村学校。营造书香校园，让阅读滋养更多青少年儿童，帮助教师和学生"过一种幸福完整的教育生活"已经不仅仅是遥远而美好的愿景，正一步步变成触手可及的现实。

但在30年前刚开始推广儿童阅读时，这项工作遇到不少质疑。"那时很多家长包括学校不以为然，大家认为阅读对孩子来说是额外的负担，他们认为，学生只要把教科书学好、把作业做好就是最好的学习，殊不知阅读本身对学习有着非常重要的帮助，阅读力是学习能力最核心的表现。同时，阅读对拓宽学生视野、提升思辨能力都具有非常重要的作用。"朱永新回忆道。

"这么多年来，我们反复倡导，反复呼吁，反复实践，逐渐地，越来越多人意识到儿童、青少年阅读的重要性。我们可以看到，最近10年来，中国图书增长量最快的就是儿童图书，越来越多的家庭也意识到了这一点。"谈及此，朱永新感到十分欣慰。

经典好书滋养人生

虽然童书市场一片繁荣，但图书质量参差不齐，青少年儿童如一张白纸，读什么书将对他们的世界观、人生观、价值观产生深远的影响。

为此，朱永新带领新教育研究院新阅读研究所，研制了《中国人基础阅读书目》，书目涵盖了幼儿园、小学、中学、大学等不同阶段，成为不少老师、家长的好帮手。书目也反映出朱永新对儿童阅读内容的选择。在他看来，首先是经典。"经典之所以是经典，是因为它们承载的文化价值总的来说体现了真善美的标准。"

在多年的实践中，朱永新发现，在国家相关部门的重视下，虽然近年来中小学生阅读需求出现高速增长的态势，但中小学生的阅读研究的理论与实践，有着明显的语文学科倾向，大量其他学科阅读被忽视，"这不利于提高中小学生的综合素质。"为此，从2016年开始，他主持研究《中国中小学学科阅读书目》，研制中小学所有学科教师、学生的基础阅读书目。

"我们希望，中小学生借助阅读这一抓手，实现学科与学科之间的彼此融合、举一反三。这就需要去接触精神养分搭配全面的、成体系的阅读产品，让阅读变得更加高效。"朱永新认为，中小学生正值精神成长的关键期，大量的时间必须投入到各类学科的学习之中。在这个过程中，应避免过于随意的低质量的阅读，而应精选学科相关阅读，积累学科背景知识，促进学科学习的深入，教师也应及时给予正确的引导。

第十七次全国国民阅读调查结果显示，2019年我国成年国民人均纸质图书阅读量为4.65本，略低于2018年的4.67本。面对纸质书阅读下降、电子媒体阅读上升比较快的现状，朱永新表示，阅读是好事，但对青少年儿童来说，相比较电子媒体阅读获取碎片化信息，纸质书阅读有其独特的优势。"对青少年来说，培养他们的专注力和沉下心来读书的能力非常重要，而这离不开纸质书阅读。长期碎片化阅读，对他们的成长发展是不利的。"

用诗歌和黎明共舞

如何培养儿童良好的阅读习惯，多年来，朱永新也一直在探索，如今他倡导的是一种"晨诵午读暮省"的儿童阅读方式。

朱永新介绍，所谓晨诵即每天为孩子们选一首诗歌，在早晨第一堂课开始之前用20分钟的时间吟诵这首诗歌，"我们称之为'用诗歌和黎明共舞'。"朱永新表示，晨诵的目的主要不在于记忆未来可能用到的知识，不是为了进行记忆的强化训练，而在于丰富儿童当下的生命，在于通过晨诵，既培养一种与黎明共舞的生活方式，又能习诵、领略优美的母语，体验诗歌所传达的情怀、美感及音乐感。

到了中午，朱永新倡导全班同学共读一本书。"共读是一种新的教育方法，班级共读与亲子共读一样，是一种培养共同语言、共同密码、共同价值的一个非常重要的基础。"他认为，小到一个家庭，大到一个国家，拥有共同的阅读对凝聚力的形成、共识的形成都具有非常重要的作用。

而暮省，顾名思义，指的是学生每天在完成学业以后，思考与反省自己一天的生活，并且用随笔和日记等形式记录下来。朱永新认为，让学生养成反思的习惯，无疑是暮省的重要价值，而把思考记录下来，这个过程无疑又是从阅读到写作的提升。

除了关注青少年儿童本身的阅读行为，朱永新带领新教育研究院新阅读研究所，长期致力于探索创造更多的阅读方法。如鼓励乡村多元文化的"乡村特色阅读课程"，如激发兴趣、深化效果的"童书电影课"，如以校园、家庭不同特点分别研发的"阅读整体方案"等。面向初为人父、人母的年轻人，朱永新还为他们举办公益讲座、推广亲子共读，他组织的"新教育萤火虫亲子共读公益项目"，初衷就是帮助万千父母，点亮孩子阅读的光。据悉，该项目自2011年启动以来，已在国内多地建起了萤火虫亲子共读工作站，开展各类专业亲子阅读公益活动7000余场，参与者超过800万人次。"我们期待，越来越多儿童的未来能被这萤光点亮。"朱永新说。

（发表于2020年5月30日《团结报》，作者：蒋天羚）

小康：朱永新：探路未来教育的"行动派"

作为新教育实验的发起人，朱永新强调教育者的反思，为打破教育异化和矫正扭曲的教育改革做出了有力探索，被称为发于民间的新希望工程。

"教育最重要的是两件事，一是让人成为人，二是让人真正拥有幸福。"朱永新用其新浪微博置顶文章寄语新教育同仁，让教育沐浴人性的光辉，善待自己，发现教师职业魅力，与学生一起成长，善待学生，并把教育的温暖传递给社会。"过一种幸福完整的教育生活"，这是他对于未来教育、理想教育的设想。

既是"建设派"又是"行动派"

每天早上6点左右，朱永新都会在微博"打卡"，分享"走进新教育""新父母晨诵""新教育整本书共读""童书过眼录""书香中国"等话题的内容和感悟，众多教师、父母以及学生从他分享的点滴以及相关著作及新教育实践中获得力量和启发。目前他的微博有超过412万粉丝，认证为"新教育实验发起人，中国教育学会副会长，苏州大学教授、博士生导师"。他还是十三届全国政协常委兼副秘书长，民进中央副主席。

20多年来，朱永新一直在探索和推广新教育。2013年，他曾荣获中国全面小康论坛颁发的"致敬时代人物"奖。在接受《小康》杂志、中国小康网记者采访时，对于教育，他说这么多年来感受最深的是：好的教育理念，要有一个逐渐为大家认同的过程。"大家都对教育不满意，大家都抱怨和批评，但很少有人真正去建设。我觉得没有建设性的批评，它的价值是不高的，所以我们还是尽可能地去寻找一条适合中国教育发展的新的道路。我给我们新教育的定位就是为未来中国教育探路。"目前，全国有160个县级实验区、5200多所实验学校和560多万师生参与新教育实验。

新教育实验的酝酿可以追溯到20世纪80年代末，那时朱永新在苏州大学任教，研究中国教育的成就、贡献与困境，一方面他为改革开放以来教育取得的成绩而鼓舞，另一方面又为越来越严重的应试教育等问题而焦心。理想与现实的反差，激发了他创造美好教育的使命感。他认为，现代学校制度有其历史贡献，但这种效率为先的工业化人才培养模式也有内在缺陷。它用工厂化的生产方式统一"生产"人才，因此每个人的个性得不到张扬，潜能得不到发挥。在其《未来学校：重新定义教育》一书中，基于这样的背景，朱永新写道："我们能不能创造一种更好的教育，让师生过一种幸福完整的教育生活？"

为未来教育探路，这个想法很宏大，得有落脚点，即素质教育。1993年朱永新出任苏州大学教务处处长，成为全国综合性大学最年轻的教务处处长，在职期间推出了必读书目制度、激励性主辅修制度、学分制等，为书香校园建设积累了初步经验。1997年底，朱永新担任苏州市人民政府副市长，分管教育、文化等工作，在全国率先普及九年制义务教育，并先后推出改造相对薄弱学校计划、名师名校行动计划、农村村小现代化行动计划等。1999年，朱永新到江苏省武进湖塘桥中心小学授课带徒，系统提出了"新教育"的基本理念。"教育的智慧在于从现实的教育空间中寻找最大的发展可能性"，在同样的制度环境下，不同学校呈现出不同的精神状态，"根本原因还在于自己"。2002年第一所新教育实验学校——苏州昆山玉峰实验学校成立，标志着新教育实验从思想变成了行动。

新教育实验是以教师成长为起点，包括"营造书香校园""师生共写随笔""培养卓越口才"等十大行动，以帮助师生"过一种幸福完整的教育生活"为目的的教育实验，其愿景是成为中国素质教育的一面旗帜，全力打造植根于本土的新教育学派。从1所学校发展到如今 5200 多所学校，其中大半是乡村学校，新教育实验也被称为全世界规模最大的一个民间教育改革。

"教育是一个复杂的系统性工程，我们主要是属于民间的教育改革，很多结构性的东西是无法解决的。"朱永新既是"建设派"又是"行动派"，他一方面在全国"两会"等场合以及通过著作和理论去构想去建议，一方面在实际操作中从教育最基本的教学内容进行改革。从最初的"读书读什么"到"未来的课程应该学什么"等，他的团队做了深入的研究，"这个事情是可以有所作为的"。新教育晨诵便是其中一项成果，每天早上从一首诗歌开始，对传统的课堂教学进行补充和改革，不占用很多时间，每天 10 分钟至 20 分钟。"孩子们从一年级开始，每天早晨一首诗歌，9 年下来的话，他的底蕴和成长就不一样。"

不遗余力　推动全民阅读

2020 年 5 月 4 日，在国际儿童读物联盟（IBBY）2020 年奖项发布会上，朱永新荣获儿童文学与阅读界三大最受瞩目的国际奖项之一——"IBBY-iRead 爱阅人物奖"。朱永新推动儿童阅读已有 30 多年，出版了《我的阅读观》《造就中国人》等大量相关著作，被翻译为 24 种语言。他还是国家全民阅读形象代言人，呼吁把全民阅读作为国家战略，从 2003 年开始连续 18 年提出建立"国家阅读节"，是中国儿童阅读发展的推动者和引领者。他指出，全民阅读是提升国民素质、增强民族凝聚力、促进社会公平最有效、最直接、最廉价、最便捷的路径，以富有中国文化底蕴而设置的节日，能够产生提醒、督促、仪式、庆典等多重效果，能够有力地推动全民阅读的深化。

在推动全民阅读上，朱永新提出了"一个人的精神发育史就是他的阅读史"的著名观点。人最基本的素质是人的精神成长，阅读应该成为素质教育的基础工程。他把阅读提到民族精神培育的战略高度，认为"一个民族的精神境界取决于这个民族的阅读水平"。共同的阅读是能够形成我们这个民族共同的语言和共同精神密码的关键，是形成民族核心价值体系的重要途径。他还把城市的精神气质和品格与阅读联系起来，提出"一个书香充盈的城市必然是一个美丽的城市"，让书店成为一个城市的风景线，图书馆成为城市的精神客厅。2015年全国"两会"上，"倡导全民阅读，建设学习型社会"被写入《政府工作报告》，全民阅读也成为一种氛围和生活方式。

朱永新表示，素质教育的一个着眼点是生命教育，而这是目前学校里较为欠缺的。2020年初的新冠肺炎疫情再次加深了他对生命教育重要性的认识。"教育是为生命而存在的，生命应该是教育最重要的事"，教育的使命在于塑造美好的人性，进而建设美好的社会。他认为，人的生命本身应该是完整的，是自然生命、社会生命和精神生命的统一体。人的完整性的最高境界就是让人成为她（他）自己——一个完整的自己，这也是教育的最高境界。朱永新的团队研发了新生命教育课程，从生命的长度、宽度、高度三个维度来促进人的完整发展。在课程中，长度对应的是"自然生命"，教会学生安全和健康知识，怎么应付灾难，怎么救人怎么自救，养成健康的习惯等；宽度对应的是"社会生命"，帮助学生学会和别人交往，做一个受欢迎、受尊重的人；高度对应的是"精神生命"，从价值和信仰的角度帮助学生过精神上的生活。"这门课程也很受欢迎，现在有好几个省跟我们商量，把它变成每个省的课程教学体系"，朱永新说，这样慢慢它就渗透到教育里面去了。

除了教育让人之为人、获得幸福的能力外，朱永新还提出未来的教育是"学力比学历更重要"。现在的教育体系还是一个"文凭至上，学历至上"的体系，是传统社会的一个惯性，当然在一个社会还没有办法全面地去衡量一个人真正的水平的时候，还是需要一个文凭的标签，"但是同样贴给我们的标签，其实里面的货是不一样的"。然而"学力"怎么呈现？有什么新的评价方法来衡量学生的发展？朱永新说，这是未来学校要研究的问题，他提出要建立一个过程性的评价，并提出"学分银行"的概念。在今年全国"两会"上，朱永新围绕阅读和教育的大主题带来了10个提案，其中包括《关于建立基于学习权益和学习通券的学分银行体系，鼓励全民终身学习的提案》。这是以"学习通券"为奖励形式的新型学分银行，学习完成后不仅获得了学分，还有学习币。学习币可以买学习用品，学习其他新的课程，以此鼓励大家不断学习。朱永新举例子说，现在的农民工，如果让他单独学习他可能不感兴趣，但如果让他们在学习的时候得到学分和学习币，这样他们学习的过程被原生态记录下来，能鼓励更多人读书，也将更加有助于学习型社会的建立。

呼吁更多人接受职业教育

"我不太主张成年人的全部时间用于学习，成年人还是边工作边学习，又能解决生计，也能够学习知识。"怎样动员更多的人来接受职业教育？朱永新认为在工作之余学习是职业教育推广比较好的方法。而且光有奖励和激励机制不行，光靠学校也不行，最好是招工和招生结合起来，企业和学校共同培养，这样企业有国家补贴也会有积极性，效果会比较好。

近年来，国家大力倡导发展职业教育，特别是在2019年先后出台一系列政策加速完善现代职教体系。其中，国务院印发的《国家职业教育深化改革实施方案》（"职教20条"）指出，职业教育与普通教育是两种不同教育类型，具有同等重要地位，明确了职业教育在我国教育体系中的重要地位，要提高技术技能人才待遇水平，逐步提高技术技能人才特别是技术工人收入水平和地位。同时，积极推动职业院校毕业生在落户、就业、参加机关事业单位招聘、职称评审、职级晋升等方面与普通高校毕业生享受同等待遇。

"为什么在国内大家对职业教育不感兴趣？"朱永新指出，一方面有传统的问题，人们还是更重视脑力活动，轻视体力劳动，所谓"劳心者治人，劳力者治于人"；另一方面，相对来说，技术工人的收入比其他的职业还是要低，从事职业技术学校教育的人收入也比较低。朱永新举例子说，"国外一个好的技工和一个大学教授，收入可能差不多，都可以开好车住好房子，所以说调节社会收入差距，是解决满足大家学习教育需求的办法。"因此，发展职业教育要更新传统的理念，即学习职业教育应该是他的兴趣和特长，有些人擅长动手，擅长做技能的工作，他不是低人一等。"现在我们就把他看成低人一等，这样就没有吸引力。他们的工资收入也要提高，至少通过2次3次调节，使得社会各行各业收入差距不要过大。"

另外，朱永新还提出要相应地进行公务员制度改革。"读了职业中学、高等职业技术学院毕业的学生，不允许考公务员是不对的"，目前要求公务员要本科以上，他认为应该让他们跟博士生硕士生在同一个起跑线上，这样大家都有机会。"我一直提公务员要降低学历门槛。降到高中就够了，这样大家就愿意接受职业院校。"

（发表于2020年7月《小康》上旬刊，作者：陈秋圆）

中华读书报：朱永新：让阅读奔涌，形塑中国价值社会

倡导全民阅读的重要人士很多，但最早将全民阅读问题放在国家进步发展和核心价值体系凝聚的宏阔视阈中，同时清晰表述全民阅读重要性的，朱永新可能是第一人。

曾经有这样一句评语向朱永新致敬："他一直站立在中国阅读推广的精神之巅。"而阅读推广之难，在于其本身是一个复杂多元的体系，研究与实践共生，重在落地效果。在国内，朱永新是首位将少年儿童阅读推广体系化，解决"为什么读""读什么""如何读""如何推广""如何实践落地""评估反馈再实践"等诸多实际问题的人士。由此，他不仅仅是"站立在中国阅读推广的精神之巅"，更是力行"扑向阅读推广的实践之海"。

5月4日中午，收到马来西亚打来的越洋电话时，朱永新有些惊讶。

这是"IBBY-iRead爱阅人物奖"评委会主席卡鲁丁打来的电话。

当晚8点半，国际非营利非政府组织——国际儿童读物联盟（IBBY）揭晓了首届"IBBY – iRead爱阅人物奖"，来自中国的"全民阅读形象代言人"朱永新，与荷兰的玛丽特·托恩奎斯特，共同荣获这一殊荣。

卡鲁丁这样形容朱永新："他致力于从多个方面推动儿童阅读，从儿童到家长再到教师，从乡村到城市再到国家政策，每个方面都取得了丰硕的成果。他一直是本国儿童阅读的推动者。"平实的语言，

却是完整概括了朱永新近30年来深耕儿童阅读推广的杰出功绩。

倡导全民阅读的重要人士很多，但最早将全民阅读问题放在国家进步发展和核心价值体系凝聚的宏阔视阈中，同时清晰表述全民阅读重要性的，朱永新可能是第一人。这样一句话在中华大地上久久地被口口传诵："一个人的精神发育史就是他的阅读史；一个民族的精神境界取决于这个民族的阅读水平。"这句话即出自朱永新。

早在十多年前，朱永新就敏锐地意识到，当下的中国，正处在一个快速成长的时代，一个重要的转型时期。这个时期，我们首先面临的一个问题就是共同价值观撕裂的危险。如果缺乏共同语言，没有共同理想、共同的道德标准和共同的价值观，也不会有未来的共同愿景。如果没有共同认可的核心价值体系和思想基础，我们很难实现民族伟大复兴的使命。

"阅读对于强化文化认同、凝聚国家民心、振奋民族精神，对于提高公民素质、淳化社会风气、建构核心价值具有十分重要的价值。"在一篇文章里，朱永新提笔写下了这样的文字。

于是，从当选全国政协委员的2003年起，参政议政17年间，围绕"全民阅读"问题，朱永新提出了近40个提案与建议。这些围绕将全民阅读作为国家战略的提案，如连续17年呼吁建立"国家阅读节"，通过节日的功能，把阅读本身变成一个神圣的仪式，唤醒大家对阅读的重视；如建立国家阅读基金，成立国家阅读推广委员会，加强社区图书馆建设，把农家书屋建在村小学，给实体书店免税，国家领导人带头做阅读的模范，打击盗版图书，繁荣网络文学，加强高校图书馆建设，给农村孩子提供"精神正餐"……许多现实的努力已在许多城市和地区逐步实现，极大地推动了全民阅读的进程。

曾经有这样一句评语向朱永新致敬："他一直站立在中国阅读推广的精神之巅。"而阅读推广之难，在于其本身是一个复杂多元的体系，研究与实践共生，重在落地效果。指出全民阅读尤其是少年儿童阅读推广的重要性和必要性，只是万里长征第一步。在国内，朱永新是首位将少年儿童阅读推广体系化，解决"为什么读""读什么""如何读""如何推广""如何实践落地""评估反馈再实践"等诸多实际问题的人士。由此，他不仅仅是"站立在中国阅读推广的精神之巅"，更是力行"扑向阅读推广的实践之海"。

从 2000 年推动"新教育实验"开始,朱永新很早就开始了实践层面阅读推广落地的努力。发端于江苏常州一个乡村学校、至今全国已有 5200 多所学校加入的"新教育实验",在一定意义上可以视为中国的一次阅读革命,或说全民阅读的一个发端。包括朱永新在内的诸多有识之士的远见和努力,让阅读的大潮奔涌,形塑了中国当下的价值社会。

精神纲领

"一个人的精神发育史就是他的阅读史,一个民族的精神境界取决于这个民族的阅读水平。"在大大小小的关于全民阅读的会议上,朱永新的这句话被反复援引。在很多人心目中,这句话等同于全民阅读运动的精神纲领。

时间推回至 2000 年。当时的朱永新在写《我的教育理想》的时候,对阅读的价值和意义,就有了初步的想法。在这本著作中,他谈到了教师与阅读,谈到家庭阅读,提及书香校园。2003 年,朱永新在苏州开过一次关于全民阅读的专家座谈会,会议发表了一个宣言,虽然当时还没有把这句话凝聚出来,但意已经很接近了,谈及阅读的意义和价值,谈及阅读与民族的关系,阅读与个人发展的关系。

2005 年,朱永新在编一本中国的文化名家的文集——《改变从阅读开始》,在写序言的时候开始提及这句话。2007 年,朱永新在国家图书馆做讲座时提出了这个观念,叫"阅读的力量"。随后,朱永新把自己的阅读观写成一篇文章在《人民日报》发表了,文章名叫《改变,从阅读开始》。

朱永新系统总结自己的阅读观,是在 2009 年写《我的阅读观》这本书的时候。五章的题目是五句话,第一句是关于个人的,"一个人的精神发育史就是他的阅读史";第二句话是关于民族的,即"一个民族的精神境界取决于这个民族的阅读水平";第三句话,"一个没有阅读的学校,永远不可能有真正的教育",是谈阅读和教育的;

第四句话讲阅读和城市,"一个书香充盈的城市才能成为美丽的精神家园";第五句话是讲阅读方式的,即"共读共写、共同生活,才能拥有共同的愿景、共同的价值、共同的语言和共同的密码"。朱永新阅读观最核心的几个观点,就此开始广泛流播。

从世界范围来看,很少有人从一个国家的价值体系、一个民族的精神境界去看阅读的意义。历史上伟大的作家、学者,无论是培根,还是高尔基等,几乎都是从个体的、从心灵的角度来谈阅读的意义。为什么朱永新将阅读的面貌和水平等同于民族的精神境界和价值归属,把阅读的面貌和水平看作是国家进一步发展的思想基础?

"我2003年当选全国政协委员后,就比较自觉地从国家的层面去思考,阅读到底有什么价值和意义。越思考越发现,阅读对凝聚国家层面核心价值的作用。"这些年来,朱永新有关全民阅读的几十个提案都是从不同角度去思考的,比如价值观凝聚,比如社会公平,比如仪式——国家阅读节的设立,或从书香校园,或从书香家庭,来论证阅读对国家的意义。今年的朱永新又写了一个提案,即从社会公平的角度来看看阅读。不同家庭的孩子得到了不同的书,有些根本就得不到书,而他们的读写能力、他们的思维发展都和阅读能力的养成都有着非常密切的关系。

现在,朱永新经常说的一句话是,"全民阅读是提升国民素质、增强国家凝聚力、促进社会公平最有效、最廉价、最直接、最便捷的方式"。是的,阅读不需要借助任何特定的场地、技术,图书真的是最便宜的——比其他任何文化产品形态都便宜。

"阅读的过程就是精神发育的过程。因为没有任何一个人可以去经历历史上所有的事件和现实中发生的所有事件,90%以上的知识是来源于人所生存的时间、空间之外的东西,那就是靠阅读来获取,所以说阅读是整个精神成长最重要的历程。"朱永新感慨,如果民众都拿起书来,真的在读了,很多社会矛盾、很多问题也都自然解决了,"人生绝大部分的问题是在书里可以解决的"。

图书是人类社会思想精髓的沉积,阅读是共同价值观凝聚的基石。

2007年,"新教育实验"开过一个全国范围的大会,大会的主题是"共读、共写、共同生活"。朱永新在会上做了一个报告,提出,一个国家的凝聚力从哪里来,从共同价值观来;共同价值观从哪里来,从共同阅读中来。

"共同阅读的过程中读同一本书,共同认同的价值就产生了。"朱永新举例,中国古人所说的"半部《论语》治天下",其实就是价值观认同的问题。不是《论语》本身,而是《论语》里的思想价值被大家都广泛认同,所以它就可以治理天下。比如,我们都认同"己所不欲,勿施于人",都知道"三人行,必有我师",认同"大丈夫""君子"的品行,认同这些最基本的社会准则、道德规范,就造就了我们中华民族的精神内核。

中国没有宗教,但我们强大的国家认同、民族认同是靠四书五经等经典在凝聚。几千年下来,我们这个社会之所以有如此之强的凝聚力,那是对一种文化和信念的认同与奉行。这样一种传统流淌在每个中国人的血液里。

实践之海

阅读推广之难,在于其本身是一个复杂多元的体系,研究与实践共生,重在落地效果。跟其他倡导和推广全民阅读的人士不一样的是,朱永新首先是一位学者,尤其他的学术背景是教育学。在研读像杜威、苏霍姆林斯基、陶行知、叶圣陶等最伟大的教育家的著作时,朱永新发现,这些最伟大的教育家,没有不关注阅读的。甚至于在很多情况下,教育先贤们把阅读直接等同于教育。由此,朱永新比较早地意识到阅读和教育本身的内在的紧密关系,更开始意识到构建少年儿童阅读推广体系的必要性。在这个体系中,必须要解决"为什么读""读什么""如何读"三大核心问题。

在朱永新看来,首先要从认识上解决阅读的重要性的问题,这是达成共识的基础。没有共识,再重要的事情,人们也不会当回事。所以,让朱永新高兴的是,通过他几十年的努力,现在中国至少有相当一批校长、教师、父母,是打心眼里认为阅读很重要,这和20年以前朱永新刚开始做"新教育实验"的时候，完全不一样了。

由此，关于阅读推广，第二个当然就是"读什么"的问题。这在过去并不是问题，但是现在的书太多了，开卷并非总是有益，由此成为问题。尤其是，现在大家的时间本来就很紧张，去读最有价值的书就凸显其重要性。

学者出身的朱永新，以扎实的学术研究和阅读规律的研究作为此一问题的支撑。作为研究者，他创办了"新阅读研究所"和"新教育亲子共读中心"等阅读公益机构，致力于研究适合国人不同群体的书目，关注群体的共同阅读体验和成果的塑造。

2010年，新阅读研究所在北京正式成立，就是要走专业化的道路，做专业化的阅读研究，尤其是关于书目的专业化研究。目前为止，将近十年的探索和研究，新阅读研究所拿出了包括幼儿、小学、初中、高中、教师、父母、公务员、企业家等九个群体各100种的基础阅读书目，并且出版了导赏手册。

在朱永新和他的同道者看来，阅读教育不仅仅是语文老师的事，更是一个全学科阅读的问题。由此，2016年，新阅读研究所启动了学科阅读书目的研究和研制工作，中小学所有的学科共23个，如语文、历史、地理、外语、科学、数学、化学、物理、生物、艺术、生命、道德与法制等，每一学科将研发100种基础阅读书目。行进五年的研制工作总算曙光初现，今年开始，学科阅读书目的部分成果将要推出。

学科书目完成以后，朱永新接下来推动的一件事是，做项目研究书目。"现在全世界中小学教学的一个很大潮流是做项目研究。"比如，研究哲学问题，看什么书？研究天文问题，看什么书？研究汽车，看什么书？关注军事，看什么书？朱永新的考虑是，把阅读专题化，准备做100个专题，每个专题推荐适合中小学生阅读的100本书，以供中小学生用来研究问题参考使用。

接下来，新阅读研究所正在做的一件事情，就是研究阅读方法的问题。儿童阶梯阅读、家庭亲子共读、学校班级共读等，都是新阅读研究所比较早地提出来的阅读方法。比如，20年前，图画书其实还没有走入到大众的阅读体系当中，新阅读研究所最早把图画书带到小学上阅读课。在新阅读研究所，包括出版界、学界、阅读推广界等诸多有识之士的共同努力下，现在，图画书的阅读价值被逐渐发现和认可，已经作为与儿童文学同样重要的，而且是小学中低年级、低幼必备的一种阅读形态了。

接下来，新阅读研究所还会研究怎么做读书会，怎么做读书俱乐部，这些经验其实都应该在学校里传播。"阅读推广不能够依赖某一两个人的水平。比如某个校长，他水平特别高，然后这个学校的阅读教育就做得特别好。我们要做的工作是，把有识之士的经验和路径总结出来，体系化后再推广出去，可以避免很多人走弯路。"这是朱永新的思考。

总而言之，第一个问题"为什么读"已经基本解决了，第二个问题"读什么"也慢慢地清楚了，接下来就是第三个问题，"怎么读"的问题，也就是实践和阅读推广模式总结。显然，这是至关重要的一步，是决定阅读推广能否落地的关键。从逻辑层面来说，"怎么读"在"读什么"之后，但从实践层面来说，从2000年萌芽的"新教育实验"开始，朱永新就开始了实践层面阅读推广落地的努力。

曾经朱永新在提及为什么发起新教育实验的时候，讲过关于德鲁克的故事。再好的理想，再好的理论，如果不能扎根，不能影响生命改变生活，意义是不大的，正如德鲁克的老师熊彼特所说的，"除非你能够改变生活"。怎么去改变生活，改变教育？观念就要落地。

所以，以让师生"过一种幸福完整的教育生活"为根本理念的新教育实验，一开始就很清晰自己的定位，就是一定要把根扎到教室里去，扎到家庭里去，扎到老师的身上、父母的身上、孩子的身上。

而"新教育实验"的内涵，与倡导阅读教育息息相关。

朱永新跟很多新教育的同人说过这样句话：即使新教育的其他项目都不做——"新教育实验"有十大行动，从营造书香校园、师生共学随笔、聆听窗外声音，一直到构筑理想课堂、研发卓越课程、推进每月一事到家校合作共育——即使这些都不做，把阅读的事情做好，就很了不起了。阅读是"新教育实验"的根基，或说基石，把阅读的事情做好了，教育的事情基本上就成功了。"新教育"的其他行动，每个行动跟阅读都有着千丝万缕的联系，通过阅读就可以把其他行动带起来。对此,朱永新曾经有过"画圈论":"如果把教育跟阅读画两个圈,这两个圈子重合度是很高的,所以在一定程度上,阅读就意味着教育,或者说教育就意味着阅读。"

所以,一定意义上,"新教育实验"可以视为中国的一次阅读革命。给全民阅读溯源,源头之一,已经从2000年新教育的书香校园开始了。

理想之光

新阅读研究所是2010年正式在北京成立的。很早,朱永新就意识到,要更好地推进"书香校园"建设,仅仅号召是不够的,必须要走专业化的道路,把书目研究和阅读规律的研究作为研究所的第一大工程。后来,在做书目的过程中,朱永新发现,亲子共读是从家庭开始的,所以就成立了亲子共读的研究项目——萤火虫工作站;在萤火虫工作站的基础上成立了新父母研究所,又在新父母研究所的基础上成立了新家庭教育研究院。所以,两个重要的研究机构的护航——新阅读研究所、新家庭教育研究院,构成了"新教育实验"强大的研究后翼。

虽然朱永新总是谦虚地说,"他们的工作还在路上",但是从目前的情况来看,毫无疑问,在中国的阅读研究机构中,新阅读研究所已经成为一面重要的旗帜,尤其是书目的质量大家有口公认,作家曹文轩曾经如是评价,"虽然可能有遗珠之憾,但是绝没有鱼目混珠之嫌"。七八年前,朱永新就提出,书单每两年就要修订一次。包括后来做年度的中国童书榜,其实也是为做书目的修订做准备。

然而,明眼人都深知,维系两个公益机构的长期运行着实不易,其中有大量人力、物力、财力的付出。要保持自己的独立性、公益性、专业度和公信力,难。

"这也是我很痛苦的一个问题。"朱永新坦承,"包括一开始,书都是我们自己买的,没有收入只有支出,都是我到处去'化缘'。"

要维持所做工作的品质,就要请高水平的人来,高水平的人来,就要有一定经费来回报他们所付出的时间和精力。"整个新教育实验，不仅仅是书目研究，课程研发都面临这个问题。"朱永新最近给新教育基金会捐了110万，都是他个人的奖金，此次爱阅人物的30万，去年得的一个国家教学成果奖励的80万奖金，全都捐给了基金会。基本上朱永新的讲课费，一些重要的奖金，全部都捐给了基金会。还有就是朱永新的"化缘"。比如，新阅读研究所在研发小学生书目的时候，香港陈一兴家族基金会和信谊图画书先后给了研究所50万经费；做中学生书目的时候，得到了十一学校李希贵的支持；企业家书目研制，是苏州北京商会的赵民先生出资出人；大学生书目的研发，朱永新找了好友郭英剑来主持，做义工。

"反正基本上是这样，要么请好朋友做义工，要么请能够理解支持我们的团队来支持，这样慢慢就把工作往前去推。"鲁迅文学院副院长李东华曾经参加过新阅读研究所的书目研发，她还专门写过文章，说想不到中国还有一群这样的人，也不拿报酬，吃吃盒饭就把这件事情干起来了。

这是一群理想主义者的事业。当然，"最困难的日子已经过去了"。朱永新不愿"叫苦"："我们慢慢地自己也可以有一些造血机制了，一开始是没意识到这个问题。比如说我们自己做课程、做教材、做培训，每年都可以有一定的收入。其实阅读所是可以养活自己的，我们通过自己的研发成果，不断地去开发新产品。所以现在我们这两个机构基本上都可以慢慢转起来了。"

作为创始人，朱永新对新阅读研究所，包括新教育研究院，始终如一的定位和要求是——专业性。"一个研究型机构，一个公益性机构，如果没有专业能力，仅仅说做点好事，那是远远不够的，必须要有比较强的研究团队，这是我们的基础所在。"第二，就是要坚持它的公正性。新阅读研究所评选的所有图书不考虑任何利益，包括回避机制，"评委自己的书每年都要回避的"。另外，就是新阅读研究所团结了一大批专家，"基本上我们在做的这样一个领域里面，一些最优秀的人才聚集在我们这里"。

显然，如是三点原则，是新阅读研究所目前实现的影响力和公信力的基石。

一生的事业

从当选全国政协委员的 2003 年起，到现在，参政议政 17 年间，围绕"全民阅读"问题，朱永新提出了近 40 个提案与建议。

其中，最重要的就是建立国家阅读节。在朱永新看来，节日仪式性的功能，在很大程度上有唤醒、提醒、警醒的作用，可以引起大家对这件事情的重视。

"其实全民阅读还没有真正成为很重要的共识，虽然政府工作报告连续 7 年提出倡导全民阅读，但是在起草时还经常会漏掉这句话。已经连续差不多两三年了，都是后来我们在'两会'上呼吁，最后才加上去的。为什么我们如此在意将全民阅读写入政府工作报告？因为报告里的每句话都要落实的。"

其实，国家阅读节不仅仅是在阅读层面发出声音，更多是对中国的国家文化、传统文化价值的一种凝聚。阅读的本质，是文化。

在朱永新看来，这些年来，全民阅读的推进工作是有很大进展的，其中有两个很重要的标志。第一，在网络如此发达，各种自媒体、各种媒体发展这么快的情况下，整个中国的纸质图书阅读率、全民阅读率不降反升，很了不起；第二就是中国的儿童阅读，可以说是在中国历史上都是前所未有过的繁荣和上升的趋势。从这一点，可以看到国家的未来。

然而全民阅读工作还未圆满，还有需要解决的问题。"还是要从国家的层面来为全民阅读立法，为全民阅读出台国家行动和国家政策，这点很重要。"包括设立国家阅读节在内，朱永新曾经提出过一个全民阅读"组合拳"——国家阅读节，全民阅读基金，国家的全民阅读指导委员会，包括国家图书馆标准，从国家公共图书馆一直到中小学图书馆的建设标准。去年，朱永新还在提案中提出了农村中小学图书馆建设的问题，不仅仅要解决好"营养午餐"，也要解决好"精神正餐"，尤其是在乡村边远地区，阅读资源的鸿沟是一直存在的。今年的"两会"上，朱永新也有个提案，即，如果要真正帮助弱势人群，就像政府给低收入家庭送油送米一样，要把图书当基本需要，配备给弱势人群、困难家庭；在边远地区、在乡村学校要有图书馆标准，最好的书的配备要能够跟上去。"这样能够保证整个阅读的公平能够做得更好，让优质阅读成为每个童年生命能公平享受到的公共文化服务权利。从这个意义上来说，我觉得国家还是有很多事情要做的。"

从乡村里走出，父亲就是一所乡村小学的校长，回顾自己走过的来路，朱永新感慨，自己的成长，得益最大的就是阅读。"几乎在我成长的每一个阶段，都能够找到当时对我影响最大的书。我从阅读得到了很多，很期待把我的体验和感受带给更多的人，让更多的人通过阅读能够获得成长。"这是朱永新朴素的心愿。

对于朱永新来说，他这一生都在做教育。朱永新曾经写过一篇文章《教育，我的至爱》，其实这篇文章也可以换一个题目叫《阅读，我的至爱》，因为阅读是教育最基础的最有效的一个路径。刚开始，朱永新在大学教书，研究的是教育问题；后来做副市长，又是分管教育；到了民进中央，这是一个"教育党"，"我这一生都没有离开教育，也没有离开阅读"。

"作为一个教育工作者，能够发现阅读本身的意义和价值，而且能够有这样一个非常好的团队，这么好的一个舞台，我觉得我是很幸运的。"

由此，朱永新总是觉得，去推动阅读，推动阅读公平在少年儿童中的实现，这是他的责任，这是他一生的事业。

"在人生的不同阶段，总有一些伴随着我们前行的书籍，这些书，就像一轮太阳或者夜晚的明月，让我们不再胆怯、不再孤单，坚定地行走着、跋涉着。"这是笔者在朱永新书中，看到的颇让人动容的一段话。愿阅读的光辉，朗照你我，朗照中国每一位少年儿童坚定前行的脚步。

（发表于 2020 年 7 月 15 日《中华读书报》，记者：陈香）

人民网：如何避免过度保护孩子？朱永新这样说

如何避免过度保护孩子？教育的最高目标又是什么？近日，在生活·读书·新知三联书店、三联生活周刊主办，人民网文娱部协办的"'娇惯的心灵'与当代教育问题——如何培养'反脆弱'的孩子"对谈活动中，全国政协常委兼副秘书长、民进中央副主席、中国教育学会第八届理事会学术委员会顾问朱永新与北京大学社会学系教授渠敬东等嘉宾围绕《娇惯的心灵——"钢铁"是怎么没有炼成的》一书，探讨过度保护对孩子的影响，以及未来的新型教育体系及目标。

朱永新提出，教育的最高目标，应该是让孩子学会幸福地学习，享受学习的过程。"我认为，幸福永远比成功更重要，成人永远比成才更重要。好的教育不是补短，而应该是扬长，帮助你把自己喜欢的事做好、把自己的潜能激发出来。"朱永新说。

与其铺路不如教孩子走好路

《娇惯的心灵》主要关注美国的高等教育及相关领域，反映过度保护导致一代人的衰弱等问题。在朱永新看来，国内的教育其实也存在类似的现象，值得人们反思。

为什么有些家长用尽全力精心培养孩子，但孩子却容易变得脆弱？对于这个问题，朱永新表示，书里的一句话对他很有启发，就是：与其为孩子铺好路，不如教他们学会如何走好路。"这个问题在中国的家庭尤其突出，我们为孩子铺的路不比国外家庭少，甚至更周到,可孩子如果受到过分保护,无论中外,都容易出现问题。"

据统计,在20世纪90年代,美国国内只有千分之八的孩子对花生过敏,而近年却越来越多。调查发现,不少父母不让孩子吃花生或花生制品,然而越不吃就越容易过敏。这个现象引起了许多学者的注意,也被称为"花生实验"。

对此,朱永新表示,孩子在成长过程中正是要不断尝试,又在尝试中不断地犯错误,有些事情无论正确与否,孩子都是必须要先去做的。

"而且,不能把责任完全推到父母和学校的老师身上,管理教育的行政部门也要承担起相应责任,因为在评价学校的时候,要求一点错误都不能犯,所以很多学校连双杠都拿掉了,怕孩子从杠上摔下来学校需要补偿。"朱永新说。

终身学习需要构建新型教育体系

朱永新认为,无论中外,不少教育问题很大程度上是由于教育结构不尽合理。随着时代发展,在信息泛在化、教育资源泛在化的当下,许多孩子受网络的影响甚至超过了在学校受到的影响。因此,需要重新构造一个新的教育体系。

"新的教育体系,应该是发展学习中心。一个人不仅在学校学习,还可以在不同的学习中心学习。"朱永新说。

在目前的学制下,一般人读完博士已经三十岁左右。而朱永新认为,并不是所有人都需要读完大学或者拿到博士学位才能参加工作。比如"间隔年"概念,就是一种创造性的想法。一边工作一边学习,体现的是终身学习的理念,而不仅仅是为了找一份工作做准备。

"我认为,未来的新教育体系下,读完基础教育课程就可以开始工作了,有了一定工作能力以后,适应不同工作的不同要求再学习,成为不同的人才。"朱永新说。

激发潜能 让孩子幸福地学习

如今,为了不让孩子输在起跑线上,有许多家长化身为"虎爸虎妈"。

对于此类现象,朱永新指出,现在许多父母、老师,乃至一些教育管理者,都忽视了教育的初衷。有的父母对孩子的要求就是拿高分、上好学校、找好工作、有好收入,然后人生才会幸福。这显然是片面的。

"新教育提出一个理念,就是过一种幸福、完整的教育生活,我觉得这是教育的最高目标。教育要做什么?就是让学生学会幸福地学习,享受学习的过程;让学生能够幸福地和别人交往,更好地面对和接受未知。"朱永新说。

"幸福永远比成功更重要,成人永远比成才更重要,这是教育的一个基本主张,也是教育的常识,但这个常识目前还未能成为共识。"朱永新说。

在朱永新看来,完整是达到幸福的路径。"我理解的完整,用最简单的话说就是让每个孩子成为更好的自己。我们许多时候是补短教育,上清华、北大就是标准,达不到这个标准就要补课,也就是补短,以至于许多学生都容易缺乏自信。好的教育应该是扬长,帮助你把自己喜欢的事做好、把自己的潜能激发出来。"朱永新表示。

(发表于2020年8月12日《人民网·文化频道》,作者:刘颖颖)

中国报道:《春天的约会》新书发布会在上海举办

8月15日,《春天的约会——全国政协常委朱永新"两会"手记》新书发布会在上海展览中心中央大厅举办。全国政协常委、副秘书长,民进中央副主席朱永新与嘉宾就读者关心的全国"两会"及儿童身心健康、教育改革、全民阅读等问题展开对话。

第十、十一、十二届全国政协委员,中国出版集团公司原总裁聂震宁;第七、十、十一、十二届全国政协委员,上海作协副主席赵丽宏;全国政协委员、上海市教育委员会副主任倪闽景等嘉宾受邀出席活动。团结出版社执行董事兼社长梁光玉、副总编辑张阳与会。

在提到《春天的约会》一书的出版用意时,朱永新说,人民政协是具有中国特色的制度安排,政协委员们通过提案或建议反映的社情民意,其实都可以直接通达到党和国家最高领导人以及政府各个部门,在整个国家的治理体系中发挥了重要作用。作为一名政协委员,朱永新觉得把自己所见证的政协历史、运行机制原生态地记录下来,让普通百姓更好地了解中国的政治决策过程是十分有意义的。

资深出版人聂震宁对该书给予了高度评价,他说《春天的约会》是第一本全景式、多角度的政协委员"两会"日记,本书的内容来自朱永新"两会"期间坚持每天四五点起床写日记的笔耕不辍,书籍的排版与装帧也十分精良,真正做到了"人无我有,人有我优,人优我精"。

赵丽宏说《春天的约会》不仅是一位政协委员的履职日记,更是一个有担当的中国知识分子的心路历程和精神境界。作者朱永新有很多身份,但在他看来,更重要的在于,朱永新是一个有担当的、有创建的，在中国产生巨大影响的教育家。

倪闽景则把《春天的约会》当作一本政协委员教科书。他谈到，此书记录了朱永新任期内不同委员、不同角度的发言，它是对"两会"尤其是政协的全景式呈现，既可供新晋政协委员参考，又为普通人提供了一个了解政协机制的鲜活范例。

在活动现场，朱永新与嘉宾还一同针对全民阅读、未来教育、儿童身心健康等内容展开对话。

据悉，《春天的约会》以日记的形式呈现了2013-2017年"两会"期间作者参与"两会"的情况和感悟。全书以生动、纪实、接地气的方式向广大读者讲述了"两会"讨论哪些事，政协委员如何议论国事、建言资政，政协委员的提案建议，以及会议上的讨论如何产生作用，是国内外第一本全景式、多角度记录中国"两会"的政协委员日记，从一个侧面反映了中国民主政治的进程。

（发表于2020年8月16日《中国报道》，记者：张洪祯、蔡可心）

中新社：深入乡间全过程监督 谨防贫困"辞旧迎新"（摘要）

今年是中国全面建成小康社会宏伟目标实现之年，也是脱贫攻坚收官之年。经历了突如其来的新冠肺炎疫情，当下中国社会经济发展转好，官方与民众对下半年高质量全面完成脱贫攻坚目标任务充满信心。

各民主党派中央脱贫攻坚民主监督的工作对象为8个全国贫困人口多、贫困发生率高的中西部省区。民进中央的对口省是湖南省。

民进中央副主席、脱贫攻坚民主监督工作领导小组副组长朱永新在接受中新社记者专访时介绍，民进中央将调研作为开展这项工作的基本功，在实践中逐渐完善了多层次调研工作体系。

四年多来，民进中央各类调研组开展调研70余次，调研100余县次，实现11个深度贫困县全覆盖，全省51个贫困县基本覆盖，先后深入到140多个村，走访贫困户、非贫困户、边缘户1000余户，查看扶贫项目350多个，召开省市县乡村五级座谈会约200多场次，访谈各类扶贫干部260余人次。

此外，民进湖南省委会在3个贫困县设"观测点"，在26个村设"观察窗口"持续跟踪调研；民进各省委会开展同步调研、相互交流，聘请专家作为工作顾问长期聚焦精准脱贫中的标准、作风、金融、土地和教育、健康等问题进行专题调研。

"通过深入扶贫一线，走访最贫困的群体，与最基层的扶贫干部交流座谈，我深为震撼，深为感动，深感自豪。"朱永新说。

在脱贫攻坚民主监督工作中，民进中央要求全会遵循科学规律，实事求是，言之有理，不说"三种话"。

一是"不说风凉话"，要把自己摆进湖南，摆到贫困村、扶贫干部中去，设身处地考虑问题；二是"不说虚话"，言之有据、言之有物，符合实际情况；三是"不说冲动话"，坚守扶贫目标标准，遵循治贫客观规律，言之有理。

"总之要'帮忙而不添乱'，避免新的形式主义。"朱永新强调。

指出真问题才是真监督。2016年以来，民进中央每年的相关调研总报告中，都实实在在指出各种问题，提出多项建议。

结合调研中发现的问题，民进中央向中共中央、国务院先后报送了关于深度贫困地区的建议、关于扶贫政策执行的问题和建议、关于推进健康扶贫与健康中国战略衔接的建议、关于保障残障儿童义务教育的建议、关于农村扶贫供给侧结构性改革的建议等，都得到了中共中央领导重要批示。

"我一直关注农村教育问题，在调研中也深化了对教育扶贫的认识。"朱永新说，摆脱贫困不仅要摆脱物质贫困，也要摆脱意识和思路的贫困；教育就是摆脱精神贫困的最重要手段，也是阻断贫困代际传递的关键。

中共中央为何要委托民主党派围绕脱贫攻坚重大战略部署进行民主监督，除了脱贫攻坚工作本身的重要性之外，就是要充分发挥民主党派民主监督的优势。朱永新认为，这种优势体现在政治优势、地位优势、智力优势和组织优势。

朱永新说，我们开展民主监督，目的是为帮助执政党坚持和完善中国特色社会主义路线方针政策，广泛达成决策和工作中的最大共识。由各民主党派中央开展的脱贫攻坚民主监督将以事实证明，与西方搞政党轮流坐庄、扯皮推诿、恶性竞争相比，中国新型政党制度更能凝聚共识谋大事，集中力量办大事。

目前，湖南760万贫困人口已全部脱贫，6920个贫困村全部脱贫出列，51个贫困县全部脱贫摘帽，区域性整体贫困基本解决，等国家普查后，将历史性完成消灭绝对贫困的任务。全国范围内，则有9000多万贫困人口脱贫，相当于一个中等国家的总人口。

"这充分体现了中国共产党坚定的人民立场、巨大的政治勇气、强烈的责任担当,这必将写进世界反贫困的历史、中华民族的历史,而脱贫攻坚民主监督也将写入多党合作的历史。"朱永新说。

（发表于2020年9月8日中新网,记者:邢利宇）

重庆日报：2020年重庆市教育学术年会举行　朱永新出席活动并作主旨报告（摘要）

9月26日，成渝地区双城经济圈基础教育协作会暨2020年重庆市教育学术年会在重庆市人民小学举行。全国政协副秘书长、民进中央副主席朱永新出席活动并作主旨报告。

朱永新在主旨报告中表示，劳动教育已经全面进入了我们的教育体系，以及学校课程的各个学段。教育工作者可以通过把握导向和教育规律，创新体制机制，注重教育实效，来帮助学生形成正确的人生观、世界观、价值观。

朱永新强调，劳动教育具有树德、增智、强体、育美的综合育人价值。要在学生中弘扬劳动精神，教育引导学生崇尚劳动、尊重劳动，懂得劳动最光荣、劳动最崇高、劳动最伟大、劳动最美丽的道理；同时，还要培养学生勤俭奋斗、创新奉献的劳动精神；使学生具备满足生存发展需要的基本劳动能力，养成良好的行为习惯。

（发表于2020年9月27日《重庆日报》，记者：王丽）

中国教育报：朱永新：以学科阅读提升全民阅读

以"锻造学科阅读"为主题的"2020领读者大会"9月28日举行。受新冠肺炎疫情的影响，本届领读者大会采用网上直播形式。本次会议由新教育研究院新阅读研究所主办。会上发布了中国中小学师生学科阅读书目，首批学科书目包括中学数学、中学化学、中学历史、中学艺术、小学科学5大学科、1000余本书目。其中每一种学科书目分为学生基础阅读书目与教师基础阅读书目，各包括30本必读书目、70本推荐书目。人民教育出版社黄强社长、"中国阅读三十人论坛"以及新阅读研究所的5大学科书目研制组共35位专家学者共同与会发言。

据该书目总主编、新阅读研究所名誉所长、全民阅读形象大使朱永新介绍，"我们用了5年时间，组织了全国各地、各学科的专家、名师，为中小学生量身制定了一套适合他们年龄特征、符合他们身心发展需求并能引发他们阅读趣味的各学科书目，主要是为解决目前中小学生以及学科教师的学科阅读问题。"

近年来阅读越来越受到重视，但很多时候阅读依旧被局限在语文领域。传统的阅读路径与阅读模式，让很多人容易将阅读概念的内涵与外延狭窄化。更多的偏向于文科特别是文学的阅读。在校园里，学科的学习被细化、窄化，学生的阅读是以一条条细弱的线状与学科学习匹配。有些学科被关注得多一些，阅读状况好一些，线就粗一些；有的学科，学生的阅读除了教科书，几乎处于零起点。这样阅读零散且无目标，难以支撑学习的持续与深层发展。不少老师也将自己囿于所学专业之中，满足于从教科书走向教科书，从本来的听课学生转身为有参考资料的讲课老师,未能有趣有料地释放出学科的本质与品质、趣味与深刻。

"学科可以分设,知识可以分类,学习可以分期,但人的精神成长的需求却不能分割。"朱永新认为,中小学生的精神成长中,特别需要精神养分搭配全面的、成体系的阅读,特别需要学科内在知识与精神的相互融合与共同滋养。目前中小学开设的任何一门课,都可以借助阅读实现学科与学科之间的彼此融合,借此触摸到各门学科的文化与精神。所以,中小学学科阅读是学生阅读发展的大趋势,也是奠定未来发展的基础。

据朱永新介绍,此次发布的 5 大学科书目只是第一批研制成果,其他学科的书目还会在今后陆续研制发布。朱永新指出,学科书目只是一份藏宝图,实施的过程中,需要根据学校、教师和学生的具体情况进行选择,可以对书目灵活使用,自由配比,也可以在自己的学校、班级由学生增加他们喜欢和看过的、值得推荐的好书。"只有让学科阅读为每个人所用,让每个人从学科阅读中真正寻找自己,发现自己,为成就自己的未来美好打下基础,才是学科阅读能够深入推进的根本。"

作为全民阅读的奠基工程和深化工程,锻造学科阅读,不仅是学校的任务,还需要全社会的倡导与支持,需要相关专业人士的研究与指导。朱永新强调,"以学科阅读提升全民阅读,我们最终不仅是为了获取知识,也是为了文化的传承与发展,同时也是为了帮助我们完善独立的自我。"

(发表于 2020 年 9 月 29 日《中国教育报》,记者:梁杰)

中国网：朱永新：新时代呼唤新德育

2020年，注定是不平凡的一年：新冠疫情在全球暴发，让世界为之改变；在线教育一度取代了线下教育，见证了信息传播对社会认知产生影响的"蝴蝶效应"……这一切改变，都对教育提出了巨大挑战，尤其是德育。上周，在由新教育研究院、新教育基金会主办，盐城市大丰区人民政府承办的全国新教育实验第二十届研讨会上，全国政协常委、副秘书长，民进中央副主席，新教育实验发起人朱永新教授在主旨报告中表示："践行新德育，是新时代全球视野下人才培养的要求，也是公民道德建设与立德树人的要求。希望更多的教育同人携手同行，培养具有中国精神、世界胸怀的公民，创造中国教育更美好的未来！"

适应时代要求，补齐德育"短板"

朱永新教授在主旨报告中指出，践行新德育，是新时代全球视野下人才培养的要求，也是公民道德建设与立德树人的要求。但是，目前学校德育工作中，"人学空场"、"重智轻德"、"言行分离"三个突出问题仍不同程度地存在。

所谓"人学空场"，是指在德育过程主要以灌输与说教为主。作为主体的"人"的角色被淡化甚至遮蔽了，所灌输的内容也是抽去了"人"之内涵的空洞规范，在实施中忽视了"人"的身心发展规律。

所谓"重智轻德"，就是只重视智力教育，忽视甚至无视德育的价值。"说起来重要,做起来次要,忙起来可要可不要","分数一俊遮百丑,考试第一大于天",是对"重智轻德"弊端非常形象的描述。"重智"往往停留在"重知"甚至"重分"上,许多学校把最重要的培养人格的事情放在一边,而把知识学习放在核心,这和教育的目的背道而驰。

所谓"知行分离",就是道德认识与道德行为脱节,表现为精致的利己主义者和言行不一、口是心非的"两面人"。

"适应时代的要求,必须践行新德育。"朱永新教授强调,所谓"新德育",就是以立德树人为根本任务,以培育具有中国精神、世界胸怀的公民为目标,基于"私德、公德和大德"三个维度,以新教育道德人格图式为指导,以"十大行动"为路径,引领师生明德至善,过一种幸福完整的教育生活。

"十大行动"践行新德育

朱永新教授介绍,新教育团队在践行新教育理念的发展历程中,不断地自我创新与自我超越。原来的新教育"六大行动"后来扩展到"十大行动",包括"营造书香校园、师生共写随笔、聆听窗外声音、培养卓越口才、构建理想课堂、建设数码社区、推进每月一事、缔造完美教室、研发卓越课程、家校合作共建",每一个行动都积极渗透德育,取得了非常明显的效果。

从内涵来看,新德育把立德树人贯穿学校教育全过程,坚持育人为本、德育为先,把学生品德建设工作纳入学校教育质量评价体系之中,致力于德智体美劳全面发展的育人目标的实现。同时,新德育以培养"具有中国精神、世界胸怀的公民"为目标。所谓"中国精神",就是有着强烈的中国文化认同、全面的中国文化素养、深厚的爱国主义情感。所谓"世界胸怀",就是有宽阔的国际理解和国际视野,有国际交流与对话的意识与能力。所谓"公民",就是政治正确、思想端正,在社会公德、职业道德、家庭美德和个人品德建设方面,能够担当民族复兴大任的社会主义公民。

从路径来看，新德育以"十大行动"为抓手，从营造书香校园、师生共写随笔、聆听窗外声音、培养卓越口才、构建理想课堂、建设数码社区到推进每月一事、缔造完美教室、研发卓越课程、家校合作共育，每一个行动都有着德育的意蕴和功能，都是新德育实施的重要路径。

以"营造书香校园"为例。很多实验学校，都把校园建设成为人人都阅读、处处有书香的知识花园。在教室，在长廊，在每一个可能阅读的角落，书籍都随手可取。通过宣讲读书的意义，创造读书的氛围，整合读书的资源，开展读书的活动，让阅读成为教师、学生、家长最妥帖的黏合剂，师生共读，亲子共读，形成了新教育独有的书香文化。

朱永新教授表示，之所以如此重视阅读，正因为它是最好的德育方法之一。人类最重要的道德准则，都蕴含在那些最伟大的著作中。那些伟大的经典作品，通过一个个具体的人物和事物及其命运的故事，把道德原理和道德准则生动地体现出来。站在新德育视角，同样可以负责任地说："一个人的精神发育史就是他的道德发展史，一个民族的道德境界取决于这个民族的阅读水平，一个没有阅读的学校永远也不可能有真正的德育。"而当更多的人"共读、共写、共同生活"的时候，其实就是不断塑造民族优良性格、凝聚人民共识力量、巩固国家安定团结、走向人类命运共同体的过程。所以，永远不要低估阅读对于道德品格的形塑力量。

"底线+榜样"保障新德育落地

新德育如何落地？朱永新教授认为，在研发课程的基础上，还需要管理"铁律"，而"底线+榜样"是两个重要维度：

所谓底线，体现为国家、学校、班级为师生行为制定的规则、制度；而不断地培育榜样、发现榜样、言说榜样，则是以榜样的力量引领大家向前走。

朱永新教授特别强调，评价是管理的杠杆。新教育认为，德育评价不是给学生贴上一个"好"或"坏"的标签,而在于引导和促进学生思想道德素质的发展和完善。德育评价要从认知评价向行为评价转变,从结果评价向过程评价转变,从对标评价向激励评价转变,从单一评价向多元评价转变,这与中共中央、国务院印发的《深化新时代教育评价改革总体方案》完善德育评价的精神完全契合。

培养中国精神、世界胸怀的公民

朱永新教授表示,新教育20年,也是不断探索新德育的20年。当今时代是信息技术日新月异的时代,也是世界格局瞬息万变的时代。面对新时代全球视野下人才培养的挑战,公民道德建设与立德树人的要求以及学校德育工作面临的问题,新教育人提出了自己的新德育理念,这就是以立德树人为根本任务,以培育具有中国精神、世界胸怀的公民为目标,基于"私德、公德和大德"三个维度,以新教育道德人格图式为指导,以"十大行动"为路径,引领师生明德至善,过一种幸福完整的教育生活的活动。

新的时代,社会对人才培养质量提出了新的要求。回望20年,新教育实验规模与影响与日俱增,在全国已拥有162个实验区、5571所学校、615万名师生。希望未来的新教育学校能够培养出更多全面发展、德才兼备、个性彰显的人才,通过明德至善的修为,绽放出人性的芬芳。同时,也希望携手更多的教育同人,创造中国教育更美好的未来,以道德的力量推动中华民族的伟大复兴!

(发表于2020年10月28日中国网,记者:徐虹)

扬子晚报：朱永新：好的教育应该让所有人都成为更好的自己

16年前，当记者采访朱永新时，他是一个行政官员——苏州市主管教育的副市长，一个学者——苏州大学教育系的博导，更有另外一个身份——"新教育实验"的发起人，这也是他最在意的一个身份。2000年，《我的教育理想》一书出版，标志着他开始走上探索中国教育发展创新之路，也正是这一民间教育改革让一群有教育理想的人聚拢起来，虽只星星之火，却成燎原之势。20年后，"新教育实验"在全国已有5500多所实验学校、600多万师生参与。不久前，全国政协常委、副秘书长，民进中央副主席朱永新出席了在连云港举行的第十六届江苏中小学校长国际交流与协作会，做了一场关于"未来学习中心构想"的主旨演讲。利用会议间隙，扬子晚报·紫牛新闻记者对他进行了专访。

16年前推销的"成功保险"，至今没有一个人来索赔

记者面前的朱永新一如16年前，说话中气十足，充满感染力，笑声爽朗。2004年1月1日，记者采访他的一篇文章在扬子晚报发表——《苏州副市长朱永新向南京老师"推销"一份"成功保险"》：只要你每天写上一篇教育日记，10年下来如果你还不成功，朱永新本人将以1赔100的比例进行赔偿！"16年过去了，您的保险公司开得怎么样了？"听到记者这个问题，朱永新乐了："至今还没有一

个索赔者!"推行"新教育实验"之初,他在"教育在线"网站发布了一则《朱永新"成功保险公司"开业启事》,这则看似玩笑的"开业启事",是希望让普通教师在朴实的教育科研中通过教育随笔的方式记录教育生活,后来新教育群体将这一活动升华为"师生共写随笔",并作为新教育十大行动的第二项固定下来。"成功保险"鼓舞了一批又一批的教师,让他们成为真正的获益者,在思想和事业上获得了"双丰收"。当得知扬子晚报正在与江苏省教育厅共同举办"师说新语"的活动,邀请老师们入驻紫牛新闻APP,上传自己的教育故事时,朱永新赞赏道,"这是鼓励教师写作、帮助教师成长非常好的形式!我经常说,你想要写得精彩,必须活得精彩、做得精彩。写作能帮助教师学会教育反思,学会自我激励,帮助他们享受教育过程,享受成长的幸福。"

而"新教育实验"经过20年的发展,其成果也在一定程度上超出了他的预期。原先,他的设想是在一两所学校深耕,搞试点、做示范,出乎意料的是,越来越多的学校自发地加入其中。目前,全国有5200多所实验学校、600多万名师生参与到"新教育实验"中来。"不过,这离我们的改革愿景——成为中国素质教育的一面旗帜,还有一定的距离。"朱永新坦承,"新教育实验"作为一项民间教育改革探索,遇到各种难题,比如政策的瓶颈,比如资金问题,比如缺乏专业化的可以全身心投入的研发人才。

我不是中国教育界最有学问的,但我一定是和教师们走得最近的

"我不是中国教育界最有学问的,但我一定是和教师们走得最近的。"在新浪微博上,他的粉丝有412万,每天他都要花时间亲自去更新微博,逐一回复老师们的私信。其实,从当年在"教育在线"上和老师们的互动开始,他就一直特别注意倾听老师的声音,了解他们的喜怒哀乐。"新教育实验"的逻辑起点就是教师,提出教师要专业发展、专业阅读、专业写作、专业交往,"因为谁站在讲台前,谁就

决定教育的品质，谁就决定孩子的命运"。

通过"新教育实验"，的确成长了一批又一批的优秀老师。"这20年来其实我们也碰到很多伤心事，之所以没有放弃，很大原因就是我的确看到了一大批教师成长起来，一个老师就可以改变几十个孩子的命运。这20年来改变了多少老师啊！中国的教育舞台上那些最闪亮的星星，有很多都是血液里有新教育基因的。"说到这儿，朱永新有点激动。对教育，他始终充满了理想和激情，他也是一个善于点燃激情的人。

疫情给教育变革带来新启示，家庭教育是时候"王者归来"了

在今年疫情期间，多地学校被迫采取了在家学习、线上授课的模式。尽管这一变化更多是"出于无奈"，但是朱永新发现，这也展示了教育的更多可能。

比如，家长和孩子们的相处时间明显增加了，教育的效果也并没有明显下滑。谈到这一现象，朱永新说："正如我在《未来学校：重新定义教育》这本书里提到的观点，家庭教育是时候'王者归来'了！"

何谓"王者归来"？朱永新解释，在学校还没有产生的时代，教育的权利完全是由家庭承担的。而随着时代的发展，家长一步步将教育的权利让渡给了学校，同时也把教育的责任一定程度上让渡了。

"其实，教育的责任是不该让渡的。父母是孩子最早的老师，也是孩子终身的老师。"他向记者描述了一个关于家校共育的未来构想："未来的学校，应该叫作'学习中心'。除了国家规定的基本课程外，没有统一教材，没有了固定年级和班级制，也没有上学、放学时间限制，学生没有寒暑假；上学没有固定的教室，学校的课程是社会供给，老师来自全社会；家庭也会在教育中进一步回归。"当然家校共育并不意味着父母要帮老师代劳批改作业，朱永新对有些学校这种做法并不赞同，"这种事就对孩子的成长没有太大意义，因为它并非一

个共同学习的过程,只是增加家长负担,甚至引发亲子矛盾。"

未来的学习,被朱永新称作一种"合作式的学习"。他指出,父母跟孩子一起学习的情况是很可能出现的,比如一起学钢琴、一起学绘画。

身为父亲,朱永新对自己儿子也持尊重的态度,家庭氛围宽松而民主。"我算是慈父的类型吧,我理解的好的家庭教育,并不是一个唱红脸,一个唱白脸,而应该给予孩子更多的理解与尊重。孩子是一个独立的人,有着自己的尊严和权利。"秉持着这样的观念,朱永新常常与儿子一起读书、一起锻炼,遇到问题也总是商量讨论、交流分享。

学的本质,在于让人获得幸福

话题回到教育上。朱永新犀利地指出,现在的教育,虽然取得了长足的进步,但"本质上还是戴着'镣铐'在跳舞"。在未来,应当打破"镣铐",让教育能够自在地起舞——因为"学的本质,在于让人获得幸福"。

眼下教育的"镣铐"到底是什么呢?朱永新认为最大的"镣铐"就是统一的教育标准。他说,早在几千年前,孔子就提出过两个伟大的教学理想:"有教无类"和"因材施教"。而在教育体系成熟的今天,人人都能接受义务教育,"有教无类"成为现实,但"因材施教"却在一定程度上被忽略了。

"我们现在的学校,是统一的、流水线式的教育机构,以牺牲个体特色为代价来实现群体效应的最大化。"在朱永新看来,真正的教育不应该是以一个统一标准衡量,让不满足这个标准的人都变成失败者。"好的教育,应该让所有人都成为更好的自己,得到一种不断成长的向上的力量。"

"新教育实验"推行了20年,当时很多只存在于展望中的图景,如今已经悄然变成了现实。那么,朱永新今天所说的"未来",究竟何时会来呢?

"其实，未来的大门就在眼前，只差我们做好准备把它推开。"朱永新说，所谓未来，并不是一个具体的时间界限，关键在于大家什么时候能真正理解和接受新的教育理念。同时，他也很清楚，在推开那扇大门前，还有各种各样的挑战等着人们去突破，但这并不影响他坚定的决心。虽说一个20年已告一段落，但下一个20年才刚刚开始。"希望在我的有生之年，能够彻底、完全地实现我的梦想，办出属于未来的理想学校。"

快问快答

Y：扬子晚报·紫牛新闻记者　张琳　周碧莹
Z：朱永新

Y：听说早起是你的习惯，所以我们的采访也约到了7点多。

Z：对！我每天早上5点多就起床，这是父亲给我的"礼物"。从小学一年级开始，父亲每天早晨五点半，就会准时把我从床上拖起来让我练字，虽然没能够成为书法家，但现在看来，这是父亲给我人生最大的财富。我如果每天比别人多工作2小时，一年就多了730小时，50年就多了36500小时，也就是多了整整1520天，差不多延长了4年的生命！

Y：除了早起，还有哪些一直坚持的习惯？

Z：我坚持每天写日记。我觉得阅读和写作本质上是不断给自己的成长去加油的一个过程。在总结一天过去的时候，如果什么都留不下来、没话可写，那么这一天就虚度了。

Y：你是一个对教育充满激情的人，而且精力无穷，每年考察100多所学校，还不断有新书出版，这种热情和力量从何而来？

Z：这就涉及我们新教育里面的生命叙事理论了。人在成长的过程中，需要为自己去寻找生命原型。我喜欢读书，尤其是一些名人传记。我喜欢从不同的人身上学到不同的东西，得到积极向上的力量。

Y：热情和力量也来源于健康的体魄，您有锻炼习惯吗？

Z：以前喜欢游泳、打乒乓球，现在年纪大了，也比较忙，我就每天散步。散步的时候，我一般会"听书"，或者边走边思考。有的时候，走着走着，脑子里想的问题突然就来了灵感，有了答案。

（发表于2020年11月20日《扬子晚报》，记者：张琳、周碧莹）

中国青年报：朱永新：一个好分数并不意味着好教育

"我们的教育应该是'扬长'的教育，而不是'补短'的教育，教育要做到扬长避短，去发现每一个人自身的潜能，真正把人的好奇心激发出来，人才会有强大的学习力量和不断探索未知世界的勇气。"在11月26日举行的新浪2020中国教育盛典暨新浪教育20周年庆典上，民进中央副主席朱永新教授给出这一观点。

在朱永新看来，衡量教育是不是成功，在于它有没有教会人们自我成长的本领。有些人在学校里成绩很好，是优等生、学霸，但是离开学校以后一无所成，为什么？因为他没有形成自我教育的能力，有的人在学校里体育分数很高，但是离开学校以后再也不锻炼、再也不运动，身体很糟糕，体育的能力教给他了吗？也没有。有的人在学校里各门功课学得很好，但离开学校以后再也不读书了，阅读的习惯没有养成，那是好教育吗？当然不是。

"所以，一个好分数，绝对不意味着好教育，只有真正让人拥有不断向上的能量，让人拥有了不断前行的力量，那才是好的教育。好的教育一定是帮助人能够自我教育的教育。"朱永新说。

"教育的力量代表着什么？"朱永新表示，最好的自我教育就是"四自"，自信、自学、自律、自励。

去年，朱永新写过一本书叫《未来学校》。他认为，未来人的成长，跟传统的学校教育会越来越远，因为那个时代是知识非常有限的时代，现在是知识泛在化的时代，所以现在的人更要依靠自我成长、自我教育。

（发表于2020年11月27日《中国青年报》，记者：邱晨辉）

澎湃新闻：全国政协副秘书长朱永新来镇考察

12月3日，全国政协副秘书长、民进中央副主席朱永新来镇考察。市领导马明龙、李国忠、陈可可、徐平陪同考察。

朱永新一行首先来到穆源民族学校，参观了学校的慈善书苑、清荷诗社以及校史陈列室。穆源民族学校由穆源小学与宝盖路中心小学合并而来，其中穆源小学创立于1906年，初名私立穆源学堂，是全国第一所回民近代学堂。"穆源"取意为"穆如清风，源远流长"，意喻中华民族传统文化的博大精深、历史悠久。学校以育人为本，以民族文化资源为核心，探索学科与民族文化的整合新路，积极实施校本课程开发，构建"走进民族村，体验民俗情"的德育校本课程，设计"学习民间艺术，开展民间游戏"的体艺校本课程，大力发展民族文化教育特色，努力体现"民族文化与现代文化和谐统一"的办学思想。

随后，朱永新一行考察了崇实女子中学。崇实女中前身是1884年创办的寄宿学校镇江女塾，为"长江流域最早的女塾"。学校培养了获得诺贝尔文学奖和普利策文学奖的赛珍珠，第一位获得美国博士"金钥匙"奖的中国女性王素意，三获美国博士"金钥匙"奖、被誉为"中华第一女学人"、南京师范大学李美筠教授等一大批杰出的女性人才。崇实女中复校后，对老女中时期的校史进行了整理，把具有标志性的珍贵史料设计成学校的文化景观。在高质量实施国家规定课程的同时，大力加强校本课程建设，开发"国学""女生生涯规划""文明礼仪教育"等校本教材19种，建设"管乐队""汽车模拟驾驶""茶艺""书法""摄影"等学生社团27个，凸现了女中办学特色。朱永新参观了校内的奥莉薇特纪念亭、年轮文化广场、赛珍珠纪念馆、茅以升纪念馆等,并欣然为学校题写了"从优雅到优秀、从优秀到卓越"的殷殷寄语。

朱永新一行还走访了以收藏《四库全书》和《古今图书集成》而闻名天下的文宗阁,实地感受镇江悠久的历史和深厚的文化积淀。

(发表于 2020 年 12 月 3 日澎湃新闻,作者:朱秋霞、胡建伟)

谷雨实验室：拒绝工厂式教育，师者朱永新和他的六百万队友

迄今已有 5500 多所学校、600 多万师生加盟。2002 年，朱永新建网站"教育在线"时曾在开篇写道："让我们一起为中国教育做点儿事。我是一座桥梁，希望大家顺利到达彼岸。"很快，"教育在线"引来全国各地的教师，最多的一个月，一下子就涌进来 5000 多个老师。"很多界限被打破了"，一些基础条件落后的乡村学校，第一次和外面世界的学校产生交集。朱永新与众多基层教师一起，建立了一个教育者的共同体，缔结了深刻而闪光的情谊。

2020 年 12 月 7 日，一丹奖明师堂首批 16 位成员公布，"明师堂的每一位成员，都是国际成就卓著、饱含热情、乐于奉献的教育家"。他们代表了全球教育界里最具影响力和代表性的理念和实践。而朱永新，成为其中第一位中国代表。

贴得最近的人

2017 年 10 月的一天，杨其山坐在台下，听一场教育讲座。杨其山是山东省郓城县一所偏远乡村小学的校长，讲者名为朱永新，现任全国政协常委兼副秘书长，民进中央副主席，更为人熟知的身份是，他是一位教育学者，是历时 20 年的新教育实验的发起人。

杨其山是朱永新的"粉丝"，曾反复阅读朱永新所著《我的教育理想》一书。这次已是他在全国各地第三次见到朱永新，但在此之

前,他始终没能鼓足勇气和朱永新说上话,"他是一个那么大的领导,又是那样一个知名的学者"。

直到这天,讲座结束,留下来的人似乎比往常少了些,有几位名校长在和朱永新聊天,气氛轻松融洽。杨其山上前去,给朱永新递上了两份校报。朱永新认真读完,笑着说,不错不错。杨其山"一下子就把心里那个落差全部给消除了"。

朱永新的讲座和一些学者不太一样。杨其山参加的很多讲座,只谈"世界最前沿的怎么样,那些百年名校怎么样",很少出现乡村教育的影子。作为乡村小学的教育者,杨其山当时正处于教学生涯最迷茫的时刻,自家学校也模仿着城市里的学校,竖起"高大上"的不锈钢标语牌,推行"翻转课堂"这种"最新潮的教育",但他却感到,"那些东西都不是土里长出来的,有点假,非常假"。

朱永新在讲座里说,城市有城市的长处,乡村有乡村的风景。他又鼓励杨其山,你们做乡村教育,就做适合乡村的教育。杨其山找到了一种稀缺的亲近感,"一下子对新教育就开始非常迷"。2017年年底,他的学校加入了新教育实验,此后三年,他和朱永新书信往来达二十多次。

2020年12月7日,一丹奖明师堂首批16位成员公布,朱永新成为第一位中国代表。一丹奖基金会由腾讯主要创始人陈一丹博士于2016年创立,是一项具包容性的全球教育奖项,使命是透过教育创造一个更美好的世界。一丹奖评审委员会用过去四年时间筹备,每年花五个月的时间评选,从世界各地上千个优秀候选人中选出了一丹奖明师堂成员。2020年的候选项目遍及103个国家,内容包括数字化公民技能、数字化学习的机会、教育平等、教师培训和教育系统改善等。"明师堂的每一位成员,都是国际成就卓著、饱含热情、乐于奉献的教育家。"他们代表了全球教育界里最具影响力和代表性的理念和实践。

11月的这天早上9点,在北京一所酒店里,朱永新正在和新教育实验团队讨论新教育的未来发展。那时他已起床4个小时,接下来还要接受两场采访。他有些疲惫,但谈及教育方向,语气仍然热烈。在他的观察里,当下的许多学校"强调效率优先,用工厂化的生产方式'生产'人才，用整齐划一的教育安排教育生活"，代价是学生们学得很累很苦，潜能得不到发挥。他发起的新教育实验以教师的成长为逻辑起点，从十大行动着手：营造书香校园、师生共写随笔、聆听窗外声音、培养卓越口才、构筑理想课堂、创建数码社区、推进每月一事、研发卓越课程、缔造完美教室、家校合作共育，最终目的是"帮助师生过一种幸福完整的教育生活"。

这个民间教育实验迄今已有5200多所学校、600多万师生加盟，杨其山的故事，在朱永新和这5200多所学校的老师之间算不上特别。很多老师，朱永新都能直接喊出他们的名字。校长没有办学自主权、老师没有时间读书写作、和家长的关系难处理……他能轻松地列举出当时当下老师们的很多烦心事。

"在中国学者里，我不是最有学问的人，但是我可能是和一线老师贴得最近的人。"朱永新说。

朱永新和一线老师之间的渊源，要追溯到22年前。1998年，朱永新刚任职苏州市副市长一年，分管教育和文化。在此之前，他在苏州大学担任了5年教务处长。在一场会议上，朱永新提起，他要把全国最好的教育家都请到苏州去，帮助教师更好成长，要为孩子们选择最好的童书。时任常州市湖塘桥中心小学校长的奚亚英也参加了这次会议，她找到朱永新说，等童书选出来了，我也想买给我的学生。

朱永新留了名片，上头是他的办公室电话。开始几次打过去都没人接，有次接通了，奚亚英留下了自己的手机号。后来，朱永新给奚亚英回了电话。第二年，朱永新抽出时间，来到湖塘桥小学做讲座。当时这里还是一座只有两排平房的乡村学校，拥有16个班、673个学生。朱永新主动说，我来做你们学校的导师，行不行？他在苏州任职，湖小隶属常州，这种跨区域的义务指导并不常见。

奚亚英"开心得不得了"，她没有准备，只能立即派人去镇上买回来一本证书，当着40多个老师的面，给朱永新颁发了证书，这就算是一场简陋的聘请仪式了。"我知道我这个小校长是不能给他发聘书的"，奚亚英说，但她希望这个约定是郑重的，是被见证的。

她那时还不知道，这场仓促的仪式将在日后20年，在全国各地掀起一场名为新教育的风暴。湖小因此被称作"新教育的井冈山"，在这所当时还是两排平房、"本地学生也不愿意上"的乡村小学,将陆续走出54位校长。

庄惠芬是这54位校长之一。朱永新在湖小的那场讲座,让当时26岁的庄惠芬听得"久久不能平静"。她那时已在湖小当了7年数学老师,头一年带的班级就在全镇期末考试中名列前二,之后年年如此。但在这次讲座上,她听到朱永新说,有的教师教了一辈子的书就如同教了一天书,因为他不断在重复过去;而有的教一天书,却是教了一年的书,因为他在不断创造生命。

庄惠芬听完一夜没睡。她觉得自己就是那个如同教了一天书的老师,唯一的目标是取得高分。她不知道"自己应该如何去走",同时又模模糊糊触摸到了一种改变的可能。当晚,她给朱永新的办公室寄去了一封信,信里请求朱永新能找一位名师来给她做师父。

信寄出后,庄惠芬没抱太大希望。没想到,朱永新一直都有阅读群众来信的习惯——当副市长10年里,他先后处理的群众来信达一千多封——5天后,庄惠芬就接到了朱永新的电话。朱永新说,我愿意成为你的师父。那时候,他已经意识到,这是一个很好地走进教师群体的机会。

庄惠芬意外极了,她立马拟了一份"师徒结对协议书",给朱永新寄了过去。朱永新也"正模正样地"签了字,寄了回来。于是,一个"没写过什么教学文章、没在区级上过公开课"的基层老师,成为苏州市副市长的徒弟。

2002年,朱永新建了网站"教育在线"。他在开篇写道:"让我们一起为中国教育做点儿事。我是一座桥梁,希望大家顺利到达彼岸。"很快,"教育在线"引来全国各地的教师,最多的一个月,一下子就涌进来5000多个老师。"很多界限被打破了",一些基础条件落后的乡村学校,第一次和外面世界的学校产生交集。一位老师来自云南山区,他的学生除了教科书外只能背词典,他坐了70多个小时的火车,赶来苏州参加"教育在线"的第一次网友聚会,只为"见见网友,说说心里话"。为了在途中和网友联络,他还咬牙买下一部摩托罗拉手机。

每天清晨,朱永新打开电脑,看帖、留言、发帖,通常要和老师们互动一个小时。网站开通一年后，庄惠芬取名"湖塘穗子"，首次发帖。没想到第一个回复就来自朱永新，紧接着，平时仰慕的各地名师都给她回帖，"你发了东西以后，立马就会听到回响"。从此，教学中遇到了什么问题，发上去；琢磨出了什么好的教学方法，发上去，"无意当中给你打开了很多扇窗"。

"唤起新生代教师激情，唤醒觉悟。让沉默的大多数不再沉默。"在朱永新眼里，"教育在线"给了沉默的大多数教师一个吆喝、交流的平台。

"教育在线"的经费全部由朱永新个人买单，技术支持是一所中学的计算机老师，他也是整个网站唯一拿津贴的工作人员——每月200元的上网补贴。如今，"教育在线"的注册会员已突破82万，在论坛的黄金年代里，被媒体誉为"网络师范大学""中国教师的精神家园"。回忆起来，庄惠芬觉得"教育在线"汇集了"一大批对教育充满了激情的人"。

教育界的理想旋风

41岁那年的一个冬日午夜，朱永新读到这样一段话："我现在已经到了这样的年龄，知道仅仅凭自己的书和理论而流芳百世是不够的。除非能改变人们的生活，否则就没有任何重大的意义。"

这段话来自《管理大师德鲁克》，是德鲁克的导师熊彼特的遗言。在此之前，朱永新已从事心理学和教育学的研究多年，一路顺遂，先后成为当时江苏最年轻的副教授、教授、全国高校中最年轻的教务处长，39岁时从政，成为苏州市副市长。

在朱永新原来的认知里，学者就是"写书啊，拿奖啊，拿项目啊"，熊彼特的话令他开始怀疑：过去对教育的关注，多大程度上能够改变人们的生活，改变教育的现状？

他意识到，自己需要真正地走近教师群体。

过去，朱永新的写作采用的是学术话语，强调专业术语、引经据典，但高深的理论和晦涩的语言不一定能被老师们读懂。他开始将文章的通俗、形象、生动放到首要位置。成都市武侯实验中学校长李镇西曾是朱永新的博士生，有次他苦恼于读不懂一本学术专著，朱永新答，有些"教育理论"我也读不懂，多半是作者本人也没有搞懂。朱永新以自己的博士论文举例，"我的博士论文10万余字，也十分难读，至今还有2000多本无人问津。这能怪读者水平低吗？我看只能怪我没能深入浅出地表述。"

这种转变很快就收到了成效。2000年底，朱永新出版专著《我的教育理想》，将他在苏州和湖塘桥中心小学等关于教育理想的讲演集系统整理，"勾画了21世纪教育理想的灿烂和辉煌，使人们对未来的教育充满信心"。书中洋溢的理想主义情怀和浪漫主义气息，在教育界刮起"理想旋风"：一年内，这本书重版五次。有书商因为出版社无法及时供货，盗印了几千册；山东一位校长没能买到书，只好复印了100本发给老师们。

之后，朱永新将自己给教师们写的信汇成一本集子《致教师》。李镇西记得，这本书里，朱永新每每都会用讲故事的方式传达道理，结尾的落款总是"你的朋友朱永新"——"读着读着你就不知不觉真的把朱老师当朋友了"。

相比高等教育，朱永新将更多精力投入到基础教育。其中有他所在的中国民主促进会60%会员来自教育界，而且主要是基础教育界的缘故，另一方面，他也认为，青少年是人生发展最关键的时期，教育能起到的作用更大。

2003年起，朱永新任全国政协常委，当年"两会"，他便一口气提交了13份提案——后来他又刷新了自己的纪录，最多一次达24份——大多数都和教育及弱势群体有关。他在"教育在线"上发帖，从教师群体中公开征集提案。前两年，很多老师来他微博下留言，说休息时间被剥夺了，朱永新据此提交了一份保障师生休息权的提案。

要论其中最有名的，恐怕是设立国家阅读节的提案。第一年，国家有关部门的回复是"国家原则上不增加新的节日"。之后18年，朱永新每年都会将阅读节的提案再提交一次，从不同的角度论述阅读对于提高国民素质、增强民族凝聚力等方面的意义。

朱永新重视阅读，认为"一个人的精神发育史就是他的阅读史"。参与新教育实验的学校,阅读是其重中之重。杭州的银河实验小学,图书馆本就有四万多册馆藏图书,还为每位学生办理了萧山图书馆的借书证。学生每天一到校,先是20分钟的自由阅读;每周两个早上是晨诵时间;周三中午为整本书共读时间;周一下午则安排影视阅读。

"要让阅读成为一种生活方式,一种不可或缺的习惯。在学校教育和家庭教育中,要尽早播下阅读的种子。功利性阅读的根源是导向,目前整个教育评价制度还是用分数、用考试来评价人。大家没有意识到阅读对于整个人精神成长的价值,也没有看到阅读可以增加个人智力的价值。"朱永新在接受采访时说。2012年4月,他被原国家新闻出版总署聘为"全民阅读活动形象代言人",2020年5月,他与荷兰作家共同获得了儿童文学与阅读界三大最受瞩目的国际奖项之一——"IBBY-iRead爱阅人物奖"。

"从我个人成长的历程来说,阅读造就了我。"朱永新说。他出生于一个苏北小镇。母亲在小镇政府的招待所工作,朱永新和两个妹妹常年在招待所借住。南来北往的旅客在这里歇脚,不少随身都会带着书——大多是《青春之歌》《林海雪原》这一类,偶尔能有一两本四大名著——朱永新问他们借来,旅客通常第二天就要离店,他就连夜将书看完。家旁边的乡镇文化馆只有两排小书柜,很快也被少年朱永新"扫荡一空"。

父母一辈子没走出过小镇,对朱永新的期许是,在老家找一份体面的工作就很好了。但书让他看到了一个更大的世界。到了中学,他开始写小说、写诗歌,向外面投稿。他的笔名就取作"过江、过海"。

恢复高考后,朱永新考入江苏师范学院(今苏州大学)政治教育专业。更大的世界终于来到他的面前。同学里有许多老三届,书看得多,外语说得好。他自惭形秽,又在羞愧里激起斗志。每天清晨,他沿校园小径长跑,回宿舍冲个冷水澡后,再背诵外语或诗词。

第一次走进学校图书馆,他震惊于馆内浩瀚的藏书。在接下来两年里,图书管理员总能看到一个抱着高高一摞书的年轻人。后来,管理员破格为他提高了借书数量的上限。

大学时,他看到了《产生奇迹的行动哲学》一书,讲一个出生于日本农村的少年梦想着改变农村的医疗状况，但他在全校500多名中只能排400多名，于是他每天对着镜子鼓励自己，终于考取日本最著名的医学院，成为日本著名的医学改革家。朱永新从少年身上看到了自己的影子，也意识到理想的力量，《我的教育理想》即得名于此。"我发起新教育实验，也是基于一个要改变我们的教育的梦想"。

论坛时代过去之后，朱永新的微博成为和老师们交流的最新平台。这个拥有412万粉丝的微博每天5点多就开始更新，内容宏大到教育理念，细微到荐书——他每天推荐一本童书，至今已坚持7年。他在童书的阅读中得到乐趣，于他而言，童书不仅适合儿童，也适合成人，能抱着一颗好奇心来观察世界。很多老师都跟着朱永新的推荐买书，有次他推荐了一本童书，第二天，这本书在图书销售网站上就售罄了。

政务繁忙，每年朱永新仍会抽出周末时间，或者是找到常州出差的机会，来一趟湖塘桥小学。他经常只吃盒饭，不收讲课费，也不请当地领导陪同。时间紧张，有时奚亚英只能将朱永新的盒饭打包到会议室里，边吃边聊。有一次，实在没时间了，他让庄惠芬跟车到苏州，在车上的两个小时里交流。

每次过来，朱永新总是会问湖小的老师们三个问题：今年读了哪些书？今年在思考些什么？今年取得了怎样的成长？

为了能够回答朱永新的问题，庄惠芬从只看"快餐式杂志"，变得常去新华书店，每天坚持看一小时书，写一篇千字文的随笔。奚亚英则养成了无论去哪都随身带一本书的习惯，她的书桌上码满了书，只有读完才会将书撤下去，撤下去后，很快又会换上来新的一批。

在拜朱永新为师10年后，庄惠芬评上了特级教师。她一度恐惧别人喊她"特级"，觉得自己只是拥有特级的证书，并没有成为真正意义上的特级教师。她去找朱永新请教，朱永新说，你应该回到一年级，像苏联教育家苏霍姆林斯基那样去教学，把自己的教育成败得失记录下来，给未来者参考借鉴。

于是，这个连续带了好几年毕业班的特级教师回到了一年级，从头开始带新入学的孩子们。她发现一年级的孩子如同白纸，"需要你去慢慢地孵化"。今年，和过去的每一年一样，当年的这些孩子又回来看望庄惠芬,说怀念她带他们放风筝、挑马兰的日子。她感到欣慰,"因为你对孩子的教育是完整的,因为你自己心中装着整个体系"。

"把他人当作平等的人来对待"

中学毕业以后,朱永新曾做过会计、翻砂工、搬运工、搬砖和泥的小工。做棉花检验员的时候,常有穿着破旧的农民来卖棉花,给棉花定级的时候,他"尽可能往上靠",农民也就能得到更多的收入。

那段经历被他视作"生命的底色",对普通人的关怀延续至今,"我曾经跟他们在一起生活,其实我就是他们的一员,如果没有高考,那我可能现在还是他们中的一员"。任苏州市副市长期间,朱永新倡导开展家庭结对"一帮一"活动,他和家人带头认领了一个患有软骨病的残疾孩子。他常常携妻儿一同前往看望,在他实在脱不开身时,就由妻子领着儿子前去。

他的待人法则始终是"把他人当作平等的人来对待"。庄惠芬曾跟着朱永新到苏州大学做过访问学者,朱永新的课堂是"自由民主开放"的,刚开始到提问环节,庄惠芬会担心自己的问题会不会很幼稚,慢慢地,她习惯了在课上的任何时候,有问题就随时抛出来。有时朱永新会从家里带着热腾腾的饭菜过来,师生们便一边吃饭一边上课。

李镇西记得,在他博士论文预答辩的前一天,由于朱永新公务繁忙,两人约定晚饭时边吃边谈。等朱永新赶来,诸位正要举杯,他却扬扬手中的论文说:"你们吃着吧,我先和镇西谈谈论文!"于是在餐桌旁,两人谈起了论文。李镇西看到,他的论文上几乎每一页都有朱永新的批改痕迹,连错别字都一一改正。

"这里,对传统教育是否否定得多了一些?""我认为,平等是民主的灵魂,其他都是派生的。当然这只是我的观点,供你参考。"当朱永新给他提出意见时,总是用一种平等协商的口吻。

这种平等的意识也被朱永新贯彻进他的教育理念中。新教育实验坚持纯公益的一大原因，朱永新说，就是考虑到新教育实验里有超过一半的乡村学校，"如果走市场化，他们根本无法参与"。

新教育实验定期组织老师到贫困山区支教，朱永新随同老师前往云南、贵州、陕西、宁夏等地。庄惠芬也跟着新教育团队和湖小团队，三次赴西部支教。到贵州支教第一天，她上吐下泻，吃了止泻药后，第二天，她就抱病去上课了。

庄惠芬注意到，这里的孩子们只会集体回答问题："好不好？""好！""对不对？""对！"她在课前花10分钟，教孩子们怎么独立站起来回答。她也将新教育的做法带入山区，身为数学老师的她带孩子们晨诵、午读、暮省，晚上批阅当地老师的随笔。忙完到12点睡觉，她以为自己算晚的了，一问新教育团队其他人，都得到2点才合眼。

等他们离开时，参与新教育实验的孩子和其他孩子是一眼就能分辨的：前者能够勇敢地起来提问、朗诵，"那些孩子的眼睛是放出光的，他表达的东西是带着自己的情感的"。

2018年，新教育实验获教育部颁发的"国家级教学成果奖"一等奖。它已成为全世界规模最大的民间教育改革，一些媒体称之为中国的"新希望工程"。

如今，庄惠芬已成为一所小学的校长。她曾苦恼于要办一所怎样的学校，朱永新说，这个学校是你来办，还是大家来办？"真的是一下子点醒了我"，她立即去给师生家长们发调查问卷，让他们来决定，我们要办一所怎样的学校。

在朱永新的鼓励下，庄惠芬办起了"广集民意"的学校，而杨其山则开始探索适合乡村的教育。乡村的土地幅员辽阔，他想到可以将课堂从教室搬进田园。孩子们发明了可以长期存放的泥巴原料，捏成泥塑作品；孩子们种下葫芦，在收获的葫芦上画画，毕业时把最好的一个带回家。

学校也成为一个田园，地里长满蔬菜和庄稼，石碾、石磨和古井点缀其间，很多老百姓过来参观，学生就做讲解员，"我们学校怎么样，我们多么漂亮，我们在这里多么幸福。"杨其山说，他的孩子们是发自内心地"高兴，太高兴了"。

朱永新看到了杨其山的成果，专程发微博"叫好"。他还邀请杨其山参加民进中央基础教育改革座谈会，做一个12分钟的分享。为了这12分钟，杨其山一夜没睡。等到第二天上台，由于时间紧、内容多，他的语速很快。正做主持的朱永新说，杨校长你不要讲这么快，多给你几分钟说清楚。

于是那天，他整整讲了20多分钟，将一所名不见经传的乡村小学带入更多人的视野。杨其山记得，在场的教育部副部长郑富芝表扬了他十多次。

"其实跟您谈这些东西，真的可以谈三天三夜"，电话那头，杨其山的语调越来越高，"这些年我浑身上下都充满了那种劲儿，每个毛孔都充满了激情"。

作家唐晓玲在书中记载了这样一个故事：有作家曾经当众对朱永新出言不逊，之后又有事请他帮忙，他不计前嫌尽力办了。事后这位作家对他评价说，有学问、度量大，给人办事真帮忙。

但问到这件事时，朱永新说他早就没印象了。

老师

在认识朱永新之前，李镇西以为，学者与官员之间的关系是天然冲突的，"前者是理想主义者，后者是现实主义者"。但朱永新能将这两个身份和谐地统一起来。

在苏州任副市长时，朱永新接到邀请贝聿铭回来设计苏州博物馆的任务。此前，定居美国、逾80高龄的贝聿铭已多番拒绝。借着要去美国学习的机会，朱永新带上苏州评弹和昆曲的录像带，当面拜访了贝聿铭。贝聿铭祖籍苏州，朱永新希望借此能"唤起他的乡情"。朱永新对贝聿铭说，"全世界都有您的作品，苏州没有您的作品，我觉得这是苏州人民的遗憾，也是您自己的遗憾。"

经过了朱永新和苏州党政领导的几轮劝说，贝聿铭终于答应了下来。7年后，由贝聿铭设计的苏州博物馆新馆建成。

李镇西将"学者和官员之间的关系"这个问题抛给朱永新，朱永新的回答是:"市长是暂时的,学者和教育理想是永远的。"

推行新教育实验20年,"过于理想主义"的言论,朱永新和新教育实验的老师们都听过不少。奚亚英看到朱永新《我的教育理想》里,提到一所学校进行了艺术课程改革,这给了奚亚英很大的触动:即便是农村的孩子,也必须让他们懂得什么是美。她将每堂课从40分钟压缩成35分钟,余出一节课的时间作为艺术选修课。但接连遭到反对,家长说她"不务正业",孩子们尽学些没用的,学习成绩下降怎么办?老师们教学压力更大了,说她"不讲人性",甚至有老师在校长年度考核时给她打了"不合格"。

奚亚英感到迷茫,找到朱永新。"你做得太好了,磨刀不误砍柴工,艺术对于培养孩子的灵性与创造性有重要意义,你要坚持",朱永新说。于是,奚亚英"不断地去咨询他(朱永新),他又不断地给我指点",到了第三年,湖小的孩子们在全国各类艺术比赛中得奖,湖小成为艺术课程改革的学校典范。

"教育本身就是理想的事业,做教育的人再没有点理想,再不看得更远一些,我觉得这是不应该的。"朱永新说:"但是理想不能变成空想,不能变成口头的理论家,大家更要成为一个现实的改造者、行动者。"

如今,朱永新每天5点左右起床,阅读、查资料、写作、参加活动。一天的行程过后,他会在晚上快走40分钟,睡前再静心看两小时书,11点准时上床休息。朋友们评价,朱永新精力太充沛了,一个人能干三个人的活儿——学术科研、参政议政、社会事业,各需一人。而且,他始终把本职工作放在最重要的位置,"学术研究、新教育实验都是业余时间做的"。好在,教育把他的所有事情都串联起来了。

"教育在线"网站开通不久,朱永新发表了一则《朱永新"成功保险公司"开业启事》:只要你每天写上一篇教育日记,10年下来如果你还不成功,朱永新本人将以1赔100的比例进行赔偿!

"投保"人数众多,当然,至今没有一个人来索要赔偿。也从那时起,朱永新几乎每天都会写日记,有些是面向公众的,如"两会手记",有些就是给自己的记录和反思。他从中收获了个人成长,也希望能给老师们做个表率——如同不少跟帖的老师们说的那样:"朱老师都能做到,我们怎么做不到呢?"

最近,新教育研究院正在张罗一场新教育慈善晚会。新教育实验是公益性质,学校加盟不收一分钱,主要资金来自朱永新的"私房钱"——他刚给新教育基金会捐了110万,全都是他个人的奖金、稿费和课酬所得。其余的全靠基金会四处"化缘"。

没有资金来源,随之而来的问题是,团队提供不了有竞争力的薪水,很难吸引一流人才加入。团队成员也多以志愿者为主,来自教师、公务员等各行各业。大学生书目的研发,则是朱永新请来他的好友、中国人民大学外国语学院的郭英剑教授义务帮忙。接下来,朱永新和他的新教育实验"一个很大的使命是要培养年轻人"。

在苏州工作的时候,有人曾和朱永新开玩笑,你星期一到星期五为政府打工,星期六、星期天为理想打工。那个时候,朱永新的周末通常在新教育实验的各种活动中度过,在苏州的学校与老师们共同度过,这就不可避免地牺牲掉一部分的业余时间与家庭生活。儿子降生的时刻,他不在场,这些年里,家也经常被他当成了旅馆。"看到一个老师、一个校长因为新教育而彻底改变了,他们变了,就影响了一个班级的孩子,一个学校的孩子,还是觉得挺值得的。"朱永新说他感到遗憾,但并不因此后悔。

有一次,庄惠芬邀请朱永新来做个讲座,担心他抽不出身,庄惠芬特地发微信说,我可以派一个老师来北京录下您的讲课内容。朱永新没有回复。两天后,他发过来一个云盘链接。已经录好了,请到这个盘里去取一下,朱永新说。

"你说他这么忙,这么忙,这么忙,"庄惠芬连续重复了三遍,感慨道,"只要校长们有需求,校长们有期待,他从来都不推,挤出所有的时间来为教育去做事情。"

她也注意到,这么多年下来,朱永新的头发越来越白了。

疫情期间,线下活动停摆,朱永新将一些阅读活动转至线上。一位记者记录下朱永新参与短视频分享的场景:"到了抽奖环节,朱永新把眼镜摘下,把手机举得老高,一个字一个字地认真宣读了得奖人的名字。"

著名作家王蒙在《我认识的朱永新先生》序中写道:"全国范围,人们是越来越重视教育了。从事教育工作的人多矣,这样有头脑、有心灵、有创意、有理论、有实践、有文采的教育家我所知有限。朱永新先生是其中一个。"

在朱永新看来,他的一生都在做教育。刚开始,他在苏州大学教书,研究教育问题;任苏州市副市长,分管教育;到了民进中央任副主席,这是一个"教育党";更不论贯穿他壮年时代的新教育实验——"我这一生都没有离开教育,也没有离开阅读。"他曾写过一篇文章,取名《教育,我的至爱》。

庄惠芬刚认识朱永新时,她还是一个"扎着两个小辫子的小姑娘"。那时,她恭恭敬敬地喊他"朱市长"。等两人师徒结对了,喊"朱教授"。现在,她就喊他"朱老师"。

"我觉得没有比老师更好的称呼。"庄惠芬说。

(发表于 2020 年 12 月 8 日,谷雨实验室·腾讯新闻,作者:李弘)

中国网：朱永新：为"十四五"开局谋新篇（摘要）

民进中央履职能力建设主题年工作会暨2020年参政议政年会12月15日完成各项议程闭幕。民进中央副主席朱永新出席并作总结讲话。民进福建省委会主委严可仕出席闭幕式。

朱永新表示，此次会议是在民进全会深入学习贯彻中共十九届五中全会精神，并以会议精神统一思想认识、客观审视既往、科学谋划新篇之际，召开的一次重要会议。这次会议既是对2020年履职能力建设主题年的全面总结，也是在"十四五"即将开局之际的重要部署，对推动民进全会的履职建设站在新起点、再上新台阶、开创新局面具有重要意义。

朱永新指出，一年来，民进各级组织坚持以政治建设为核心、以组织建设为基础、以能力建设为重点，全面调动参政议政合作平台、专门委员会、广大会员的履职热情，履职能力建设取得明显成效。主要表现在凝聚共识，提质增效，民进全会紧密团结在以习近平同志为核心的中共中央周围，不断巩固团结奋斗的共同思想政治基础；精准选题，服务大局，民进全会紧紧围绕党和国家中心工作，形成一系列高质量的调研成果，为中共中央科学决策、有效施策提供了重要参考；创新机制，上下联动，民进全会大力发挥民主党派政治性组织系统优势、人才群体优势，有效促进央地、区域以及专兼职相互间的融合发展和共赢。

朱永新强调，2021年是"十四五"规划开局之年，民进各级组织要正确认识、紧紧抓住、全面用好我国发展的重要战略机遇期，坚持把思想和行动统一到中共中央决策部署上来，紧密围绕"十四五"

时期和 2035 年远景目标任务，履行好参政议政、民主监督、参加中国共产党领导的政治协商基本职能。要把凝聚共识与议政建言相统一，努力把中共中央的决策部署转化为民进会员的广泛共识和自觉行动；要把加强学习与促进履职相统一，引领全体会员把学习作为促进建言资政和凝聚共识双向发力的有效途径，更加崇尚学习、加强学习，并倡导全会开展读书活动，把读书学习和履职有效结合起来；要把发挥特色与聚焦中心相统一，把握好方向和任务，发挥民进自身特色和优势，结合国家经济社会发展的重点难点问题，及时聚焦，深入调研。

（发表于 2020 年 12 月 16 日中国网，作者：和海佳）

科技日报：99.2％的未成年人"触网"，网络素养谁来培养？

"现在孩子对网络的熟练程度，真的超乎想象。为了防止家长在不知情情况下帮孩子通过游戏平台的人脸识别，上个月，我们又上线了游戏充值时人脸语音的双重提示。"26日，在21世纪英语教育传媒、新教育研究院和腾讯共同举办的"青少年网络素养与教育创新论坛"上，腾讯公司副总裁、天美工作室群总裁姚晓光讲起他们和青少年的"斗智斗勇"——过去一个月，每天平均有1049万个未成年人账号因为游戏时间超时被平台"请"下线。

但是，堵不如疏。2020年9月发布的《青少年蓝皮书：中国未成年人互联网运用报告（2020）》显示，未成年人的互联网普及率已达99.2％，32.9％的小学生网民在学龄前就开始使用互联网。

"网络素养是未来教育的重要组成部分，需要家、校、企三方紧密联动。"全国政协常委兼副秘书长、新教育实践发起人朱永新在论坛上指出。

2020年，腾讯成长守护平台发起了一个"非标准化的用户研究"。通过对15万"00后"用户的调研，总结了几大"00后"的特点：原来，"00后"们最关心的话题，是学习；原来他们常感到孤独；原来孩子的苦恼，通常来源于家长的不理解——家长不懂孩子的圈子和喜好，不愿意倾听孩子的心声，这让他们觉得难过。

"父母首先要意识到，家庭教育在孩子成长中的重要作用。"朱永新说，对很多"70后""60后"父母来说，他们可以将子女教育的任务完全托付给学校。但现在，学校和家庭的教育已经呈现出彼此配合、互相补充的态势。

朱永新提倡，家长可以和孩子协商建立网络使用规则，约定每天的手机使用时长，帮助孩子培养自我控制、自我管理的能力。父母还可以带着孩子一起进行网络学习。"父母也要做好表率。我们常常看到一些父母在阻止孩子使用网络的同时，自己却在手机上耗费大量时间，甚至影响到每天对孩子的陪伴。"

其实，放眼全球，网络素养教育不是什么新鲜事。朱永新介绍，在英国，在网络普及之前，与网络素养教育相近的媒介素养教育就已得到关注。1988年，英国发布了《教育改革法》，媒介素养教育进入国家统一课程。现在，英国已有了成体系的媒介素养教育课程，覆盖了从小学到大学教育全过程，还有完整的规范、资格审查和结果评估系统。

"无论课程内容和课时数量，还是师资队伍和教学水平，目前我们的课堂都远远无法满足提升未成年人网络素养的需要。"在全国"两会"期间，朱永新曾建议加强未成年人网络素养教育，建议有条件的学校开设网络素养课程，或者在信息技术课程中，加入网络素养教育相关内容。

朱永新在接受采访时表示，信息技术课在学校不是一门主要课程，网络素养也没有被正式纳入课程。"其实，关于网络素养本身，还缺乏必要的研究和界定。"朱永新坦言，现在网络素养课程怎么更好地落地，大家还都在探索。

"互联网平台要主动承担相应的社会责任，为未成年人提供健康的网络空间和内容，通过互联网企业先进的技术手段来践行对未成年人的网络保护。"朱永新说。

他曾经讲过，"童年的长度决定了国家的高度"。一个国家，能不能让孩子有童年，有童心，天性得到发展和呵护，是国家教育体系必须认真考虑的问题。"过早让孩子当网红，不是在制造明星，是在摧残孩子。"他认为，平台上的少年主播，是不值得倡导的。童年一旦离开，没有办法再回来。

（发表于 2020 年 12 月 27 日《科技日报》，记者：张盖伦）

中国青年报：朱永新：不解决学什么的问题，教育改革就成了无源之水

学生负担重、如何给学生真正减负是这几年困扰基础教育的重要问题。学生的负担为什么会越来越重？

"人类创造的新的知识体系越来越多。人工智能、编程，很多新的课程产生了。每门课都是在做加法，学生的负担越来越重……"不久前，在人民教育出版社举办的第二届中小学教材论坛上，十三届全国政协常务委员兼副秘书长、民进中央副主席朱永新这样说。

朱永新认为，现代教育面临的最大问题就是学生应该学什么和怎么学，"现在，教育已经发生了很大的转变，由'教'转向了'学'，所以'学什么'尤其关键。"朱永新说，我们的课程体系基本上是从100多年前延续到现在，19世纪知识体系每50年增加一倍，20世纪初每30年增加一倍，到了20世纪50年代每10年增加一倍，之后每5年增加一倍，90年代是每一年增加一倍。

近30年来，人类的科学知识成果比过去2000年的总和还要多得多，如果还沿用原来的知识体系显然是不行的。什么样的课程体系和课程内容才适合今天的教育呢？

"要综合化。"朱永新说，就是要对课程进行整合。

朱永新介绍，他所发起的新教育实验5年前就提出了卓越课程体系，从孩子成长过程中最重要的方面来考虑课程设置，"比如，生命课程。"朱永新说，生命和教育本来就是一体的，教育的使命就是帮助一个人从自然人变成社会人，同时拓展一个人生命的长度、宽度和高度，帮助每个生命成为更好的自己。"联合国教科文组织的几个

报告都提到，要从学会生存到学会学习，再到学会成长，首先要为孩子的生命发展和成长做准备，告诉他怎么保护自己、怎么运动、怎么吃饭、怎么睡觉，碰到危险怎么自救、怎么他救，怎么成为受欢迎的人。"

除了生命课程，还应该设置"大科学"和"大人文"课程。

在朱永新看来，"大科学"课程是以大科学概念为框架，整合传统的物理、化学、生物课程。朱永新介绍，现在小学有基于"大科学"理念的科学课，但是到了中学就分科了。这种"大科学"应该从小学到高中一以贯之，帮助学生形成科学思维、科学方法和科学精神。朱永新说，未来的教育至少要给学生留出 50% 以上的自主空间进行学习，这样，学生在学习中掌握知识，再利用已学知识来推进学习和研究，其实是自己建构知识的过程。

"人文学科也应这样，现在的人文学科同样面临着知识体系割裂的问题。"朱永新说，"大人文"教材应包含哲学、文学、地理、历史，不仅是文科学生要学，理科学生也要学，"这就解决了基础教育阶段人们的科学素养和人文素养的问题"。

在朱永新看来，由"大科学""大人文"为基础组成的基本课程，对学生来说是低难度、低负担的，学生在这个学习过程中可以不断寻找自己将来的发展定位，并且可以在学习的过程中逐步调整。

朱永新介绍，现在兴起的 STEM 课程就是对课程综合化的探索（STEM 是科学、技术、工程、数学 4 门学科英文首字母的缩写）。通过 STEM 的学习，学生不仅能掌握各个学科的知识，更重要的是掌握了学习的方法，掌握了探索问题的路径，养成自己主动学习的习惯。

"未来课程改革还有很大的空间，如果没有课程改革，所有的教育改革很难有最根本的根基。"朱永新说，"不解决学什么的问题，我们的教育改革就成了无源之水，无本之木。"

（发表于 2020 年 12 月 28 日《中国青年报》，记者：樊未晨）

后 记

按照惯例，每年的除夕夜或者春节，这本书必须杀青。

今年，做得比以往从容一些。所以，提前一天完成。

细心的读者可能会发现，今年的委员履职报告，比以往增加了一个部分：社情民意。反映社情民意信息工作，是政协组织参加政协的各党派团体和各族各界人士，围绕国家大政方针，改革发展中党和国家重视、人民群众普遍关注的问题，通过政协的专门渠道汇集、分析，向中国共产党和政府以及有关部门反映重要情况，提出意见和建议，帮助领导机关分析判断形势、进行有效决策的一项经常性、基础性工作。由于它的参与面广，形式灵活，我们称之为参政议政的"轻骑兵"。反映社情民意信息，也是政协和党派工作中唯一量化考核的指标，所以得到了广泛的重视。

这本履职报告，定名《书香政协满庭芳》，是因为这一年接受了一项最重要的工作，担任全国政协委员读书群的首任"试水群主"，在抗疫最紧张的两个月，与委员们共读了《病毒来袭》《逼近的瘟疫》《人类的终极问题》《生命的法则》等著作，学习人类抗击病毒的历史经验，为国家的公共卫生政策和抗击疫情建言谋策，做出了一定的贡献。这本书，多少也从一个侧面，反映了人民政协围绕国家中心工作积极工作的情况。作为见证者和参与者，我本人也获得了"委员读书积极分子"称号和2020年度的"全国政协委员优秀履职奖"。

感谢全国政协文化文史与学习委员会副主任叶小文先生为本书撰写了热情洋溢的序言。小文先生曾经担任国家宗教局局长和中央社会主义学院党委书记、第一副院长，出版过多种关于宗教与文化的著作，为多党合作事业做出了杰出的贡献。全国政协委员读书活动开启之后，他是领导小组的副组长，在委员读书群中指点江山，激扬文字，创造了"小文体"。他60多岁开始学大提琴，孜孜不倦，勤学苦练，现在已经活跃在许多重要的文化活动上。小文先生为我们树立了很好的读书学习的榜样。

这本书的出版，得到了团结出版社的大力支持。从《春天的约会》开始，我的"两会"手记和政协履职报告改由团结出版社正式出版。郑建邦副主席、梁光玉社长高度关心此书的出版，责任编辑李可也非常敬业用心，对内容和文字反复打磨，让我非常感动。

这本书的出版，得到了民进中央参政议政部同志们的大力帮助。尤其是在"两会"期间，姚立迎副部长和张禹同志，协助我整理委员们的发言记录；李宗主同志帮助整理了我撰写的大量文稿和收集的媒体报道，原始资料多达60余万字。

前不久，参加了政协委员读书会的线下活动，听上海大学音乐学院王勇院长做音乐鉴赏的讲座——《从巴洛克到浪漫派——西方古典音乐风格概览》，很有收获。汪洋主席在即席讲话中说，全面建设社会主义现代化国家，包括精神文明建设，要让14亿人的精神文明与物质文明都相协调，这的确是一件前所未有的难事。我们有文化自信，中国的文化基因里，有精神文明的底蕴，但要去启发，去疏导。这件事做好了，有利于推进我们实现民族复兴的进程。推动这件事，人民政协应该有独特的优势。汪洋主席的讲话提出了一个重要的课题：社会越是发展，越要重视精神文明与物质文明的协调。这的确应该成为全社会的共识，成为政协委员的自觉意识。如果听任拜金主义横行，信仰缺失，我们一定是走不远的。委员读书，不仅仅是抗击疫情的需要，更是建设书香社会，推进全民阅读，进而促进精神文明的需要。

我会继续努力，参与到建设书香政协的活动中去，不断提高履职能力，为实现中华民族伟大复兴的中国梦做出自己的绵薄贡献。

朱永新

2021年2月10日晨，写于北京滴石斋

2021年3月12日修改定稿